► **bachelor-wissen**

Spanische Sprachwissenschaft

bachelor-wissen

bachelor-wissen ist die Reihe für die modularisierten Studiengänge

▶ die Bände sind auf die Bedürfnisse der Studierenden abgestimmt

▶ das fachliche Grundwissen wird in zahlreichen Übungen vertieft

▶ der Stoff ist in die Unterrichtseinheiten einer Lehrveranstaltung gegliedert

▶ auf www.bachelor-wissen.de finden Sie begleitende und weiterführende Informationen zum Studium und zu diesem Band

bachelor-wissen

Johannes Kabatek / Claus D. Pusch

Spanische Sprachwissenschaft

Eine Einführung

 Gunter Narr Verlag Tübingen

Idee und Konzept der Reihe: Johannes Kabatek, Lehrstuhl für Romanische Sprachwissenschaft an der Eberhard-Karls-Universität Tübingen.

Prof. Dr. Johannes Kabatek ist Lehrstuhlinhaber für Romanische Sprachwissenschaft an der
Universität Tübingen.

Dr. Claus D. Pusch ist Akad. Rat für Romanische Sprachwissenschaft an der Universität
Freiburg.

Bibliografische Information der Deutschen Nationalbibliothek

Die Deutsche Nationalbibliothek verzeichnet diese Publikation in der Deutschen Nationalbiblio-
grafie; detaillierte bibliografische Daten sind im Internet über <http://dnb.d-nb.de> abrufbar.

© 2009 · Narr Francke Attempto Verlag GmbH + Co. KG
Dischingerweg 5 · D-72070 Tübingen

Internet: http://www.bachelor-wissen.de
E-Mail: info@narr.de

Satz: Informationsdesign D. Fratzke, Kirchentellinsfurt
Druck und Bindung: freiburger graphische betriebe
Printed in Germany

ISSN 1864-4082
ISBN 978-3-8233-6404-7

Inhalt

Vorwort 1

1 **Die romanischen Sprachen – Das Spanische in der Welt**. 3
1.1 Die Sprachen der Welt 4
1.2 Die indoeuropäischen Sprachen und andere Sprachfamilien. . . . 7
1.3 Die romanischen Sprachen und die Gliederung(en)
der Romania. 9
1.4 Weltsprache Spanisch 14
1.5 Spanischsprachige Länder und Gebiete 15
    1.5.1 Spanisch in Europa. 16
    1.5.2 Spanisch in Amerika 17
        1.5.2.1 Nordamerika. 17
        1.5.2.2 Mittelamerika und Karibik 20
        1.5.2.3 Südamerika 22
    1.5.3 Afrika 24
    1.5.4 Asien. 24
    1.5.5 Judenspanisch 24
    1.5.6 Zusammenfassung 25
1.6 Spanisch als Zweitsprache 26
1.7 Spanisch-basierte Kreolsprachen 26

2 **Wissenschaftlichkeit und Terminologie, Grundbegriffe,**
Disziplinen der Linguistik 29
2.1 Was ist Wissenschaft? 30
2.2 Sprachwissenschaft und Linguistik. 31
2.3 Spanische Sprachwissenschaft 33
2.4 Grammatik. 34
2.5 Termini, Definitionen, Theorien, Paradigmen, Schulen 34
2.6 Strukturelle, formale und funktionale Sprachwissenschaft 36
2.7 Disziplinen der Linguistik 42

3 **Die lautliche Seite der Sprache –**
Spanische Phonetik, Phonologie und Prosodie. 49
3.1 Die „doppelte Artikulation". 50
3.2 Schall: Die physikalische Seite der Laute 51
3.3 Artikulation: Die Produktion von Sprachlauten. 52
3.4 Sprachlaute und Orthografie. 56
3.5 Von der Artikulation zur Audition 57

3.6 Phonetik und Phonologie 58
3.7 Strukturelle Phonologie 58
3.8 „Features" und Prozesse 62
3.9 Prosodie, Rhythmus und Silbe 65
3.10 Natürlichkeit und Optimalität............................ 69
3.11 Intonation.. 70

4 **Morphologie und Wortbildung**.......................... 75
4.1 Morphologie – (k)eine reine Formsache 76
4.2 Morphemtypen und Allomorphie 77
4.3 Syntagmatik und Paradigmatik in der Morphologie 81
4.4 Flexionsmorphologie und ihre Kategorien 82
4.5 Markiertheit und Merkmalhaltigkeit in der Morphologie 86
4.6 Kongruenz 87
4.7 Synthetizität und Analytizität 87
4.8 Wortbildung: Funktion und Verfahren 88
4.9 Derivationelle Wortbildung............................... 89
4.10 Kompositionelle Wortbildung............................. 93
4.11 Postdetermination vs. Prädetermination..................... 95
4.12 Wortbildung mittels Verkürzung und Abkürzungen 96

5 **Syntax**.. 99
5.1 Äußerung und Satz 100
5.2 Allgemeine Grundfragen der Syntax 100
5.3 Hierarchische Organisation des Satzes..................... 104
5.4 Einige Grundbegriffe der Generativen Syntax 105
5.5 Das Verb als Zentrum des Satzes 109
5.6 Aspekte der spanischen Syntax 112
    5.6.1 Syntax des Nomens 112
    5.6.2 Syntax des Verbs................................. 115
5.7 Konstituentenabfolge und Informationsstruktur 117

6 **Semantik und Lexikologie** 121
6.1 Semantik vs. Pragmatik – Wo die Sprache etwas bedeutet 122
6.2 Bedeutung vs. Bezeichnung und affine Konzepte 123
6.3 Strukturelle Semantik, Merkmalssemantik 125
6.4 Prototypensemantik 127
6.5 *Frames*-Semantik... 130
6.6 Bedeutungshierarchien und Inhaltsrelationen im Wortschatz ... 132
6.7 Metapher und Metonymie: Grundprinzipien des historischen
    Bedeutungswandels 136
6.8 Zur Struktur des spanischen Wortschatzes 139
6.9 Spanische Lexikografie.................................... 140

7	**Pragmatik**	145
7.1	Pragmatisch, praktisch, gut …	146
7.2	Kotext und Kontext, Umfelder	146
7.3	Pragmatik und die Philosophie der Alltagssprache	147
7.4	Sprechakte: Definition, Struktur, Typologie	148
7.5	Kooperationsprinzip und Konversationsmaximen	152
7.6	Implikation und Implikatur	153
7.7	Relevanztheorie	155
7.8	Sprachliche Höflichkeit und *facework*	156
7.9	Diskursmarker	159
8	**Textlinguistik, Diskurstraditionen, gesprochene und geschriebene Sprache**	165
8.1	Was ist eigentlich ein Text?	166
8.2	Kriterien der Textualität – Kohärenz und Kohäsion	169
8.3	Textsorten	170
8.4	Diskurstraditionen	171
8.5	Gesprochene und geschriebene Sprache, Medium und Konzeption	173
8.6	Besonderheiten der geschriebenen Sprache	175
8.7	Besonderheiten der gesprochenen Sprache	177
8.8	Transkription gesprochener Sprache	178
8.9	Gesprochene Sprache – gesprochenes Spanisch	179
9	**Spanisch in Kontakt: Sprachkontakt und kontrastive Linguistik**	183
9.1	Sprachkontakt	184
9.2	Sprachkontaktphänomene	185
9.2.1	Code-Switching	186
9.2.2	Sprachliche Interferenz	188
9.3	Kontrastive Linguistik Deutsch-Spanisch	190
9.4	Sprachkontakt und historische Linguistik	191
9.5	Spanisch im Kontakt mit anderen Sprachen	192
9.5.1	Spanisch und die Regionalsprachen in Spanien	192
9.5.1.1	Katalanisch und Spanisch	193
9.5.1.2	Baskisch und Spanisch	196
9.5.1.3	Galicisch und Spanisch	199
9.5.2	Sprachkontakt in Amerika	201
9.5.2.1	Spanisch in Yucatán	201
9.5.2.2	Spanisch im Andenraum	202
9.5.2.3	Spanisch in Kontakt mit Guaraní	202

10	**Empirische Sprachwissenschaft und Korpuslinguistik**	205
10.1	Theorie und Empirie – Theorie contra Empirie?	206
10.2	Korpuslinguistik: Junge Disziplin mit alter Tradition	208
10.3	Sprachdatenerhebung und Feldforschungstechniken	209
10.4	Datenaufbereitung für Korpora gesprochener Sprache	211
10.5	Korpusanalyse mit Konkordanzprogrammen	214
10.6	Historische Korpora des Spanischen	215
10.7	Korpora der spanischen Gegenwartssprache	217
10.8	Repräsentativität von Korpora und Textsortendifferenzierung ..	218
11	**Sprachliche Varietäten**	221
11.1	Sprache und Varietäten	222
11.2	Probleme der Varietätenlinguistik	223
11.3	Perspektive der Sprache und Sprecherperspektive	225
11.4	Dialekt und Sprache	226
	11.4.1 Abstandsprachen und Ausbausprachen	227
	11.4.2 Dialekte und Dachsprache	229
	11.4.3 Dialekt und Sprache: Kriterien	229
11.5	Ortsmundart und Sprachgeografie.........................	230
11.6	Spanische Dialekte auf der Iberischen Halbinsel und in Amerika	236
11.7	Ein Beispiel: Das Andalusische	236
12	**Sprachgeschichte I: Von der Romanisierung der Iberischen Halbinsel bis zum Spanischen des Mittelalters**	241
12.1	Spanische Sprachgeschichte...............................	242
12.2	Latein, Vulgärlatein, Romanisch	242
12.3	Eigenschaften des Vulgärlateins und des hispanischen Lateins ..	245
12.4	Die Romanisierung der Iberischen Halbinsel	248
12.5	Das Ende der römischen Herrschaft: Germanen und Araber ...	250
12.6	Etappen der spanischen Sprachgeschichte	252
12.7	Wann wird das Spanische geboren?	254
12.8	Sporadische romanische Schriftzeugnisse	255
12.9	Der Verlauf der Reconquista	256
12.10	Das Altspanische ab dem 13. Jahrhundert...................	258
12.11	Sprachliche Besonderheiten des Altspanischen	259
13	**Sprachgeschichte II: Vom *Siglo de Oro* bis zum Gegenwartsspanischen**	263
13.1	Die Renaissance und die *Siglos de Oro*: Allgemeines	264
13.2	Grammatikografie und Sprachdiskussion	265
13.3	Sprachliche Veränderungen...............................	268

13.4 Die amerikanische Expansion 271
    13.4.1 Historische Umstände 271
    13.4.2 Spanisch in Amerika 272
13.5 Modernes Spanisch 275

14 Plurizentrisches Spanisch:
    Konvergenz und Divergenz im Gegenwartsspanischen 281
14.1 Konvergenz, Divergenz und Parallelismus 282
14.2 Der Antagonismus zwischen *Universalismus* und
    Partikularismus 284
14.3 Die Frage der *Unidad del idioma* 285
14.4 Das Spanische als plurizentrische Sprache 286
14.5 Tendenzen des Gegenwartsspanischen: Architektur 287
14.6 Tendenzen des Gegenwartsspanischen: Struktur 289
    14.6.1 Lautlicher Bereich 289
    14.6.2 Grammatische Tendenzen 292
    14.6.3 Wortschatz 295
14.7 Abschließende Bemerkung 297

Sachregister 301

Vorwort

Die vorliegende Einführung in die Sprachwissenschaft des Spanischen ist als Lehr- und Übungsbuch für ein einsemestriges Proseminar mit vierzehn Einheiten konzipiert. Darüber hinaus ist das Buch zum Selbststudium geeignet und dient durch die Synthese des Grundwissens als Begleiter durch das ganze Bachelor- oder Lehramtsstudium Spanisch. Das Register und die Gliederung am Beginn der einzelnen Einheiten erleichtern das Auffinden bestimmter Themen und erlauben die Nutzung auch zum Nachschlagen.

Im Rahmen der Reihe *bachelor-wissen* trägt dieses Buch der Tatsache Rechnung, dass in den modularisierten Studiengängen ein straff organisiertes Studium eine große Fülle von Informationen kompakt vermitteln und zugleich inhaltliche Vertiefung und thematische Breite garantieren muss. Dabei reicht das Spektrum dieser Einführung sehr weit, von Themen der allgemeinen und theoretischen Linguistik über die romanische Sprachwissenschaft bis zur Darstellung der spanischen Sprache in Geschichte und Gegenwart, wobei sowohl Fragen des Sprachsystems als auch der externen Beschreibung eine zentrale Rollen spielen. Hierbei wurde versucht, sowohl den bereits traditionellen Kanon zu berücksichtigen als auch Themenbereiche aufzunehmen, die in der aktuellen wissenschaftlichen Beschäftigung mit dem Spanischen im Zentrum des Interesses stehen.

Die Fülle von Inhalten bringt es mit sich, dass dieses Buch einerseits nicht bei Null beginnen kann und andererseits bei vielen Fragen auf weiterführende Literatur sowie auf Materialien verweisen muss, die sich auf der das Buch begleitenden Webseite finden. Als Voraussetzung wird der Wissensstand im Bereich Sprachwissenschaft angesehen, der bis zum Abitur im Fach Deutsch vermittelt wird und wie er sich etwa in einem Buch wie dem *Schülerduden Grammatik* findet. Aufgrund der Tatsache, dass zu Beginn des Studiums die Spanischkenntnisse oft noch sehr unterschiedlich sind, haben wir dieses Buch auf Deutsch geschrieben. Da aber im Laufe des Studiums auch die spanischsprachige Fachterminologie erlernt werden muss, werden die wichtigsten Fachbegriffe im Text sowohl auf Deutsch (jeweils kursiv hervorgehoben) als auch in ihrer jeweiligen spanischen Übersetzung genannt.

Den vierzehn Einheiten vorangestellt ist jeweils eine knappe Synopse sowie ein Inhaltsverzeichnis. Schlüsselbegriffe in der Randspalte erleichtern das Auffinden der einzelnen Inhalte; Definitionen, Anmerkungen und Beispiele sind grafisch im Text hervorgehoben. Am Ende jeder Einheit gibt es eine Reihe von Übungsaufgaben und ein kurzes Literaturverzeichnis mit Hinweisen auf zitierte und weiterführende Werke. Die mit einem aufgeschlagenen Buch gekennzeichneten Titel dürfen dabei als grundlegend für den behandelten Themenbereich und als Bestandteil einer Basisbibliografie für das Studium der romanischen und der spanischen Sprachwissenschaft gelten.

Die Webseite www.bachelor-wissen.de ist eng mit dem Buch verzahnt. Hier finden Sie zusätzliche bibliografische Hinweise, etwa eine Bibliografie einführender Werke, Lektüretexte zu den 14 Einheiten und Antworten auf die Übungsaufgaben. Darüber hinaus werden zu jeder Einheit weiterführende Materialien wie Bilder, Grafiken, Karten, ergänzende Texte, Tonaufnahmen oder Filme angeboten. Die entsprechenden Stellen sind in dieser Einführung – wie hier – durch eine Maus in der Randspalte markiert. Und außerdem gibt es auf der Webseite eine Feedback-Funktion, über die Kritik und Vorschläge an die Autoren übermittelt werden können.

Wir danken an dieser Stelle den zahlreichen Personen, die durch Informationen, Anregungen, Korrekturen und Materialien zu diesem Buch beigetragen haben; insbesondere danken wir Mareike Reichelt, Jürgen Freudl sowie Christina Esser vom Gunter Narr Verlag und unserer Setzerin Sabine Hoffmann-Fratzke für die effiziente Zusammenarbeit.

Tübingen/Freiburg, im Sommer 2009   *Johannes Kabatek/Claus D. Pusch*

Die romanischen Sprachen –
Das Spanische in der Welt

Inhalt

1.1	Die Sprachen der Welt	4
1.2	Die indoeuropäischen Sprachen und andere Sprachfamilien	7
1.3	Die romanischen Sprachen und die Gliederung(en) der Romania	9
1.4	Weltsprache Spanisch	14
1.5	Spanischsprachige Länder und Gebiete	15
1.6	Spanisch als Zweitsprache	26
1.7	Spanisch-basierte Kreolsprachen	26

Die erste Einheit dieses Buches stellt das Spanische im Kontext der Sprachgruppe vor, der es angehört: der romanischen Sprachen. Zuvor werden wir im ersten Teil der Einheit die Sprachen der Welt in ihrer Verteilung und Gliederung präsentieren und dabei insbesondere auf die indoeuropäische Sprachfamilie eingehen, zu der die romanischen Sprachen zählen. Dem folgt eine Darstellung der Romania als Gesamtheit jener Gebiete, die direkt oder indirekt sprachlich-kulturell von den Römern beeinflusst wurden, und ihrer internen Gliederbarkeit, vor allem mit Blick auf die europäische Romania. Hierbei wird deutlich werden, dass die Romania nach verschiedenen Kriterien eingeteilt werden kann: geografischen, historischen und linguistischen.

Im zweiten Teil der Einheit wird das Sprachgebiet der Weltsprache Spanisch beschrieben; dabei werden u. a. Fragen wie die der geografischen Verbreitung, der Sprecherzahlen und des Status des Spanischen als Erst- oder Zweitsprache behandelt.

Überblick

1.1 | Die Sprachen der Welt

Weltsprachen Gegenstand dieses Buches ist die spanische Sprache, die mit über 400 Mio. Sprechern zu den „großen", also weit verbreiteten Sprachen der Erde zählt (s. Abschn. 1.4), nach dem Mandarin-Chinesischen mit mehr als 1 Milliarde Sprechern und, nach der Zahl der muttersprachlichen Sprecher – der so genannte Primärsprecher –, wohl knapp nach dem Hindi und dem Englischen (vgl. Comrie ed. 1987; Comrie ed. 1998). Als die zehn Sprachen mit der weltweit größten Verbreitung können die folgenden gelten (wobei je nach Kriterium Zahlen und Reihenfolge voneinander abweichen können):

Tab. 1.1 |

Die „Top Ten" der meistverbreiteten Sprachen der Welt (nach www.krysstal. com/spoken.html)

Position	Sprache	Familie	Schriftsystem	Sprecher (ca., in Mio.)	Hauptsprachgebiete
1	Mandarin (Chinesisch)	Sino-Tibetisch	Chinesisch	1120	China, Malaysia, Taiwan
2	Englisch	Indoeuropäisch	Lateinisch	510	USA, Großbritannien, Australien, Kanada, Neuseeland
3	Hindi	Indoeuropäisch	Devanagari	490	Nord- und Zentralindien
4	Spanisch	Indoeuropäisch	Lateinisch	425	Spanien, Mittel- und Südamerika
5	Arabisch	Afroasiatisch	Arabisch	255	Mittlerer Osten, Nordafrika
6	Russisch	Indoeuropäisch	Kyrillisch	254	Russland, Zentralasien
7	Portugiesisch	Indoeuropäisch	Lateinisch	218	Portugal, Brasilien, südliches Afrika
8	Bengali	Indoeuropäisch	Bengali	215	Ostindien, Bangladesch
9	Indonesisch (Malay)	Malayo-Polynesisch	Lateinisch	175	Indonesien, Malaysia, Singapur
10	Französisch	Indoeuropäisch	Lateinisch	130	Frankreich, Kanada, West- und Zentralafrika

Abgesehen davon, dass Sprecherzahlen immer problematisch zu bestimmen sind (dazu mehr in Abschn. 1.4), darf eine hohe Sprecherzahl einer Sprache nie darüber hinwegtäuschen, dass diese Sprache nur eine von vielen weltweit ist; für die Sprachwissenschaft stellt der Verbreitungsgrad auch kein zentrales Kriterium für das Besondere einer Sprache oder für ihre „Würdigkeit", wissenschaftlich untersucht zu werden, dar. Zudem werden viele Aussagen über das scheinbar Einzigartige einer Einzelsprache relativiert, wenn man die Sprachen in den Blick nimmt, die diese Einzelsprache räumlich umgeben oder die mit ihr verwandt sind, oder aber die Sprachen der Welt insgesamt betrachtet (bzw. eine repräsentative Auswahl von diesen).

Die genaue Zahl der Sprachen der Welt ist nicht exakt festzulegen. Eine häufig zitierte Quelle zu diesem Thema, die Datenbank „Ethnologue" des Summer Institute of Linguistics (www.ethnologue.com; vgl. Gordon 2005), spricht von 6.912 Sprachen, was als durchaus plausibler Näherungswert gelten kann. Dabei fällt aber auf, dass diese sehr ungleichmäßig auf dem Erdball verteilt sind: Europa weist (laut Ethnologue) mit 234 Sprachen die geringste Sprachenzahl auf (nur 3,4 % der Sprachen der Welt), Asien mit 2.322 nahezu ein Drittel. Das scheint zunächst wenig überraschend, denn Europa ist ja auch der kleinste Kontinent und Asien der größte; wenn man die Sprachen aber gewichtet, also in Verhältnis z. B. zur Einwohnerzahl oder zur Fläche der Kontinente setzt, stellt man fest, dass die Sprachverteilung auf dem Planeten doch komplexer ist, als es auf den ersten Blick scheint.

Zahl der Sprachen weltweit

Kontinent	Anzahl Sprachen	Anteil an Sprachen der Welt	Durchschnitt Bevölkerung pro Sprache	Durchschnitt Fläche pro Sprache
Asien	2.322	33,6 %	1.719.000	19.300 km²
Afrika	2.110	30,5 %	441.000	14.450 km²
Australien/Ozeanien	1.250	18,1 %	21.000	5.890 km²
Nord- und Südamerika	993	14,4 %	900.000	42.460 km²
Europa	234	3,4 %	2.979.000	42.600 km²

Tab. 1.2
Verteilung der Sprachen der Welt (nach www. ethnologue.com)

Aus Tabelle 1.2 geht hervor, dass jede der ungefähr 234 Sprachen Europas durchschnittlich knapp 3 Mio. Sprecher aufweist und ein Territorium von 42.600 km² bedeckt, was bedeutet, dass die sprachliche Variation auf diesem Kontinent vergleichsweise gering ist. Das genaue Gegenteil ist im pazifischen Raum, in Australien und Ozeanien, der Fall: Dort „versorgt" jede Sprache – rechnerisch – nur knapp über 20.000 Sprecher und bedeckt ein Territorium, das sieben Mal kleiner ist als das Durchschnittsgebiet einer Sprache Europas. Die Sprachenvielfalt ist in Ozeanien, aber auch in Afrika und selbst – wenn auch weniger extrem – in Asien und den Amerikas deutlich größer als in Europa. Europa ist damit, statistisch betrachtet, fast eine „Sprachenwüste" – eine Feststellung, die manchen überraschen wird und vielleicht auch nicht mit unserem landläufigen Eindruck übereinstimmt.

Europa als „Sprachenwüste"

Was sind die Gründe für diese ungleiche Verteilung der Sprachen auf der Welt und die relative Sprachenarmut in Europa? Zum einen liegt dies an der

Gründe für ungleiche Sprachverteilung

politischen Geschichte Europas: Auf diesem Kontinent entstand im 18./19. Jh. das Konzept des Nationalstaates, vor allem in Frankreich im Zuge der Französischen Revolution, die das Schlagwort „une nation – une langue", ‚eine (einheitliche) Nation – eine (einheitliche) Sprache' prägte. Dieses Nationenkonzept hat sich seither bei vielen Europäern so fest ins Bewusstsein eingeprägt, dass die Einsprachigkeit – also der Gebrauch von nur einer Sprache im Alltag – als der Normalfall gilt. Gerade Spanien ist ein gutes Beispiel für die Verinnerlichung dieser Vorstellung: Während es für Katalanen, Basken oder Galicier normal ist, tagtäglich mit (mindestens) zwei Sprachen umzugehen, reagieren manche Spanier aus den ‚einsprachigen' Gebieten des Landesinneren manchmal mit Unverständnis auf eine solche Alltags-Mehrsprachigkeit. In anderen Teilen der Erde ist das ganz anders: In Afrika beispielsweise ist es fast überall unmöglich, mit nur einer Sprache im Alltag über die Runden zu kommen, und für viele Afrikaner ist es selbstverständlich, je nach Kommunikationsort und -ziel drei, vier, fünf oder mehr Sprachen zu gebrauchen, dazu häufig mit großer Leichtigkeit und hoher sprachlicher Kompetenz. Ein weiteres Erklärungsmoment liegt in der wirtschaftlichen Geschichte Europas: Dieser Kontinent wurde – zusammen mit Teilen Nordamerikas – als erster industrialisiert, dadurch kam es zur Verbesserung der Verkehrsmittel und zu einer erhöhten Mobilität der Menschen. Mobilität fördert einerseits den Kontakt mit anderen Sprechern und andererseits die räumliche Konzentration in Städten und Agglomerationen, beides Faktoren, die die sprachliche Vereinheitlichung begünstigen. Gerade in Ozeanien fällt auf, dass viele sehr kleine Sprachen nur deshalb überleben können, weil die Sprachgemeinschaften isoliert leben. So kann etwa die im Südpazifik gesprochene Pitkern-Sprache, eine aus dem Englischen entstandene so genannte Kreolsprache, die heute weniger als 100 Sprecher zählt, nur wegen der Isolierung der kleinen Insel, wo sie verbreitet ist, überleben. In Europa hingegen hätte eine Sprache mit nur 100 Sprechern kaum Überlebenschancen, hier gelten schon Sprachen mit wenigen Hunderttausend Sprechern – wie etwa das Rätoromanische im Alpenraum oder das Friesische in den Niederlanden und Norddeutschland – als bedroht. Ein dritter Grund für die sprachliche „Armut" Europas ist aber möglicherweise von den Sprachwissenschaftlern selbst gemacht: Da die Sprachen dieses Kontinents mehrheitlich gut dokumentiert sind und schon lange erforscht werden, weiß man sehr viel über ihre strukturellen Gemeinsamkeiten und hat sehr früh begonnen, sie in ein Schema von Sprachen und Dialekten einzuordnen. Die Frage, was als Sprache und was als Dialekt einer Sprache gilt (s. Einheit 11), kann linguistisch oft kaum objektiv beantwortet werden, aber man kann davon ausgehen, dass die Sprachwissenschaftler in manchen vielsprachigen Gebieten außerhalb Europas aufgrund noch lückenhafter Kenntnisse und Daten sprachliche Varietäten als eigene Sprachen ansehen, die man in Europa als Dialekte einer (Dach-)Sprache klassifizieren würde.

une nation –
une langue

Mobilität

6

Sprachentod und -wiederauferstehung

Das Verschwinden von Sprachen ist kein neues Phänomen, aber seit dem 20. Jh. hat der Prozess des so genannten *Sprachentods* (*muerte de lenguas*, engl. *language death*) an Tempo und Ausmaß bedrohlich zugenommen. So gelten 90 % der etwa 250 indigenen Sprachen Australiens heute als unmittelbar bedroht. Manche Sprachwissenschaftler rechnen damit, dass im 21. Jh. 70–90 % der Sprachen der Welt als lebendige, also von Sprechern im Alltag einigermaßen flüssig verwendbare Sprachen verschwinden werden. Der Vorgang des Sprachentods ist für den Sprachwissenschaftler – bei aller Bedauerlichkeit – auch interessant, weil dabei Sprachveränderungen (Vereinfachungen, Restrukturierungen) eintreten können, die Rückschlüsse auf allgemeine Prozesse des Sprachwandels zulassen; man spricht hier von Symptomen des *Sprachverfalls* (*decadencia lingüística*, engl. *language decay*). Allerdings hinterlässt der Tod einer Sprache in jener Sprache, die sie im entsprechenden Sprachgebiet ersetzt, fast immer deutliche Spuren, so dass auch neue Varietäten entstehen können. Es gab und gibt auch Bemühungen, tot geglaubte Sprachen wieder auferstehen zu lassen: Das heute wieder in Israel gesprochene Hebräisch (Ivrit) ist ein besonders erfolgreiches Beispiel. Man spricht hier von *Sprachenwiederbelebung* (*revitalización lingüística*, engl. *language revival*).

Die indoeuropäischen Sprachen und andere Sprachfamilien | 1.2

Um mit der sprachlichen Vielfalt in der Welt besser umgehen zu können, teilt die Sprachwissenschaft die annähernd 7.000 Sprachen des Erdballs in Gruppen, so genannte *Sprachfamilien* (*familias de lenguas*) oder *Phyla* (Sg.: *Phylum*) ein. Das Gliedern und Ordnen der Phänomene der Wirklichkeit, der *taxonomische Ansatz* (*método taxonómico*), ist ein wichtiger Aspekt der Wissenschaft, und im Falle der sprachlichen Gliederung ist er kein Selbstzweck, denn der Klassifizierung in Sprachfamilien liegt die Annahme zugrunde, dass die Sprachen eines Phylums strukturell und genetisch zusammengehören, also ähnliche Strukturen aufweisen, weil sie aus gleichen Ursprungssprachen entstanden sind. Heute geht man von etwa 20 Sprachfamilien aus; vgl. Sprachen-Weltkarten wie die von M. Ruhlen (1987; abgedruckt auch in Bußmann 2002: Vorsatz) oder von R. Breton (vgl. Moreno Fernández/Otero Roth 2007: 16–17).

Sprachfamilien/Phyla

Sprachen, die sich keiner Sprachfamilie zuordnen lassen, von denen man also nicht weiß, wie sie entstanden sind und woher sie kommen, bezeichnet man als *Isolate* (Sg.: *Isolat*; sp. *lenguas aisladas*). Davon gibt es nicht viele; eines wird auch in Spanien gesprochen, nämlich das Baskische (Euskara), das damit eine der sprachwissenschaftlich interessantesten Sprachen Europas ist (s. Einheit 9).

Isolate

Ansonsten dominieren in Europa Sprachen, die der indoeuropäischen (auch indogermanisch genannten) Sprachfamilie angehören. Der Begriff *indoeuropäisch* (*indoeuropeo*) bezeichnet die Extrempunkte der heutigen Verbreitung

Indoeuropäische = indogermanische Sprachen

Abb. 1.1|
Sir William Jones
(1746–1794)
Historisch-
vergleichende
Methode

der Sprachen, die dieser Familie zugerechnet werden und die sich von Island bis zum indischen Subkontinent erstrecken. Die Zusammengehörigkeit dieser Sprachen wurde Ende des 18. Jh. von dem Briten Sir William Jones gesehen, der zwischen dem Altindischen – dem so genannten Sanskrit –, dem Lateinischen und dem Griechischen Ähnlichkeiten in Wortschatz und Grammatik feststellte. Im 19. Jh. führte diese Entdeckung zur Herausbildung der Historischen Sprachwissenschaft der Indogermanistik, der es gelang, durch den Vergleich des basalen Wortschatzes Laut- und Formenentsprechungen zwischen immer mehr Sprachen nachzuweisen, die damit als indoeuropäisch klassifiziert werden konnten. Ein besonders gut nachvollziehbares Beispiel liefern die Zahlwörter, z. B. das Wort für ‚7‘ (nach Blasco Ferrer 1996: 15 ff.): es lautet im Sanskrit *saptá*, im Lat. SEPTEM und im Griech. [heptá]. Die Indogermanistik erschloss daraus eine zugrundeliegende Ursprungsform *SEPTM, von der man annimmt, dass sie Bestandteil des *Proto-Indoeuropäischen* (*proto-indoeuropeo*) war, der Sprache, aus der alle historischen und aktuellen indoeuropäischen Sprachen hervorgegangen sind.

Dieses Proto-Indoeuropäische ist allerdings nicht durch Textzeugnisse belegt, es handelt sich um eine rekonstruierte Sprache oder Sprachform, und *SEPTM ist eine rekonstruierte, aber mit hoher Plausibilität vermutbare Wortform. Rekonstruierte Wörter werden durch den Asterisken (das vorausgehende Sternchen) gekennzeichnet. Die lautlich-formale Ähnlichkeit zwischen den Wörtern für die Zahl 7 in den klassischen Sprachen Sanskrit, (Alt-)Griech. und Lat., die als Folge des gemeinsamen Ursprungs im proto-indoeuropäischen Wort zu verstehen ist, setzt sich fort in den modernen Sprachen: Auch dt. *sieben*, engl. *seven* oder tschech. *sedm* sind untereinander sowie zu den Formen der klassischen Sprachen und zu *SEPTM offenkundig ähnlich. Gleiches gilt für die Wortformen in den romanischen Sprachen, wo ‚7‘ z. B. im Span. *siete*, im Franz. *sept* (gesprochen [sɛt]) und im Ital. *sette* heißt. Die romanischen Sprachen sind eine der Sprachgruppen innerhalb der indoeuropäischen Sprachfamilie, genauer gesagt: eine Sprachgruppe, die aus dem italischen Zweig des indoeuropäischen Phylums hervorgegangen ist. Die Bezeichnung ‚Zweig‘ ist hier nicht zufällig gewählt, denn die genealogischen Verhältnisse innerhalb des Phylums lassen sich wie ein Stammbaum darstellen. Die folgende Abbildung (Abb. 1.2) zeigt die wichtigsten indogermanischen Sprachgruppen und Einzelsprachen, das Kreuz (†) markiert dabei Sprachen, die heute nicht mehr – zumindest nicht als Primär- oder Alltagssprachen – erhalten sind.

Expansion indoeuro-
päischer Sprachen

Die indoeuropäische Sprachfamilie nimmt unter den Phyla der Welt eine besondere Stellung ein: Sie ist nicht nur die am längsten und besten erforschte Sprachfamilie; obwohl sie weit davon entfernt ist, das Phylum mit den meisten Sprachen zu sein (gemäß der schon erwähnten Datenbank Ethnologue weist das indoeuropäische Phylum heute über 430 lebende Sprachen auf, während es etwa allein die afrikanische Niger-Kongo-Sprachfamilie auf 1.495 Sprachen

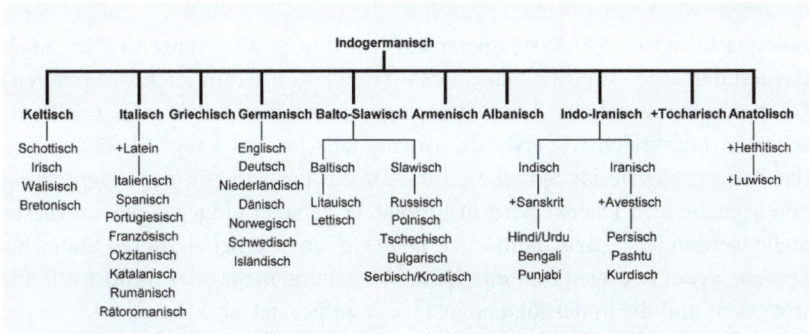

|Abb. 1.2

Der Stammbaum der indoeuropäischen Sprachen (nach Comrie et al. eds. 1998: 40)

bringt), verfügt sie doch über die meisten Sprecher: 2,6 Milliarden Menschen, also 45 % der Weltbevölkerung, sprechen indoeuropäische Sprachen. Diese Dominanz nach Sprecherzahlen erklärt sich daraus, dass es vor allem die europäischen Sprachen dieser Familie waren, die im Zuge der neuzeitlichen Kolonialisierung in andere Erdteile getragen wurden und damit das Territorium, in dem indoeuropäische Sprachen verbreitet sind, deutlich erweitert haben. Das Spanische in Amerika ist dafür das treffendste Beispiel. Auch das Englische, das Portugiesische und das Französische haben durch diese koloniale Ausdehnung ihre Verbreitung und ihre Sprecherzahl signifikant erhöhen können.

Die romanischen Sprachen und die Gliederung(en) der Romania

|1.3

Die romanischen Sprachen sind eine klar abgrenzbare Sprachgruppe innerhalb der indoeuropäischen Sprachfamilie, aber sie bilden keinen eigenen Zweig im indoeuropäischen Sprachbaum. Vielmehr sind sie alle aus dem Lateinischen hervorgegangen, einer Sprache, die ihrerseits dem latino-faliskischen Zweig der italischen Sprachgruppe zugehört. Zu den italischen Sprachen der indoeuropäischen Familie zählten zahlreiche weitere Varietäten in Mittel- und Süditalien, die heute – wie das Lateinische selbst – ausgestorben sind. Im Zuge der Romanisierung (s. Einheit 12) gelangten Varietäten des Lateins in weite Teile des westlichen Mittelmeerraums, Westeuropas und des Balkans; aus diesen Varietäten des Lateins entstanden ab dem 8./9. Jh. die verschiedenen romanischen Sprachen, die damit indirekt als Dialekte des Lateins oder auch als moderne Fortsetzer dieser italischen Sprache gelten dürfen – als Neu-Latein. In der Tat werden die romanischen Sprachen bisweilen so genannt, insbesondere in der italienischen terminologischen Tradition, wo man von *lingue neolatine* spricht.

Latein als italische Sprache

Wie viele und welche romanischen Sprachen gibt es nun? Diese Frage ist ähnlich heikel wie die oben gestellte nach der Zahl der Sprachen der Welt. Der Begründer des Fachs Romanistik, der Bonner Sprachwissenschaftler und Philologe Friedrich Diez, sprach 1836 in seiner *Grammatik der Romanischen*

Zahl der romanischen Sprachen

Sprachen von 6 romanischen Sprachen; die schon erwähnte Datenbank Ethnologue bringt es 170 Jahre später auf beachtliche 47. Während Diez noch das Katalanische als einen Dialekt des (vor allem in Frankreich verbreiteten) Okzitanischen erachtete, listet Ethnologue sogar die Dialekte des Okzitanischen in Frankreich wie etwa das Auvergnatische, das Languedokische und das Provenzalische als Sprachen auf. Auf die Problematik der Abgrenzung von Sprache und Dialekt wird in Einheit 11 genauer eingegangen; an dieser Stelle werden jene „neulateinischen Dialekte" angesprochen, deren Status als Sprache in der heutigen romanistischen Forschung mehr oder minder unkontrovers ist und die in der folgenden Tabelle aufgelistet sind:

Tab. 1.3 | Romanische Sprachen in geografisch-historischer Gliederung

Iberoromanische Sprachen	Portugiesisch
	Galicisch
	Kastilisch (Spanisch)
Galloromanische Sprachen	Katalanisch
	Okzitanisch
	Französisch
	Frankoprovenzalisch
Italoromanische Sprachen	Italienisch
	Sardisch
	Rätoromanisch
Balkanromanische Sprachen	Dalmatisch †
	Rumänisch
	Romanisch basierte Kreolsprachen

Im vorhergehenden Abschnitt haben wir die Zusammengehörigkeit dieser romanischen Sprachen, die das Gebiet der so genannten Romania bilden, bereits anhand des Zahlworts für 7 angedeutet. Noch klarer werden die Gemeinsamkeiten, wenn man statt eines Einzelworts eine Wortgruppe, einen identischen Satz oder Text in allen romanischen Sprachen gegenüberstellt, wobei dann auch gleich die Unterschiede erkennbar werden; ein Beispiel für solch eine Synopse findet sich bei Gabriel/Meisenburg (2007: 48 f.).

Romania – Der romanisch geprägte Sprach- und Kulturraum

Der Begriff *Romania* erscheint bereits im 4. Jh. in der Bedeutung ‚orbis romanus', d. h. als Bezeichnung des von Rom geprägten Kulturkreises. Seit dem 19. Jh. wird er in der Romanischen Sprachwissenschaft terminologisch verwendet als Bezeichnung für den gesamten geografischen Raum, in dem romanische Sprachen gesprochen werden oder wurden. Man unterscheidet die so genannte *Alte Romania*, wo heute romanische Sprachen als direkte Fortsetzer des Lateins, das im Zuge der Ausdehnung des Römischen Reichs dorthin getragen wurde, gesprochen werden, von der *Neuen Romania* (neulat. ROMANIA NOVA), in die sich romanische Sprachen ab dem 15. Jh. im Rahmen der kolonialen Expansion europäischer Mächte ausbreiteten. Als *Verlorene Romania* (neulat. ROMANIA SUBMERSA) bezeichnet man Gebiete – z. B. in Nordafrika, auf dem Balkan und im südwestdeutschen Raum –, die als Teile des Römischen Reichs zumindest teilweise auch sprachlich romanisiert worden waren, wo das Lateinische bzw. seine frühromanischen Folgevarietäten aber wieder verschwunden sind. Nicht zur *Romania submersa* gehört der südöstliche Teil des Römischen Reichs, der zu allen Zeiten sprachlich vom Griechischen geprägt war.

Die Gliederung der romanischen Sprachen in Tab. 1.3 erfolgte aufgrund historischer und geografischer Kriterien, wobei die Bezeichnungen der romanischen Sprach-Untergruppen grob auf das Areal verweisen, in dem sie gesprochen werden (der Begriff „galloromanisch" bezieht sich dabei auf Gallien und damit die römische Bezeichnung für das Gebiet des heutigen Frankreich und angrenzender Zonen). Dabei wird deutlich, dass es mit dem Katalanischen einerseits und dem (Ende des 19. Jhs. ausgestorbenen und daher mit dem †-Symbol versehenen) Dalmatischen andererseits zwei Sprachen gibt, die zwischen zwei Untergruppen stehen und von ihrer Struktur her (und auch von der geografischen Lage ihres Verbreitungsgebiets) als *Brückensprache* (*lengua puente*) zwischen diesen Gruppen vermitteln. Das ist keine Überraschung, denn die Grenzen zwischen verwandten Sprachen sind praktisch immer fließend, innerhalb eines manchmal breiten Transitionsbereichs gehen die Dialekte der einen Sprache in die der anderen über; scharfe Sprachgrenzen finden sich – linguistisch betrachtet – wenn überhaupt, dann nur zwischen typologisch-strukturell sehr unterschiedlichen Sprachen wie z. B. zwischen Romanisch und Baskisch. Tab. 1.3 suggeriert, dass es zwischen den galloromanischen und den italoromanischen Sprachen keine Brückensprache gibt; dem ist aber nicht so, denn die Dialekte Norditaliens – insbesondere das Piemontesische, das Lombardische, das Ligurische und das Emilianisch-Romagnolische – weisen in ihrer Lautung und in ihren grammatischen Formen zahlreiche Charakteristika auf, die man z. B. auch im Französischen findet; diese so genannten galloitalischen Dialekte bilden damit den Transitionsbereich zwischen der galloromanischen und der italoromanischen Untergruppe, und die Grenze zwischen den beiden Untergruppen wird durch eine (virtuelle) Linie zwischen dem ligurischen Hafenort La Spezia und dem an der Adria gelegenen Rimini gebildet.

Diese Linie La Spezia-Rimini spielt eine zentrale Rolle in einer anderen Gliederung der romanischen Sprachen, die auf den schweizerischen Sprachwissenschaftler Walther von Wartburg (1888–1971) zurückgeht. Sie unterteilt das Gebiet der europäischen Romania aufgrund innersprachlich-struktureller

Geografische Gliederung der romanischen Sprachen

Brückensprache

Westromania vs. Ostromania

Faktoren in einen westlichen und einen östlichen Teil. Dies kann man anhand der folgenden Karte veranschaulichen:

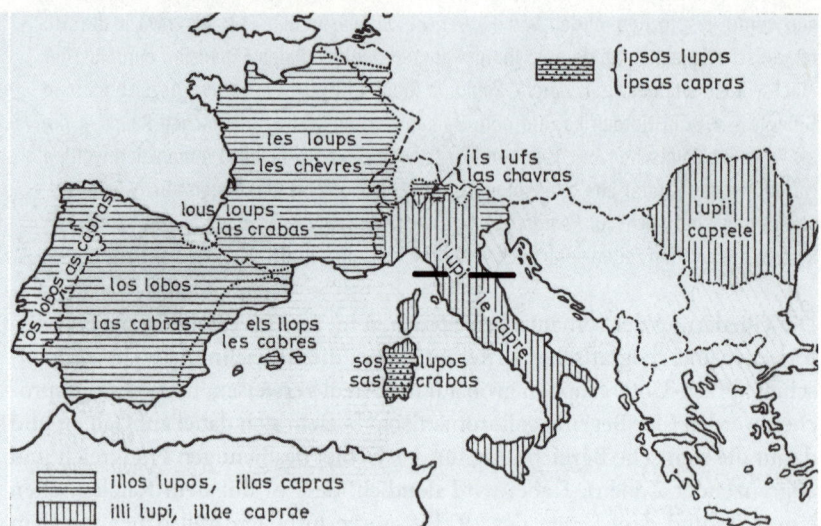

Abb. 1.3

West- vs. Ost-romania, dargestellt anhand der Pluralbildung (nach Rohlfs 1990; ergänzt durch die La Spezia-Rimini-Linie)

In dieser Karte sind die Pluralformen der romanischen Nachfahren von lat. LUPUS (Akk. Pl.: LUPOS) ‚Wolf' und lat. CAPRA (Akk. Pl.: CAPRAS) ‚Ziege' eingetragen, zusammen mit dem zugehörigen bestimmten Artikel (der als solcher im Lateinischen nicht existierte). Es fällt auf, dass in den westromanischen Sprachen – eingetragen sind hier nur das Port., Span., Katal., Okzit., Franz. und Rätorom. – der Plural auf -s gebildet wird, auslautendes lat. -s also erhalten ist (bzw. im Fall des Franz. in früheren Sprachstufen erhalten war), während in den ostromanischen Sprachen – auf der Karte sind nur Ital. und Rum. verzeichnet – der Plural auf Vokal endet. Das Sardische, das in dieser Gliederung der Romania häufig eine Zwischenstellung einnimmt, verhält sich bei diesem Kriterium wie die westromanischen Sprachen. Da das Ital. hier als homogener Block nur anhand der standardsprachlichen Formen dargestellt ist, wird der westromanische Charakter der oberitalienischen Dialekte – nördlich der La Spezia-Rimini-Linie – nicht deutlich. Wartburg liefert noch weitere, vor allem aus dem Bereich der Lautung stammende Kriterien, die die Gliederbarkeit der Alten Romania in eine westromanische und eine ostromanische Sprachgruppe klar belegen.

Zentralromania vs. Randromania

Eine weitere Gliederungsmöglichkeit, die sich vor allem auf Verteilungsmuster von Wortschatzelementen stützt, geht auf den italienischen Sprachwissenschaftler Matteo Bartoli (1873–1946) und auf den deutschen Romanisten Gerhard Rohlfs zurück: Bei dieser Gliederung wird ein zentraler, dem politisch-kulturellen Zentrum Roms und damit dem Ausgangspunkt vieler sprachlicher Innovationen näherer Teil einer Randromania gegenübergestellt, wohin manche Innovationen nicht (mehr) gelangten und wo sich deshalb häufig ältere Formen erhalten haben. Abb. 1.5 zeigt dies anhand des Ausdrucks für den Kopf, lat. CĂPŬT: Auf diese im klassischen Latein dominierende Form oder auf den von ihr abgeleiteten Ausdruck CAPITIUM ,Kopföffnung (in einem Kleidungsstück), Kapuze' verweisen vor allem die Wörter am West-, Süd- und Ostrand der Romania, am deutlichsten das Kat., das Rum. und das gaskognische Okzit. Im Zentrum – in vielen Teilen Italiens, im Frankoprov., in den östlichen Dialekten des Okzit. und im Franz. – haben sich Wörter auf der Grundlage von lat. TĔSTĂ ,Topf, Krug, irdenes Geschirr, Tonscherbe (auch: Back-, Ziegelstein)' durchgesetzt. Die Verteilung der Formen ist allerdings nicht so eindeutig, wie das Modell von Zentral- vs. Randromania es nahelegen würde. Warum aus einem Wort mit der Bedeutung ,Krug' oder ,Tonscherbe' ein Wort für ,Kopf' entstehen konnte, beantwortet die Karte auch nicht – dies ist eine Frage der Semantik und des historischen Bedeutungswandels (s. Einheit 6).

|Abb. 1.4

Gerhard Rohlfs
(1892–1986)

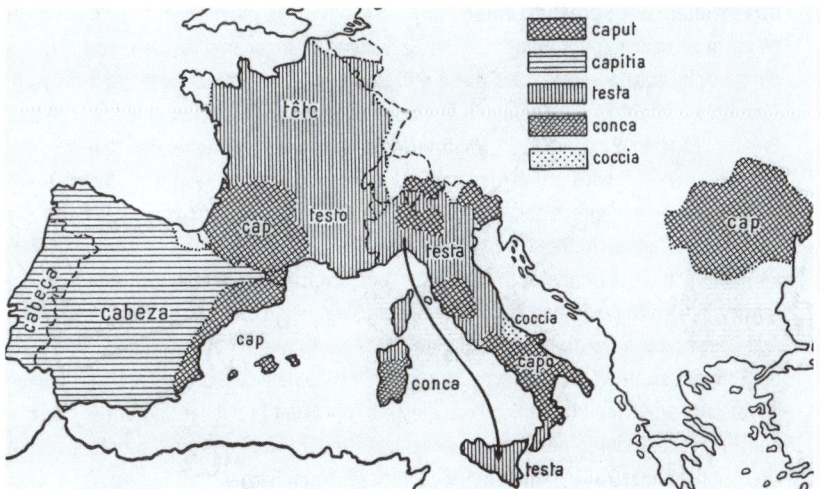

|Abb. 1.5

Zentral- und Randromania, dargestellt anhand des lexikalischen Ausdrucks für „Kopf" (nach Rohlfs 1990)

Das Spanische in seiner Verbreitung wird im nachfolgenden Abschnitt, die anderen Sprachen Spaniens und damit auch das Katalanische und das Galicische – als Kontaktvarietäten des Spanischen – in Einheit 9 näher vorgestellt. Zusatzmaterialien in knapper Form zu den in Tab. 1.3 erwähnten übrigen romanischen Sprachen, vor allem hinsichtlich Verbreitung, Sprecherzahl, Hauptdialekten, struktureller Besonderheiten und ihres soziolinguistischen Status, finden Sie im Internet unter www.bachelor-wissen.de. Für einen detaillierteren Überblick seien insbesondere die den Einzelsprachen gewidmeten Bände des *Lexikons der Romanistischen Linguistik* (LRL; Holtus/Metzeltin/Schmitt ed. 1988–2005), Bossong (2008) und – vor allem für sprachstrukturelle Aspekte – Harris/Vincent (ed. 1988) empfohlen.

1.4 | Weltsprache Spanisch

Spanisch nimmt zu

Wie schon in Abschnitt 1.1 hervorgehoben wurde, ist Spanisch eine der großen Weltsprachen. Wir haben auch schon gesehen, dass die dominierende Tendenz der weltweiten Sprachentwicklung zur weiteren Ausbreitung weniger Weltsprachen einerseits und zum Sterben zahlreicher kleinerer Sprachen andererseits führt (z. T. mit lokalen Gegenbewegungen, s. Einheit 9). Wenngleich in manchen Gebieten das Spanische durch die Emanzipation lokaler Sprachen an Bedeutung verliert, gehört es doch global gesehen zu den expansiven Sprachen, deren Sprecherzahlen Jahr für Jahr wachsen, im Falle des Spanischen als Erstsprache in erster Linie durch Bevölkerungswachstum. Auch als Zweitsprache nimmt das Spanische ständig zu. Wie bereits mehrfach angedeutet, ist das Kriterium der Sprecherzahl jedoch nicht unproblematisch, weshalb im Folgenden kurz darauf eingegangen werden soll.

Das Problem der Sprecherzahlen

Wenn in diesem Kapitel immer wieder Sprecherzahlen genannt werden, so ist unbedingt darauf hinzuweisen, dass diese mit großer Vorsicht betrachtet werden müssen. Man könnte meinen, es sei einfach festzustellen, wie viele Sprecher eine Sprache hat. Dies ist manchmal in der Tat so. Wenn wir etwa die in Portugal lebenden Sprecher des europäischen Portugiesisch zählen wollen, so ist dies insofern relativ gut möglich, als im weitgehend einsprachigen Portugal die Bevölkerungszahl nur geringfügig von der Sprecherzahl abweicht. Aber selbst der vergleichsweise einfache Fall des europäischen Portugiesisch ist bei näherer Betrachtung komplexer: Schon bei der Einbeziehung der zahlreichen portugiesischen Emigranten (etwa in Frankreich, der Schweiz, Deutschland und Luxemburg) wird die Berechnung der Portugiesischsprecher schwieriger: Wie viele der Emigranten sind portugiesische Staatsbürger? Wie viele der Portugiesischstämmigen im Ausland sprechen tatsächlich Portugiesisch (vor allem in zweiter und dritter Generation)? Im Falle anderer, per se mehrsprachiger Länder – und das sind in unterschiedlichem Maße nahezu alle – wird die Sache noch problematischer.

Die wichtigsten Probleme, die sich beim Berechnen von Sprecherzahlen ergeben, sind folgende:

► Man bezieht sich beim Zählen von Sprechern – so auch hier – meist auf bestimmte Gebiete (Länder, Regionen). In diesen Gebieten werden jedoch oft mehrere Sprachen gesprochen und die Sprecherzahl ist immer dynamisch (Menschen immigrieren oder emigrieren, sie wechseln die Sprache oder sie sprechen verschiedene Sprachen, etc.);

► Sprecherzahlen verändern sich teilweise sehr schnell. Die Bevölkerung von Mexiko etwa ist in wenigen Jahrzehnten von 80 Mio. auf über 103 Mio. angewachsen. In vielen Quellen aber werden veraltete Zahlen genannt, die häufig ohne Aktualisierung abgeschrieben werden;

► über die Sprecherzahlen liegen oft keine genauen Informationen vor. Für manche Länder gibt es relativ genaue Zahlen, die auf soziolinguistischen Untersuchungen beruhen, in anderen Gebieten verfügen wir nur über grobe Schätzungen;

- in vielen Gebieten koexistiert etwa das Spanische mit anderen Sprachen, und das Verhältnis der Sprachen zueinander ist unklar. Auch wenn etwa in Volkszählungen nach der Sprache gefragt wird, so können verschiedene Faktoren wir Prestige, Scham, Ideologie, Wunsch nach Veränderung oder Bewahrung das Antwortverhalten teilweise sehr stark beeinflussen; die Zahlen repräsentieren dann zwar das, was die Sprecher in einer bestimmten Befragung für die angemessene Antwort hielten, nicht unbedingt aber ihr tatsächliches Verhalten;
- mehrsprachige Sprecher haben oft Schwierigkeiten zu sagen, welche ihre bevorzugte Sprache ist: Sprachenanteile lassen sich nicht messen wie Mengenangaben eines Kochrezeptes;
- Sprecherzahlen können aufgrund der zahlreichen Unsicherheitsfaktoren der genauen Bestimmung leicht „geschönt" werden, da es sich nicht um exakte, objektive Größen handelt. Je nach Interesse dessen, der die Zahlen präsentiert, werden diese mitunter sehr unterschiedlich dargestellt. Dies trifft selbst auf die Sprecherzahlen zu, die von offiziellen Organisationen, Buchautoren oder Wissenschaftlern vorgelegt werden: Wenn beispielsweise eine spanische Regionalregierung die Lebendigkeit der Regionalsprache und eine erfolgreiche Förderpolitik in dieser Hinsicht hervorheben will, so wird sie dazu tendieren, die für sie „günstigen" Zahlen zu bevorzugen, sofern mehrere Alternativen vorliegen.

Trotz all dieser Unsicherheiten sind Sprecherzahlen eine wichtige Vergleichsgröße. Man sollte jedoch die Zahlen nie einfach übernehmen, sondern stets die Grauzone zwischen minimaler und maximaler Zählung betrachten. Auch sollte man nachprüfen, wie die jeweiligen Zahlen entstanden sind und ob bei der entsprechenden Quelle vielleicht ein bestimmtes Interesse bestand, diese und nicht andere Zahlen zu präsentieren.

Spanischsprachige Länder und Gebiete | 1.5

| Abb. 1.6
Die spanisch-
sprachige Welt

Bei der folgenden Darstellung der einzelnen Gebiete, in denen Spanisch gesprochen wird, werden wir zunächst das Spanische als Erstsprache vorstellen und die Sprecherzahlen, das Verhältnis zwischen Spanisch und anderen

Sprachen sowie die verfassungsmäßige Verankerung des Spanischen nennen. Anschließend soll kurz auf Spanisch als Zweitsprache und auf spanisch-basierte Kreolsprachen eingegangen werden.

1.5.1 | Spanisch in Europa

Spanien (*España*):

Kastilisch – Spanisch

Spanien ist das Land, in dem aus dem Latein das Kastilische (*castellano*) entstand, das vor allem im Ausland, aber auch in Spanien selbst und in vielen Ländern als Spanisch (*español*) bezeichnet wird (s. die Sprachgeschichte in den Einheiten 12 u. 13). Im größten Teil Spaniens wird ausschließlich Spanisch mit seinen Dialekten gesprochen; darüber hinaus ist Spanisch neben den entsprechenden Regionalsprachen offizielle Sprache auch in verschiedenen mehrsprachigen Gebieten, in denen außerdem Katalanisch (Katalonien, Balearen, Land Valencia), Baskisch (Baskenland und Teile Navarras) und Galicisch gesprochen wird (s. Einheit 9). Je nach Zählung und vermutetem Verhältnis zu den Regionalsprachen schwankt die Zahl der Spanischsprecher in Spanien zwischen 28 und über 40 Mio.

In der spanischen Verfassung von 1978 wird das Spanische (hier: *el castellano*) als offizielle Sprache neben den „anderen spanischen Sprachen" („demás lenguas españolas"), die in ihren Gebieten ebenfalls offiziell sind, festgeschrieben:

> *Artículo 3. 1. El castellano es la lengua española oficial del Estado. Todos los españoles tienen el deber de conocerla y el derecho a usarla.*
> *2. Las demás lenguas españolas serán también oficiales en las respectivas Comunidades Autónomas de acuerdo con sus Estatutos.*
> *3. La riqueza de las distintas modalidades lingüísticas de España es un patrimonio cultural que será objeto de especial respeto y protección.*

Sprachenvielfalt Spaniens

Auf die anderen Sprachen Spaniens werden wir in Einheit 9 detailliert eingehen. Hier nur der Hinweis, dass Galicisch in Galicien, Baskisch im Baskenland und Navarra und Katalanisch in Katalonien, auf den Balearen und im Land Valencia sowie Okzitanisch im Aran-Tal in den Pyrenäen offiziellen Status genießen; im Falle des Asturianischen, des Aragonesischen und anderer regionaler Sprachformen wird z. T. die Sprachpflege durch regionale sprachpolitische Maßnahmen unterstützt.

Castellano und *español*

Das Spanische ist eine Sprache mit zwei Namen: *castellano* und *español*, deren Verwendung recht komplex ist. Während das von Kastilien (*Castilla*), von wo aus sich das Spanische ausbreitete, abgeleitete *castellano* im Mittelalter und in der frühen Neuzeit die im Lande übliche Form zur Bezeichnung der Sprache war, wurde die ursprünglich aus Südfrankreich stammende Bezeichnung *español* (und davon abgeleitet dt. *spanisch*, engl. *Spanish*, it. *spagnolo* etc.) ab dem 16. Jh. vor allem in den Städten und außerhalb

Spaniens immer gebräuchlicher. Im ländlichen Raum blieb *castellano* weit verbreitet. Heute besteht v. a. wegen der Emanzipation „anderer spanischer Sprachen" (so die Verfassung von 1978) in Spanien die Tendenz, *castellano* als ‚politisch korrektere' Form zu verwenden. In Amerika zeigen sich v. a. regionale Unterschiede; während in einigen Ländern fast ausschließlich von *español* die Rede ist, werden in anderen beide Formen verwendet und in wieder anderen ausschließlich *castellano*. Oft geht die Verwendung beider Formen einher mit unterschiedlichen, stark variierenden Konnotationen (etwa zuweilen in Argentinien mit der Vorstellung, *castellano* bezeichne das lokale Spanisch, während *español* das Spanische Spaniens bezeichne).

Andorra:

Neben der am meisten verbreiteten Amtssprache Katalanisch sprechen ca. 35 % und damit etwa 28.500 der Bewohner des Pyrenäenstaates Andorra Spanisch. Ca. 20 % sprechen Französisch, auch Portugiesisch ist als Migrantensprache verbreitet.

Gibraltar:

Trotz der mehr als dreihundertjährigen Präsenz der Engländer auf dem „Felsen" von Gibraltar und Englisch als offizieller Sprache wird bis heute von einem großen Teil der Bevölkerung (rund 10.000 Personen bei ca. 29.000 Einwohnern) andalusisches Spanisch gesprochen. Daneben hat sich eine lokale Mischform, das so genannte *Yanito* (Lewey 2008) herausgebildet, das u. a. auch Elemente aus dem Italienischen und aus der spanischen Zigeunersprache *Caló* aufweist.

Restliches Europa:

In verschiedenen europäischen Ländern gibt es z. T. größere Gruppen spanischsprachiger Migranten. Als Zweit- oder Drittsprache gewinnt Spanisch seit mehreren Jahrzehnten in Europa stetig an Bedeutung.

Spanisch in Amerika |1.5.2

Der amerikanische Doppelkontinent, wo das Spanische seit der „Entdeckung" durch Kolumbus im Jahre 1492 präsent und heute die am meisten gesprochene und verbreitete Sprache ist, trägt mit über 300 Mio. Spanischsprechern den weitaus größten Anteil zur Weltsprache Spanisch bei. Hier ist auch die größte Zunahme an Sprechern zu verzeichnen.

Nordamerika |1.5.2.1

Kanada (*Canadá*):

Kanada ist zwar – wie die USA – ein klassisches Einwandererland, das Spanische spielt in diesem vor allem von der offiziellen englisch-französischen Zweisprachigkeit geprägten Land jedoch nur eine untergeordnete Rolle: 2001 gaben etwa 250.000 in Kanada Ansässige das Spanische als ihre Muttersprache an (verglichen mit 470.000, die Italienisch nannten, und 440.000 Deutschsprachigen). Die Zahl der Spanischsprachigen steigt jedoch in den letzten Jahren beständig an.

Spanisch als
2. Sprache der USA

USA (*Estados Unidos de América, EE. UU.*):
Bis ins 19. Jh. war der Süden der USA, der auf die spanische Kolonisation zurückging und Teil Mexikos war, spanischsprachig. Von dieser spanischsprachigen Bevölkerung – auf Englisch als „heritage speakers of Spanish" bezeichnet – sind nur noch Reste übriggeblieben, neben wenigen Sprechern in kleinen „Sprachinseln" in Louisiana, Arizona und Neu-Mexiko v. a. zahlreiche Ortsnamen. Die heutige spanischsprachige Bevölkerung in den USA geht v. a. auf Immigration seit dem 20. Jh. zurück; die Hauptimmigrationsländer sind Mexiko, Puerto Rico, Kuba und die Dominikanische Republik, neben verschiedenen anderen mittel- und südamerikanischen Ländern. In den letzten Jahrzehnten hat der Anteil der spanischsprachigen, v. a. der mexikanischen Immigranten ständig zugenommen. Die folgende Tabelle zeigt die Entwicklung der Immigration (unter besonderer Berücksichtigung der spanischsprachigen Immigranten und der Mexikaner) in die USA seit 1960:

Tab. 1.4 |

Spanisch als
Migrantensprache
in den USA (nach
Silva-Corvalán/
Lynch 2009: 104; mit
Daten des staatlichen
Volkszählungsbüros
der USA)

Jahr	Immigranten: % der Gesamtbevölkerung	Anzahl Immigranten	% aus Lateinamerika	% aus Mexiko
2005	12,4 %	35.690.000	53,3 %	nicht ermittelt
2000	11,1 %	31.108.000	51,7 %	29,5 %
1990	7,9 %	19.800.000	44,3 %	23,0 %
1980	6,2 %	14.080.000	33,1 %	17,0 %
1970	4,7 %	9.619.000	19,4 %	7,9 %
1960	5,4 %	9.738.000	9,4 %	5,9 %

Anmerkung: Gesamtbevölkerung der USA: 281.421.906 (2000), 288.378.137 (2005)

Nach der Volkszählung aus dem Jahr 2000 (die nächste ist 2010) machen die hispanoamerikanischen Immigranten etwa 12 % der US-amerikanischen Bevölkerung aus, also ca. 34 Mio. Personen, Tendenz steigend. Je nach Gebiet variiert die vorwiegende Herkunft der *Hispanos* oder *Hispanics*, der Grad der Homogenität der spanischsprachigen Bevölkerung und das jeweilige Prestige der Sprache – und damit die Frage des Spracherhalts über die Generationen hinweg. Die vorherrschende Tendenz ist die eines zunehmenden Verlusts des Spanischen bei den Generationen der in den USA aufwachsenden Kinder und Enkel von Immigranten, wobei der Sprachenwechsel meist nicht abrupt, sondern über Mischformen (s. Einheit 9) vor sich geht. In den letzten Jahrzehnten haben sich in manchen Gebieten (Kubaner und Venezolaner in Florida, Puertorikaner – „Nuyoricans" – in New York oder Mexikaner in Kalifornien) soziale Organisationsformen (Kirche und sonstige

Vereinigungen, wirtschaftliche Unternehmen, Medien) herausgebildet, die die Kohärenz der spanischsprachigen Bevölkerung fördern und zum Spracherhalt beitragen. Mit dem Spanischen gibt es im *Melting Pot* USA erstmals seit der Konsolidierung des Englischen als unbestrittener gemeinsamer Sprache aller US-Amerikaner eine zweite Sprache, die sich einen dauerhaften Platz in der amerikanischen Gesellschaft erstritten hat, wobei demografische Zukunftsprognosen diese Stellung eher noch verstärken: Die anhaltende Immigration und die im Vergleich zur Gesamtbevölkerung höhere Geburtenrate bei der spanischsprachigen Bevölkerung führen zu einem kontinuierlichen Zuwachs des Spanischen. Prognosen der US-Regierung sagen, dass im Jahr 2042 etwa 30 % (ca. 133 Mio.) der US-Einwohner hispanoamerikanischer Herkunft sein werden – wobei allerdings die Frage der von diesen gesprochenen Sprache(n) offen bleibt. Die *Hispano*-Bevölkerung hat heute in allen Bereichen der US-amerikanischen Gesellschaft – Wirtschaft, Politik, soziale Organisation – eine große Bedeutung. Sie gilt u. a. als wahlentscheidend bei den Präsidentschaftswahlen, was ihr eine besondere politische Schlüsselfunktion zukommen lässt. Dennoch ist es nicht möglich, von der Bevölkerungssituation ausgehend langfristige Vorhersagen über die Entwicklung des Spanischen in den USA anzustellen. Die Wahrscheinlichkeit einer dauerhaften Konsolidierung des Spanischen als zweiter Sprache der USA ist jedoch heute größer denn je (weitere Informationen vgl. López Morales 2009).

Mexiko (*México, Estados Unidos Mexicanos*):

Mexiko, dessen größter und bevölkerungsreichster Teil (bis zum Isthmus von Tehuantepec) geografisch zu Nordamerika gerechnet wird, ist mit ca. 103,3 Mio. Einwohnern (Daten von 2005 bei ständigem Wachstum; Schätzung 2010: 108,4 Mio.) das bevölkerungsreichste spanischsprachige Land der Welt. Mit Mexiko-Stadt und seinen etwa 20 Mio. Einwohnern liegt hier auch die weltweit größte spanischsprachige Stadt. Es wird angenommen, dass ca. 96 % der mexikanischen Bevölkerung Spanisch sprechen, die im ganzen Land offizielle Sprache. Neben Spanisch werden zahlreiche indigene Sprachen gesprochen, offiziell erkennt die mexikanische Regierung 62 Sprachen neben dem Spanischen an. Die wichtigsten sind das im mexikanischen Hochland von ca. 1,4 Mio. Menschen gesprochene Náhuatl, die Sprache der Azteken (auch Mexicano, Mexicanero, Nahuat, Nahual), das yukatekische Maya (*yucateco*) mit etwa 780.000 Sprechern, das Zapotekische (*zapoteco*) mit ca. 770.000 Sprechern, das Mixtekische (*mixteco*) mit ca. 420.000 Sprechern, das Otomí mit ca. 240.000 Sprechern sowie weitere Mayasprachen wie das Tzeltal mit ca. 370.000 Sprechern und das Tzotzil mit ca. 330.000 Sprechern (alle Sprecherzahlen je nach Quelle mit großen Schwankungen). Diese haben seit dem Generalgesetz über die Sprachenrechte der indigenen Völker von 2003 einen umfassenden Rechtsstatus erhalten, der ihren Gebrauch u. a. im öffentlichen Leben und im Erziehungswesen regelt. Die praktische Sprachpolitik schwankt jedoch

> Mexiko, bevölkerungsreichstes spanischsprachiges Land

sehr stark; trotz einer gewissen Förderung der indigenen Sprachen gewinnt das Spanische auch in den meisten mehrsprachigen Gebieten weiter an Bedeutung.

In der mexikanischen Verfassung wird die offizielle Sprache nicht explizit festgelegt; es versteht sich gewissermaßen von alleine, dass es das Spanische ist. Dabei werden seit den 1990er Jahren die Rechte der indigenen Bevölkerung gleich zu Beginn der Verfassung hervorgehoben, was einer grundlegenden Veränderung der mexikanischen Staatsauffassung entspricht, in der die indigene Bevölkerung bis vor wenigen Jahrzehnten eine völlig untergeordnete Rolle gespielt hat.

1.5.2.2 | *Mittelamerika und Karibik*

Guatemala:
Von den 12,8 Mio. Einwohnern Guatemalas sprechen etwa 60 % die Staatssprache Spanisch, daneben werden 23 indigene Sprachen gesprochen, von denen 21 zur Maya-Familie gehören.

In der Verfassung von 1993 heißt es in Artikel 143: *„Idioma oficial. El idioma oficial de Guatemala es el español. Las lenguas vernáculas forman parte del patrimonio cultural de la Nación.“*

Honduras:
In Honduras spricht nahezu die gesamte Bevölkerung von 7,3 Mio. Spanisch. In Artikel 6 der Verfassung von 1982 heißt es: *„El idioma oficial de Honduras es el español. El Estado protegerá su pureza e incrementará su enseñanza.“*

El Salvador:
Die Bevölkerung von El Salvador (6,9 Mio.) spricht zu 99 % Spanisch; eine kleine Minderheit spricht die indigene Sprache Kekchí. Bis etwa 1930 gab es noch rund 20 % indigene Bevölkerung. Die so genannten *Matanza* von 1932, die brutale Niederschlagung eines Aufstandes vorwiegend indigener Bauern, überlebten nur wenige Sprecher indigener Sprachen. Die Verfassung von 1983 legt das Spanische als offizielle Sprache und den Schutz der anderen Sprachen fest: *„Artículo 62. El idioma oficial de El Salvador es el castellano. El gobierno está obligado a velar por su conservación y enseñanza. Las lenguas autóctonas que se hablan en el territorio nacional forman parte del patrimonio cultural y serán objeto de preservación, difusión y respeto.“*

Nicaragua:
Von den 5,5 Mio. Einwohnern Nicaraguas sprechen etwa 5 Mio. Spanisch. An der Ostküste wird z.T. Englisch gesprochen. Die Verfassung von 1987 nennt das Spanische als offizielle Sprache und nennt auch die Kooffizialität der Sprachen der Ostküste: *„Artículo 11. El español es el idioma oficial del Estado. Las lenguas de las Comunidades de la Costa Atlántica de Nicaragua también atendrán uso oficial en los casos que establezca la ley.“*

Costa Rica:
Etwa 98 % der 4,4 Mio. Einwohner Costa Ricas sprechen Spanisch; 1,7 % der Bevölkerung spricht indigene Sprachen. In der Verfassung von 1949 wird der offizielle Status des Spanischen festgeschrieben; daneben wird gesagt, dass die indigenen Minderheitssprachen geschützt werden sollen: *„Artículo 76. El español es el idioma oficial de la Nación. No obstante, el Estado velará por el mantenimiento y cultivo de las lenguas indígenas nacionales."*

Panama (*Panamá*):
In Panama ist Spanisch die vorherrschende Sprache der 3,2 Mio. Einwohner; Englisch ist v. a. als Zweitsprache präsent und ist Erstsprache einer Minderheit. In der Verfassung von 1972 wird Spanisch als offizielle Sprache festgeschrieben: *„Artículo 7. – El español es el idioma oficial de la República."*

Kuba (*Cuba*):
Die ca. 11,4 Mio. Bewohner der Karibikinsel Kuba sprechen Spanisch, dessen Offizialität an prominenter Stelle in Artikel 2 der Verfassung von 1992 festgelegt wird: *„Artículo 2. El nombre del Estado cubano es República de Cuba, el idioma oficial es el español y su capital es la ciudad de La Habana."*

Dominikanische Republik (*República Dominicana*):
Auch die ca. 9,7 Mio. Einwohner der Dominikanischen Republik sprechen fast alle Spanisch. Spanisch ist offizielle Landessprache, wird aber in der Verfassung nicht genannt. Eine Minderheit an der Grenze zu Haiti spricht Haitianisches Kreol. In der Provinz Samaná spricht eine Minderheit ein englisches Kreol (Inglés de Samaná).

Puerto Rico:
Die Karibikinsel Puerto Rico ist ein mit den USA assoziierter Inselstaat mit etwa vier Mio. Einwohnern. Staatssprachen sind Spanisch und Englisch. 1991 wurde Spanisch zur offiziellen Regierungssprache erklärt, zwei Jahre später Spanisch und Englisch. Muttersprache der Puertorikaner ist im Allgemeinen Spanisch; Englisch ist als Zweitsprache im öffentlichen Leben präsent, es ist jedoch nur Muttersprache von etwa 2 % der Bevölkerung. Es herrscht intensiver Kontakt zu den USA; die vorwiegend Englisch sprechenden Pop-Ikonen Jennifer López, Ricky Martin und andere gelten als Aushängeschilder puertorikanischer Kultur in den USA.

In der Verfassung von 1952 wird keine offizielle Sprache genannt, es wird jedoch festgelegt, dass etwa die Parlamentsmitglieder Spanisch und Englisch schreiben und lesen können müssen.

Trinidad und Tobago:
In dem Karibikstaat Trinidad und Tobago ist Englisch offizielle Landessprache und wird von ca. 95 % der etwa 1,3 Mio. Bewohner gesprochen. Spanisch ist u. a. wegen der Nähe zu Venezuela und wegen der staatlichen Förderung als Fremdsprache weit verbreitet, vor allem als Zweitsprache.

1.5.2.3 | *Südamerika*

Venezuela:

Von den 26,4 Mio. Einwohnern Venezuelas spricht die große Mehrheit Spanisch; die Zahlen der Sprecher indigener Sprachen schwanken; man nimmt an, dass ca. 10 % der Bevölkerung eine der 31 indigenen Sprachen spricht. Die Verfassung von 1999 schreibt das Spanische – neben den indigenen Sprachen in den jeweiligen Gebieten – als offizielle Sprache fest: *„Artículo 9. El idioma oficial es el castellano. Los idiomas indígenas también son de uso oficial para los pueblos indígenas y deben ser respetados en todo el territorio de la República, por constituir patrimonio cultural de la Nación y de la humanidad.“*

Kolumbien (*Colombia*):

Kolumbien gehört mit 46 Mio. Einwohnern zu den bevölkerungsreichsten spanischsprachigen Ländern und ist das an Sprecherzahlen wichtigste spanischsprachige Land Südamerikas, mit sehr starkem Bevölkerungswachstum.

Die etwa 75 indigenen Sprachen gehören zu den Familien Arawak, Caribe, Chibcha, Quechua und Tupí; zahlreiche der kolumbianischen Sprachen sind akut vom Aussterben bedroht. Während traditionell den indigenen Sprachen in Kolumbien, das ein äußerst vielsprachiges Land ist, wenig offizielle Aufmerksamkeit zuteil wurde, wurde in Artikel 10 der kolumbianischen Verfassung von 1991 neben der Offizialität des Spanischen die Kooffizialität der indigenen Sprachen festgelegt: *„El castellano es el idioma oficial de Colombia. Las lenguas y dialectos de los grupos étnicos son también oficiales en sus territorios. La enseñanza que se imparta en las comunidades con tradiciones lingüísticas propias será bilingüe.“*

Ecuador:

Von den 13,2 Mio. Ecuadorianern sprechen zwischen 10 und 12 Mio. Spanisch. Daneben gibt es ca. zwei Mio. Sprecher des Quechua (oder Quichua) sowie im Norden und Osten kleinere Gruppen von Sprechern weiterer indigener Sprachen wie dem Chibcha oder dem Shuar.

In Artikel 1 der Verfassung von 1998 findet sich der folgende Passus über die Offizialität des Spanischen und der anderen Sprachen Ecuadors: *„El Estado respeta y estimula el desarrollo de todas las lenguas de los ecuatorianos. El castellano es el idioma oficial. El quichua, el shuar y los demás idiomas ancestrales son de uso oficial para los pueblos indígenas, en los términos que fija la ley.“*

Peru (*Perú*):

Von den 28 Mio. Peruanern sprechen etwa 80 % Spanisch; mehrere Mio. sprechen außerdem (und zum Teil ausschließlich) verschiedene Varietäten des Quechua und Aymara, kleinere Gruppen im Amazonasgebiet weitere indigene Sprachen. Die Verfassung von 1993 schreibt die Kooffizialität der (schon seit 1975 in der Verfassung offizialisierten) indigenen Sprachen fest: *„Artículo 48°. – Son idiomas oficiales el castellano y, en las zonas donde predo-*

22

minen, también lo son el quechua, el aimara y las demás lenguas aborígenes, según la ley."

Bolivien (*Bolivia*):
Von den 9 Mio. Bolivianern sprechen ca. 2,5 Mio. Quechua und 2 Mio. Aymara; das Spanische ist Erstsprache von etwa 80 % der Bevölkerung.

In Artikel 6 der Verfassung von 1967 wird in einem allgemein gehaltenen Passus die Gleichheit der Personen unabhängig von deren Rasse oder Sprache festgelegt: *„La persona humana y el Estado. Todo ser humano tiene personalidad y capacidad jurídicas, con arreglo a las leyes. Goza de los derechos, libertades y garantías reconocidas por esta Constitución, sin distinción de raza, sexo, idioma, religión, opinión política o de otra índole, origen, condición económica o social, u otra cualquiera."*

Chile:
Von den 16,5 Mio. Chilenen spricht die große Mehrheit Spanisch; etwa 200.000 sprechen Mapuche; daneben gibt es auch kleinere Gruppen von Sprechern indigener Sprachen wie Aymara und Quechua; auf der zu Chile gehörenden Osterinsel gibt es noch ca. 4.500 Sprecher der polynesischen Sprache Rapa Nui.

Paraguay:
Paraguay ist das einzige südamerikanische Land, in dem eine indigene Sprache Mehrheitssprache ist. Das Guaraní, dessen Status v. a. durch dessen Verbreitung durch die Jesuiten im 17. und 18. Jh. (bis 1767) gegenüber dem Spanischen konsolidiert wurde, ist heute absolut mehrheitlich. Dennoch ist im urbanen Raum und im schriftlichen Bereich das Spanische die dominierende Sprache. Von den 6,1 Mio. Paraguayern sprechen etwa 95 % Guaraní; außerdem sprechen ca. 75 % der Sprecher Spanisch; während es also nur ca. 5 % Sprecher gibt, die kein Guaraní sprechen, spricht etwa ein Viertel der Bevölkerung kein Spanisch. Im Grenzgebiet zu Brasilien werden Portugiesisch bzw. spanisch-portugiesische Mischformen gesprochen; eine kleine Minderheit spricht Deutsch.

Seit 1967 wird Guaraní als Nationalsprache in der Verfassung erwähnt. In der Verfassung von 1992 wird die Zweisprachigkeit Paraguays offiziell festgelegt: *„Artículo 140. – De los idiomas. El Paraguay es un país pluricultural y bilingüe. Son idiomas oficiales el castellano y el guaraní. La ley establecerá las modalidades de utilización de uno y otro. Las lenguas indígenas, así como las de otras minorías, forman parte del patrimonio cultural de la Nación."*

Uruguay:
Etwa 97 % der ca. 3,4 Mio. Uruguayer sind europäischstämmig und sprechen Spanisch. Im Grenzgebiet zu Brasilien wird das so gennante *fronteiriço* gesprochen, eine Mischung aus Portugiesisch und Spanisch.

Argentinien (*Argentina*):
Der größte Anteil der ca. 40 Mio. Argentinier spricht Spanisch; außerdem gibt es größere Gruppen, die europäische Sprachen (v. a. Italienisch, auch Piemontesisch, und Deutsch) sprechen. Hinzu kommen ca. 320.000 Sprecher indigener Sprachen, v. a. des Guaraní. Durch Immigration hauptsächlich aus Paraguay nimmt die Zahl der Guaraní-Sprecher auch im urbanen Raum zu.

1.5.3 | Afrika

Spanisch wird in Afrika als offizielle Sprache an der Nordküste in den zu Spanien gehörenden Enklaven Ceuta und Melilla gesprochen. In den ehemals von Spanien verwalteten und 1976/79 von Marokko (*Marruecos*) annektierten Gebieten der Westsahara (*Sahara occidental*) spielt das Spanische als gesprochene Sprache nur eine geringe Rolle; ihm wird jedoch von der westsaharauischen Befreiungsbewegung Frente Polisario ein gewisser symbolischer Wert – als Abgrenzungskriterium gegenüber Marokko – zugemessen.

Äquatorialguinea (*Guinea Ecuatorial*):
Das einzige spanischsprachige Land in Afrika ist Äquatorialguinea, wo außer der Staatssprache Spanisch, die von knapp einer halben Mio. Sprechern gesprochen wird, auch noch verschiedene Bantusprachen und eine Pidginsprache gesprochen werden. In der Verfassung heißt es: „*Artículo 4. – La lengua oficial de la República de Guinea Ecuatorial es el español. Se reconoce las lenguas aborígenes como integrantes de la cultura nacional.*"

1.5.4 | Asien

In der ehemaligen spanischen Kolonie Philippinen werden 171 Sprachen gesprochen. Für das Jahr 1990 wurde in manchen Untersuchungen noch von zwei bis drei Mio. Spanischsprechern unter den ca. 90 Mio. Einwohnern ausgegangen, was jedoch radikal von den Zahlen der philippinischen Volkszählung aus demselben Jahr abweicht, nach der es nur 2.657 Spanischsprecher gab. Daneben sprechen etwa 300.000 Sprecher die spanisch-basierte Kreolsprache Chabacano (s. Abschn. 1.7). Bis heute wird auf den Philippinen über die Reoffizialisierung des Spanischen diskutiert, das bis 1973 Amtssprache und bis 1987 eine der Pflichtsprachen für den Schulunterricht war.

1.5.5 | Judenspanisch (*judeoespañol*)

Judenspanisch (*judeoespañol*, auch *ladino*), das von den Nachfahren der 1492 aus Spanien vertriebenen sephardischen Juden gesprochene Spanisch, wird heute noch von ca. 150.000 Sprechern u. a. in Israel, der Türkei, Griechenland, Bosnien und Herzegowina, Bulgarien und Mazedonien gesprochen.

Zusammenfassung

Land	Sprecherzahlen SIL	Sprecherzahlen Instituto Cervantes	Sprecherzahlen Mundoabierto
España (mit Inseln und Ceuta/Melilla)	28.173.600	38.969.000	40.406.000
Andorra	24.600	30.000	37.142
Gibraltar	6.928	10.061	13.393
Venezuela	21.480.000	22.060.000	26.021.000
Colombia	34.000.000	35.850.000	45.255.000
Ecuador	9.500.000	11.100.000	11.691.000
Perú	20.000.000	19.440.000	23.191.000
Bolivia	3.483.700	6.810.000	7.010.000
Paraguay	186.800	2.805.000	4.736.000
Argentina	33.000.000	35.300.000	39.248.000
Uruguay	3.000.000	3.050.000	3.442.000
Chile	13.800.000	13.080.000	15.795.000
Guatemala	4.673.000	7.270.000	8.163.000
Honduras	5.600.000	5.718.000	7.267.000
El Salvador	5.900.000	5.662.000	6.859.000
Nicaragua	4.347.000	4.112.000	5.503.000
Costa Rica	3.300.000	3.382.000	4.220.000
Panamá	2.100.000	2.088.000	3.108.000
México	86.211.000	92.890.000	102.255.000
Estados Unidos	22.400.000	20.150.000	44.136.929
Cuba	10.000.000	11.190.000	11.285.000
Rep. Dominicana	6.886.000	7.650.000	8.850.000
Puerto Rico	3.437.120	3.741.000	4.017.000
Trinidad y Tobago	4.100	(keine Angabe)	144.942
Marruecos	20.000	20.000	360.706
Sahara Occidental	47.520	16.648	37.132
Guinea Ecuatorial	11.500	443.000	447.000
Filipinas	2.658	1.816.389	3.130.380
	321.595.526	**354.653.098**	**426.629.624**

Tab. 1.5
Zahl der Spanisch-sprecher weltweit (nach www.ethnologue.com [erste Spalte], cvc.cervantes.es/obref/anuario/anuario_99/otero/p03.htm [zweite Spalte], www.mundoabierto.com/espanoldatos.htm [dritte Spalte])

In Tabelle 1.5 findet sich eine Synopse der Sprecherzahlen der einzelnen spanischsprachigen Länder. Wie schon betont, schwanken die Sprecherzahlen je nach Quelle sehr stark, weshalb wir hier drei verschiedene Zählungen aufführen. In der ersten Spalte finden sich die Zahlen der Datenbank *Ethnologue* des *Summer Institute of Linguistics,* wo aufgrund der Prinzipien des Instituts und gewisser auch ideologischer Vorgaben im Zweifelsfall kleineren vor

Unterschiedliche Berechnungen der Sprecherzahlen des Spanischen größeren Sprachen der Vorrang gegeben wird und die Sprecher jeweils nur einmal gezählt werden (d. h. alle Sprecher mit regionalsprachlichem Hintergrund zählen nicht zu den Sprechern des Spanischen); die Zahlen basieren auf Daten aus den Jahren 1993–2000. Die zweite Spalte gibt Zahlen wieder, die das spanische staatliche Kulturinstitut Instituto Cervantes 1999 veröffentlicht hat. Die dritte Spalte basiert größtenteils auf neueren Regierungsangaben der einzelnen Länder und anderen Internetquellen und stammt von der Internetseite www.mundoabierto.com.

Die prozentuale Verteilung der Spanischsprecher auf die einzelnen Gebiete weicht in den einzelnen Datensammlungen nicht so sehr voneinander ab. Eine grafische Darstellung finden Sie unter www.bachelor-wissen.de.

1.6 | Spanisch als Zweitsprache

Spanisch als Zweitsprache: wachsende Bedeutung

Die Bedeutung des Spanischen als Zweitsprache hat in den letzten Jahrzehnten in vielen Ländern deutlich zugenommen, v. a. in Amerika und Europa. In Amerika hängt dies z. T. mit der Nähe spanischsprachiger Länder zusammen, so etwa in den USA oder Brasilien, aber auch in kleineren Ländern wie Belize oder Trinidad und Tobago. In Europa spielen dabei verschiedene Faktoren eine Rolle, nicht zuletzt wohl die europäische Integration Spaniens, aber auch verschiedene internationale Kulturphänomene, die mit dem Spanischen assoziiert werden, sowie allgemein die Bedeutung des Spanischen in den USA und weltweit. Auffällig ist, dass in Europa Spanisch fast überall als zweite oder dritte und nicht als erste Fremdsprache an Bedeutung gewonnen hat, und zwar meist neben dem Englischen. Spanisch wird also als zusätzliche Qualifikation nach dem Beherrschen des Englischen angesehen und hat sich zu einer Art Zweitsprache der globalisierten westlichen Welt entwickelt.

In den USA ist Spanisch die wichtigste erste Fremdsprache, auch wenn in den letzten Jahren ein verstärktes Interesse an Chinesisch zu beobachten ist. In Brasilien ist Spanisch, das von den Brasilianern aufgrund der engen Verwandtschaft mit dem Portugiesischen weitgehend verstanden wird, seit einiger Zeit erste Fremdsprache im Schulunterricht. Weniger bedeutsam ist Spanisch als Fremdsprache in Asien und Ozeanien, doch auch hier lassen sich in verschiedenen Ländern deutliche Wachstumsraten in den letzten Jahrzehnten verzeichnen.

1.7 | Spanisch-basierte Kreolsprachen

Auf dem Spanischen basierende *Kreolsprachen* (*lenguas criollas*), also Sprachen, die in der Kolonialsituation entstanden sind und in verschiedenen Bereichen (v. a. Morphologie und Syntax) völlig eigenständige Strukturen herausgebildet haben, lexikalisch jedoch auf dem Spanischen basieren und daher hier Erwähnung finden sollen, sind folgende:

- Das Palenquero in Palenque de San Basilio (Kolumbien), einer ehemaligen Sklavenkolonie, mit ca. 1.500–2.000 Sprechern;
- das Chabacano oder Zamboangueño, das im Süden der Philippinen gesprochen wird. Die Sprecherzahlen schwanken hier sehr stark, während in manchen Untersuchungen von etwa 150.000 Sprechern gesprochen wird, sind es laut Zensus von 1995 mehr als 420.000 Sprecher; wieder andere Quellen sprechen von noch deutlich höheren Zahlen;
- das Papiamentu auf den ABC-Inseln Aruba, Bonaire und Curaçao, das jedoch nicht spanisch-, sondern v.a. portugiesisch-basiert ist, allerdings auch zahlreiche spanische Elemente aufweist. Auf den Inseln ist es die Muttersprache von ca. 90 % der rund 230.000 Bewohner.

Aufgaben

1 Stellen Sie anhand der Internet-Datenbank Ethnologue (www.ethnologue.com) oder anderer Quellen fest, welche anderen Sprachfamilien außer der indoeuropäischen in Europa vertreten sind.

2 Erstellen Sie gemeinsam mit einigen Kommilitoninnen/Kommilitonen eine Liste aller Ihnen bekannten in Europa gesprochenen Sprachen. Vergleichen Sie Ihre Liste dann mit den (234!) bei Ethnologue für Europa aufgelisteten Sprachen. Welche Auffälligkeiten stellen Sie bei der Ethnologue-Liste fest?

3 Versuchen Sie, anhand der Verfassungen der einzelnen Länder und anhand von Internetrecherchen die Verwendung von *castellano* und *español* als Namen für die spanische Sprache zu beschreiben.

4 Betrachten Sie das Verhältnis zwischen Spanisch und Minderheitensprachen in Spanien, Mexiko, Kolumbien und Peru. Gibt es auffällige Entwicklungen bezüglich des gesetzlichen Status?

5 Suchen Sie verschiedene Quellen für Sprecherzahlen des Spanischen und vergleichen Sie diese.

Literatur

Blasco Ferrer, Eduardo (1996): *Linguistik für Romanisten*, Berlin: Schmidt.

Bossong, Georg (2008): *Die romanischen Sprachen: eine vergleichende Einführung*, Buch und CD mit Sprachbeispielen, Hamburg: Buske.

Bußmann, Hadumod (2002): *Lexikon der Sprachwissenschaft*, 3., aktualisierte Aufl., Stuttgart: Kröner.

Comrie, Bernard (ed.) (1987): *The World's major languages*, London: Croom Helm.

Comrie, Bernard et al. (eds.) (1998): *Bildatlas der Sprachen. Ursprung und Entwicklung der Sprachen dieser Erde*, Augsburg: Weltbild (engl. Original London 1996).

Gabriel, Christoph/Meisenburg, Trudel (2007): *Romanische Sprachwissenschaft*, Paderborn: Fink.

Gordon, Raymond G. (ed.) (2005): *Ethnologue: languages of the world*, 15. Aufl., Dallas: SIL (auch online unter www.ethnologue.com).

Harris, Martin/Vincent, Nigel (eds.) (1988): *The Romance languages*, New York: Oxford University Press.

Holtus, Günter/Metzeltin, Michael/Schmitt, Christian (eds.) (1988–2005): *Lexikon der Romanistischen Linguistik* [LRL], 12 Bde., Tübingen: Niemeyer.

Levey, David (2008): *Language change and variation in Gibraltar*, Amsterdam: Benjamins.

López Morales, Humberto (ed.) (2009): *Enciclopedia del español en los Estados Unidos*, Madrid: Santillana/Instituto Cervantes.

Mar-Molinero, Clare (1997): *The Spanish-speaking world. A practical introduction to sociolinguistic issues*, London/New York: Routledge.

Mar-Molinero, Clare (2000): *The politics of language in the Spanish speaking world: from colonisation to globalisation*, London/New York: Routledge.

Moreno Fernández, Francisco/Otero Roth, Jaime (2007): *Atlas de la lengua española en el mundo*, Barcelona: Planeta.

Rohlfs, Gerhard (1990): *Romanische Sprachgeographie. Geschichte und Grundlagen, Aspekte und Probleme mit dem Versuch eines Sprachatlas der romanischen Sprachen*, Tübingen: Narr.

Ruhlen, Merritt (1987): *A guide to the world's languages. Classification*, Stanford: Stanford University Press.

Silva-Corvalán, Carmen (2004): „Spanish in the Southwest", in: Finegan, Edward/Rickford, John R. (eds.): *Language in the USA*, Cambridge: Cambridge University Press, 205–229.

Silva-Corvalán, Carmen/Lynch, Andrew (2009): „Los mexicanos", in: López Morales (ed.), 105–111.

Zamora, Francisco J. (2001): „Spanish", *Sociolinguistica* 15, 59–71.

Internetquellen (Stand: Juli 2009)

Datenbank „Ethnologue": www.ethnologue.com

US census bureau: www.census.gov/pubinfo/www/NEWhispML1.html

Instituto nacional de estadística y geografía: www.inegi.org.mx/inegi

Gesetz über Rechte indigener Bevölkerung in Mexiko: www.cdi.gob.mx

Weitere Internetquellen auf der Webseite www.bachelor-wissen.de.

Wissenschaftlichkeit und Terminologie, Grundbegriffe, Disziplinen der Linguistik

	Inhalt
2.1 Was ist Wissenschaft?	30
2.2 Sprachwissenschaft und Linguistik	31
2.3 Spanische Sprachwissenschaft	33
2.4 Grammatik	34
2.5 Termini, Definitionen, Theorien, Paradigmen, Schulen	34
2.6 Strukturelle, formale und funktionale Sprachwissenschaft	36
2.7 Disziplinen der Linguistik	42

In dieser Einheit werden einige Grundfragen und Grundlagen der Sprachwissenschaft vorgestellt: Was ist eigentlich Wissenschaft, was ist Sprache? Was ist das Besondere an wissenschaftlicher Methode, an wissenschaftlicher Terminologie? Welche zentralen Tendenzen dominieren in der Linguistik?

Außerdem werden als Fundament für die Einzeldarstellungen in den folgenden Einheiten dieses Buches die wichtigsten sprachwissenschaftlichen Richtungen des 20. Jahrhunderts und die einzelnen sprachwissenschaftlichen Grunddisziplinen dargestellt.

Überblick

2.1 | Was ist Wissenschaft

Was heißt wissen-schaftlich?

Bevor wir in den folgenden Einheiten die verschiedenen Strukturierungsebe-nen von Sprache allgemein und der spanischen Sprache im Speziellen darstel-len, soll zunächst genau bestimmt werden, worum es hier überhaupt gehen wird: um die *wissenschaftliche* Betrachtung der *spanischen Sprache*. Diese grundlegenden Begriffe möchten wir zunächst erläutern.

Wissenschaftlich heißt, dass es hier um eine ganz besondere Betrachtungs-weise geht, die einer eigenständigen Tradition und einer eigenen Institution, der Universität, entspricht.

Die Wissenschaft hat zum Ziel, Fortschritte in der Erkenntnis zu erzielen, wobei sie anstrebt, die Gegenstände ihrer Betrachtung *objektiv* darzustellen und von dem jedem Menschen eigenen, subjektiven Blick zu abstrahieren. Für die wissenschaftliche Betrachtung geht es also nicht um die Frage, wie eine

Objektivität

bestimmte Person ein bestimmtes Objekt sieht oder welche Meinung sie über einen bestimmten Sachverhalt hat, sondern um die tatsächliche Beschaffen-heit dieses Objekts; darum, wie ein bestimmtes Objekt oder ein bestimmter Sachverhalt *ist*. Dieses Ziel ist wahrscheinlich utopisch, da alle Menschen, auch die Wissenschaftler, immer eine bestimmte, eigenständige Sicht auf die Dinge haben. Worauf es aber ankommt, ist, dass dieses Ziel bestehen bleibt als Prinzip und dass die Wissenschaft davon überzeugt sein muss, sich ihm annähern zu können. Dies kann nicht durch spontane Anschauung gesche-hen, sondern führt zu zwei Konsequenzen: Wissenschaft abstrahiert von den konkreten Gegenständen und Sachverhalten und etabliert zwischen diesen Abstraktionen Zusammenhänge und systematische Verknüpfungen, deren

Theorie, Methode, Empirie

Basis man als wissenschaftliche *Theorien* (*teorías*) bezeichnet. Und sie unter-sucht ihre Gegenstände nicht irgendwie und spontan, sondern reflektiert und unter Anwendung einer bestimmten *Methode* (*método*). Die Untersuchung der Gegenstände selbst durch Beobachtung, Datenerhebung oder Experi-mente, die *Empirie* (*el estudio empírico*), sollte so sein, dass es möglich ist, bei einer wiederholten analogen Versuchsanordnung zur gleichen Erkenntnis zu gelangen, womit die Ergebnisse *intersubjektiv überprüfbar* sein müssen (s. auch Einheit 10). Dabei muss die wissenschaftliche Untersuchung von Gegenstän-den keinesfalls kompliziert sein; sie muss jedoch dem Gegenstand angemessen sein. Da Wissenschaft immer abstrahiert, ist sie prinzipiell sogar einfacher als die Gegenstände – und sie ist ein Weg zur Erkenntnis über die Gegenstände, da das Aufdecken von Funktionsweisen und Zusammenhängen die Gegen-stände für uns in einer ganz besonderen Weise zugänglich macht.

Heutzutage wird Wissenschaft oft eher mit Naturwissenschaft als mit Geis-teswissenschaft verbunden, und im Spanischen wird der Begriff *ciencia* v. a. mit Naturwissenschaften gleichgesetzt. In der Tradition sind die Geisteswis-senschaften jedoch älter, und gegenüber den Naturwissenschaften weisen sie eine Reihe von Besonderheiten auf. Denn die Objekte der Geisteswissenschaf-

[handschriftliche Randnotiz:] Reliabilität (Zuverlässigkeit) Validität (Eignung)

ten sind Produkte des menschlichen Geistes oder der menschlichen Tätigkeit, weshalb wir im Falle der Sprache auch alle schon vor dem Studium ein intuitives Wissen von unserem Studienobjekt haben: Wir wissen, was Sprache ist, was Sprechen heißt, was ein Dialekt ist etc. Dieses intuitive Wissen hat Vor- und Nachteile: Einerseits hilft es uns, die Dinge zu verstehen, andererseits sind wir manchmal versucht, unser intuitives Wissen mit wissenschaftlicher Erkenntnis zu verwechseln.

Intuitives Wissen

Mit der Frage des Selbstverständnisses der Wissenschaft beschäftigt sich die *Wissenschaftstheorie* oder *Epistemologie* (*epistemología*), die ein Teilgebiet der Philosophie ist. Die abendländische Beschäftigung mit Wissenschaftstheorie geht bis auf die Antike, insbesondere auf Platon und Aristoteles zurück.

Definition

Das klassische Verständnis von Wissenschaft setzt die Beobachtung der Objekte an den Beginn der Forschung; aus ihr wird durch *Induktion* (*inducción*) die allgemeine Theorie abgeleitet; diese erlaubt Voraussagen über weitere Objekte. Zentrales Kriterium für die Gültigkeit der Theorie ist deren *Verifizierbarkeit* (*verificación*) durch Bezug auf die Objekte. Dieser Sichtweise wurde seit den dreißiger Jahren des 20. Jhs. durch den Wiener Philosophen Karl Popper mit logischen Argumenten widersprochen: Popper fordert als Grundlage wissenschaftlichen Arbeitens die Aufstellung „frei erfundener" Theorien, die dann anschließend durch *Deduktion* (*deducción*) an den Objekten *falsifiziert* werden sollen. Popper nennt Einsteins Relativitätstheorie als hervorstechendes Beispiel einer solchen „wahrhaft wissenschaftlichen" Theorie. Poppers Sichtweise ist wegweisend für die Generative Sprachwissenschaft ab den 1950er Jahren. Ob die Überlegungen Poppers in vollem Maße auf die Geisteswissenschaften zutreffen, wo wir über die erwähnte intuitive Objektkenntnis verfügen, ist jedoch umstritten.

|Abb. 2.1
Aristoteles
(384–322 v. Chr.)

Sprachwissenschaft und Linguistik

|2.2

Sprachwissenschaft und *Linguistik* sind prinzipiell synonyme Begriffe, wobei es immer bei Synonymen auch Tendenzen gibt, beide Begriffe unterschiedlich zu verwenden. So mag Linguistik für manche etwas moderner, Sprachwissenschaft etwas traditioneller klingen, obwohl letzterer Begriff den Vorteil hat, auf die erwähnte „Wissenschaftlichkeit" explizit zu verweisen. Im Spanischen spricht man von *lingüística*, wobei das Adjektiv *lingüístico* sowohl „sprachlich" als auch „sprachwissenschaftlich" heißen kann. Die Wissenschaft von der Sprache umfasst alle denkbaren Aspekte menschlicher Sprache. Daneben bezeichnet der Begriff *Philologie* (*filología*) die Beschäftigung sowohl mit Sprache als auch mit Literatur.

Sprachwissenschaft / Linguistik: alle Aspekte der Sprache
Philologie: Sprache + Literatur

Sprache:
Natur und Kultur

Abb. 2.2 |

Eugenio Coseriu
(1921–2002) (vgl.
www.coseriu.com)

Sprache ist ein sehr vielschichtiges Phänomen, und für uns Menschen steht Sprache ganz am Anfang aller Erkenntnis, denn durch die Sprache sind wir überhaupt Menschen und über die Sprache finden wir den Weg zu allen anderen Formen der Kultur. Wobei nicht vergessen werden darf, dass Sprache als Kulturerscheinung eine naturgegebene Grundlage hat und dass das menschliche Sprachvermögen auch Untersuchungsobjekt der Naturwissenschaft ist: Die neurobiologischen Grundlagen des Sprechens sind Bedingung für alle menschlichen Sprachformen. Sprachwissenschaft ist also auch Naturwissenschaft, und Sprachwissenschaft als Kulturwissenschaft kann sich laut einer Grundunterscheidung des Linguisten Eugenio Coseriu auf drei Ebenen beziehen, deren Unterscheidung für alles Folgende grundlegend ist:

► die universelle Ebene des *Sprechens im Allgemeinen*;
► die historische Ebene der *Einzelsprachen*;
► die individuelle Ebene der *konkreten Redeereignisse*.

Die *universelle Ebene* (*nivel universal*) bezieht sich auf das, was allen Sprachen der Welt gemeinsam ist: Menschliche Sprache unterscheidet sich von anderen Kommunikationsformen in der Natur wesentlich, menschliche Sprache basiert auf dem Austausch von abstrakten Zeichen, menschliche Sprache hat grammatische Strukturen etc. Mit der universellen Ebene hängt zusammen, dass jeder Mensch prinzipiell jede Sprache erlernen kann und menschliche Sprache auch als solche erkennt. Der Bereich der Linguistik, der sich mit der universellen Ebene befasst, ist die *allgemeine Sprachwissenschaft* (*lingüística general*).

Obwohl Sprechen eine universelle Tätigkeit aller Menschen ist, können wir nicht „universell" sprechen: Wir sprechen immer eine Sprache (oder eine bestimmte Form einer Sprache, oder mehrere Sprachen). Sprachen sind historisch überlieferte, gewachsene Gebilde; Zeichensysteme, die von Generation zu Generation weitergegeben werden. Mit der *historischen Ebene* (*nivel histórico*) beschäftigt sich die Linguistik der Einzelsprachen, in unserem Falle also die Wissenschaft des Spanischen.

Wenn wir eine Sprache sprechen, so produzieren wir auf der *individuellen Ebene* (*nivel individual*) konkrete Redeereignisse, Texte oder Diskurse, die einzige wirklich konkret sich manifestierende Form von Sprache (s. Einheit 8). Konkrete Äußerungen bestehen aus Elementen historischer Einzelsprachen, aber auch aus der Redesituation, die den Äußerungsakt umgibt (s. Einheit 7). Mit der konkreten Rede beschäftigen sich die diskursiv orientierten Disziplinen der Linguistik. Da auch die Konstruktion von konkreten Redeereignissen allgemeinen Prinzipien entspricht, können solche diskursiven Ansätze ebenfalls als Teil der allgemeinen Sprachwissenschaft angesehen werden.

Wir können nun genauer bestimmen, was Sprache ist:

Definition

Sprache ist das menschliche Zeichensystem zur Kommunikation, das sich in historischen Gebilden (Sprachen) manifestiert, die in konkreten Redeakten, in Diskursen, realisiert werden.

Mit dieser Definition werden eine Reihe von Problemen umschifft, ohne dass sie völlig aus dem Weg geräumt würden: So steht hier „menschlich" in Abgrenzung zu „nicht-menschlich", auch wenn wir im Tierreich Kommunikationsformen vorfinden, die z. T. sprachähnliche Züge aufweisen. Im Allgemeinen wird jedoch angenommen, dass es einen grundlegenden Unterschied zwischen menschlicher und tierischer Kommunikation gibt.

Die Sprachwissenschaft ist demzufolge die wissenschaftliche Beschäftigung mit Sprache, Sprachen und Äußerungen unter allen denkbaren Aspekten: die Beschäftigung mit der Frage, was Sprache im Allgemeinen ist und wie die Sprachen der Welt funktionieren, der Vergleich der Eigenschaften von Sprachen, die Beschreibung einer bestimmten Sprache wie der spanischen, ihres Lautsystems, ihrer Grammatik, ihrer Geschichte, ihrer Verbreitung und ihrer Varietäten, und schließlich die Beschäftigung mit konkreten Äußerungen und deren Interpretation.

Spanische Sprachwissenschaft

2.3

Abgrenzung der spanischen Sprachwissenschaft *von allg. Sprachwiss & rom. Sprachwiss*

Die Spanische Sprachwissenschaft als Disziplin der Beschäftigung mit der spanischen Sprache ist in zweierlei Hinsicht abzugrenzen: Erstens gegenüber der allgemeinen Sprachwissenschaft, mit der es Überschneidungen gibt, aber nur insofern, als die Betrachtung des Spanischen mit der Betrachtung von Sprache im Allgemeinen übereinstimmt. Zweitens muss die hispanistische Linguistik gegenüber dem umfassenderen Fach Romanische Sprachwissenschaft abgegrenzt werden. Deren Gegenstand sind die Gemeinsamkeiten und Unterschiede aller romanischen Sprachen.

Innerhalb rom.: iberoromanisch

Innerhalb der romanischen Sprachwissenschaft kann noch die *iberoromanische Sprachwissenschaft* unterschieden werden, die sich mit den untereinander eng verwandten romanischen Sprachen der Iberischen Halbinsel beschäftigt.

Romanische Philologie

Das Fach *Romanische Philologie* (*filología románica*) oder *Romanistik* ist als universitäres Fach eigentlich eine deutsche Erfindung: den ersten romanistischen Lehrstuhl hatte Friedrich Diez in Bonn von 1830–1876 inne. Die Idee, sich den romanischen Sprachen – insbesondere der Lyrik der mittelalterlichen okzitanischen Trobadors – zu widmen, hatte ihm Goethe angetragen. Im 19. Jh. war die Romanistik einerseits von der Beschäftigung mit der Literatur, andererseits von der historisch-vergleichenden Grammatik geprägt. Da in den einzelnen romanischsprachigen Ländern vor allem die jeweils

Abb. 2.3 |
Friedrich Diez
(1794–1876)

eigene Sprache im Zentrum des universitären Interesses steht, ist die Romanistik als eigenständiges Fach dort bis heute meist eher ein Randphänomen. Auch im deutschsprachigen Raum gab es in den letzten Jahrzehnten teilweise Tendenzen zu einer Aufspaltung der Romanistik in Einzelfächer. An den meisten Universitäten bleibt das Fach jedoch als Einheit bestehen. Diese Einheit manifestiert sich darüber hinaus u. a. auf romanistischen Kongressen (Romanistentage des *Deutschen Romanistenverbandes* (www.romanistica.info; internationale Kongresse der *Société de Linguistique Romane*). Dagegen widmen sich die Hispanistentage des *Deutschen Hispanistenverbandes* (www.hispanistica.de) der spanischen Sprache, Literatur und Kultur. Auch international gibt es verschiedene hispanistische Verbände. Weitere Infos und Links unter www.bachelor-wissen.de.

2.4 | Grammatik

Was ist Grammatik?
Normative und
deskriptive
Grammatik

Die Beschreibung eines Sprachsystems wird auch als *Grammatik* (*gramática*, von gr. *gramma* ‚Buchstabe‘) bezeichnet. Dieser Begriff wird in unterschiedlicher Weise verwendet, so spricht man einerseits von der Grammatik einer Einzelsprache (also etwa „spanischer Grammatik“), andererseits von „Universalgrammatik“, d. h. von Strukturen, die dem menschlichen Sprechen im Allgemeinen zugrunde liegen. Umgangssprachlich wird unter Grammatik meist *normative Grammatik* (*gramática normativa*) (und die entsprechenden Bücher, in denen diese vorzufinden ist) verstanden, d. h. die Darstellung dessen, wie „korrekt“ geredet und geschrieben werden soll. Hiervon trennen die Linguisten die *deskriptive Grammatik* (*gramática descriptiva*), die beschreibt, wie tatsächlich gesprochen und geschrieben wird. Während die normative Grammatik sich auf ein bestimmtes System beschränkt, das in einer Sprachgemeinschaft als ideales System, als sprachlicher *Standard* (*estándar lingüístico*) festgelegt wird, kann sich die deskriptive Grammatik auch auf alle möglichen Varietäten beziehen, also etwa einen bestimmten Dialekt, denn Dialekte können genauso in ihrer Regelhaftigkeit beschrieben werden wie Standardsprachen (s. Einheit 11).

Grammatik und
sprachliche
Kompetenz

Außerdem wird unterschieden zwischen Grammatik als deskriptiver Regelhaftigkeit, die von der Sprache als Produkt, von den sprachlichen Äußerungen, abgeleitet wird, und Grammatik als kognitiver Größe des menschlichen Denkens, der sprachlichen Kompetenz. Dabei geht es um die „internalisierte“ Grammatik in unseren Gehirnen, die jeder Sprachproduktion zugrunde liegt.

2.5 | Termini, Definitionen, Theorien, Paradigmen, Schulen

Wissenschaftliche
Terminologie

Zur Darstellung wissenschaftlicher Inhalte gibt es ein wichtiges Instrument, das die eindeutige und unmissverständliche Beschreibung ermöglichen soll:

die *Terminologie* (*terminología*). Im Gegensatz zu einem Sprachzeichen wie „Haus", das unendlich viele Realitäten bezeichnen kann, ist ein Terminus ein Sprachzeichen, das sich auf einen definierten und festgelegten Inhalt bezieht. Termini dienen der oben beschriebenen Suche nach Objektivität, indem sie die Subjektivität ausschließen. Während Sprachzeichen wie „Haus" sozusagen der ganzen Sprachgemeinschaft „gehören", beziehen sich Termini auf einen ganz konkreten „Taufakt": Jemand hat ein bestimmtes Phänomen, ein bestimmtes Konstrukt etc. mit einem bestimmten Terminus unmissverständlich bezeichnet. Deshalb muss ein Terminus immer mit Bezug auf diese Festlegung verwendet werden; man nennt dann oft auch die Quelle der Festlegung und sagt etwa „hier geht es um ein Diasystem im Sinne Weinreichs", wobei man sagen will, dass man den Terminus „Diasystem" hier so verwendet, wie er von einem ganz bestimmten Linguisten, in diesem Falle dem Amerikaner Uriel Weinreich, in einem bestimmten Aufsatz (s. Einheit 11) definiert wurde. Hinter Termini stehen also Festlegungsakte, die oft die Gestalt von Definitionen haben. Definitionen können verschiedene Formen haben. Die klassische, scholastische Definition besteht üblicherweise aus drei Elementen, die einer Gleichung ähneln: Auf der linken Seite steht das zu Definierende oder *Definiendum* (X), auf der rechten Seite das *Definiens*, das also, was das zu Definierende beschreibt und sich wiederum aufteilt in das *Genus proximum* (Y), d.h. die „nächste Gattung", sowie einen speziellen unterscheidenden Zug, die *Differentia specifica* (A); etwa in der Form „(X) ist ein (Y) das (A)", beispielsweise: „ein Diasystem ist eine Menge von Sprachsystemen, die qualitativ zusammenhängen und mit einem Sprachnamen bezeichnet werden". In den Geisteswissenschaften ergibt sich mitunter ein Problem dadurch, dass es oft Termini gibt, die *homonym* sind mit Wörtern der Alltagssprache, d.h. die Wörter haben zwar die gleiche Form, bedeuten jedoch Unterschiedliches. Um ein besonders deutliches Beispiel zu wählen:

> „Sprache" ist ein Wort des Deutschen, und jeder weiß, was Sprache, eine Sprache etc. ist. „Sprache" wird jedoch auch in verschiedenen Theorien als Terminus verwendet und hat dann jeweils eine andere Bedeutung bei Saussure, Chomsky, Montague oder anderen. Wenn „Sprache" als Terminus verwendet wird, muss also immer klar sein, auf welche Definition man jeweils Bezug nimmt. Dies gilt für unzählige Termini, wie *Rede, Satz, Text, Geschichte, Äußerung, Form, Inhalt* etc.

Formen von Definitionen (margin note)

| **Beispiel 2.1** (margin note)

Im Gegensatz zu diesen Termini sind andere zwar als Termini erkennbar, da sie keine alltagssprachlichen Homonyme haben, wie *Syntax, Phonem, Pragmatik, Morphem, Lexem,* etc.; dennoch sind diese Termini ambig (= zwei- oder mehrdeutig), da sie in verschiedenen Sprachtheorien unterschiedliche Bedeutung haben. Schließlich gibt es noch Termini, die eindeutig einer ganz bestimmten Theorie zugeordnet werden können, wie *X-bar-Schema, Theta-Rollen* oder *Monem*. Aufschluss über die Verwendung sprachwissenschaftlicher Termini geben linguistische Wörterbücher (z. B. Bußmann 2002; Wiegand/Schierholz 2009–, Glottopedia).

Sprachtheorie, Linguistische Schulen

Eine Sprachtheorie ist ein Denkgebäude, das verschiedene Aspekte der Sprache zueinander in Bezug setzt und differenziert beschreibt. Es gibt Sprachtheorien, die das Ziel haben, die menschliche Sprache möglichst umfassend darzustellen und die dann Abzweigungen für einzelne Bereiche haben, oder bewusst partiell angelegte Theorien, die nur für einen bestimmten Bereich der Sprache gelten sollen. Theorien gehen meist auf Individuen, zuweilen auch auf mehrere Forscher zurück. Besonders prominente Theorien werden von anderen Wissenschaftlern übernommen und ausgebaut oder modifiziert. Wenn eine bestimmte Gelehrtenpersönlichkeit eine Theorie an eine andere Generation von Forschern weitergibt, so spricht man von einer *Schule* (*escuela*). Diejenigen Personen, die bei einem bestimmten Forscher promovieren oder von diesem zentrale Inhalte übernehmen, werden als *Schüler* (*discípulos*) bezeichnet. Die Sprachwissenschaft ist seit Beginn des 20. Jhs., seit Entstehung dessen also, was man als „moderne Linguistik" bezeichnet, von bestimmten Schulen geprägt. Diese sind häufig mit einer gewissen Person verbunden oder nach den Orten bezeichnet, an denen sie vorwiegend situiert waren, wie etwa Genfer Schule, Prager Schule, Kopenhagener Schule, Tübinger Schule.

Paradigma

Das in einer bestimmten Schule oder in einer bestimmten Zeit vorherrschende zentrale Interesse, im Falle der Sprache also der vorherrschende Blick auf die Sprache wird als *Paradigma* (sp. *paradigma*, v. gr. *parádeigma* = ‚Beispiel, Vorbild') bezeichnet. Die Innovationen in der Wissenschaft sind oft mit so genannten *Paradigmenwechseln* verbunden. So war das vorherrschende Paradigma am Ende des 19. Jhs. die Untersuchung historischer Gesetzmäßigkeiten bei der Entwicklung von Sprachen, insbesondere die Entwicklung der Sprachlaute. In den ersten Jahrzehnten des 20. Jhs. trat dieses Paradigma in den Hintergrund und wurde weitgehend ersetzt durch die Betrachtung der Sprache als *System* mit bestimmten *Funktionen*. Bei Paradigmenwechseln wird nicht alles anders; neue Paradigmen gehen meist aus vorherigen hervor. Außerdem sind Paradigmenwechsel nur Verschiebungen der Relevanzhierarchie: Es ist nicht so, dass das Vorherige komplett aufgegeben würde, es wird vielmehr meist an bestimmten Orten weiter gepflegt. Da das Objekt Sprache sich seit den Anfängen der Sprachwissenschaft in der Antike eigentlich in seinem Wesen nicht verändert hat, sind auch Paradigmenwechsel letztlich immer Wiederentdeckungen von in früheren Phasen schon Dagewesenem. Was sich jeweils ändert, ist der spezifische Fokus, unter dem Sprache betrachtet wird.

2.6 | Strukturelle, formale und funktionale Sprachwissenschaft

Geschichte der Sprachwissenschaft

Die Beschäftigung mit Sprache ist wohl so alt wie die sprechenden Menschen selbst; frühe altindische Zeugnisse linguistischer Tätigkeit sind seit dem 8. Jh. v. Chr. bezeugt. Die Grundlagen der abendländischen Sprachwissenschaft werden in der griechischen Antike durch Platon und Aristoteles gelegt, bei denen die Beschäftigung mit der Sprache mit der Frage nach dem Wesen menschlichen Seins verbunden war. Als moderner Begründer einer eigenständigen Sprachwissenschaft als einer von normativer Grammatik und Sprachphilosophie unabhängigen Disziplin wird gemeinhin Wilhelm von Humboldt angesehen. Humboldts Auffassung von der Sprache als *Energeia*, als dynamischer menschlicher Aktivität bzw. Tätigkeit und nicht als *Ergon*, als totes Gebilde oder Werk, hat bis in die Gegenwart Relevanz. Im Laufe des 19. Jhs. emanzipierte und institutionalisierte sich die Sprachwissenschaft mehr und mehr, wobei das Hauptaugenmerk auf der so genannten historisch-vergleichenden Sprachforschung und der Rekonstruktion von historischen Vorstufen heutiger Sprachen lag (s. Einheit 1). Mit Beginn des 20. Jhs. tritt die Beachtung der Einzelsprachen und des Sprachsystems unter verschiedenen Gesichtspunkten in den Vordergrund.

Abb. 2.4
Wilhelm von
Humboldt
(1767–1835)

Heutzutage gibt es weltweit eine große Bandbreite parallel existierender Schulen und Paradigmen. Diese lassen sich ganz grob zu zwei Obergruppen zusammenfassen, deren Sprachauffassung grundlegend unterschiedlich ist: den *formalen* Ansätzen und den *funktionalen* Ansätzen. Die *formale Linguistik* (*lingüística formal*) geht von einer universalgrammatischen Modellbildung aus, von der aus sie die Einzelsprachen beschreibt. Die *funktionale Linguistik* (*lingüística functional*) hingegen setzt beim Funktionieren der Einzelsprache an; die Frage der Universalgrammatik ist dabei zweitrangig. Beide Gruppen sind untereinander jeweils weiter aufgegliedert. Für alle sprachwissenschaftlichen Schulen haben in jüngerer Zeit die kognitionswissenschaftlichen und biologischen Fragestellungen an Bedeutung gewonnen, was v. a. mit der Entwicklung dieser Wissenschaften zusammenhängt.

Formale und
funktionale Sprach-
wissenschaft

Die Ausdifferenzierung der sprachwissenschaftlichen Schulen macht es nicht leicht, nach gemeinsamen Nennern und terminologischen Grundlagen zu suchen. Bis heute jedoch ist es weitgehend üblich, den Beginn der modernen Linguistik mit der Sprachtheorie des Genfer Sprachwissenschaftlers Ferdinand de Saussure zu verbinden. Saussure hatte in den Jahren zwischen 1906 und 1911 an der Universität Genf Vorlesungen über allgemeine Sprachwissenschaft gehalten, die nach seinem Tod von drei seiner Schüler nach deren Mitschriften unter dem Titel *Cours de Linguistique Générale*, kurz: *Cours* (dt. *Grundfragen der allgemeinen Sprachwissenschaft*) im Jahre 1916 veröffentlicht wurden. Darin postuliert er eine neue Linguistik, die zwar bei genauer Betrachtung in vielerlei Hinsicht auf Vorläufer im 19. Jh. zurückgeht, von Saussure aber in einer gut verständlichen und kompakten Synthese und mit einer eigenständigen Terminologie präsentiert wird. Wegweisend für die Linguistik des 20. Jhs. sind Saussures grundlegende *Dichotomien* (*dicotomías*), d. h. Begriffspaare, mit denen er die moderne Linguistik begründet und von denen wir die folgenden kurz vorstellen möchten:

Moderne Linguistik

Abb. 2.5
Ferdinand de
Saussure
(1857–1913)

Einige Grundunterscheidungen Ferdinand de Saussures

synchronie (dt. *Synchronie*, sp. *sincronía*) – *diachronie* (dt. *Diachronie*, sp. *diacronía*)
langue (*Sprache, lengua*) – *parole* (*Rede, habla*)
signifiant (*Bezeichnendes, significante*) – *signifié* (*Bezeichnetes, significado*)
syntagme (*Syntagma, sintagma*) – *paradigme* (*Paradigma, paradigma*)

Diese Begriffe haben sich in ihrer französischen Form vielfach auch international als linguistische Fachbegriffe etabliert; in den Einzelsprachen werden jedoch z. T. auch Übersetzungen verwendet (wie die deutschen und spanischen Begriffe in den Klammern).

Saussure war selbst als Kind des 19. Jhs. in einer sprachwissenschaftlichen Tradition aufgewachsen, die von der Betrachtung der historischen Entwicklung der Sprachen und vom Sprachvergleich geprägt war. Er selbst hatte sich mit bestimmten Lautentwicklungen in den indoeuropäischen Sprachen beschäftigt (s. Einheit 1) und war durch sein Studium in Leipzig von der Ende des 19. Jhs. dominierenden sprachwissenschaftlichen Schule, den so genannten *Junggrammatikern* (*neogramáticos*) geprägt, die sich v. a. mit historischen Lautentwicklungen in verschiedenen Sprachen beschäftigten und in Anlehnung an die naturwissenschaftlichen Gesetze so genannte *Lautgesetze* (*leyes fonéticas*) aufstellten und deren ausnahmslose Wirkkraft postulierten.

synchronie und
diachronie

Im *Cours* relativiert Saussure die Bedeutung der historischen Betrachtung der Sprache, indem er feststellt, dass für den Sprecher einer lebenden Sprache deren die Sprachhistoriker so sehr interessierende Geschichte eigentlich nicht relevant sei: Man kann auch sprechen, ohne die genaue Geschichte der Sprache zu kennen. Für die Sprecher sei hingegen zentral, dass die einzelnen Elemente in einem aktuellen *Sprachsystem* (*sistema lingüístico*) in ihrer Unterschiedlichkeit funktionierten. Damit stellt er neben die im 19. Jh. dominierende *diachrone* Betrachtung von Sprache (also die Betrachtung „durch die Zeit hindurch") die synchrone Betrachtung eines *Sprachzustandes* (*état de langue*, sp. *estado de lengua*) und postuliert zwei völlig unterschiedliche Linguistiken, eine diachrone und eine synchrone. Während sich die diachrone Linguistik Fragen wie der Gesetzesmäßigkeit von Lautentwicklungen widmet (z. B. wie lat. CLAMARE sich zu sp. *llamar* entwickelt hat), fragt die synchrone Linguistik v. a. nach dem Funktionieren oppositiver (d. h. einander gegenüberstehender) Formen in einem bestimmten Sprachsystem, also etwa nach der Funktion von sp. *llamé* im Gegensatz zu *he llamado* und den anderen Formen des spanischen Verbalsystems.

langue und *parole*

Eine weitere Dichotomie ist die zwischen *langue* und *parole*: Saussure nennt *langue* das abstrakte, in einer Gemeinschaft funktionierende Sprachsystem im Gegensatz zur individuellen *parole*; so ist beispielsweise jede einzelne Äußerung des spanischen Wortes *casa* durch verschiedene Sprecher (und selbst die wiederholte Äußerung durch denselben Sprecher) ein klein wenig anders. Alle diese individuellen Unterschiede gehören zur *parole*; die Betrachtung des

Sprachsystems muss laut Saussure hiervon abstrahieren und das Gemeinsame betrachten, die *langue*.

Im Zentrum von Saussures Sprachtheorie steht das *sprachliche Zeichen* (*signo lingüístico*), das seit der Antike den Mittelpunkt der Sprachtheorie bildet. Sprachen sind komplexe Systeme von Zeichen, die in einer Gemeinschaft bekannt sind und die die Kommunikation zwischen den Individuen ermöglichen. Sprachzeichen verbinden einen einzelsprachlichen Ausdruck (eine Kette von Lauten) mit einem einzelsprachlichen Inhalt (einer abstrakten Vorstellung). Saussure zufolge ist das Zeichen eine rein psychische Einheit, die nicht eine physische Lautkette mit einer Sache verbindet, sondern eine Lautvorstellung mit einer einzelsprachlichen Inhaltsvorstellung. Die beiden Seiten des sprachlichen Zeichens nennt Saussure *signifiant* (sprachlicher Ausdruck) und *signifié* (sprachlicher Inhalt). Ausdruck und Inhalt sind untrennbar miteinander verbunden, so ist etwa die Lautkette, die dem Wort *árbol* zugeordnet wird, nicht vom Inhalt ‚árbol' im Spanischen zu trennen.

signifiant und *signifié*

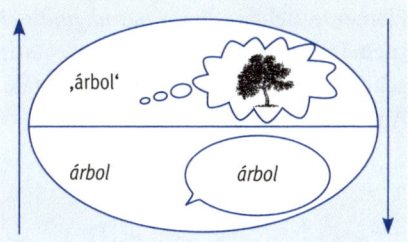

Abb. 2.6

Einheit von *signifiant* (unten) und *signifié* (oben) am Beispiel von sp. *árbol*

Sprachzeichen sind soziale Konventionen, d. h. dass ihr Inhalt in einer Sprachgemeinschaft festgelegt ist, auch wenn mit den Zeichen sehr unterschiedliche Individualvorstellungen verbunden sein mögen. Doch beziehen sich die Individualvorstellungen nicht auf das Sprachzeichen, sondern auf die damit verbundene Welt: *árbol* ist nicht dieser oder jener konkrete Baum, sondern das, was allen Bäumen gemeinsam ist, das Baum-Sein, oder, wenn man so will, die „Baumheit" (deshalb müsste eigentlich eine konkrete Darstellung in der Grafik 2.6 vermieden werden: Es geht nicht um ein wirkliches Abbild eines Baumes, sondern um das, was allen Bäumen gemeinsam ist und wodurch wir einen Baum als Baum erkennen, auch wenn wir ihn noch nie gesehen haben). Während die Individualvorstellungen variieren, ist das Zeichen bis zu einem gewissen Grade invariabel: Jeder Sprecher des Spanischen mag das Zeichen *árbol* mit einer ganz bestimmten, individuellen Objektvorstellung verbinden, die niemals völlig mit der Objektvorstellung anderer Sprecher übereinstimmt. Dennoch verstehen sich alle Spanier, weil sie den abstrakten, allen gemeinsamen Wert von *árbol* kennen. Das Sprachzeichen ist *arbiträr* (*arbitrario*), d. h. in erster Linie, dass zwischen Lautfolge und Inhalt keine motivierte Beziehung bestehen muss. Daher gibt es in den Sprachen der Welt für ähnliche Inhalte völlig unterschiedliche Lautbilder. Aber auch zwischen dem Inhalt und der außersprachlichen Wirklichkeit herrscht keine vollkommen feste Beziehung: Jede Sprache „gestaltet" die Welt ein wenig anders, Sprachzeichen grenzen die Welt innerhalb einer Einzelsprache ab (sonst wären Sprachen Nomenklaturen und Übersetzungen einfach Ersetzungen von Wörtern). So unterscheidet etwa das Spanische zwischen einem Glas mit Stiel (*copa*) und einem Glas ohne Stiel (*vaso*), während das Deutsche in beiden Fällen *Glas* sagt.

Syntagmatik und Paradigmatik

Sprachzeichen sind laut Saussure in zweierlei Hinsicht in die Sprachsysteme eingebunden; einerseits in paradigmatischer Hinsicht als austauschbare Elemente an einer bestimmten Stelle (so könnte in einem Satz wie *Die Welt ist schön* das Nomen *Welt* durch praktisch jedes feminine deutsche Nomen ausgetauscht werden); an jeder Stelle des Satzes kann eine Liste austauschbarer Elemente stehen, die in *paradigmatischer Beziehung* (*relación paradigmática*) zueinander stehen. Bei der *syntagmatischen Beziehung* (*relación sintagmática*) geht es hingegen um die horizontale Richtung, um die regelhafte, lineare Anordnung der Elemente.

Abb. 2.7

Syntagmatische, d. h. horizontale und *paradigmatische*, d. h. vertikale Beziehungen zwischen Sprachzeichen

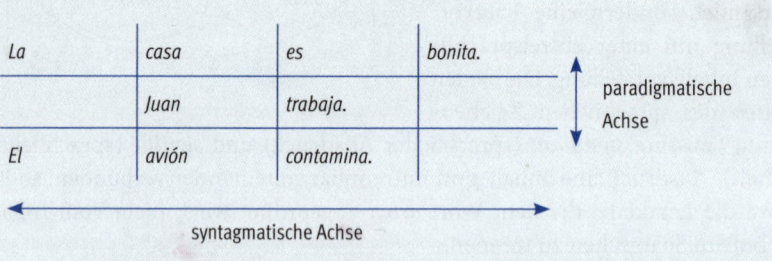

Strukturalismus/Strukturalistische Schulen

In der Nachfolge Ferdinand de Saussures bildeten sich an verschiedenen Orten Zentren heraus, die den Grundgedanken der systembezogenen, synchronen Sprachwissenschaft weiterentwickelten. Da diese verschiedenen „Schulen" sich mit der Sprache als *Struktur* beschäftigten, werden sie als *strukturalistische Schulen* bezeichnet. Derartige Zentren in Europa waren u. a. Genf, Prag und Kopenhagen; zudem spricht man vom „englischen Strukturalismus" und vom „amerikanischen Strukturalismus", wobei die verschiedenen Schulen jeweils unterschiedliche Aspekte der Sprachbetrachtung besonders ausprägten; so wird etwa die strukturelle Phonologie v. a. mit der Prager Schule (Trubetzkoy, Jakobson), die strukturelle Semantik v. a. mit der Kopenhagener (Hjelmslev) und der Tübinger (Coseriu) Schule verbunden und der amerikanische Strukturalismus u. a. mit verschiedenen grundlegenden methodischen Fragen. Der Strukturalismus war bis in die sechziger Jahre des 20. Jhs. die dominierende Tendenz der Linguistik.

Generative Sprachwissenschaft

In den 1950er Jahren begründete der Amerikaner Noam Chomsky eine neue Richtung der Sprachwissenschaft, die ein Sprachsystem als System zur Generierung von Sätzen ansah und die daher *Generative Sprachwissenschaft* (*lingüística generativa*) genannt wird. Chomsky hat seine sprachtheoretischen Vorstellungen seitdem in Details immer wieder modifiziert, die Grundannahmen bleiben jedoch bestehen. Es sind u. a. folgende:

- Sprache ist ein im Gehirn verankertes Regelsystem, das auf der Basis des ebenfalls im Gehirn gespeicherten mentalen Lexikons zur Erzeugung unendlich vieler Äußerungen befähigt;
- linguistische Analyse ist auf die Erfassung dieses Regelsystems gerichtet, das der einzelsprachlichen *Kompetenz* (*competencia*) des Sprechers entspricht, nicht auf die individuellen Äußerungen der *Performanz* (*actuación*). Seit 1986 spricht Chomsky von der Unterscheidung zwischen *I-Language* (internalisierter Sprache als mentalem Objekt) und *E-Language* (Sprache u. a. als gesellschaftlichem Objekt). Da die Generative Sprachwissenschaft sich mit der I-Language beschäftigt, gehört sie eigentlich zur Psychologie;
- zur Untersuchung der Kompetenz werden in erster Linie Muttersprachler zu Sprachbeispielen befragt. Der beste Informant ist der „ideale Sprecher/ Hörer", der eine Sprache vollkommen beherrscht und über alle ihre Regeln Aussagen machen und die Grammatikalität von Sprachbeispielen beurteilen kann;
- Menschen verfügen über ein angeborenes *language acquisition device*, ein Modul im Gehirn, das einen evolutionären Unterschied zwischen Menschen und Tieren darstellt (vgl. Hauser/Chomsky/Fitch 2002). Mit einem relativ geringen, im Grunde unzureichenden Input sind Menschen fähig, komplette Sprachsysteme in ihren Gehirnen aufzubauen. Der Erstsprache (oder den Erstsprachen) kommt hierbei eine zentrale Bedeutung zu;
- Chomsky nimmt nicht nur an, dass die Sprechfähigkeit angeboren ist, sondern dass der Mensch über eine angeborene Universalgrammatik verfügt, die beim Spracherwerb mit dem konkreten Input einer Einzelsprache abgeglichen wird, wobei bestimmte Parameter gesetzt werden. Die Rekonstruktion der Universalgrammatik und der für die Einzelsprachen relevanten Parameter, die wiederum einem begrenzten, universellen Inventar entsprechen, steht im so genannten Prinzipien- und Parametermodell Chomskys im Zentrum linguistischer Analyse.

|Abb. 2.8
Noam Chomsky
(*1928)

Die Generative Sprachwissenschaft beschäftigte sich in ihren Anfängen vor allem mit Syntax (1957 erschien Chomskys bahnbrechendes Werk *Syntactic Structures*); seit den sechziger Jahren wurden daneben auch andere Bereiche der Sprache in die generative Analyse integriert, so etwa ab Mitte der 1960er Jahre die Generative Semantik und ab Ende der 1960er Jahre die Generative Phonologie. Bis heute hat sich die generative, formale Linguistik in zahlreiche einzelne Theorien verzweigt und teilweise die Lehre Chomskys weiterentwickelt, teilweise sich von ihr entfernt.

Die Generative Linguistik versteht sich als *kognitiv* (von lat. COGNOSCERE, ,erkennen'), da die Sprache als mentales System im Gehirn situiert ist. In Abgrenzung zur Generativen Sprachwissenschaft (und z. T. aus ihr erwachsen) entstand seit den 1970er Jahren als eigenständige Forschungsrichtung die

Kognitive Linguistik

so genannte *Kognitive Linguistik* (*lingüística cognitiva*), die im Gegensatz zur Generativen Linguistik die Sprache als Teil eines umfassenden kognitiven Systems sieht, das durch soziale und physische Erfahrung geprägt ist und das die sprachlichen Kategorisierungen von menschlicher Erfahrung ableitet, weshalb es in den Sprachen der Welt zu ähnlichen Kategorien und deren Beziehungen untereinander kommt. Im Gegensatz zur formal bestimmten Generativen Linguistik ist die Kognitive Linguistik funktional orientiert.

2.7 | Disziplinen der Linguistik

Autonome Bereiche oder Kontinuum?

Wie wir gesehen haben, gibt es nicht eine einzige, systematisch organisierte Linguistik, weshalb auch die innere Ordnung der linguistischen Disziplinen je nach Ausrichtung variiert. Dabei besteht Uneinheitlichkeit in zweierlei Hinsicht: Erstens bezüglich der Grenzen der Linguistik und ihrer Beziehung zu benachbarten Disziplinen wie der Psychologie, der Neurologie oder der Soziologie. Und zweitens hinsichtlich der inneren Anordnung der Disziplinen und der Frage, was jeweils als Kernbereich und was als randständiger Bereich angesehen wird. Auch ist die Einschätzung uneinheitlich, inwiefern die Disziplinen und ihre Objekte autonom oder mit anderen verwoben sind. So ist eines der Grundpostulate der formalen Linguistik die Autonomie der Syntax und anderer Bereiche, zwischen denen es zwar Beziehungen über so genannte Schnittstellen oder *Interfaces* (*interfaces*) gibt, die aber die grundlegende Autonomie nicht auflösen. In den funktionalen Ansätzen hingegen wird im Allgemeinen von einem Kontinuum der verschiedenen Strukturierungsebenen ausgegangen, entlang dessen diese verbunden sind und sich gegenseitig bedingen.

Grundunterscheidungen

Bei allen Unterscheidungen der Wissenschaft dürfen wir nie aus den Augen verlieren, dass wir es eigentlich mit einem einheitlichen Objekt zu tun haben, aus dem wir verschiedene Aspekte ableiten können, die wiederum in der Geschichte der Sprachwissenschaft zu einzelnen Disziplinen geworden sind. Betrachten wir zur Erläuterung das einfache Beispiel eines kurzen spanischen Dialogs:

Beispiel 2.2 |

A: *¿Te vienes a la fiesta de María esta noche?*
B: *Sí.*

Interne und externe Betrachtung

Eine erste Unterscheidung von Aspekten und ihnen entsprechenden sprachwissenschaftlichen Disziplinen, die wir vornehmen können, ist diejenige zwischen *interner* und *externer* Betrachtungsweise. Die *interne* Betrachtung betrifft die verschiedenen Strukturierungsebenen einer Einzelsprache, in diesem Fall des Spanischen mit seinen Funktionsregeln. Die *externe* Betrachtungsweise hingegen richtet ihr Augenmerk auf eine ganz bestimmte Sprachform, in diesem Fall das Standardspanische, im Vergleich mit anderen Sprachformen: anderen Sprachen, Dialekten, älteren Sprachstufen etc., sowie auf historische, soziale und andere Faktoren, die mit der Sprache zusammenhängen.

Bei einer internen Betrachtung können wir das Beispiel zunächst rein unter lautlichen Gesichtspunkten untersuchen, auch ohne uns zu fragen, was hier eigentlich gesagt wird. Wir können z. B. betrachten, welche Laute vorkommen und in welcher Reihenfolge sie realisiert werden; was geschieht, wenn wir Laute austauschen und wie die Abfolge der Laute sich gegenseitig bedingt. Die wissenschaftliche Disziplin, die sich mit den Sprachlauten einer Einzelsprache beschäftigt, heißt *Phonologie* (*fonología*). Ihre Nachbardisziplin, die *Phonetik* (*fonética*), ist zwar eine wichtige Grundlagendisziplin für die Linguistik, im Gegensatz zur Phonologie betrachtet jedoch die Phonetik die Laute nicht unbedingt in Bezug auf Sprache; zur Phonetik gehört beispielsweise auch die rein biologische Betrachtung des Sprechapparats. Zur lautlichen Seite gehört auch die *Prosodie* (*prosodia*), die Beschäftigung mit Silbe, Rhythmus und Intonation. Dem lautlichen Bereich der Sprache widmet sich Einheit 3 dieses Buches.

Ein weiterer zentraler Bereich ist das, was traditionell als *Grammatik* (*gramática*) bezeichnet wird und was wir in zwei unterschiedliche Disziplinen aufspalten können, nämlich einerseits die Disziplin von den grammatischen Elementen oder *Morphemen* (*morfemas*), die *Morphologie* (*morfología*), und andererseits die Disziplin der Anordnung der Elemente im Satz, die *Syntax* (*sintaxis*). In unserem Beispiel wäre eine Frage der Morphologie etwa die Beschreibung der Klasse der spanischen Personalpronomina (*me, te, se, tú, yo, ti* etc.) oder der Verbformen (*vienes* im Gegensatz zu *vengo, viene, venía, vendrá, vino* etc.) oder die Fragen der *Wortbildung* (*formación de palabras*), d. h. wie mit bestimmten Elementen neue Wörter geschaffen werden, etwa aus *noche* das Verb *trasnochar* (i. S. v. ‚die Nacht durchmachen‘). Syntaktisch hingegen wäre zu beschreiben, wieso Person A *te vienes* sagt und nicht *vienes te* sagen kann, weshalb sie *la fiesta* und nicht einfach *fiesta* sagt usw. Außer einer Lautung, grammatischen Elementen und Anordnungsregeln braucht eine Sprache Wörter (wie in unserem Beispiel *venir, fiesta, noche*), deren Gesamtheit (die offen ist) man als *Wortschatz* oder *Lexikon* (*léxico*) bezeichnet. Dies ist ein mehrdeutiger Begriff, der sowohl für den Wortschatz einer Sprache als auch für ein Werk, in dem ein bestimmter Wortschatz gesammelt oder beschrieben wird, steht. Mit dem Lexikon einer Sprache beschäftigt sich die *Lexikologie* (*lexicología*). Betrachtet man den Wortschatz aus der Sicht seiner Repräsentation bei den Sprechern, so spricht man von *mentalem Lexikon* (*léxico mental*). Mit der Grammatik beschäftigen sich die Einheiten 4 und 5 dieses Buches, mit dem Wortschatz die Einheiten 4 und 6.

Sowohl die Morpheme wie *te, -es, la* etc. als auch Wörter (*Lexeme*, sp. *lexemas*) wie *fiesta* und Sätze wie der von A geäußerte haben *Bedeutung*. Sie können also von zwei Seiten her betrachtet werden, einerseits bezüglich der sprachlichen *Form* (*forma*), andererseits in Bezug auf ihren *Inhalt* (*contenido*). Im Gegensatz dazu haben einzelne Sprachlaute keinen Inhalt, die Phonologie beschränkt sich also im Wesentlichen auf Formen. Mit sprachlicher Bedeu-

43

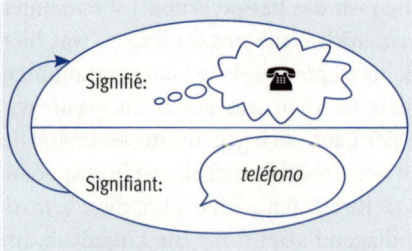

Abb. 2.9

Semasiologie:
untersucht den Weg
von Signifiant zu
Signifié

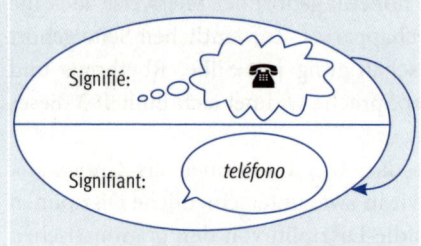

Abb. 2.10

Onomasiologie:
untersucht den Weg
von Signifié zu
Signifiant

tung beschäftigt sich die *Semantik* (*semántica*). Es ist umstritten, ob eine reine Betrachtung der Formen ohne Bezug auf den Inhalt sinnvoll ist, und die verschiedenen Schulen vertreten in dieser Hinsicht unterschiedliche Auffassungen. Seit dem 19. Jh. konzentrierte sich die Semantik vor allem auf das Lexikon, gegenwärtig steht auch die Satz- und die Textbedeutung im Fokus des Forschungsinteresses. Bei der Betrachtung des Sprachinhaltes lassen sich methodisch zwei Richtungen unterscheiden, die sich gegenseitig bedingen: *Semasiologie* (*semasiología*), die von der Form ausgehend nach dem Inhalt fragt, und *Onomasiologie* (*onomasiología*), die vom Inhalt zur Form geht. Um auf das Beispiel zurück zu kommen: Semasiologisch könnte man fragen, was *esta* bedeutet, onomasiologisch, welche Formen im Spanischen zur Verfügung stehen, um etwas zu zeigen. Die Semantik ist Inhalt von Einheit 6.

Semiotik

Sprachliche Kommunikation ist möglich durch sprachliche Zeichen. Die allgemeine Wissenschaft von den Zeichen – einschließlich der nichtsprachlichen – ist die *Semiotik* (*semiótica*).

Sprache als Kommunikation

Bis hierher könnte man meinen, die Sprachwissenschaft beschäftige sich nur mit monologischem Sprechen. In der Tat stehen aus Gründen der methodischen Vereinfachung bei vielen Fragestellungen monologische Äußerungen im Zentrum linguistischer Untersuchungen, auch wenn Sprache grundsätzlich dialogisch ist. Vor allem in jüngerer Zeit haben sich eine Reihe von Disziplinen herausgebildet, die sich mit dialogischen und kommunikativen sprachlichen Phänomenen beschäftigen, so bestimmte Ansätze im Bereich der *Diskursanalyse* (*análisis del discurso*), die *Konversationsanalyse* (*análisis conversacional*) oder die *Gesprächsforschung*.

Pragmatik

Sprechen ist immer mehr oder weniger situationell eingebunden, beim Sprechen bleibt vieles implizit und indem wir sprechen, führen wir bestimmte Handlungen aus: So wird in unserem Beispiel 2.2 vorausgesetzt, worauf sich die zweite Person bezieht, weil wir einen solchen Satz nur in einer Situation äußern, in der ein *Du* präsent ist. Auch wird nicht erklärt, wer *María* ist, weil anzunehmen ist, dass A und B sie kennen – sonst würde A es sicherlich erläutern. Die Frage von A fordert B auf, sich zu einem Sachverhalt zu äußern. Alle diese Aspekte – Sprache in Situation, Sprache als Handlung, konkretes Sprechen – werden in der *Pragmatik* (*pragmática*) untersucht, die eng mit der

44

Semantik, aber auch mit anderen Disziplinen wie der *Syntax* (eine bestimmte Satzstruktur impliziert eine Frage) oder der *Prosodie* (die Intonation zeigt an, dass etwas erfragt wird) verbunden ist. Mit der Pragmatik beschäftigt sich Einheit 7.

Wir sprechen zwar in Sätzen, aber unsere Äußerungen enden keinesfalls an der Grenze der Sätze. Mit größeren Einheiten, den *Texten* (gesprochen und geschrieben), beschäftigt sich die *Textlinguistik* (*lingüística del texto*). Darunter wird einerseits *Textgrammatik* (*gramática del texto*) oder *Transphrastik* (*gramática transfrástica*) verstanden, d.h. die Frage, wie Sätze in größeren Einheiten grammatisch untereinander verbunden sind, andererseits die Frage der inhaltlichen Sinnzusammenhänge von Texten. Das *sí* der Antwort in dem Beispiel etwa impliziert einen vorausgehenden Satz, der als Frage interpretiert werden muss, und kann daher nur mit Blick auf den Textzusammenhang adäquat beschrieben werden. Textlinguistischen Fragen ist Einheit 8 gewidmet. Textlinguistik und Diskursanalyse

Auf einige Disziplinen kann im Rahmen dieser Einführung nur am Rand eingangen werden. Nebendisziplinen sind etwa die *Phraseologie* (*fraseología*), die feste idiomatische Einheiten bis hin zu Sprichwörtern untersucht, oder die *Onomastik* oder Namensforschung (*onomástica*), die sich mit Eigennamen – seien es Ortsnamen (*Toponomastik*) oder, wie im Falle der *María* des Beispiels, Personennamen (*Anthroponomastik*) – beschäftigt. Nebendisziplinen

Neben den Disziplinen, die ein homogenes Sprachsystem beschreiben, widmen sich verschiedene Disziplinen den Unterschieden zwischen Sprachen oder Varietäten. Dabei geht es einerseits um die Sprachgeschichte und das historische Werden von Sprache allgemein und von einer bestimmten Sprache im Konkreten. Die allgemeine Disziplin dieser Betrachtungsweise ist die *Historische Sprachwissenschaft* (*lingüística histórica*); bezogen auf das Spanische geht es um die spanische Sprachentwicklung. Objekt der Sprachgeschichte können interne Phänomene sein, etwas die Entwicklung einer bestimmten Sprachform, oder externe Phänomene, etwa der Einfluss von historischen Ereignissen auf die Sprachentwicklung. Mit der Sprachveränderung allgemein und den ihr zugrunde liegenden Prinzipien beschäftigt sich die *Sprachwandeltheorie* (*teoría del cambio lingüístico*). Werden bei der historischen Betrachtung einer Sprache verschiedene Sprachzustände diachronisch, also durch die Zeit hindurch, nebeneinander gestellt, um bestimmte Veränderungen aufzuzeigen, so spricht man von *historischer Grammatik* (*gramática histórica*). Die Geschichte des Spanischen ist Thema der Einheiten 12 und 13. Sprachliche Heterogenität
Sprachgeschichte

Mit der räumlichen Variation von Sprache und deren Dialekten beschäftigt sich die *Dialektologie* (*dialectología*), unter geografischen Aspekten auch deren Unterdisziplin, die *Sprachgeografie* (*geografía lingüística*). Die Variation im Raum wird auch als *Geolinguistik* (*geolingüística*) bezeichnet; in jüngster Zeit mit vermehrter Betonung der Dynamik von Sprachräumen, auch urbanen Räumen, etwa in der so genannten *Migrationslinguistik* (*estudio de len-* Varietätenlinguistik

45

gua y migración). Mit der Variation in verschiedenen sprachlichen Gruppen (Schichten, Generationen, Geschlechter, Religionen etc.) beschäftigt sich die *Soziolinguistik* (*sociolingüística*). In der angloamerikanischen Tradition wird Soziolinguistik auch als allgemeiner Überbegriff der Variations- oder Varietätenlinguistik verwendet. Mit einer weiteren Varietätendimension, der situationsabhängigen Variation, beschäftigt sich die *Registerlinguistik* oder *Stilistik* (*estilística*). Für die räumliche, soziale und stilistische Variation sind auch die Begriffe *Diatopik, Diastratik* und *Diaphasik* (*variación diatópica, diastrática y diafásica*) verbreitet (s. Einheit 11).

Der Unterschied zwischen zwei oder mehreren Sprachen ist Inhalt der *kontrastiven Linguistik* (*lingüística contrastiva*), um den Einfluss einer Sprache auf eine andere geht es in der *Kontaktlinguistik* (*lingüística de contacto*) oder Linguistik der *sprachlichen Interferenz* (*interferencia lingüística*); s. Einheit 9. Ähnlichkeiten und Unterschiede zwischen den Sprachen der Welt sind das Untersuchungsobjekt der *Typologie* (*tipología*).

Angewandte Linguistik

Ein weiterer Bereich ist die so genannte *angewandte Linguistik* (*lingüística aplicada*); hierunter versteht man all jene Disziplinen, in denen die Linguistik nicht nur die Erforschung der Sprache als Selbstzweck betreibt, sondern eine unmittelbare gesellschaftliche, meist auch ökonomische Verwertung möglich ist. Hier sind Disziplinen wie die *Sprachdidaktik* (*didáctica de la lengua*), die *Übersetzungswissenschaft* (*teoría de la traducción, traductología*), die *angewandte Computerlinguistik* (*lingüística computacional aplicada*) und die maschinelle Sprachverarbeitung sowie die *Lexikografie* (*lexicografía*), die sich der Erstellung von Wörterbüchern widmet, zu nennen. Als wichtige Hilfsdisziplin der Linguistik hat sich in den letzten Jahren die *Korpuslinguistik* (*lingüística de corpus*) herausgebildet (s. Einheit 10).

Normative Linguistik

Ebenfalls zur angewandten Linguistik ist die *normative Linguistik* (*lingüística normativa*) und die *Sprachpolitik* (*política lingüística*) zu zählen. Dabei geht es einerseits um die Festlegung der als Standard anzusehenden Formen in allen Bereichen (einschließlich *Orthografie* und *Orthophonie*), andererseits um die Planung der Verbreitung bestimmter Sprachen in einer Gesellschaft.

Linguistik der Metasprache

Quer zu den anderen Disziplinen liegt die so genannte Metalinguistik, die sich mit *Metasprache* (*metalenguaje*), dem Sprechen über Sprache – als Tätigkeit der Linguisten, aber auch als alltägliche Tätigkeit der Sprecher – beschäftigt.

Nachbardisziplinen

Zu den Nachbardisziplinen der Linguistik gehören zunächst diejenigen, die einerseits linguistisch, andererseits nicht-linguistisch sind. Besonders wichtig ist hier die *Psycholinguistik* (*psicolingüística*), da Sprache als psychisch verankertes Phänomen zahlreiche psychologische Fragen berührt und mit anderen psychischen Vorgängen eng zusammenhängt. In den letzten Jahren hat die *Neurolinguistik* (*neurolingüística*) immer mehr an Bedeutung gewonnen, die den Zusammenhang zwischen Sprache und Hirntätigkeit untersucht. Das Wesen von Sprache und die Frage von Sprache als Grundlage menschlichen

Denkens ist Inhalt der *Sprachphilosophie* (*filosofía del lenguaje*). Für die Fragen des Verhältnisses von Gesellschaft und Sprache ist die *Sprachsoziologie* (*sociología del lenguaje*) als Teilbereich der Soziologie relevant. Für die Fragen der historischen Entwicklung einer Einzelsprache ist die *Geschichtswissenschaft* (*historia*) eine wichtige Nachbardisziplin. Weiter oben war von der *Philologie* (*filología*) als einem die Sprach- und Literaturwissenschaft umfassenden Begriff die Rede. Teilbereiche eines in eingeschränktem Sinne, auf das Mittelalter bezogenen Begriffs von Philologie und damit wichtige Grundlage für die sprachhistorische Forschung sind die *Kodikologie* (*codicología*) bzw. Handschriftenkunde sowie die *Paläografie* (*paleografía*), die Wissenschaft von den Schreibweisen.

Im folgenden groben Überblicksschema werden die verschiedenen Teilbereiche der Linguistik synoptisch dargestellt.

Abb. 2.11

Teildisziplinen der Linguistik

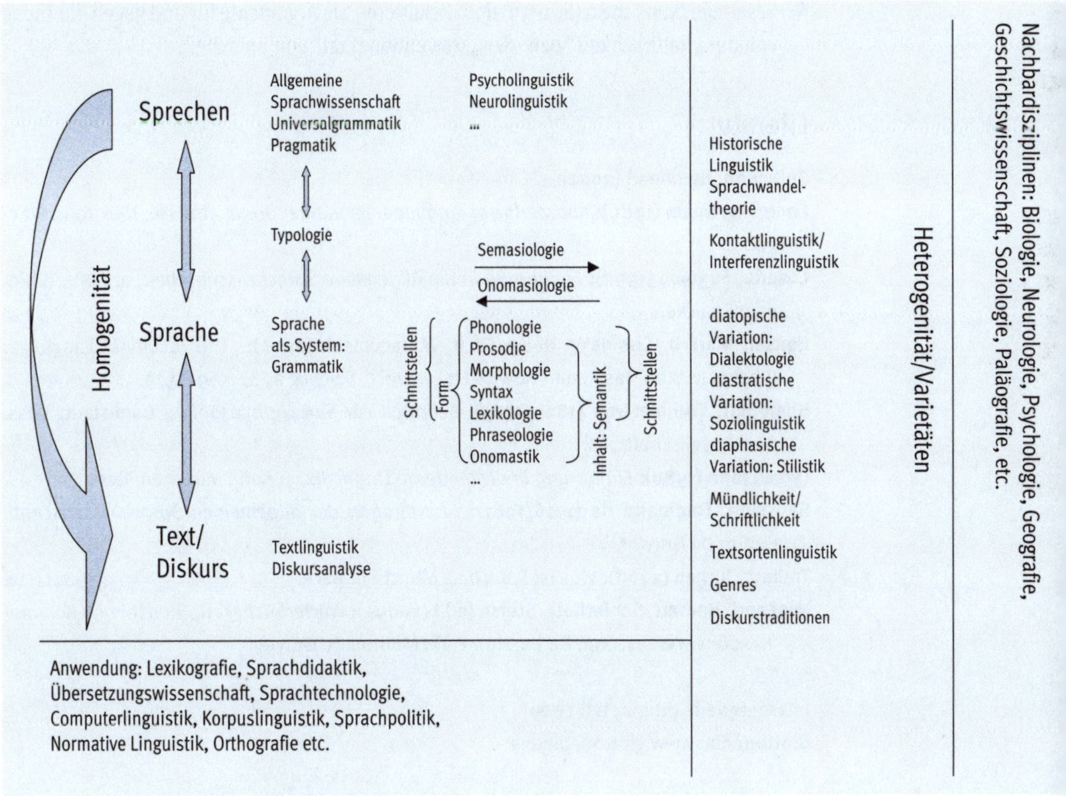

Sprechen	Allgemeine Sprachwissenschaft Universalgrammatik Pragmatik	Psycholinguistik Neurolinguistik ...	Historische Linguistik Sprachwandeltheorie
	Typologie	Semasiologie Onomasiologie	Kontaktlinguistik/ Interferenzlinguistik
Sprache	Sprache als System: Grammatik	Schnittstellen Form {Phonologie Prosodie Morphologie Syntax Lexikologie Phraseologie Onomastik ...} Inhalt: Semantik Schnittstellen	diatopische Variation: Dialektologie diastratische Variation: Soziolinguistik diaphasische Variation: Stilistik
Text/ Diskurs	Textlinguistik Diskursanalyse		Mündlichkeit/ Schriftlichkeit Textsortenlinguistik Genres Diskurstraditionen

Homogenität (left axis) — *Heterogenität/Varietäten* (right axis)

Nachbardisziplinen: Biologie, Neurologie, Psychologie, Geografie, Geschichtswissenschaft, Soziologie, Paläografie, etc.

Anwendung: Lexikografie, Sprachdidaktik, Übersetzungswissenschaft, Sprachtechnologie, Computerlinguistik, Korpuslinguistik, Sprachpolitik, Normative Linguistik, Orthografie etc.

Einen Textauszug zum *Wesen der Sprache* von Wilhelm von Humboldt finden Sie im Internet unter www.bachelor-wissen.de.

Aufgaben

1 Welche Aufgabe ergibt sich aus Humboldts Aussage in dem kurzen Textausschnitt über das Wesen der Sprache für eine Linguistik, die ihrem Untersuchungsobjekt angemessen ist?

2 Lesen Sie Chomsky 1986 (Vorwort und 1. Kapitel) sowie Trabant 2008 (4. Kapitel) und beschreiben Sie die beiden Texten zugrunde liegenden unterschiedlichen Sprachauffassungen.

3 Suchen Sie in Bußmann 2002 die Einträge *Generative Grammatik*, *Strukturalismus*, *Prager Schule*, *Prinzipien und Parameter*, *Langue*, *synchrone Sprachwissenschaft*, *diachrone Sprachwissenschaft*. Vergleichen Sie die Informationen mit denen, die Sie in Wikipedia und Glottopedia finden. Beschreiben Sie die Unterschiede und Gemeinsamkeiten der verschiedenen Quellen. Welche Quellen finden Sie außerdem?

4 Lesen Sie Lyons 1980 (S. 1–39) und diskutieren Sie Argumente für und gegen die These von der „Natürlichkeit" bzw. der „Konventionalität" von Sprache.

Literatur

Bußmann, Hadumod (2002): s. Einheit 1.

Chomsky, Noam (1986): *Knowledge of language: its nature, origin and use*, New York: Praeger.

Coseriu, Eugenio (1992): *Einführung in die Allgemeine Sprachwissenschaft*, 2. Aufl., Tübingen: Francke.

Hauser, Marc D./Chomsky, Noam/Fitch, W. Tecumseh (2002): „The Faculty of Language: What Is It, Who Has It, and How Did It Evolve?", *Science* 298, 1569–1579.

Humboldt, Wilhelm von (1820/1963): *Schriften zur Sprachphilosophie*, Darmstadt: Wiss. Buchgesellschaft.

Lyons, John (1980): *Einführung in die moderne Linguistik*, 5. Aufl., München: Beck.

Saussure, Ferdinand de (1916/1967): *Grundfragen der allgemeinen Sprachwissenschaft*, Berlin: De Gruyter.

Trabant, Jürgen (2008): *Was ist Sprache?*, München: Beck.

Wiegand, Herbert/Schierholz, Stefan (ed.) (2009–): *Wörterbücher zur Sprach- und Kommunikationswissenschaft*, Berlin/New York: Mouton De Gruyter.

Internetquelle (Stand: Juli 2009)

Glottopedia: www.glottopedia.org

Die lautliche Seite der Sprache –
Spanische Phonetik, Phonologie und Prosodie

	Inhalt
3.1 Die „doppelte Artikulation"	50
3.2 Schall: Die physikalische Seite der Laute	51
3.3 Artikulation: Die Produktion von Sprachlauten	52
3.4 Sprachlaute und Orthografie	56
3.5 Von der Artikulation zur Audition	57
3.6 Phonetik und Phonologie	58
3.7 Strukturelle Phonologie	58
3.8 „Features" und Prozesse	62
3.9 Prosodie, Rhythmus und Silbe	65
3.10 Natürlichkeit und Optimalität	69
3.11 Intonation	70

In dieser Einheit wird die lautliche Seite der Sprache behandelt, die Laute des Spanischen und die Funktionen des spanischen Lautsystems aus der Sicht verschiedener Theorien. Beim lautlichen Bereich handelt es sich um ein relativ eigenständiges, von anderen Gebieten der Sprachwissenschaft abgrenzbares Gebiet. Die Beschreibung des Stimmapparats und der physikalischen Eigenschaften von Lauten wird zunächst von allgemeinen Fragen ausgehen, die nicht nur speziell für das Spanische gelten. Im weiteren Verlauf der Einheit rückt dann die Funktion von Lauten in einem bestimmten (hier dem spanischen) Sprachsystem ins Zentrum der Betrachtung, wobei in einem ersten Schritt die Sprachlaute einzeln betrachtet werden, dann ihre Verkettung in Silben und Lautketten und schließlich die Intonation.

Überblick

3.1 | Die „doppelte Artikulation"

Lautfolgen zur Kodierung von Sprachzeichen

Tausende von Zeichen einer Sprache müssen in der Kommunikation möglichst effektiv mitgeteilt werden. Wie aber kann eine so große Zahl verschiedener Zeichen überhaupt unterschieden werden? Um die Übertragung effektiv zu gewährleisten, funktionieren die Sprachen der Welt nach einem ganz besonderen Verfahren: Jedem einzelnen Sprachzeichen wird eine ganz bestimmte, mehr oder weniger unverwechselbare Abfolge von Lauten zugeordnet. Menschen können durch ihre Sprechwerkzeuge eine beachtliche Zahl verschiedener Laute produzieren (je nach Sprache der Welt zwischen 11 und über hundert Laute) und beim Hören unterscheiden. Im Spanischen gibt es etwa 24 verschiedene Laute; schon durch die freie Kombination von zwei Lauten könnten damit theoretisch mehrere hundert Zeichen produziert werden. Die durchschnittliche Wortlänge im Spanischen umfasst etwa fünf Laute (wobei es auch kürzere und längere Wörter gibt): Ein System, das unendlich viele Zeichen übertragen kann – selbst wenn die Kombinatorik in der Praxis durch eine Reihe von Bedingungen eingeschränkt ist. Der französische Linguist André Martinet (1908–1999) prägte für das Funktionieren menschlicher Sprache den Begriff der *double articulation*, der „doppelten Artikulation" (sp. *doble articulación*); ein Prinzip, das für alle Lautsprachen gilt: Die erste Artikulation ist die Erfassung der Welt mittels sprachlicher Zeichen (durch Lexeme und Morpheme, s. Einheit 4), die zweite Artikulation basiert auf einem begrenzten Inventar von Lauten, die diesen Zeichen zugeordnet werden, etwa wie in Abb. 3.1.

Abb. 3.1 |

Schematische Darstellung der „double articulation"

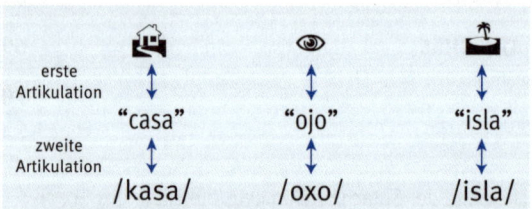

Ein Beispiel: Der Vorstellung ‚casa‘, ‚Haus‘ wird im Spanischen ein bestimmtes Zeichen zugeordnet, diesem wiederum eine bestimmte Lautabfolge, sp. k-a-s-a (geschrieben *casa*). Und so geschieht es mit allen Zeichen einer Sprache. Für die Sprecher sind beide Artikulationen immer kopräsent: Man kann das Zeichen *casa* gar nicht ohne die entsprechende Lautfolge denken. Theoretisch und methodisch aber sind die beiden Artikulationen unterscheidbar. In dieser Einheit werden wir ausschließlich über die „zweite Artikulation" sprechen, während es in den weiteren Einheiten vor allem um die „erste Artikulation" gehen wird.

Phonologische Form

Die traditionelle, im Zusammenhang mit strukturalistischer Denkweise entstandene Unterscheidung der beiden Artikulationen findet sich im weitesten Sinne auch in anderen Theoriezusammenhängen wieder. So wird in der formalen Sprachwissenschaft von *phonologischer Form* (*forma fonológica*) oder *PF* gesprochen, die mit anderen Strukturebenen (etwa der Syntax) interagiert und eine Schnittstelle zwischen kognitivem und sensorisch-motorischem System bildet: Die Formen des mentalen Lexikons (im Beispiel der Abb. 3.1 die Formen *casa, ojo* und *isla*) werden nach den Regeln der Grammatik linearisiert und auf eine Lautform projiziert, die dann in der Rede in akustische Signale verwandelt werden kann.

Schall: Die physikalische Seite der Laute

|3.2

Machen wir ein kleines Experiment: Wir schlagen mit der Hand auf einen Tisch. Dadurch produzieren wir ein Geräusch, das wir als einfachen Schlag empfinden.

Was ist Schall?

Wenn wir jedoch genauer hinhören, so bemerken wir, dass das Geräusch eine gewisse, wenn auch sehr kurze, zeitliche Dauer hat. Dies kommt daher, dass der Schlag eine Wellenbewegung in der Luft erzeugt, die nicht nur eine einzige Welle, sondern eine Reihe von Folgewellen produziert, so, wie wenn wir einen Stein ins Wasser werfen: Schall ist wellenhafte Bewegung von Luft, die wir mit unserem Hörorgan „messen" können. Durch den Schlag auf den Tisch wird die Luft „angestoßen", dadurch entsteht ein leichter Überdruck, auf den als Ausgleich ein leichter Unterdruck folgt, dann wieder ein leichter Überdruck, das alles im Bruchteil einer Sekunde – so lange, bis der Luftdruck wieder zum Gleichgewicht kommt. Im Ohr wird diese Druckbewegung gemessen, die im Gehirn dann mit bekannten Schallereignissen verglichen und „erkannt" wird.

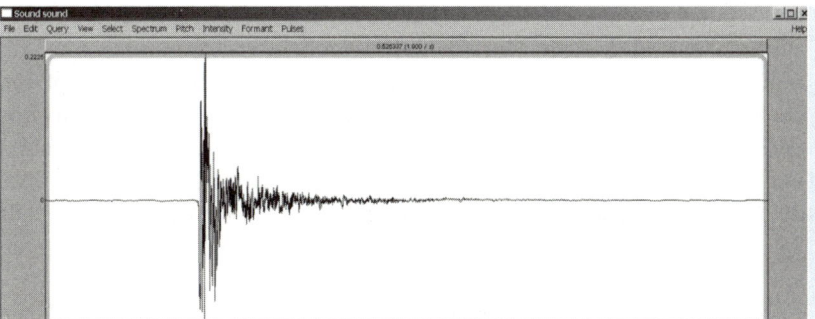

|Abb. 3.2

Oszillografische Darstellung eines Schallereignisses: Schlag mit der Hand auf einen Holztisch

Mit einem phonetischen Analyseprogramm wie *Praat*, das kostenlos im Internet heruntergeladen werden kann (www.praat.org), können wir ein solches *Oszillogramm* (*oscilograma*) dieses Geräuschs erzeugen, das die Druckwellen optisch darstellt: die horizontale Achse repräsentiert die Zeit, die Linienausschläge nach oben jeweils eine kurze Überdruckwelle, die Linienausschläge nach unten jeweils kurze Unterdruckwellen; die Höhe des Ausschlages (d.h. die Amplitude der Welle) entspricht der Lautstärke des Schallereignisses.

Auch Sprachlaute basieren im Grunde auf solchen wellenartigen Druckbewegungen: Wir erzeugen durch unseren Artikulationsapparat charakteristische, regelmäßige oder unregelmäßige Luftschwingungen, die einer bestimmten

Lautvorstellung in einer Sprache zugeordnet und vom Hörer als Sprachlaute erkannt werden.

Phonetik und Phonologie

Die Teilbereiche der Linguistik, die sich mit den Sprachlauten beschäftigen, werden als *Phonetik* (*fonética*; von gr. phōnē = ‚Laut‘, ‚Ton‘, ‚Stimme‘) und *Phonologie* (*fonología* von gr. phōnē + logos = ‚Wort‘, ‚Sprache‘) bezeichnet. In der Phonetik geht es um die Beschreibung von Sprachlauten allgemein und ihre akustischen, artikulatorischen und auditiven Eigenschaften. Zur Phonetik gehören auch nicht-linguistische Bereiche, wenn etwa in der klinischen Phonetik rein artikulatorische Fragen behandelt werden. Die Phonologie hingegen ist eine rein linguistische Disziplin; sie betrachtet die Sprachlaute mit ihrem Bezug auf eine bestimmte Einzelsprache und hinsichtlich übereinzelsprachlicher Allgemeinheiten der Sprachlaute und ihrer Kombinatorik (s. Abschn. 3.6).

3.3 | Artikulation: Die Produktion von Sprachlauten

Stimmapparat Wir bleiben zunächst bei der Phonetik und betrachten die physische Seite der Erzeugung von Sprachlauten. Hierfür verfügen Menschen über ein komplexes System, den so genannten *Stimmapparat* oder *Vokaltrakt* (*tracto vocal*), der vom Zwerchfell bis zu den Lippen bzw. zur Nase reicht. Fundament für die Lauterzeugung ist der Luftstrom, der – ähnlich wie bei einem Blasebalg – durch die Auf- und Abbewegung des Zwerchfells und (in geringerem Maße) durch die Rippenmuskulatur in Bewegung versetzt wird. Beim Einatmen (*Inspiration*, sp. *inspiración*) wird das Zwerchfell gesenkt, was einen Unterdruck in der Lunge erzeugt, der durch das Einströmen von Luft durch die Luftröhre ausgeglichen wird. Beim Ausatmen (*Exspiration*, sp. *espiración*) wird ein Luftstrom durch den Kehlkopf in den Rachen- und Mundraum gepumpt und entweicht dann durch den Mund und/oder durch die Nase. Beim Atmen ohne Sprechen geschieht dies nahezu geräuschlos und die Dauer von Inspiration und Exspiration ist etwa symmetrisch; beim Sprechen können wir bis zu 90 % der Zeit auf das Ausatmen verwenden und nur 10 % für das Einatmen. Die Sprechpausen zum Einatmen sind für die Organisation der gesprochenen Rede von grundlegender Bedeutung.

Sprachlautproduktion Entscheidend für die Sprachlautproduktion sind die „Hindernisse“, denen der Luftstrom auf dem Weg vom Kehlkopf bis zu den Lippen begegnet. Das erste Hindernis befindet sich im *Kehlkopf* (auch *Larynx*, sp. *laringe*): Dort liegen die so genannten *Stimmlippen* (*cuerdas vocales*). Die Stimmlippen können durch Muskeltätigkeit gespannt und entspannt und die Öffnung zwischen den beiden Stimmlippen kann verändert werden. Diese Öffnung nennt man Stimmritze oder *Glottis* (*glotis*). Beim Atmen ist die Glottis weit geöffnet, sie kann jedoch auch ganz geschlossen werden. *Glottale Laute* (*sonidos glotales*) wie das deutsche /h/ werden mit verengter Glottis und einem Luftimpuls ausgesprochen, dabei hört man den Luftstrom. Bei Verengung der Glottis und

Spannung der Stimmlippen werden diese in regelmäßige Schwingung versetzt, dies geschieht bei *stimmhaften Konsonanten* (*consonantes sonoras*) und bei *Vokalen* (*vocales*). Die Glottis ist also Sitz der *Stimme* (*voz*) und wichtigstes Zentrum menschlicher Sprachlautbildung. Aufgrund ihrer zentralen Funktion werden beim Stimmapparat auch *infraglottale* (*cavidades infraglóticas*), *glottale* (*cavidad glótica; laríngea*) und *supraglottale Bereiche* (*cavidades supraglóticas*) unterschieden. Der infraglottale Bereich liefert durch die Atmung die für das Sprechen notwendige Energie; die Stimme ist die Hauptquelle für die lautliche Grundlage des Sprechens, und der supraglottale Bereich schafft durch variierende Hindernisse und Resonanzräume eine große Bandbreite von Artikulationsmöglichkeiten.

Der Resonanzraum beginnt mit dem oberhalb des Kehlkopfes liegenden *Rachenraum* (*Pharynx, faringe*). Weiter oben im Stimmapparat befindet sich der *weiche Gaumen* bzw. *Gaumensegel* (*velo del paladar*). Es folgen der *harte Gaumen* (*paladar*), der *Zahndamm* (*los alvéolos*), die *Zähne* (*dientes*) und die *Lippen* (*labios*). Bei den *Nasalkonsonanten* (*consonantes nasales*) wie [m] oder [n] entweicht die Luft durch den Nasenraum. *Nasalvokale* (*vocales nasales*) – die es im Spanischen nicht gibt – werden gebildet, indem die Nasenhöhle im Gegensatz zu den *Oralvokalen* (*vocales orales*) als Resonanzraum geöffnet ist; die Luft entweicht dabei durch den Mund.

Die so genannten *Laterallaute* (*laterales*) wie [l] oder [ʎ] (wie in sp. *Castilla*) entstehen, indem die Luft zu beiden Seiten neben der Zunge entweicht, bei den *Vibranten* (*vibrantes*) wird ein Element in Vibration versetzt, und zwar beim deutschen [ʀ] das so genannte „Gaumenzäpfchen" (*úvula*) hinten am weichen Gaumen, beim spanischen „gerollten" [r] die *Zungenspitze* (*ápice de la lengua*) am Zahndamm.

Das spanische *r*

Für deutschsprachige Lerner des Spanischen besteht das Problem des Erlernens der spanischen Aussprache von *r* meist in der Tatsache, dass beim Versuch, ein spanisches *r* auszusprechen, an die Artikulationsstelle des deutschen *r* „gedacht" wird, die im Mundraum weit von der Zungenspitze entfernt ist. Hier kann ein Trick helfen: Der Ort des spanischen *r* entspricht nahezu dem von *d*. Versucht man, eine Lautfolge wie *pdado* relativ locker auszusprechen, so ergibt sich wie von alleine die „spanische" Aussprache des *r* wie in sp. *prado*.

Konsonanten werden durch *Artikulationsorte* (*puntos de articulación*) und *Artikulationsarten* (*modos de articulación*) bestimmt.

Folgende Artikulationsarten lassen sich bei den spanischen Konsonanten unterscheiden:

Artikulationsorte und Artikulationsarten der spanischen Konsonanten

► *Okklusive Konsonanten* oder *Plosive* (*Verschlusslaute, consonantes oclusivas*): [p] (*palo*), [t] (*techo*), [k] (*casa*), [b] (*bueno*), [d] (*día*), [g] (*gallo*);

► *Approximanten* (*aproximantes*): [β] (*debo*), [ð] (*miedo*), [ɣ] (*digo*): Diese spanischen Laute werden oft auch als Frikativlaute bezeichnet. Die Phonetik unterscheidet jedoch zwischen kontinuierlichen Frikativlauten wie [s] und Approximanten, für die eine Bewegung bis fast zum Verschluss mit anschließender erneuter Öffnung charakteristisch ist;

► *frikative Konsonanten* (*Reibelaute, consonantes fricativas*): [θ] (*cielo*), [s] (*casa*), [f] (*frío*), [x] (*lujo*);

► *Affrikaten* (*Verschlussreibelaute, consonantes africadas*): [c] (*mucho*);

► *Nasalkonsonanten* (*consonantes nasales*): [m] (*cama*), [n] (*mano*), [ɲ] (*año*), [ŋ] (*tengo*);

► *Laterallaute* (*consonantes laterales*): [l] (*ma__l__o*), [ʎ] (*po__ll__o*);

► *Vibranten* (*vibrantes*): [r] (*pe__rr__o*), [ɾ] (*pe__r__o*). Bei dem multiplen Vibranten [r] „vibriert" die Zunge zwei- bis fünfmal. Bei dem „einfachen Vibranten" [ɾ] gibt es nur eine Zungenbewegung ohne Wiederholung; es ist also eigentlich kein Vibrant. In der Phonetik spricht man auch – mit englischem Terminus – von einem *flap* (sp. *aleteo*).

Abb. 3.3 |
Die wichtigsten
Artikulationsorte für
das Spanische

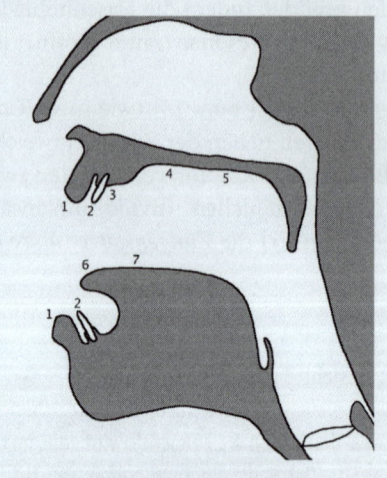

1 *labial* (sp. *labial* – vgl. *labio* ‚Lippe'): [m], [p], [b], [β]

2 *dental* (sp. *dental* – vgl. *diente* ‚Zahn'): [θ], [t], [d], [ð]; [f] (=*labiodental*)

3 *alveolar* (sp. *alveolar* – vgl. *alvéolos* ‚Zahndamm'): [s], [n], [l], [ɾ], [r]

4 *palatal* (sp. *palatal* – vgl. *paladar* ‚Gaumen'): [c], [ʎ], [ɲ]

5 *velar* (sp. *velar* – vgl. *velo* ‚Segel', hier: ‚Gaumensegel'): [k], [g], [x], [ɣ], [ŋ]

6 *apikal* (sp. *apical* – vgl. *ápice* ‚Spitze', hier: ‚Zungenspitze'): [s], [ɾ], [r]

7 *prädorsal* (sp. *predorsal*, vgl. *dorso* ‚Rücken', hier: ‚Zungenrücken'): andalus./amerik. [s]

Resonanz und
Vokalqualität

Bei den Vokalen entströmt die Luft ohne Hindernis. Die unterschiedliche *Vokalqualität* (*calidad vocálica*) wird durch die variierende Stellung von Unterkiefer und Zunge geschaffen. Wie der Körper einer Gitarre fungiert der Rachen- und Mundraum (bei Nasalvokalen auch die Nasenhöhle) als *Resonanzraum*. Als *Resonanz* (*resonancia*) bezeichnet man die Eigenschwingung eines Körpers. Diese bewirkt einerseits die Verstärkung der Vibration der Stimmlippen, andererseits kann durch die Variation des Resonanzraumes die Konfiguration der Resonanzfrequenzen verändert werden, was die Produktion verschiedener Vokale ermöglicht.

Vokale sind stimmhafte, kontinuierliche Laute, bei denen oberhalb der Glottis der Rachen- und Mundraum (und bei Nasalvokalen auch der Nasenraum) ohne weitere Hindernisse als Resonanzraum genutzt wird. Vokale können *Silben* (*sílabas*) (s. Abschn. 3.9) bilden, Konsonanten (im Spanischen) nicht. *Konsonanten* sind also im Spanischen tatsächlich „Mitlaute", die an Vokale gebunden sind. Konsonanten können stimmhaft und stimmlos sein.

Definition

Die Hauptresonanzfrequenzen nennt man *Vokalformanten* (*formantes vocálicos*). Diese werden ausgehend von der *Grundfrequenz* (*frecuencia fundamental*), der Schwingung der Stimmlippen, die als F0 (*Nullformant, formante cero*) bezeichnet wird, durchnummeriert. Für die Vokalqualität sind die ersten zwei bis vier Formanten verantwortlich. Formanten können in so genannten *Spektrogrammen* (*espectrogramas*) optisch dargestellt werden. Die folgende Grafik, die mit dem kostenlosen Programm *SpeechAnalyzer* (www.sil.org) erzeugt wurde, stellt die Lautfolge a-e-i-o-u dar. Im oberen Fenster sieht man die Schallwellen; im unteren Fenster sind die Resonanzfrequenzen der fünf Vokale zu sehen:

Webadressen zum Herunterladen von Programmen und Hörbeispielen unter www.bachelor-wissen.de

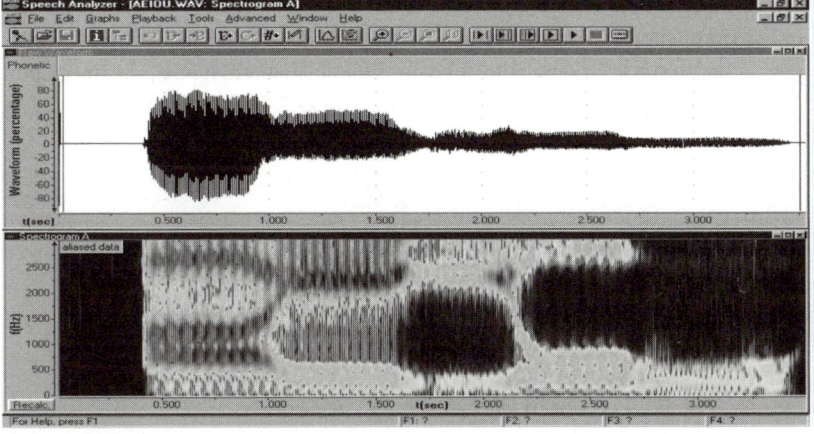

|Abb. 3.4

Oszillogramm (oberes Fenster) sowie *Spektrogramm* (unteres Fenster) der Vokalfolge a-e-i-o-u

Folgen zwei silbenbildende Vokale aufeinander, so spricht man von einem *Hiat* (*hiato*), wie in sp. *frío*. Im Gegensatz zum Deutschen (etwa in *bearbeiten* oder im Anlaut) gibt es im Spanischen bei der Aufeinanderfolge zweier Vokale keinen Glottisverschluss oder *Glottisschlag* (*golpe glótico* oder *golpe glotal*). Wenn zwei vokalische Elemente in einer Silbe zusammentreffen, so spricht man von einem *Diphthong* (*diptongo*) im Gegensatz zu einem einfachen Vokal oder *Monophthong* (*monoptongo*). Befindet sich der vokalische Kern am Beginn des Diphthongs, so spricht man von einem *fallenden Diphthong* (*diptongo decreciente*) wie in *seis* [seɪs]. Dem Vokal [ɛ] folgt hier ein so genannter *Halbvokal* (*semivocal*). Befindet sich der vokalische Kern auf dem zweiten Element, so spricht man von einem *steigenden Diphthong* (*diptongo creciente*) wie in *bueno*

Hiate und Diphthonge

['bweno], *bien* [bjen]. Auf einen so genannten *Halbkonsonanten* (*semiconso-nante*) folgt hier ein vokalisches Element. Den Unterschied zwischen Halb-vokal und Halbkonsonant kann man sich so merken: Der Halbvokal kommt in der Abfolge von einem Vokal her, der Halbkonsonant kommt von einem Konsonanten her.

Halbvokal und
Halbkonsonant

Achtung

> Beachten Sie, dass *vocal* und *consonante* im Spanischen feminin sind, genauso wie die Vokalbezeichnungen: *la a, la o* etc. Die Bezeichnung für ‹r› ist *la erre*, auch wenn man sich auf simples ‹r› bezieht.

3.4 | Sprachlaute und Orthografie

Laute und Buch-
staben

Die Schriftsysteme der Einzelsprachen sind sehr unterschiedlich und können insofern verwirrend sein, als einem Schriftzeichen in verschiedenen Sprachen zuweilen ganz verschiedene Lautwerte zugeordnet werden und auch innerhalb einer Sprache ein Schriftzeichen oft unterschiedlichen Aussprachen entspricht (dt. <ch> in *ich/ach*; sp. <c> in *carta/cielo*) oder mehrere Schriftzeichen für die gleiche Aussprache stehen (sp. <b>/<v>).

Schriftzeichen eines bestimmten orthografischen Systems, *Grapheme* (*gra-femas*), werden zur Unterscheidung von *Phonen* (Lauten, *fonos*), die in eckigen Klammern geschrieben werden (z. B. *vaso* ['baso]), in Spitzklammern notiert (z. B. <vaso>).

Tab. 3.1 |
Konsonantentabelle
nach API

CONSONANTS (PULMONIC)

	Bilabial	Labiodental	Dental	Alveolar	Postalveolar	Retroflex	Palatal	Velar	Uvular	Pharyngeal	Glottal
Plosive	p b			t d		ʈ ɖ	c ɟ	k g	q ɢ		ʔ
Nasal	m	ɱ		n		ɳ	ɲ	ŋ	N		
Trill	ʙ			r					R		
Tap or Flap		v̆		ɾ		ɽ					
Fricative	ɸ β	f v	θ ð	s z	ʃ ʒ	ʂ ʐ	ç ʝ	x ɣ	χ ʁ	ħ ʕ	h ɦ
Lateral fricative				ɬ ɮ							
Approximant		ʋ		ɹ		ɻ	j	ɰ			
Lateral approximant				l		ɭ	ʎ	L			

Where symbols appear in pairs, the one to the right represents a voiced consonant. Shaded areas denote articulations judged impossible.

Unter www.bachelor-wissen.de finden Sie die vollständige Darstellung des Transkriptionssystems der API mit Hinweisen auf Varianten, eine Vergleichstabelle zu einer anderen in der spanischen Linguistik verbreiteten Notation sowie allgemeine Grundsätze phonetischer Transkription.

Die Sprachen variieren bezüglich der Eindeutigkeit und der Kohärenz der Laut-Schriftzuordnung sehr. Keine Sprache hat eine wirklich „phonetische" Orthografie. Das Spanische ist allerdings eine der selteneren Sprachen, deren

Orthografie zumindest *passiv eindeutig* ist, d.h. dass es (bis auf ganz wenige Ausnahmen in Eigennamen und Fremdwörtern) möglich ist, einen spanischen Text bei Kenntnis der Ausspracheregeln korrekt zu lesen, auch wenn man die Wörter nicht kennt.

Schriftzeichen hängen zwar mit den Sprachlauten zusammen, sie bilden aber ein historisch bedingtes, eigenständiges System, weshalb Linguisten niemals Laut und Schrift verwechseln dürfen (mehr dazu in Einheit 8). Zur eindeutigen Darstellung der Sprachlaute gibt es so genannte *phonetische Symbolschriften*; international durchgesetzt hat sich die Schreibung nach dem Alphabet der API/IPA (*Association Phonétique Internationale/International Phonetics Association*, s. Tab. 3.1), deren Notation wir auch hier verwenden.

Phonetische Symbolschriften

Von der Artikulation zur Audition

|3.5

Sprachlaute können – zunächst unabhängig von der Betrachtung einer konkreten Sprache – als physikalische Ereignisse vom Gesichtspunkt der Lautproduktion und im Hinblick auf das Hören betrachtet werden. Diesen drei unterschiedlichen Sichtweisen entsprechen drei phonetische Disziplinen:

Drei phonetische Teilbereiche

► *akustische Phonetik* (*fonética acústica*): die physikalische Darstellung der Laute als Schallereignisse (wie etwa bei der spektrografischen Darstellung);
► *artikulatorische Phonetik* (*fonética articulatoria*): Beschreibung der Produktion der Sprachlaute in anatomisch-physiologischer Hinsicht (etwa die Mund- oder Zungenbewegung für die Produktion bestimmter Laute);
► *auditive Phonetik* (*fonética auditiva*): die Perzeption von Lauten.

Lautproduktion und Lautperzeption sind jeweils verbunden mit kognitiv-neuronalen Prozessen, in denen die Lautzeichen Sprachzeichen zugeordnet werden.

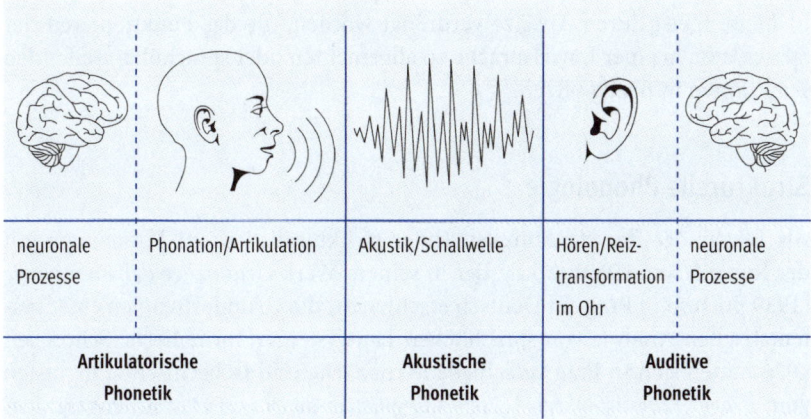

neuronale Prozesse	Phonation/Artikulation	Akustik/Schallwelle	Hören/Reiz-transformation im Ohr	neuronale Prozesse
	Artikulatorische Phonetik	**Akustische Phonetik**	**Auditive Phonetik**	

|Abb. 3.5

Das signalphonetische Band und die drei Teilgebiete der Phonetik (Busch/Stenschke 2007: 39)

3.6 | Phonetik und Phonologie

Phonetik: übereinzel-
sprachlich

Artikulation, Schall und Audition sind allgemein lautsprachliche Phänomene, die nur bezüglich der tatsächlich in einer Einzelsprache vorkommenden Laute variieren. Daher kann es auch eine internationale Lautschrift geben, in der alle möglichen Sprachlaute dargestellt werden, wenngleich in bestimmten Einzelsprachen nur eine Auswahl dieser Laute vorkommt.

Phonologie:
einzelsprachlich

Von diesem allgemeinen Bereich der Lautbeschreibung hat sich in der Linguistik als eigenständige, einzelsprachbezogene Disziplin von den Lauten die *Phonologie* (*fonología*) herausgebildet.

Verschiedene Begriffe
der Phonologie

In der modernen Linguistik seit Beginn des 20. Jhs. war die Phonologie der erste Bereich der synchronen Sprachwissenschaft, in dem man eine kohärente und eigenständige Untersuchungsmethode mit eigenen Begrifflichkeiten entwickelte, die dann auch auf andere Disziplinen übertragen wurde. Während man noch Ende des 19. Jhs. unter Phonologie meist das verstand, was wir heute als Phonetik bezeichnen, begann die strukturelle Phonologie in den 1920er Jahren, systematisch das Physikalisch-Lautliche vom mental Funktionierenden zu trennen. Man sagte mit Bezug auf die Sprachtheorie von Ferdinand de Saussure (s. Einheit 2), dass für das Sprechen nicht die physische Realität der Laute, sondern gewisse psychische Lautvorstellungen relevant seien. Die strukturalistische Phonologie prägte die Linguistik bis in die zweite Hälfte des 20. Jhs., als andere phonologische Richtungen aufkamen (generative Phonologie, natürliche Phonologie, metrische Phonologie u.a.) und die strukturelle Sichtweise teils ergänzten, teils ablösten. Die strikte Trennung zwischen mentalen Vorgängen und der physiologischen und physikalischen Seite der Laute war ein theoretisches und methodisches Postulat der strukturalistischen Phonologie, das jedoch immer wieder an seine Grenzen stößt, weshalb in verschiedenen gegenwärtigen Richtungen artikulatorische oder auditive Fragen ebenfalls eine Rolle spielen. Auch die strukturalistische Forderung, die Phonologie als streng einzelsprachliche Wissenschaft anzusehen, ist heute meist durch Ansätze verdrängt worden, die das Funktionieren der Sprachlaute in einer Einzelsprache zu allgemeinen oder sprachübergreifenden Funktionen in Bezug setzen.

3.7 | Strukturelle Phonologie

Prager Schule

Als Begründer der strukturellen (oder strukturalistischen) Phonologie gilt der Russe Nikolai Trubetzkoy, der in seinem Werk *Grundzüge der Phonologie* (1939 postum in Prag auf Deutsch erschienen) die Grundprinzipien einer systematischen Analyse von sprachlichen Lautsystemen formulierte. Schon seit 1926 hatten sich in Prag verschiedene russische und tschechische Linguisten zum *Prager Linguistenkreis* (*Círculo lingüístico de Praga*) zusammengeschlossen, dessen Ziel es u.a. war, die Sprachauffassung Ferdinand de Saussures wei-

Funktionalismus:
Funktion der
Sprachlaute

terzuentwickeln. Neben Trubetzkoy war einer ihrer führenden Vertreter der Russe Roman Jakobson, der entscheidend an der Begründung und Weiterentwicklung der Phonologie beteiligt war. Die Prager Phonologie war mit ihrer Terminologie und Methode jahrzehntelang bestimmend und ist bis heute wichtiger Bezugspunkt der Linguistik.

Den Prager Linguisten zufolge ist die Phonologie die Wissenschaft von der Funktion der Sprachlaute in einem bestimmten System. Demnach ist für die linguistische Analyse eines Sprachsystems nicht der konkrete Laut, sondern die bedeutungsunterscheidende Lautvorstellung ausschlaggebend.

|Abb. 3.6
Nikolai Trubetzkoy
(1890–1938)

Die kleinste bedeutungsunterscheidende Einheit eines Sprachsystems wird als *Phonem* (*fonema*) bezeichnet.

Definition

Die Phoneme einer Sprache werden durch die so genannte *Kommutationsprobe* (*prueba de conmutación*) ermittelt: In *Minimalpaaren* (*pares mínimos*), die sich nur in einem Laut unterscheiden, wie in sp. *casa* – *masa* zeigt sich, dass /k/ und /m/ im Spanischen Phoneme sind, denn ihr Austausch hat eine Bedeutungsänderung zur Folge. Man kann auch sagen, sie stehen zueinander in *phonologischer Opposition* (*oposición fonológica*).

Laute, deren Austausch keinen Bedeutungsunterschied bewirkt, sind also keine Phoneme, sondern einfache *Laute* oder *Phone* (*fonos*). So wird das Phonem /b/ im Spanischen je nach Lautumgebung okklusiv [b] oder approximativ [β] ausgesprochen, wie in *bebo* ['beβo], phonologisch /bebo/. Solche Realisierungen eines Phonems, die nach bestimmten Distributionskriterien (im Falle sp. /b/: okklusiv im absoluten Anlaut und nach Nasalkonsonant; sonst approximativ) variieren, nennt man *distributionelle Varianten* (*variantes distribucionales*) oder *Allophone* (*alófonos*).

|Abb. 3.7
Roman Jakobson
(1896–1982)

Phon – Allophon

Im Gegensatz zur Lautschrift schreibt man Phoneme in Schrägstrichen: *bebo* („ich trinke") – /bebo/ – ['beβo]. In der phonologischen Transkription wird nur das für die Bedeutungsunterscheidung Relevante, nicht aber die genaue Aussprache dargestellt.

Achtung

Manche Phonemoppositionen sind nur in bestimmten Positionen im Wort relevant, in anderen Positionen, tendenziell v. a. am Anfang des Wortes oder an dessen Ende, also im An- und Auslaut, sind die Oppositionsmöglichkeiten reduziert: Man spricht hier von *Neutralisation* (*neutralización*). So ist im Deutschen im Auslaut die Opposition zwischen /p/, /t/, /k/ und /b/, /d/, /g/ auf die stimmlosen Phoneme reduziert („Auslautverhärtung": *Rat* – *Rad* ist jeweils [ʀaːt]), ein Phänomen, das es auch im Katalanischen und in vielen anderen Sprachen in ähnlicher Form gibt. Im Spanischen ist die Opposition zwischen /ɾ/ und /r/ nur zwischen Vokalen relevant (*pero* ['peɾo] – *perro* ['pero]), in allen anderen Positionen neutralisiert. Solche neutralisierten Positionen können in der phonologischen Transkription durch Großbuchstaben signalisiert werden,

Neutralisation

also /raT/ für die Auslautverhärtung im Deutschen, /Rosa/ für die Neutralisation der Opposition zwischen /ɾ/ und /r/ im Spanischen. In den neutralisierten Positionen fallen also mehrere Phoneme zu einem einzigen zusammen, das nur die gemeinsamen Züge der neutralisierten Phoneme enthält. Was in Großbuchstaben dargestellt wird, wird als *Archiphonem* (*archifonema*) bezeichnet.

Abb. 3.8

Das Verhältnis von Phonem zu Graphem und Phon am Beispiel von sp. /b/

Auch wenn die Orthografie zuweilen eher Phoneme repräsentiert als Phone (z. B. dt. <ch>; sp. <e>, <o>), so ist dies doch keineswegs grundsätzlich der Fall. Die Orthografie entspricht einem eigenständigen System, das zwar mit dem Lautsystem zusammenhängt, aber keinesfalls mit ihm gleichgesetzt werden darf. Dem spanischen Phonem /b/ etwa entsprechen zwei Grapheme (oder Buchstaben) <b> und <v> sowie, völlig unabhängig von der Schreibweise, aber abhängig von der Position, zwei Aussprachen [b] und [β].

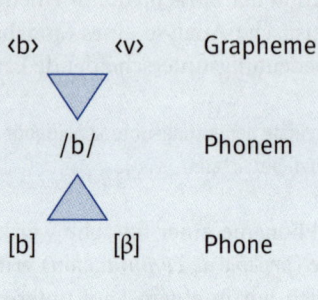

Phonemsystem

Zentrales Interesse der strukturellen Phonologie ist zunächst die Identifikation der funktionellen Laute und dann die Darstellung des Phonemsystems. Für das Spanische lassen sich fünf Vokalphoneme unterscheiden. Diese können in einem so genannten *Vokaltrapez* (*trapecio vocal*) angeordnet werden, das einen Querschnitt des Mundraumes symbolisiert. Auffällig ist bei vielen Vokalsystemen deren Symmetrie, d. h. dass die Vokale im Vokaltrapez insofern symmetrisch sind, als etwa einer bestimmten Anzahl von Vorderzungenvokalen eine bestimmte Anzahl von Hinterzungenvokalen entspricht. Dies trifft auch auf das spanische Vokalsystem zu.

Abb. 3.9

Vokaltrapez mit spanischen Vokalphonemen

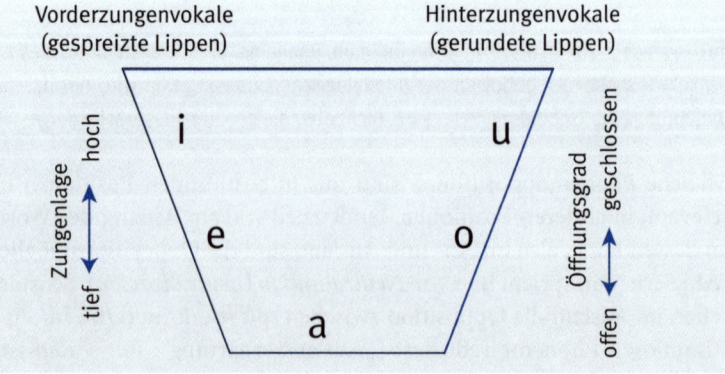

Bei den Konsonanten ist die Klassifikation nicht so eindeutig, da der Status einiger Phoneme unklarer ist. Die „klassische" Beschreibung des Spanischen von Emilio Alarcos Llorach von 1950, die die Prinzipien Trubetzkoys auf das Spanische überträgt, führt zu folgendem Schema:

Labiale		Dentale		Liquide	
	f	θ		l	
m b			d n		
	p	t		r	ɾ
	k	c	j		
g			ɲ	ʎ	
	x	s			
Velare		Palatale			

|Abb. 3.10

Spanisches Konso-
nantensystem
(nach Alarcos
Llorach 1950)

Wie bei den Vokalen zeigt sich auch bei den Konsonanten eine systematische Anordnung, die sich jedoch, bei genauerer Betrachtung, auch aus der Gestaltung des Schemas ergibt. So könnte man etwa kritisieren, dass hier das alveolare /s/ in der palatalen Reihe erscheint.

Auffällig ist im Schema das Fehlen eines velaren Nasalkonsonanten /ŋ/, den es zwar im Standardspanischen als Phon gibt (etwa in *vengo* [ˈbeŋgo]), aber nur als Variante von /n/ und somit nicht als eigenständiges Phonem. Die Strukturalisten sprechen bei einer solchen „Lücke" im System von einem *leeren Feld* (frz. *case vide*, sp. *casilla vacía*). Eine weitere *casilla vacía* ergibt sich, wenn wir nicht wie hier den peninsulären, sondern den amerikanischen Standard beschreiben, wo das interdentale /θ/ nicht existiert (s. u. a. Einheit 13).

Ein weiteres Interesse der strukturellen Phonologie ist die Beschreibung so genannter *Korrelationen* (*correlaciones*). Zwischen den Lauten b – d – g sowie p – t – k herrscht eine Korrelation in dem Sinne, dass durch Aufzeigen nur eines einzigen distinktiven, also *unterscheidenden Zuges* (*rasgo distintivo*), nämlich +sth/-sth: stimmhaft oder stimmlos, der Unterschied zwischen allen drei Lauten beschrieben werden kann.

Korrelationen

Die reine Beschreibung einer abstrakten Sprachstruktur, wie sie von manchen Strukturalisten z. T. gefordert wurde, wurde aus verschiedenen Richtungen kritisiert. So schlug in den 1950er Jahren Eugenio Coseriu eine Ergänzung der Dichotomie *langue/parole* (im lautlichen Bereich: *Phoneme/Phone*) vor, indem er zeigte, dass es nicht nur Systemunterschiede und individuelle Realisierungen gibt, sondern dass die Sprache auch über die rein oppositiven Systemunterschiede hinaus nach einer bestimmten Tradition realisiert wird. So sind die beiden unterschiedlichen Laute in dt. *ich* und *ach* zwar nicht bedeutungsunterscheidend, sie werden aber dennoch üblicherweise so (palatal und velar) und nicht anders ausgesprochen. Coseriu nennt das Traditionelle, Übliche, „Normale" in einer Sprache die *Norm* und unterscheidet zwischen *System* (*sistema*, das Funktionelle: im lautlichen Bereich die Phoneme), *Norm* (*norma*, die traditionelle Realisierung des Systems) und der *Rede* (*habla*, fr. *parole*, individuelle Realisierung).

System, Norm und Rede

Das einheitliche spanische Phonem /e/ (Ebene des Systems) wird je nach Lautumgebung geschlossen oder offen realisiert. In dem Wort *verde* /berde/ kommt das Phonem zweimal vor, wobei üblicherweise das erste /e/ als [ɛ], das zweite als [e] realisiert wird (Ebene der Norm). In der konkreten Realisierung entsprechen jeder der beiden Normaussprachen unendlich viele, fein differenzierte Individualaussprachen (Ebene der Rede):

Abb. 3.11

System, Norm und Rede im lautlichen Bereich (nach Coseriu 1952)

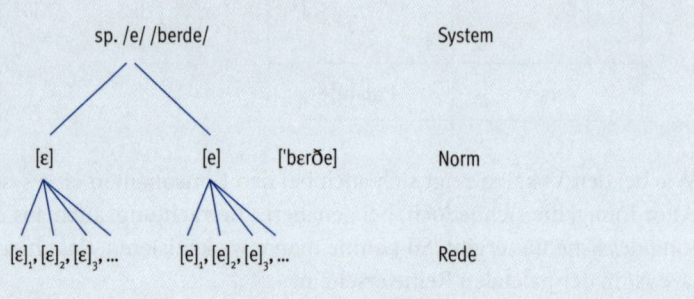

Achtung

Mit dem Begriff *Norm* ist in der Linguistik Vorsicht geboten, da unter Norm landläufig die „korrekte" Norm, d. h. die Standardnorm einer Sprache verstanden wird. Hier hingegen geht es um die deskriptive, beschreibende Norm, die auch bei Dialekten und anderen Varietäten festgestellt werden kann.

3.8 | „Features" und Prozesse

„Unterscheidende Züge" als minimale Einheiten der Phonologie

Der bereits erwähnte Roman Jakobson, der seit den 1920er und 1930er Jahren einer der Hauptvertreter der strukturellen Phonologie und Kollege Trubetzkoys war, entwickelte die im Strukturalismus bereits angelegte Idee einer *Phonologie der unterscheidenden* bzw. *distinktiven Züge (fonología de rasgos distintivos)* weiter und baute sie gemeinsam mit zwei Kollegen in den 1950er Jahren zu einer eigenen Richtung der Phonologie aus (Jakobson/Fant/ Halle 1952). Wenn die klassische Phonemdefinition das Phonem als kleinste bedeutungsunterscheidende Einheit bezeichnet hatte, so wird nun gesagt, die kleinsten Einheiten seien eigentlich die Elemente, aus denen sich das Phonem zusammensetzt, also unterscheidende Züge wie stimmhaft/stimmlos; nasal/ oral etc. Es wurde sogar versucht, ein universelles System von sehr abstrakten unterscheidenden Zügen aufzustellen, auf dessen Basis alle Sprachen der Welt beschrieben werden sollten.

Für das spanische Konsonantensystem gibt es verschiedene Vorschläge der Klassifikation nach dem Prinzip der *rasgos distintivos*. Die folgende Matrix geht von acht distinktiven Zügen aus, mit Hilfe derer die Gesamtheit der spanischen Konsonanten charakterisiert werden kann:

AFI	i	e	a	o	u	p	b	t	d	k	g	f	θ	s	ʃ	x	t͡ʃ	m	n	ɲ	l	ʎ	r	ɾ
1. Vocálico - No vocálico	+	+	+	+	+	−	−	−	−	−	−	−	−	−	−	−	−	−	−	−	+	+	+	+
2. Consonántico - No consonántico	−	−	−	−	−	+	+	+	+	+	+	+	+	+	+	+	+	+	+	+	+	+	+	+
3. Denso - No denso	−	−	+	−	−					+	+				+	+	+			+		+		
4. Difuso - No difuso	+	+	−		−	+	+	+	+			+	+					+	+		+			
5. Grave - No grave	−	−	−	+	+	+						+	+	+				+			+	−	−	
6. Agudo - No agudo	+	+	−			+	+					+	+	+				+			−	+		
7. Nasal - Oral						−	−	−	−	−	−	−	−	−	−	−	−	+	+	+				
8. Continuo - Interrupto						−	±	−	±	−	±	+	+	+	±	−		+	+	+	+	+	−	−
9. Sonoro - Sordo						−	+	−	+	−	+	−	−	−	+	−	−	+	+	+				
10. Estridente - Mate						−	−	−	−	−	−	−	+	−	−	−	+							
RFE	i	e	a	o	u	p	b	t	d	k	g	f	θ	s	y	č		m	n	ŋ	l	ļ	r	r̄

|Tab. 3.2

Klassifikation der
spanischen Phoneme
nach distinktiven Zügen
(Quilis 1993)

In der oberen Zeile findet sich die phonetische Umschrift nach API, in der unteren das in Spanien
verbreitete Transkriptionssystem der *Revista de Filología Española* (RFE).

Die Aussprache einer Lautkette lässt sich auf dieser Basis als Abfolge von Kon-
stellationen unterscheidender Züge darstellen, so in der folgenden Tabelle die
Lautkette *un árbol* [un'aɾβol].

	u	n	á	ɾ	β	o	l
Vokalisch (vocálico)	+	−	+	+	−	+	+
Konsonantisch (consonántico)	−	+	−	+	+	−	+
Dicht (denso)	−	−	+	−		+	−
Tief (grave)	+	+	−	−	+	+	
Gespannt (tenso)		−	+	−			+
Pfeifend (estridente)		−		−	−		−
Kontinuierlich (continuo)					+		
Nasal (nasal)		+	−		−		−
Stimmhaft (sonoro)		+		+	+		+

|Tab. 3.3

Un árbol: Darstellung
als Abfolge verschie-
dener distinktiver
Züge auf der Basis der
Jakobson'schen Features
(nach Cerdà 2000: 135).
+ bedeutet Präsenz eines
Zuges, − dessen Fehlen.
Eine genaue spanische
Beschreibung der
verschiedenen Features
findet sich in Luna Traill
et al. 2005: 210–212

Ausgehend von einer derartigen Beschreibung von Lautketten präsentierten
Noam Chomsky und Morris Halle 1968 für das Englische eine völlig neue Art
von Phonologie, die im Gegensatz zum vorwiegend paradigmatischen Interesse des Strukturalismus die syntagmatische Sichtweise ins Zentrum stellte:
Die Frage, wie gewisse Phoneme beim Sprechen in bestimmten Positionen
verändert werden, weshalb also beispielsweise sp. /b/ mal approximativ als [β],
mal okklusiv als [b] realisiert wird (der Strukturalismus nannte diesen Bereich
Morphophonologie; s. auch den Textauszug zu Einheit 4).

Generative Phonologie:
Chomsky/Halle

Diese damals neue, „generative" Phonologie beschränkt sich aber nicht
auf die Beschreibung von bestimmten lautlichen Veränderungen, sondern
geht von eigenen theoretischen Vorgaben aus, die an die Generative Syntax
angelehnt sind. Es wird von einer *zugrundeliegenden Form (forma subyacente)*
der Phoneme ausgegangen, die in die „Oberfläche" der tatsächlich realisierten
Laute übertragen wird, wobei die distinktiven Züge des zugrundeliegenden
Phonems je nach Lautumgebung gewissen Modifikationen unterliegen können. Die Oberflächenmodifikationen haben meist artikulatorische Gründe:

Zugrundeliegende
Form, Oberfläche der
Realisierung

hier reicht die Phonologie der artikulatorischen Phonetik also erneut die Hand. Die zugrundeliegende Form wird u. a. von regelmäßigen morphologischen Modifikationen ausgehend konstruiert. Zur Darstellung *phonologischer Prozesse* (*procesos fonológicos*) bedient sich die Generative Phonologie eines Formelapparats, dessen Grundschema folgendermaßen aussieht:

Phonologische Prozesse

$$A \rightarrow B/X\_Y$$

Das Segment (also ein gewisser Sprachlaut) A wird zu B verändert, wenn A zwischen X und Y steht.

Ein Segment (A) wird eigentlich nicht durch seine konkrete Nennung, sondern durch seine unterscheidenden Züge bestimmt. Ein Beispiel: Die spanischen Phoneme /b/, /d/ und /g/ werden nur im absoluten Anlaut und nach Nasalkonsonant okklusiv realisiert; bei /d/ gilt zudem, dass es nach /l/ okklusiv realisiert wird. In allen anderen Positionen werden die Phoneme als Approximanten realisiert, wie in den folgenden Beispielen:

Beispiel 3.2

bebo	['beβo]	– absoluter Anlaut b, andere Position β
dedo	['deðo]	– absoluter Anlaut d, andere Position ð
galgo	['galɣo]	– absoluter Anlaut g, andere Position ɣ
caldo	['kaldo]	– okklusiv, da nach *l* (im Gegensatz zu approximativem β und ɣ in *alba* oder *algo*)

Dies lässt sich schematisch in der generativen Regelnotation folgendermaßen darstellen:

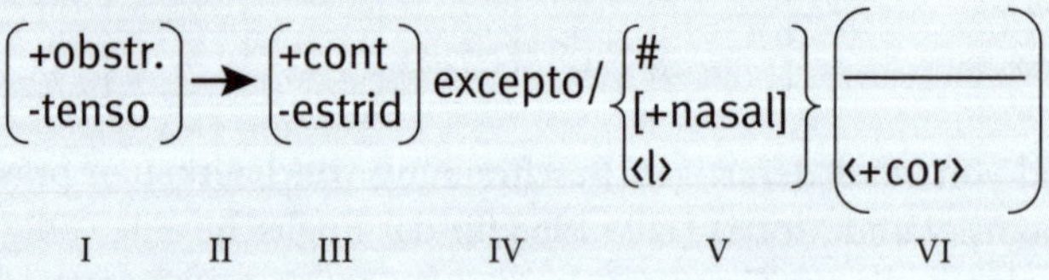

Abb. 3.12

$$\begin{bmatrix} +\text{obstr.} \\ -\text{tenso} \end{bmatrix} \rightarrow \begin{bmatrix} +\text{cont} \\ -\text{estrid} \end{bmatrix} \text{excepto/} \left\{ \begin{matrix} \# \\ [+\text{nasal}] \\ \langle l \rangle \end{matrix} \right\} \left(\underline{\qquad} \; \langle +\text{cor} \rangle \right)$$

I   II   III   IV   V   VI

Regelnotation zur Beschreibung des Prozesses, durch den die Aussprache der Phoneme /b/, /d/ und /g/ im Spanischen beschrieben werden kann (nach Harris 1975: 59)

I: Die Charakterzüge +obstr -tenso erfassen genau die zugrundeliegenden Züge der drei Phoneme, um die es hier geht: es sind *Obstruenten* (*obstruyentes*), d. h. Laute, bei denen der Luftstrom durch ein Hindernis verengt wird. Zugleich sind sie im Gegensatz zu den stimmlosen Okklusiven /p/, /t/ und /k/ nicht „gespannt". **II:** Die Laute mit diesen zugrundeliegenden Zügen werden im Spanischen an der Oberfläche zu **III:** Approximanten mit den Eigenschaften „kontinuierlich" (+cont) und „nicht pfeifend" (-estrid[ente]), ein Charakterzug, der sich auf Laute wie [s] oder [f] bezieht. **IV:** dieser Prozess tritt in allen Fällen ein, „außer" (was das Zeichen / anzeigt) **V:** „im absoluten Anlaut" (worauf das Zeichen # hinweist) oder nach einem nasalen Laut (im Spanischen /m/, /n/ oder /ɲ/). Die Bedingungen in geschwungenen Klammern stehen vor **VI:** dem Segment, um das es geht, welches in der hinteren Klammer mit einem Strich als Platzhalter symbolisiert wird. Die Zusatzregeln in Spitzklammern sagen außerdem, dass für das Phonem, das zusätzlich zu der Bestimmung der anderen Phoneme noch durch den Zug +cor charakterisiert ist (koronaler Artikulationsort – dies betrifft ausschließlich /d/), auch die Position nach /l/ zur okklusiven Realisierung führt (d. h. dass /d/ auch nach /l/ okklusiv realisiert wird wie etwa in *caldo* ['kaldo]).

Es lassen sich obligatorische Prozesse wie der eben beschriebene von solchen unterscheiden, die gewissen stilistischen Restriktionen unterliegen. So ist im Falle des silbenfinalen *-n* in *un burro* sowohl eine alveolare Aussprache als auch eine assimilierte, bilabiale Artikulation [um'buro] möglich. Solche fakultativen Prozesse in der Synchronie werden diachronisch oft zu obligatorischen Prozessen, d.h. dass sich im Laufe der Sprachentwicklung eine umgangssprachliche, ökonomischere Aussprache längerfristig gegen die aufwändigere durchsetzt.

Obligatorische und fakultative Prozesse

Assimilation (asimilación) = Prozess der „Angleichung" eines Lautes an einen benachbarten Laut. Es gibt *regressive Assimilationen*, wenn der folgende Laut auf die Aussprache eines Lautes wirkt (z. B. stimmhafte Aussprache von /s/ in sp. *mismo* ['mizmo] wegen des folgenden stimmhaften /m/) und *progressive Assimilationen*, wenn der vorhergehende Laut die Aussprache des folgenden beeinflusst (z. B. historische Entwicklung *mb* → *m* wie in sp. *paloma* von lat. PALUMBA).

Definition

Ein Problem ist mitunter die Frage der zugrundeliegenden Form: ist im Falle von sp. /b/, /d/ und /g/ die okklusive oder die approximative Aussprache zugrundeliegend? Die Antwort ist hier in der ökonomischsten Beschreibung zu suchen: Man bildet eine Hypothese – also entweder die, dass die Approximanten von den okklusiven Formen abgeleitet werden (wie in der Beschreibung oben), oder aber die, dass es umgekehrt ist – und prüft, wie viel Aufwand es bedeutet, jeweils von den einen Formen zu den anderen zu kommen. Synchronisch ist es in der Tat leichter, die okklusiven Formen von den Approximanten abzuleiten, auch wenn in der Diachronie die okklusiven Formen die Grundlage für den Prozess bildeten, d.h. dass die okklusiven Formen zwar sprachhistorisch die älteren sind, aber für einen heutigen Sprecher des Spanischen die umgekehrte Ableitung weniger aufwändig ist. Die Sprachgeschichte ist für die heutigen Sprachbenutzer insofern irrelevant, als dass das Spanisch lernende Kind die ökonomischste Regel konstruieren wird, um zum optimalen Ziel der korrekten Aussprache zu gelangen. Und diese Regeln des Erstsprachenerwerbs können als die für das Funktionieren von Sprache fundamentalen angesehen werden. Beim Zweitsprachenerwerb hingegen kann es ganz anders sein, und so versuchen im Allgemeinen Sprecher mit deutscher Muttersprache, die okklusiven Formen als Grundlage zu nehmen, da sie diese aus dem Deutschen kennen (und auch die Graphien können beeinflussend wirken: für einen Deutschen ist ein <b> zunächst ein Zeichen für einen okklusiven Laut). Der Weg zur richtigen Realisierung ist hier aber tatsächlich aufwändiger.

Frage der zugrundeliegenden Form

Prosodie, Rhythmus und Silbe

|3.9

Bislang haben wir nur von den Lauten als *Segmenten* (*segmentos*) gesprochen, als einzelnen Elementen einer Kette. Nun wird es um das gehen, was man

Segmente und Suprasegmentalia

traditionell als *Suprasegmentalia* (*rasgos suprasegmentales*) bezeichnet, als Elemente, die sozusagen „über den Lautsegmenten" liegen: *Akzent* (*acento*) und *Rhythmus* (*ritmo*), *Silbenstruktur* (*estructura silábica*) und *Intonation* (*entonación*), die so genannten *prosodischen* Elemente (*rasgos prosódicos* von gr. *prosodia* = eigentlich *das Hinzugesungene*).

Betrachten wir einen einfachen Satz wie sp. *La casa es grande*, so können wir neben den einzelnen phonischen Segmenten hier eine Reihe unterschiedlich strukturierter Silben identifizieren (la-ka-sa-es-gran-de). Die Silben und der ganze Satz lassen sich zudem unter den Kriterien von Dauer, Intensität und Tonhöhe (bzw. Tonhöhenverlauf) betrachten. Dabei interagieren diese Größen zwar mit dem Satz, sie gehorchen aber eigenen Strukturen, die auch über die Satzgrenze hinausgehen. Diese prosodischen Eigenschaften können in verschiedenen Sprachen phonologisch relevant sein oder sekundäre Funktionen übernehmen. In der folgenden Grafik sehen wir den Satz im oberen Fenster als Wellenform (wobei die regelmäßigen Wellen der Vokale und der stimmhaften Konsonanten besonders auffallen), im mittleren Fenster sehen wir die Intensität, d. h. die Schallstärke im Verlauf des Satzes, und im unteren Fenster den Verlauf der Grundfrequenz, der die Intonation anzeigt, die hier, bei Aussageintonation, absteigend ist:

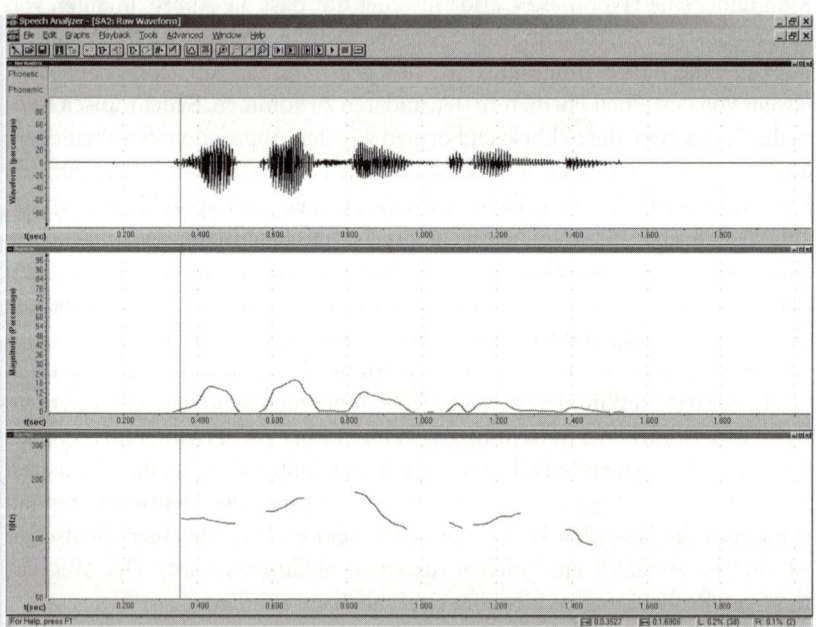

Abb. 3.13

Wellenform, Intensität und Grundfrequenz des Satzes *La casa es grande*. (Grafik erstellt mit SpeechAnalyzer von www.sil.org)

Im Spanischen sind Vokaldauer und Tonhöhe auf Wortebene phonologisch nicht unterscheidend, d. h. dass die Bedeutung eines Wortes – im Gegensatz etwa zum Lateinischen oder zum Deutschen – sich nicht durch die Vokallänge unterscheiden kann und – anders als bei Tonsprachen wie dem Vietnamesischen oder dem Mandarin-Chinesischen – auch die Tonhöhe oder der Tonverlauf keinen Bedeutungsunterschied der Wörter ergibt. Die Silbenintensität hingegen ist bedeutungsrelevant. So werden die drei Wörter *número* (Zahl), *numero* (ich zähle auf) und *numeró* (er zählte auf) durch die Position der betonten Silbe unterschieden.

Akzent – orthografisches Akzentzeichen

Im Spanischen werden die meisten Wörter auf der vorletzten Silbe betont (wie *casa*); man spricht von *paroxytonen* Wörtern (*palabras paroxítonas* oder *palabras llanas*). Die zweithäufigste Akzentposition liegt auf der letzten Silbe (wie *trabajar*); hier spricht man von *oxytonen* Wörtern (v. gr. oxys = ,scharf'; sp. *palabras oxítonas* oder *palabras agudas*). Bei den selteneren Fällen von Betonung auf der drittletzten Silbe (wie in *ridículo*) spricht man von *proparoxytonen* Wörtern (*palabras proparoxítonas* oder *palabras esdrújulas*). Es gibt auch Wörter, die auf der viertletzten Silbe betont werden, so genannte *palabras sobre-esdrújulas*, was bei Adverbien (*fácilmente*, mit sekundärem Akzent auf der vorletzten Silbe) und Formen mit enklitischen („angehängten") Pronomina vorkommt (*dígamelo*). Es ist wichtig, dass der Begriff *Akzent* zunächst für das lautliche Phänomen der Betonung von Silben verwendet und nicht mit dem grafischen Akzent verwechselt wird:

In verschiedenen Fällen muss im Spanischen die Akzentposition durch einen grafischen Akzent (sp. *tilde* oder *acento ortográfico*) gekennzeichnet werden. Es gibt im Spanischen nur eine Art von grafischem Akzentzeichen, das bezüglich der Aussprache ausschließlich Betonung markiert. Alle Wörter, die auf der dritt- oder viertletzten Silbe betont werden, müssen grafisch akzentuiert werden. Wörter, die auf der vorletzten Silbe betont werden, tragen nur dann einen grafischen Akzent, wenn sie weder auf Vokal, noch auf ⟨n⟩ oder ⟨s⟩ enden (*César* im Ggs. zu *casa*). Dagegen tragen alle auf der letzten Silbe betonten Wörter einen grafischen Akzent, wenn sie auf Vokal, ⟨n⟩ oder ⟨s⟩ enden (*nación* im Ggs. zu *nacer*).

Neben der Funktion, die Betonung zu markieren, dient der grafische Akzent auch zur Unterscheidung *homonymer*, d. h. lautidentischer, aber bedeutungsungleicher Formen (*formas homónimas*; s. Einheit 6), etwa zur Unterscheidung des Artikels *el* vom Pronomen *él* oder dem Pronomen *te* (,dich') vom Nomen *té* (,Tee').

Die Akzentregeln finden sich in den meisten spanischen Schulgrammatiken und Lehrbüchern ausführlich beschrieben. Alle offiziellen Regeln mit den aktuellen Ausnahmen finden sich in der *Ortografía de la lengua española* der *Real Academia Española* (www.rae.es).

Auch auf Satzebene können verschiedene Akzentuierungen, d. h. Unterschiede im Rhythmus eines Satzes, im Spanischen eine Funktion haben und zu variierenden Strukturierungen führen (unterschiedliche Hervorhebung von Elementen).

Beim Sprechen erscheinen die Sprachlaute in einer Reihe, die oft wie ein unstrukturiertes Ganzes wirkt. Dennoch lassen sich oberhalb der Lautsegmente höhere Einheiten identifizieren. Eine zentrale Einheit der Lautgestal-

Silbe und Silben-
struktur

tung oberhalb der Lautsegmente ist die *Silbe* (*sílaba*, v. gr. syllabē ‚das zusammen Gesprochene‘). Die wissenschaftliche Bestimmung der Einheit Silbe ist nicht unumstritten, doch können Silben selbst von Kindern schon sehr früh identifiziert werden, was die Vermutung unterstützt, dass es sich um universelle Einheiten der Sprachkompetenz handelt.

Man kann bei den Silben drei Bereiche unterscheiden: den zentralen Silbenkern oder *Nukleus* (*núcleo*), der im Spanischen immer vokalisch ist; den *Onset* oder *Silbenkopf* (*ataque*; *cabeza silábica*) und den *Offset* bzw. die *Silbenkoda* (*coda silábica*). Kopf und Koda bilden die *Silbenschale*. Dabei unterscheidet man *offene Silben* (*sílabas abiertas*) ohne Koda und *gedeckte Silben* (*sílabas trabadas*).

Silben können unterschiedliche Strukturen aufweisen: Sie können nur vokalisch sein (V) wie die erste Silbe in sp. *a-ma*, konsonantisch-vokalisch (CV) wie sp. *ca-sa* oder komplexer, also CVC, CCV, CCVC usw. In den Sprachen der Welt werden unterschiedliche Silbenstrukturen toleriert. So erlauben gewisse slavische Sprachen oder das Deutsche relativ komplexe Anhäufungen von Konsonanten (z. B. dt. *du strolchst* mit der, allerdings seltenen, Struktur CCCVCCCC, tschech. *strč*, ohne vokalischen Nukleus). Im Spanischen ist der häufigste Silbentyp CV.

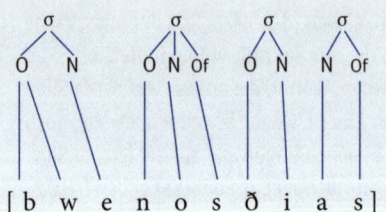

Silbenstruktur von sp. *buenos días*. Das finale *-s* des ersten Wortes kann hier durch Assimilation sonorisiert werden. Der griechische Buchstabe Sigma (σ) steht für Silbe, O für *Onset*, N für *Nukleus*, Of für *Offset*.

Sonoritätshierarchie

Die Silbenstruktur ist in den Sprachen der Welt tendenziell nach dem Prinzip aufgebaut, dass in Silbenköpfen weniger „klingende" Elemente links stehen und „klingendere" Elemente rechts davon, gemäß der so genannten *Sonoritätshierarchie* (*jerarquía de sonoridad*). Bei der Coda dreht sich dieses Verhältnis wieder um, d. h. dass Silben vom tendenziell vokalischen Kern wieder hin zu Elementen stärkerer *Obstruktion* (= ‚Behinderung‘, sp. *obstrucción*) aufgebaut sind, nach folgendem Schema:

Abb. 3.15 |

Sonoritätshierarchie

Plos.Frik.Nas.Liq.Hvok.Vok.Hvok.Liq.Nas.Frik.Plos.

Sonoritätshierarchie: üblicher Aufbau von Silben von der Obstruktion zur Sonorität des vokalischen Kerns (Plosiv → Frikativ → Nasal → Liquid → Halbvokal → Vokal) und zurück zur Obstruktion

Natürlichkeit und Optimalität

In den 1970er und 1980er Jahren entstand eine Reihe von Arbeiten, die die unterschiedlichen Silbenstrukturen mit universellen artikulatorischen Prinzipien in Bezug brachten. So kann man aufgrund artikulatorischer Analysen beim Spracherwerb, beim Sprachwandel und in den Sprachen der Welt feststellen, dass gewisse Silben „komplexer" sind als andere. Silben der Struktur CV sind demzufolge „natürlicher" (d. h. leichter artikulierbar) als etwa Silben vom Typ VC oder komplexere Silben wie CCCVCC. In den romanischen Sprachen zeigt sich die Tendenz hin zu „natürlicheren" Silben sowohl diachronisch als auch in der Gegenwartssprache.

Komplexe und einfache Silben

> Diachronisch: lat. MENSA → sp. *mesa*
> Gegenwartssprachlich: sp. *examen* → standardsprachlich [ek'samen] →
>   sp. umgangssprachlich [e'same]

| **Beispiel 3.3**
Tendenz zu natürlicheren Silben

Wenn aber die Tendenz der Sprachen hin zu natürlicheren Silben geht, so müssten die Sprachen irgendwann die optimale Silbenstruktur erreichen. Dies ist in der Praxis aber nicht der Fall, weil das Silbenoptimierungsprinzip nicht das einzige Prinzip ist, welches das Sprechen leitet. In den 1990er Jahren wurde mit der so genannten *Optimalitätstheorie* (*teoría de la optimidad*) versucht, den zwei zentralen gegenläufigen Steuerungsprinzipien des Sprechens Rechnung zu tragen. In diesem generativen Modell finden wir einerseits Prinzipien, die im Bereich der Silbenstruktur mit größerer oder geringerer Komplexität zusammenhängen, so genannte *Markiertheitsprinzipien* (*principios de marcación*), und als Gegenpart so genannte *Treueprinzipien* (engl. *faithfulness constraints*, *restricciones de fidelidad*), die fordern, dass eine zugrundeliegende Form möglichst komplett an der Oberfläche zu realisieren sei.

Optimalität

Markiertheit

Nach der Optimalitätstheorie gibt es einen universellen Katalog solcher Markiertheits- und Treueprinzipien, die in den einzelnen Sprachen unterschiedlich geordnet sind. In den Einzelsprachen werden diese Prinzipien jeweils gegeneinander abgewogen und hierarchisiert. Alle Prinzipien sind grundsätzlich verletzbar, so kommt die unterschiedliche Gestaltung in Einzelsprachen zustande. In manchen stehen gewisse Treuebeschränkungen über den Markiertheitsbeschränkungen, in anderen ist es umgekehrt.

Das Grammatikmodell der OT besteht aus linear angeordneten Komponenten, die ausgehend von einer zugrundeliegenden Form (dem Input) in einer Komponente, die als *Gen* (von „Generator") bezeichnet wird, verschiedene Kandidaten für den Output generieren. Diese Kandidaten durchlaufen dann eine Reihe von hierarchisch angeordneten Restriktionen, wodurch evaluiert wird, welcher der optimale Kandidat für den Output ist.

Grammatik der Optimalitätstheorie (OT)

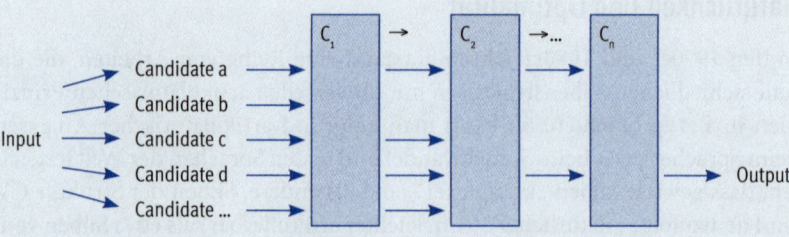

Abb. 3.16 |

Hauptkomponenten
der Grammatik in
den Begriffen der OT
(nach Kager 1999)

Abb. 3.17 |

Darstellung der
Selektion des
„optimalen Outputs"
in der OT (nach
Kager 1999)

	C_1	C_2
a. ☞ Candidate a		*
b. Candidate b	*!	

Die hinweisende Hand weist auf die Form, die von der Grammatik als optimal ausgewählt wird.
C1 und C2 sind verschiedene Restriktionen. Das Sternchen verweist auf Verletzungen der Restriktionen. Kandidat b verletzt Restriktion 1, die hier über Restriktion 2 steht; das Ausrufezeichen
neben dem Sternchen zeigt an, dass der Kandidat dadurch aussortiert wird. Kandidat a verletzt
zwar C2, da diese aber weniger Gewicht hat und kein anderer Kandidat zur Verfügung steht,
ist a der „optimale Kandidat". Für verschiedene Anwendungen im Bereich des Spanischen
s. Gutiérrez Bravo/Herrera Zendejas 2008.

An dem bereits genannten Beispiel der spanischen stimmhaften Okklusivkon-
sonanten lässt sich dieses Schema erläutern. Für sp. *bebo* etwa könnten die
Kandidaten ['bebo], ['βeβo], ['βebo] und ['beβo] möglich sein; bei maximaler
Treue müsste ['bebo] entstehen, doch ist der okklusive Konsonant zwischen
Vokalen stärker markiert als der Approximant [β]. Die Hierarchie der Restriktionen ist so angeordnet, dass als Output der vierte Kandidat ['beβo] gewählt
wird, die anderen Kandidaten werden verworfen.

Die Optimalitätstheorie eignet sich besonders für die Darstellung fakultati-
ver Prozesse, bei denen verschiedene Outputkandidaten miteinander konkurrieren. Umstritten ist der Grad der Universalität der einzelnen Restriktionen
und der Bezug dieses Modells zur realen Kompetenz der Sprecher. Die Optimalitätstheorie beschränkt sich keinesfalls auf die Beschreibung von Silbenstrukturen, sondern versteht sich als Grammatikmodell, das zur vollständigen
Beschreibung der Grammatiken von Einzelsprachen taugt.

3.11 | Intonation

Intonation: Grund-
frequenzverlauf

Neben Silbenstruktur und Rhythmus ist eine zentrale Kategorie der Prosodie
die Intonation, d. h. die Frequenzbewegung der Grundfrequenz oder F0 (*For-
mant 0, formante cero*). Der Intonation kommen verschiedene Funktionen zu,
so u. a. die „externe" Funktion der Unterscheidung regionaler oder sozialer
Gruppen auch innerhalb von Sprachgemeinschaften: Durch bestimmte Eigenschaften erkennen wir die Herkunft eines Sprechers und identifizieren u. a.

seine regionale Herkunft. Diese Funktion wird von manchen als linguistisch irrelevant angesehen; bedenkt man jedoch, dass nach neueren Studien schon Babys im Mutterleib anhand intonatorischer Eigenschaften die Muttersprache von anderen Sprachen unterscheiden können, so muss man annehmen, dass dies für menschliche Kommunikation und Identifikation sehr wichtig ist.

Innerhalb der verschiedenen Einzelsprachen kommen der Intonation unterschiedliche Funktionen zu; in Tonsprachen können, wie bereits erwähnt, durch Intonation Wortbedeutungen unterschieden werden. Im Spanischen hat die Intonation wie im Deutschen v. a. pragmatische Funktionen (s. Einheit 7). An den folgenden vier Beispielen lassen sich einige wichtige Grundfunktionen der Intonation im Spanischen erläutern. Es handelt sich jeweils um das gleiche Wort – den Eigennamen *María*. Im ersten Beispiel (oben links in Abb. 3.18) finden wir das, was wir als „unmarkierte Aussage" bezeichnen könnten und was beispielsweise die Antwort auf die Frage: *¿quién viene?* sein könnte. Im zweiten Beispiel (oben rechts) wird ausgedrückt, dass die Aussage mit der Nennung des Namens noch nicht zu Ende ist und dass „noch etwas kommen wird". Im dritten Beispiel (unten links) wird mit besonderer Emphase geantwortet (etwa nach der Frage: *¿fue José o María?*), hier entspricht die Intonation etwa dem, was wir grafisch mit einem Ausrufezeichen ausdrücken würden. Im vierten Beispiel (unten rechts) finden wir die aufsteigende Intonation, wie sie für eine Frage typisch ist (etwa beim Klopfen an die Tür).

Spanisch als Intonationssprache

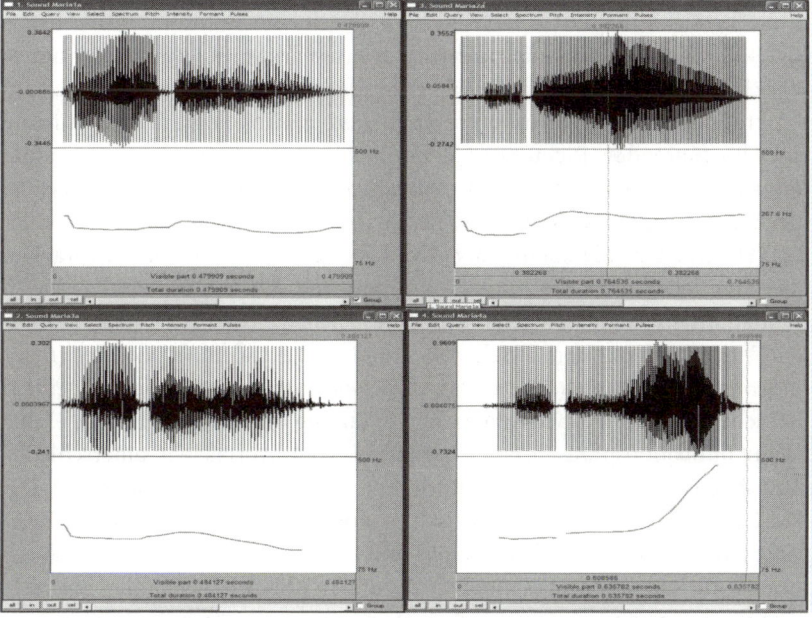

|Abb. 3.18

Wichtigste Intonationskonturen des Spanischen (am Beispiel des Eigennamens *María*, vgl. Prieto 2003)

Intonatorische Hervorhebungen bestimmter Silben sind oft begleitet von leichten Akzentuierungen und Vokallängungen. Dennoch ist die Intonation

Intonation und Akzent

in einer Sprache wie dem Spanischen eine unabhängige Größe, die vom Akzent unterschieden werden kann. Hierzu muss jedoch aus der kontinuierlichen Intonationslinie das herausgefiltert werden, was für die Funktion der Intonation relevant ist. Bei dem folgenden Beispiel könnte man zunächst den Eindruck haben, die Intonation folge schlicht der Akzentuierung, da jeweils die Akzentsilbe mit einer höheren Frequenz verbunden ist. Trotz der drei unterschiedlichen Akzentpositionen bleibt jedoch die aufsteigende Grundlinie beim Grundfrequenzverlauf erhalten; alle drei Beispiele werden daher als Fragen aufgefasst.

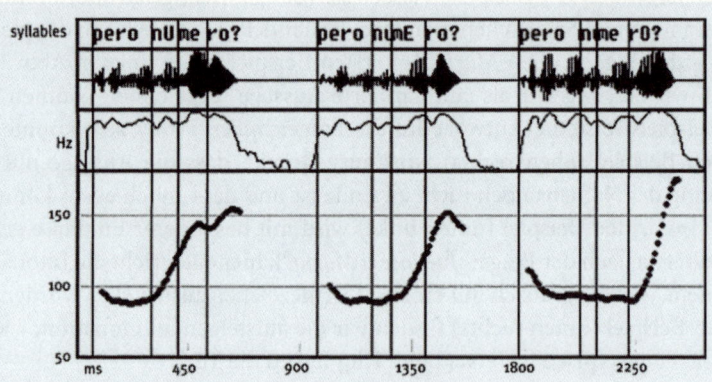

Abb. 3.19 |

Konstante Intonationskontur bei unterschiedlichem Wortakzent (*número, numero, numeró*), (Hualde 2005: 244)

Intonations-phonologie

In der heutigen Linguistik versucht man, durch eine bestimmte theoretische Reduktion aus der scheinbar unstrukturierten Intonationslinie die phonologisch relevanten Eigenschaften herauszufiltern. Klammerte man noch im Strukturalismus die Intonation praktisch aus der Phonologie aus, so ist heute eine der führenden Richtungen der Intonationsforschung die so genannte *Intonationsphonologie* (*fonología entonativa*). Ein dominierender Zweig ist hier die *Autosegmental-Metrische Theorie* (*teoría autosegmental-métrica*) oder AM-Theorie. Grundannahme der AM-Theorie ist, dass Intonationssprachen über eine relativ einfache Intonationsgrammatik mit leicht identifizierbaren Intonationseinheiten verfügen und dass vor allem die *Grenztöne* (*tonos de frontera*) – markiert mit dem Zeichen % – und die zentralen *Nukleartöne* (*tonos nucleares*) dieser *Intonationsphrasen* (*frases entonativas*) – markiert mit einem Sternchen * – für die phonologische Gestaltung verantwortlich sind. Dabei haben Intonationsphrasen einen zentralen, vom Wortakzent unterschiedlichen Akzent, der mit dem intonatorischen Nuklearton zusammenhängt. Die AM-Theorie ist sehr reduktionistisch und versucht, das phonologisch Relevante auf zwei Tonhöhen H (für *high*) und L (für *low*) zu beschränken. Durch die enorme Reduktion ist es möglich, die drei in Abb. 3.19 genannten Beispiele trotz ihrer scheinbar unterschiedlichen Intonation auf dasselbe Intonationsmuster zurückzuführen: in allen drei Beispielen finden wir einen niedrigen Ton auf der Akzentsilbe (L*) und einen höheren Ton am Ende (H%).

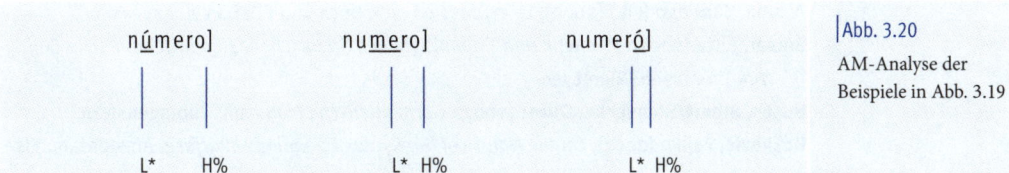

|Abb. 3.20
AM-Analyse der
Beispiele in Abb. 3.19

Bei Aussageintonation wäre es bei allen drei Beispielen H*L%. Auf diese Weise kann die unterschiedliche Intonation mit ihren Funktionen vom Wortakzent getrennt und als unabhängige Größe betrachtet werden.

Aufgaben

1 Transkribieren Sie phonetisch und phonologisch den Beginn von Cervantes' *Don Quijote*:

> En un lugar de la Mancha, de cuyo nombre no quiero acordarme, no ha mucho tiempo que vivía un hidalgo de los de lanza en astillero, adarga antigua, rocín flaco y galgo corredor. Una olla de algo más vaca que carnero, salpicón las más noches, duelos y quebrantos los sábados, lentejas los viernes, algún palomino de añadidura los domingos, consumían las tres partes de su hacienda.

2 Bestimmen Sie Artikulationsart und Artikulationsort der Konsonanten in den folgenden Wörtern: (a) *ando*, (b) *trabajo*, (c) *debo*, (d) *bebo*, (e) *hago*, (f) *caja*, (g) *carrera*, (h) *roto*, (i) *Maracaibo*, (j) *Popocatépetl*.

3 In welchen Positionen finden sich die folgenden spanischen Phoneme, in welchen nicht? /r/, /ɲ/, /ʎ/, /e/, /p/.

4 Nehmen Sie mit Hilfe des SpeechAnalyzers (www.sil.org) die folgenden Geräusche und Sprachlaute auf: Schlag eines Buches auf einen Tisch; Trillerpfeife; rhythmische Musik; Meeresrauschen; [a]; [aeiou]; [papa]; dt. *Strumpf*; sp. *carrera*. Betrachten Sie die entsprechenden Oszillogramme, die Grundfrequenz, die Intensität und das Spektrogramm. Welche Auffälligkeiten ergeben sich?

5 Analysieren Sie die Silben des Textstücks aus Aufg. 1. Suchen Sie im Internet oder in der Bibliothek deutsche oder anderssprachige Übersetzungen. Welche Silbentypen finden Sie? Welche Silbentypen dominieren in den verschiedenen Sprachen? Gibt es Unterschiede?

6 Welche der folgenden Silben sind im Spanischen möglich, welche nicht? (a) [ʃtrumpf], (b) [tron], (c) [ʎo], (d) [trwe], (e) [θin], (f) [aɲ], (g) [ɲo].

Literatur

Alarcos Llorach, Emilio (1965 [1950]): *Fonología española*, 4. Aufl., Madrid: Gredos.

📖 **Alcoba, Santiago (ed.) (2000):** *La expression oral*, Buch und CD, Barcelona: Ariel.

📖 **Blaser, Jutta (2007):** *Phonetik und Phonologie des Spanischen. Eine synchronische Einführung*, Tübingen: Niemeyer.

Busch, Albert/Stenschke, Oliver (2007): *Germanistische Linguistik*, Tübingen: Narr.

Bošković, Žejlko (2001): *On the Nature of the Syntax-Phonology Interface*, Amsterdam: Elsevier.

Cerdà, Ramon (2000): „Fonética", in: Alvar, Manuel (ed.): *Introducción a la lingüística española*, Barcelona: Ariel, 107–153.

Chomsky, Noam/Halle, Morris (1968): *The sound pattern of English*, New York: Harper & Row.

Colina, Sonja (2009): *Spanish Phonology. A Syllabic Perspective*, Washington: Georgetown University Press.

Coseriu, Eugenio (1952): *Sistema, Norma y Habla*, Montevideo; vgl. www.coseriu.de.

Fry, Dennis B. (ed.) (2009): *Acoustic Phonetics*, Cambridge: Cambridge University Press.

Glück, Helmut (ed.) (2005): *Metzler Lexikon Sprache*, 3. Aufl., Stuttgart/Weimar: Metzler.

Gutiérrez Bravo, Rodrigo/Herrera Zendejas, Esther (eds.) (2008): *Teoría de la optimidad: estudios de sintaxis y fonología*, México: El Colegio de México.

Harris, James W. (1975): *Fonología generativa del español*, Barcelona: Planeta.

📖 **Hualde, José Ignacio (2005):** *The Sounds of Spanish*, Cambridge: Cambridge University Press.

Jakobson, Roman/Fant, Gunnar/Halle, Morris (1952): *Preliminaries to speech analysis: The distinctive features and their correlates*, Cambridge Mass.: MIT, Acoustics Laboratory.

Kager, René (1999): *Optimality Theory*, Cambridge: Cambridge University Press.

Ladd, D. Robert (1998): *Intonational phonology*, Cambridge: Cambridge University Press.

Luna Traill, Elisabeth/Vigueras Avila, Alejandra/Baez Pinal, Gloria Estela (2005): *Diccionario básico de lingüística*, México: UNAM.

📖 **Martínez, Eugenio/Fernández, Ana (2007):** *Manual de fonética española*, Barcelona: Ariel.

Odden, David (2005): *Introducing Phonology*, Cambridge: Cambridge University Press.

Prieto, Pilar (ed.) (2003): *Teorías de la entonación*, Barcelona: Ariel.

Quilis, Antonio (1993): *Tratado de fonología y fonética españolas*, Madrid: Gredos.

Real Academia Española (1999): *Ortografía de la lengua española*, Madrid: RAE.

Trubetzkoy, Nikolay S. (1939): *Grundzüge der Phonologie*, Prag: Travaux du Cercle Linguistique de Prague.

Vennemann, Theo (1988): *Preference laws for syllable structure and the explanation of sound change: with special reference to German, Germanic, Italian, and Latin*, Berlin/New York/Amsterdam: Mouton de Gruyter.

Internetquellen (Stand: Juni 2009)

Speech Analyzer des Summer Institute of Linguistics: www.sil.org

Praat: professionelles phonetisches Analyseprogramm: www.praat.org

Verschiedene Informationen zur spanischen Phonetik und Phonologie: http://homepage.mac.com/joaquim_llisterri/

Morphologie und Wortbildung

Inhalt	
4.1 Morphologie – (k)eine reine Formsache	76
4.2 Morphemtypen und Allomorphie	77
4.3 Syntagmatik und Paradigmatik in der Morphologie	81
4.4 Flexionsmorphologie und ihre Kategorien	82
4.5 Markiertheit und Merkmalhaltigkeit in der Morphologie	86
4.6 Kongruenz	87
4.7 Synthetizität und Analytizität	87
4.8 Wortbildung: Funktion und Verfahren	88
4.9 Derivationelle Wortbildung	89
4.10 Kompositionelle Wortbildung	93
4.11 Postdetermination vs. Prädetermination	95
4.12 Wortbildung mittels Verkürzung und Abkürzungen	96

Die Morphologie ist die Lehre von den sprachlichen Formen. In dieser Einheit wird zuerst die Basiseinheit der Morphologie vorgestellt: das *Morphem* als funktional bedeutungstragend klassifizierte Einheit. Daneben geht es um das Phänomen der *Allomorphie*, um die formale Variabilität von Formen, die demselben Morphem zugehören. Unter dem Dach der Morphologie unterscheidet man die zwei großen Bereiche der *Flexionsmorphologie* und der *Wortbildung*, die in den nachfolgenden Abschnitten detailliert vorgestellt werden. Dabei wird deutlich, dass in diesen beiden Bereichen ähnliche Verfahren Anwendung finden und sich vor allem sprachhistorisch und typologisch vergleichbare Wandelprozesse nachweisen lassen. Inhaltlich und funktional aber unterscheiden sich beide Bereiche deutlich.

Überblick

4.1 | Morphologie – (k)eine reine Formsache

Morphologie =
Formenlehre

Die *Morphologie* (*morfología*, v. gr. *morphē* ‚Form', + *logos* ‚Wort') befasst sich im weitesten Sinne mit den sprachlichen Formen. In der deutschen Terminologie wird daher üblicherweise von ‚Formenlehre' gesprochen. Als sprachliche Formen gelten dabei Segmente, die aus einem oder mehreren Lauten aufgebaut sind und die eine Bedeutung tragen. Analog zum Phonem, das in der strukturellen Sprachwissenschaft als kleinste bedeutungs*unterscheidende* Einheit im System der Sprache definiert wird (s. Einheit 3), bildet in der Mor-

Morphem

phologie das *Morphem* (*morfema*) als kleinstes bedeutung*tragendes* Segment die grundlegende Analyseeinheit.

Definition

Als *Morphem* bezeichnet man das kleinste bedeutungtragende Segment der Sprache.

Im Alltagsverständnis würde man wohl das Wort als kleinste bedeutungstragende Einheit der Sprache vermuten; Morpheme sind aber nicht immer mit Wörtern identisch, sondern bilden häufig Einheiten unterhalb der Wortebene (aber als Einheiten der „ersten Artikulation" eben oberhalb der Lautebene, s. Einheit 3.1). Wenn man in der Morphologie darüber hinaus von ‚bedeutungtragend' spricht, meint man zwei grundlegend unterschiedliche Arten von Bedeutung, nämlich grammatische und lexikalische. Und dementsprechend gibt es auch zwei grundlegend verschiedene Unterbereiche der Mor-

Flexionsmorphologie

phologie: einerseits die *Flexionsmorphologie* (*morfología flexiva*), in der die grammatische Bedeutung tragenden sprachlichen Formen im Vordergrund

Wortbildungs-
morphologie

stehen, und andererseits die *Wortbildungsmorphologie* (*morfología léxica*), in der die lexikalische Bedeutung eine größere Rolle spielt. Letztere verweist bereits in die ‚eigentliche' Bedeutungswissenschaft innerhalb der Linguistik, in die Semantik (s. Einheit 6). Es wäre unangemessen, überall in der Morphologie die kommunikative Funktion der Sprache, also das Weitergeben von Inhalten, als bestimmenden Faktor ansetzen zu wollen: Die interne Struktur der Morpheme gehorcht häufig anderen Gesetzen, die vielfach mit deren lautlichem Aufbau und dessen historischem Wandel zu tun haben. Dennoch lässt sich die Verteilung der Morpheme und ihr Zusammenwirken in komplexen Äußerungen, wie Sätze sie darstellen, in der Regel nur unter Bezugnahme auf diese kommunikativen Funktionen erklären. Daraus ergibt sich zum einen, dass die sprachliche Strukturebene der Morphologie einen Überlappungsbereich zur nächsthöheren Strukturebene der Sprache, der Satzlehre (Syntax; s. Einheit 5)

Morphosyntax und
Morphophonologie

hat – für den die etwas behelfsmäßig klingende Bezeichnung *Morphosyntax* (*morfosintaxis*) gängig ist (während der Überlappungsbereich zwischen Phonologie und Morphologie als *Morphophonologie* (*morfofonología*) bezeichnet wird; vgl. den Lektüretext zu dieser Einheit) –, und zum anderen, dass Morphologie eben doch mehr ist als ‚nur' Formenlehre.

Morphemtypen und Allomorphie |4.2

Um den Morphembegriff zu erläutern, begeben wir uns in den gastronomischen Bereich *y nos vamos de tapeo*: Die Form *tapa* steht unter anderem für kleine, imbissartige Speisen, die in Spanien in der Bar angeboten werden. (Dass *tapa* daneben weitere Bedeutungen hat, wie etwa ‚Verschluss' oder ‚(Buch-) Deckel', und auch eine Form des Verbs *tapar* ‚verschließen' sein kann, spielt hier keine Rolle.) *Tapa* ist nach dem Alltagsverständnis ein Wort; nach strukturalistischem Verständnis ist es eine komplexe, aus mehreren Lauten aufgebaute Einheit und damit ein Morph, das heißt: ein Kandidat für ein Morphem, wenn ihm im System der Sprache (auf der Ebene der *langue*, s. Einheit 2.6) eine Funktion zugewiesen werden kann. Im Fall von *tapa* besteht die Funktion darin, auf ein Objekt bzw. einen Objektbereich in der Realität zu verweisen, nämlich auf die erwähnten imbissartigen Speisen. *Tapa* ist damit ein Morph, das referentielle Funktion hat (eigentlich eine Frage der Semantik, s. Einheit 6) und Bestandteil des inhaltsvermittelnden Wortschatzes der spanischen Sprache ist. Wenn man das erkannt hat, dann hat man *tapa* bereits als lexikalisches Morphem klassifiziert.

Wort vs. Morphem

Jede/r weiß, dass eine *tapa* zum Sattwerden zu wenig ist; also nimmt man lieber gleich *tapas* zu sich. Diese Wortform enthält neben dem schon diskutierten Morph *tapa* einen zweiten Bestandteil, nämlich das angehängte *-s*. Anders als *tapa* verweist das *-s* aber nicht auf ein Objekt in der Wirklichkeit, sondern drückt aus, dass der durch *tapa* bezeichnete Referent in der Mehrzahl vorliegt. Das *-s* hat also auch eine Funktion im System der spanischen Sprache und damit Morphemstatus: Es drückt die Kategorie des Plurals aus. Der Plural ist aber eine abstrakte semantisch-grammatische Kategorie und verweist nicht wie *tapa* auf ein bestimmtes objekthaftes Element der Wirklichkeit. Damit ist *-s* ein grammatisches Morphem. Die Wortform *tapa* kann inhaltlich und formal nicht in weitere (kleinere) Bestandteile zerlegt werden. Sie ist monomorphematisch, d. h. sie besteht nur aus einem Morphem und wird deshalb auch als *Simplex* (Pl. Simplicia, sp. *palabra simple*) bezeichnet. Die Wortform *tapas* besitzt dagegen eine komplexere Morphemstruktur: sie ist zerlegbar (man sagt dann auch: analysierbar) und weist zwei Morpheme auf.

Lexikalisches vs. grammatisches Morphem

Simplex

Wie deutlich geworden ist, stellt das Morphem die funktionale Einheit des sprachlichen Systems auf der Ebene der Morphologie dar. Die verwendete Terminologie lehnt sich dabei eng an die Strukturebene der Phonologie an. Dort wurden Laute (Phone), die zwar anders klingen, aber dieselbe phonematische Funktion erfüllen, als Allophone bezeichnet; auf der Ebene der Morphologie spricht man entsprechend von *Allomorphen* (*alomorfos*), also bedeutungstragenden Segmenten, die zwar lautlich anders aufgebaut und insofern unterschiedlich sind, aber dieselbe Funktion haben. Bleiben wir dazu bei unserem gastronomischen Beispiel: Wem eine *tapa* zu wenig ist, der kann von derselben Speise eine *ración* bestellen; und wer großen Appetit hat, der ordert meh-

Allomorph

rere *raciones*. *Raciones* ist wieder eine komplexe Wortform aus zwei Morphen, *racion-* (das sich vom monomorphematischen *ración* nur grafisch unterscheidet) und *-es*, das wiederum den Plural markiert. Die Morphe *-s* (wie in *tapas*) und *-es* (wie in *raciones*) sind damit Allomorphe, die dieselbe morphematische Funktion haben, nämlich die Pluralmarkierung. Allomorphie kommt auch bei lexikalischen Morphemen vor, z. B. beim Wortstamm des Verbs *querer* in seinen Präsens-Formen:

Tab. 4.1|

Allomorphie des
Stamm-Morphs von
querer im Präsens

quier	o	(1. Person Sing. Präs.)	{kjer}
quier	es	(2. Person Sing.)	{kjer}
quier	e	(3. Person Sing.)	{kjer}
quer	(e)mos	(1. Person Plural)	{ker}
quer	éis	(2. Person Plural)	{ker}
quier	en	(3. Person Plural)	{kjer}

{kjer} und {ker} sind also Allomorphe des Morphems, das den Stamm der Präsens-Formen des Verbs bildet und die lexikalische Bedeutung (,wollen, lieben') einbringt.

Allomorphie vs.
Synonymie

Beim Allomorphie-Konzept hat man vor allem die grammatischen Funktionen von Morphemen im Auge; auch die Wortformen *mujer* und *esposa*, die lautlich völlig verschieden sind, können dieselbe Funktion haben, nämlich die ,Ehefrau' zu bezeichnen. Dennoch würde man hier nicht sagen, dass es sich um Allomorphe desselben lexikalischen Morphems handelt, denn in der Morphologie – als Formenlehre – geht es vor allem um die formale Gestalt der Sprachelemente und nicht um ihre Bedeutung. Man würde das Paar *mujer* vs. *esposa* vielmehr als Synonymie bezeichnen und im Rahmen der Semantik abhandeln (s. Einheit 6).

Eine besondere Art von Allomorphie und zugleich eine weitere Typisierung von Morphemen kann anhand der Wortform *atlas* illustriert werden: diese Form kann sowohl ,Atlas' (Singular) als auch ,Atlanten' (Plural) bedeuten. Die Numeruskategorie scheint an diesem lexikalischen Morphem nicht direkt markiert zu werden. Man kann sie nur über Morpheme in seiner Umgebung erkennen, insbesondere anhand eines möglicherweise vorhandenen Artikels: *el atlas* (Sing.) vs. *los atlas* (Plur.). *El* und *los* sind Artikelformen, die die Aktualisierung des Referenten (hier: des Atlas bzw. der Atlanten) anzeigen und ihn auf diese Weise genauer bestimmen bzw. determinieren, weswegen Artikel auf

Determinant

der Ebene der Sätze und Satzbausteine (der Syntax) als *Determinanten (determinantes)* ihres Bezugsworts bezeichnet werden (s. Einheit 5.6). Daneben liefern sie Information über das grammatische Geschlecht (hier: Maskulin) und den Numerus des Bezugsworts, allesamt grammatische Kategorien. Die Artikel sind damit polyfunktionale grammatische Morpheme, die sich allerdings artikulatorisch, prosodisch – also hinsichtlich der Betonung – und strukturell nicht so eng mit dem benachbarten lexikalischen Morphem verbinden wie das zuvor erwähnte Pluralmorphem *-s* und sein Allomorph *-es*. *-s* und *-es* sind *gebundene Morpheme* (*morfemas trabados* oder *morfemas ligados*), d.h. sie gehen eine enge formal-strukturelle Verbindung mit einem lexikalischen Morphem ein, das als Wortstamm fungiert; *el* und *los* sind dagegen *freie Morpheme* (*morfemas libres*), die z.B. vom zugehörigen lexikalischen Morphem durch andere Elemente getrennt werden können (etwa durch vorangestellte Adjektive). Aus der morphemtypologischen Unterscheidung ‚grammatisch vs. lexikalisch' und ‚gebunden vs. frei' lässt sich die folgende Vier-Felder-Matrix erstellen:

Gebundenes vs. freies Morphem

↓ Morphemtyp →	grammatisch	lexikalisch
gebunden	*-s, -es, -o, -ible, in-, re-*	*quier-, -venc-, germanó-*
frei	*el, los, por, yo*	*tapa, ración, atlas, alemán*

|Tab. 4.2
Morphemtypen

Grammatisch-gebundene Morpheme stellen u.a. die schon angeführten Verb- oder Numerusendungen dar, aber auch der Adjektivmarker *-ible* und der Polaritätsmarker *in-* (wie in *invencible* ‚unbesiegbar'). Hier liefert das lexikalische Morphem den *Wortstamm* (*raíz*), mit dem sich die grammatischen Morpheme verbinden. Erfolgt die Verbindung durch Anhängen, wird von *Suffigierung* (*sufijación*) gesprochen, das Morphem ist dann ein *Suffix* (*sufijo*). Bei der Verbindung durch Voranstellung spricht man von *Präfigierung* (*prefijación*)/ *Präfix* (*prefijo*). Seltener und in den romanischen Sprachen kaum verbreitet sind grammatische Morpheme, die als *Infix* (*infijo*) in den Stamm eingefügt werden. Der Oberbegriff zu Präfix, Suffix und Infix lautet *Affix* (*afijo*).

Stamm

Affix/Affigierung

> Ein *Suffix* ist ein Morphem, das an einen Wortstamm angehängt wird.
> Ein *Präfix* ist ein Morphem, das einem Wortstamm vorangestellt wird.
> Ein *Infix* ist ein Morphem, das in einen Wortstamm eingefügt wird.

Definition

Lexikalisch-gebunden (also nicht als selbstständige Wortformen auftretend) sind Morpheme wie der erwähnte Verbalstamm von *querer* oder das Element *-venc-* von *invencible*, das vor allem ausdrückt, dass hier etwas zum Thema ‚(be-)siegen' ausgesagt wird, oder das Element *germanó-* ‚deutsch' in z.B. *germanófilo* ‚deutschfreundlich', dem *alemán* ‚deutsch' als Simplex und damit als lexikalisch-freies Morphem gegenübersteht. Grammatisch-freie Morpheme sind neben den besprochenen Determinanten auch Pronomen wie *yo* oder Präpositionen.

Kehren wir nochmals zur zuvor eingeführten Form *atlas* ‚Atlas/Atlanten' zurück, an der die Numerusunterscheidung ‚Singular vs. Plural' nicht durch ein affigiertes grammatisches Morphem markiert zu sein scheint, sondern nur durch den vorangestellten Determinanten oder auch durch andere Elemente, mit denen das Simplex zu einer Nominalgruppe erweitert werden kann. Vergleicht man nun die Kontrastpaare

Nullmorphem

Beispiel 4.1 | *el atlas topográfico*   vs. *los atlas topográficos*
el mapa topográfico   vs. *los mapas topográficos*
el símbolo topográfico vs. *los símbolos topográficos*

dann fällt auf, dass sich *atlas* völlig abweichend verhielte als alle vergleichbaren Elemente, wenn es wirklich kein Plural-Morphem aufweisen würde. Das wäre sehr überraschend und unplausibel. Deshalb muss man davon ausgehen, dass auch *atlas* ‚Atlanten' ein komplexes Morphem ist, bestehend aus dem lexikalischen Morphem *atlas* und einem grammatischen Morphem, das den Numerus anzeigt, nur dass dieses nicht mit Lautmaterial gefüllt, also phonetisch nicht realisiert ist. Ein strukturell als vorhanden angenommenes, aber lautlich nicht realisiertes Morphem nennt man *Nullmorphem* (*morfema cero*), in der Strukturnotation wird es mit ø wiedergegeben. Die Wortform *mapas* ‚Landkarten' ließe sich morphemanalytisch also gliedern in *mapa* + *-s*, die Form *atlas* ‚Atlanten' in *atlas* + *-ø*. Da das lautlich nicht realisierte Morph ø zumeist nur in Opposition zu phonetisch gefüllten Morphen erkenn- und postulierbar ist, überrascht es nicht, dass es in der Regel als Allomorph auftritt, weswegen die Bezeichnung Null-Allomorph statt Nullmorphem korrekter wäre.

Kombinatorische vs. freie Allomorphie
Allomorphiebeziehungen sind in der Regel kombinatorisch bedingt, d. h. die lautliche Umgebung gibt vor, welches Allomorph erscheint. Bei der Allomorphie des Pluralmorphems ist der Auslaut des voranstehenden (im Normalfall lexikalischen) Morphems dafür verantwortlich: endet das Morphem auf Vokal, erscheint das Plural-Allomorph *-s*; endet es auf Konsonant (außer *-s*), tritt *-es* auf, und endet es auf *-s*, wird das Allomorph *-ø* realisiert. Frei variierende Allomorphie ist im Gegensatz zu kombinatorisch bedingter Allomorphie sehr selten. Im Spanischen ließe sich die Varianz der Formen des Subjunktivs Imperfekt (*cantara* vs. *cantase*) als freie Allomorphie bezeichnen; in bestimmten lateinamerikanischen Varietäten des Spanischen gibt es freie Allomorphie beim Vergangenheitspartizip von *aceptar* (*he acepto* vs. *he aceptado* ‚ich habe akzeptiert'), ähnlich wie bei einigen Verben des Italienischen (*ho perso* vs. *ho perduto* ‚ich habe verloren'); im Französischen bei bestimmten Verbalstämmen (*je m'assieds* vs. *je m'assois* ‚ich setze mich') – in diesen seltenen Fällen ist die Produktion beider Allomorphe korrekt.

Portemanteau-Morphem
Eine Sonderform komplexer Morpheme stellen die so genannten Kontraktionsformen, auch *Portemanteau-Morpheme* (*morfemas contraídos*) genannt, dar. Hier verbinden sich zwei Morpheme so eng, dass sie richtiggehend verschmelzen. In den romanischen Sprachen kommt das häufig beim Aufeinandertreffen von Präposition und Artikel vor, z. B. im Span. bei *a* + *el* = *al* oder im Ital. bei *in* + *il* = *nel*. Im weiteren Sinne kann der etwas kurios gewählte Terminus (von franz. *portemanteau* ‚Garderobenständer') sämtliche komplexen Morpheme bezeichnen, die nicht in Einzelmorpheme zerlegbar sind; danach wäre *-o* in der Verbform *quiero* ein Portemanteau-Morphem,

in dem das Tempusmorphem (das die grammatische Information ‚Präsens‘ beisteuert), das Numerusmorphem (Singular) und das Morphem, das die grammatische Person (hier: 1. Person = Sprecher) angibt, verschmelzen.

Syntagmatik und Paradigmatik in der Morphologie | 4.3

Unter den in Einheit 2 vorgestellten Grundbegriffen der strukturellen Sprachwissenschaft fand sich bereits die Dichotomie ‚Syntagmatik vs. Paradigmatik‘, die auch in der Morphologie – und zwar sowohl in der Flexionsmorphologie wie auch in der Wortbildungsmorphologie – eine wichtige Rolle spielt. Stellt man eine Nominalgruppe wie *el atlas topográfico* strukturell oder inhaltlich ähnlichen Gruppen gegenüber, dann fällt auf, dass sich auf der Ebene der Paradigmatik, also – räumlich gesprochen – auf der vertikalen Achse, lexikalische Morpheme sehr frei austauschen lassen können, während es bei grammatischen Morphemen weniger Freiheit und geringere Wahlmöglichkeiten gibt:

el	*atlas*	*topográfico*
la	*cartografia*	*topográfica*
los	*atlas*	*topográficos*
las	*características*	*topográficas*
un	*símbolo*	*topográfico*
una	*particularidad*	*topográfica*
una	*particularidad*	*meteorológica*
una	*particularidad*	*geológica*

Tab. 4.3
Paradigmatische
Variabilität in
Nominalgruppen

Beim bestimmten Artikel stehen nur fünf Elemente zur Auswahl, davon drei Simplicia (*el, la, lo*) und zwei komplexe Morpheme, die aus den Simplicia *la/lo* + dem Pluralmorphem *-s* aufgebaut sind. Beim Pluralmorphem gibt es die erwähnten drei Allomorphe *-s*, *-es* und *-ø*. Die grammatischen Morpheme bilden also mehr oder minder überschaubare geschlossene *Paradigmen* (*paradigmas*), d. h. Gruppen von zu einer Formenklasse gehörenden Einzelformen. Diese zu verändern und insbesondere zu erweitern nimmt in der Sprachgeschichte meist einen längeren Zeitraum in Anspruch und kommt seltener vor als bei lexikalischen Morphemen, die sich in offenen Paradigmen organisieren, welche sich rasch (durch sprachliche Kreativität mittels Wortbildung) verändern können. Die Wortbildung ist daher der Bereich der Morphologie, der vor allem Einfluss auf der paradigmatischen Achse des sprachlichen Systems hat, während die Flexionsmorphologie sowohl paradigmatische als auch syntagmatische Funktion wahrnimmt. Was sind nun aber genau die Funktionen der Flexionsmorphologie?

Geschlossenes vs.
offenes Paradigma

4.4 | Flexionsmorphologie und ihre Kategorien

Flexion =
Wortbeugung

Als *Flexion* (sp. *flexión*, lat. FLEXIO ‚Biegung, Beugung') bezeichnet man das Mitausdrücken bestimmter semantisch-syntaktischer Kategorien – der so genannten Flexionskategorien – an einem lexikalischen Morphem. Wie oben beschrieben erfolgt der Ausdruck dieser Flexionskategorien dadurch, dass mit einem als Wortstamm dienenden lexikalischen Morphem ein oder mehrere grammatische Morpheme verbunden werden. Solche gebundenen flexionalen grammatischen Morpheme werden – zur Abgrenzung von Wortbildungsmorphemen –

Flexionskategorie

auch *Flexive* (*elementos flexivos*) genannt. Die vermittelten *Flexionskategorien* (*categorias flexivas*), also die semantisch-syntaktischen Informationen, sind z. B. Tempus, Numerus oder grammatische Person. Diese sind sprachspezifisch, und auch ihr Ausdruck mittels Flexionsmorphologie ist alles andere als universell; all dies hängt vielmehr vom typologischen Status der Sprache ab.

> ### Isolierend – agglutinierend – flektierend: Sprachtypen zwischen Analyse und Synthese
>
> Die iberoromanischen sind wie alle indoeuropäischen Sprachen *flektierende Sprachen* (*lenguas fusionantes*). In einer traditionellen, auf Wilhelm von Humboldt (s. Einheit 2.6) und August Wilhelm Schlegel (1767–1845) zurückgehenden Klassifizierung stehen flektierenden Sprachen die *isolierenden Sprachen* (*lenguas aislantes*) gegenüber, bei denen es keine Unterscheidung zwischen lexikalischen und grammatischen Morphemen, ja: gar keine Morpheme als solche gibt, sondern alle semantisch-syntaktischen Informationen durch selbstständige Wortformen oder durch topologische Mittel wie die Satzstellung geliefert werden. Die flektierenden Sprachen weisen damit einen tendenziell *synthetischen Sprachbau* (*estructura sintética*) auf (lexikalische und grammatische Kategorien werden in komplexen Morphemen bzw. Wortformen zusammengefügt), während isolierende Sprachen (zu denen u. a. das klassische Chinesisch gerechnet wird) einem *analytischen Sprachbau* (*estructura analítica*) folgen; auf die Bedeutung der Unterscheidung ‚synthetisch vs. analytisch' im Kontext des Spanischen wird noch in den Einheiten 4.7 und 12 eingegangen. Eine Mittelstellung nehmen *agglutinierende Sprachen* (*lenguas aglutinantes*) wie das Türkische oder Finnische ein: in diesen wird jede semantisch-syntaktische Kategorie durch jeweils genau ein Morphem ausgedrückt (also anders als beim oben genannten und als Portemanteau-Morphem diskutierten *-o* von *quiero*), und diese Morpheme werden dann an das lexikalische (Stamm-)Morphem angereiht.

Betrachten wir folgenden Beispielsatz:

Beispiel 4.2 |

Juan ha vendido sus coches viejos

Nimmt man eine Morphemanalyse dieser Äußerung vor, gelangt man zu folgender Segmentierung:

zu Beispiel 4.2:
segmentiert

Juan ha vend|ido su|s coche|s viej|o|s

Juan ist ein Eigenname, eine Art von lexikalischem Morphem mit vielen Eigenheiten, auf die im Moment nicht näher eingegangen werden muss; *vend-* ist der Verbalstamm von *vender*, der die lexikalische Information beisteuert, dass es hier um das Verkaufen geht; *coche* ‚Auto' ist ein lexikalisches Simplex; und *viej-* macht die Angabe, dass etwas oder jemand alt ist. Das sind die in diesem Satz gelieferten lexikalischen Informationen. An grammatisch-syntaktischer Information enthalten ist, dass der Vorgang des Verkaufens in der nahen Vergangenheit (korrekter: in der vollendeten Gegenwart), also kürzlich stattgefunden hat, und zwar durch die Morpheme *-ido* (das mit *vend-* die Form des Partizips der Vergangenheit bildet) und *ha* (von *haber*) als vorangestellter Hilfsverbform; dies entspricht der Flexionskategorie *Tempus* (*tiempo* = Zeit). *Ha vendido* beinhaltet außerdem – was vielleicht nicht sofort ins Auge springt – die Information, dass die Handlung tatsächlich stattgefunden hat (und nicht nur möglich ist oder stattgefunden haben könnte), denn es handelt sich um eine Verbform im Indikativ (Flexionskategorie *Modus*, *modo*); *ha* beinhaltet darüberhinaus die Information, dass die Handlung von einem Handelnden in der 3. Person (Flexionskategorie *Grammatische Person*, *persona gramatical*) Singular (Flexionskategorie *Numerus*, *número*) ausgeht, nämlich Juan (am Eigennamen sind diese Flexionskategorien aber nicht morphologisch markiert), der der Urheber und aktiv Ausführende der Handlung ist (Flexionskategorie *Diathese*, *diatesis*). Ebenfalls auf Juan als Referent in der 3. Person verweist das Morphem *su*, ein Determinant – konkret: ein Possessivpronomen – zu *coche*; das affigierte Morphem *-s* an *su* und *coche* zeigt an, dass der Referent, auf den sich die Verkaufshandlung bezieht, in mehr als einem Exemplar, also im Plural (erneut: Flexionskategorie Numerus) vorliegt. Die Numeruskategorie wird auch durch das *-s* von *viejos* angezeigt; das zwischen Stammmorphem *viej-* und Numerusmorphem *-s* eingeschobene Morphem *-o* drückt aus, dass sich das ausgehend von *viej-* gebildete Adjektiv auf einen Referenten mit dem grammatischen Geschlecht Maskulin (Flexionskategorie *Genus*, *género*) bezieht. In diesem einfachen Satz wurden also sechs Flexionskategorien morphologisch markiert: Tempus, Modus, Diathese, Grammatische Person, Numerus und Genus. Das sind auch schon nahezu alle Flexionskategorien, die im Spanischen (und in den romanischen Sprachen allgemein) mittels Morphologie ausgedrückt werden.

Flexionskategorien aufgezeigt an Beispiel 4.2

	Juan	ha	vend	ido	su	s	coche	s	viej	o	s
Tempus		x		x							
Modus		x		x							
Diathese		x									
Gramm. Person		x			x						
Numerus		x				x		x			x
Genus										x	

Tab. 4.4

Die morphologische Markiertheit des Beispielsatzes (Beispiel 4.2) in den sechs Flexionskategorien

Aspekt

Eine weitere wichtige Flexionskategorie flektierender Sprachen, die aber in den romanischen Sprachen nicht obligatorisch markiert wird, ist der *Aspekt* (*aspecto*). Diese charakterisiert die interne zeitliche Struktur und dabei insbesondere die Verlaufsform der Verbalhandlung. Im Spanischen gibt es eine zwingende Aspektmarkierung nur innerhalb der Zeitstufe der Vergangenheit, wo zwischen *Imperfekt* (*pretérito imperfecto*) und *Präteritum* (*pretérito perfecto simple* oder *indefinido*) unterschieden werden muss. Der Aspektunterschied wird besonders deutlich, wenn während einer im Verlauf begriffenen Handlung eine neue, punktuelle Handlung einsetzt (eine Handlungskonstellation, die man Inzidenzschema nennt):

Beispiel 4.3
Inzidenzschema

*Yo **volvía** del cine cuando **vi** a Montse.*

‚Ich kam aus dem Kino zurück (= **war dabei**, aus dem Kino **zurückzukehren**), als ich Montse sah (= **plötzlich erblickte**).‘

Allerdings drückt das Simplex-Morphem *vi* hier vor allem die Vorzeitigkeit, also die Flexionskategorie Tempus aus. Die Kategorie Aspekt bzw. der Ausdruck eines aspektuellen Gegensatzes ist damit bestenfalls ein sekundärer funktionaler Wert, der aus dem Kontrast mit der Form *volvía* resultiert, welche die Unabgeschlossenheit (Imperfektivität) der Verbalhandlung markiert. Imperfektivität kann man im Spanischen auch in allen anderen Zeitstufen zum Ausdruck bringen, allerdings nicht durch gebundene Morpheme, sondern durch Hilfsverbkonstruktionen, so genannte *Periphrasen* (*perífrasis*),

Periphrase

die zwischen Morphologie und Syntax stehen, also dem eingangs erwähnten Bereich der Morphosyntax zuzuordnen sind. Die Imperfektivitäts-Periphrase wird mit dem Hilfsverb (Auxiliar) *estar* + Partizip Präsens gebildet (*como* ‚ich esse‘ [unspezifiziert] vs. *estoy comiendo* ‚ich esse = ich bin am Essen‘); sie ist damit nicht nur funktional, sondern auch strukturell mit der so genannten *continuous form* des Englischen (*be* + *-ing*-Form) vergleichbar, aber – anders als im Englischen – eben nicht obligatorisch.

Die erwähnten Flexionskategorien können im Spanischen (und den anderen romanischen Sprachen) nicht überall markiert werden; manche Kategorien werden vor allem an nominalen Wortformen (Substantiven und Adjektiven) ausgedrückt, andere nur an verbalen. Außerdem ist die Zahl der Teilkategorien, die innerhalb der Flexionskategorien zur Auswahl stehen, unterschiedlich. Am Nomen sind im Spanischen markierbar:

Flexionskategorien
des Nomens

▶ das Genus mit den beiden Teilkategorien Maskulin vs. Feminin. Das Neutrum ist im Spanischen nur an Pronomina sowie beim bestimmten Artikel (*lo*) markierbar. Diese Flexionskategorie des grammatischen Geschlechts konvergiert zwar vielfach mit dem natürlichen, biologischen Geschlecht (Sexus), darf aber nicht damit gleichgesetzt werden.

▶ der Numerus mit der binären Opposition Singular (Einzahl) vs. Plural (Mehrzahl). Andere Sprachen differenzieren hier und markieren etwa einen Dual (Verweis auf zwei Referenten), einen Trial (drei Referenten) oder einen Paukal (wenige Referenten, aber mehr als einer); diese Numerusausprägungen lassen sich in den romanischen Sprachen nicht morphologisch, sondern nur lexikalisch (z. B. mittels Zahlwörtern oder Quantifikatoren wie *pocos* + Nomen) ausdrücken.

Die grammatische Person (siehe unten) wird im nominalen Bereich nur an Pronomina angezeigt, nicht jedoch an (lexikalischen) Nomen. Am Verb sind mehr Flexionskategorien markierbar:

Flexionskategorien
des Verbs

► Das Tempus, das als primäre Kategorie des romanischen Verbalsystems gilt (vgl. Coseriu 1976) und sich in die drei Zeitstufen Gegenwart, Vergangenheit und Zukunft gliedern lässt. Innerhalb der Zeitstufen sind dann weitere Untergliederungen möglich, wobei viele Tempusformen, wie schon anhand der vollendeten Gegenwart gezeigt, nicht durch affigierte Flexive, sondern durch Periphrasen gebildet werden, also nicht rein morphologisch, sondern morphosyntaktisch;

Tempus

► der Modus, der die subjektive Einstellung des Sprechers zum geäußerten Sachverhalt und seinem Realitätsgrad zum Ausdruck bringt. Die Zahl der Teilkategorien ist strittig: Allgemein akzeptiert wird der *Indikativ* (*indicativo*, Modus der Wirklichkeit, z. B. *canto*), dem der *Konjunktiv* (auch: *Subjunktiv*, sp. *subjuntivo*, Modus der [nicht-beeinflussbaren] Möglichkeit, z. B. *cante*) gegenübersteht. Vielfach wird als dritte modale Teilkategorie der *Imperativ* (*imperativo*, Aufforderungsform, Modus der beeinflussbaren Möglichkeit, z. B. *¡canta!*) angeführt. Ein Spezifikum der romanischen Sprachen ist der rein affigal-morphologisch ausgedrückte *Konditional* (*condicional* von lat. CONDITIO ,Übereinkunft, Bedingung', z. B. *cantaría*) als Modus der bedingten, also von bestimmten Voraussetzungen abhängigen Möglichkeit, der sich bedeutungsmäßig mit dem Konjunktiv überschneidet und auch einen Teil seiner Funktionen übernommen hat;

Modus

► der Numerus als Hinweis, ob der Handlungstragende (Subjekt) in der Einzahl oder der Mehrzahl auftritt;

Numerus

► die grammatische Person, wobei zwischen 1. Person (mit Bezug auf den Sprecher), 2. Person (mit Bezug auf den Hörer/Adressaten) und 3. Person (Handlungsträger, der nicht Sprecher oder Angesprochener ist) unterschieden wird. Die Teilkategorie der 3. Person ist dabei die komplexeste, da sie auf (reelle) Personen, aber auch auf Objekte (unbelebte Referenten) und abstrakte Referenten und Sachverhalte bezogen sein kann; der französische Linguist Emile Benveniste (1902–1976) bezeichnete die 3. Person als „non-personne", da sie als einzige keinen Referenten mit dem semantischen Merkmal [+menschlich] (s. Einheit 6) verlangt und nicht *deiktisch* (*deíctico*, v. gr. *deixis* = ,das Zeigen') sein muss, also nicht auf die Kommunikationssituation zwischen Sprecher und Hörer zu verweisen braucht. Die Kategorie Grammatische Person verbindet sich systematisch mit der

Grammatische Person

Kategorie Numerus, z. T. in polyfunktionalen Portemanteau-Morphemen (s. Abschn. 4.2). Aus der Verbindung von Person und Numerus resultieren die üblichen 6 Formen, die in den romanischen Sprachen ein komplettes Verbalparadigma bilden (1./2./3. Person Singular, 1./2./3. Person Plural). Die Personen 4 und 5 (1./2. Person Plural) sind aufgrund ihrer Bedeutung etwas problematisch und verhalten sich deshalb auch in vielen romanischen Sprachen und Varietäten sonderbar;

Diathese ▸ die Diathese (auch *Genus Verbi* genannt), mit – vereinfachend ausgedrückt – den Teilkategorien Aktiv und Passiv; die Aktiv-Diathese wird durch affigierte und immer polyfunktionale Flexive ausgedrückt, die Passiv-Diathese periphrastisch; deshalb und wegen ihrer primär syntaktischen Funktion wird die Diathese in Einheit 5 behandelt;

Aspekt ▸ der Aspekt, mit den bereits oben angesprochenen Einschränkungen; die Zahl der aspektuellen Teilkategorien ist höchst kontrovers (vgl. Coseriu 1976, Comrie 1976), die grundlegende Unterscheidung ist jedoch die zwischen Perfektiv (mit Markierung der Endphase und damit der Abgeschlossenheit der Verbalhandlung) vs. Imperfektiv (ohne Markierung der Endphase).

Die Flexionskategorie Genus wird im Spanischen (wie übrigens in den meisten Sprachen) am Verb nur in seltenen Fällen markiert, nämlich unter bestimmten Bedingungen dann, wenn zur Bildung der Verbalform das Partizip Perfekt verwendet wird; ein Beispiel folgt in Abschn. 4.7.

4.5 | Markiertheit und Merkmalhaltigkeit in der Morphologie

Im Zusammenhang mit der Phonologie (s. Einheit 3.10) wurde das Markiertheitsprinzip erwähnt, das auch auf der Ebene der Morphologie wichtig ist.

Definition

> Als *markiert* (*marcada*) gilt eine sprachliche Form, die gegenüber anderen Formen, mit denen sie in funktionalem Zusammenhang steht, komplexer aufgebaut ist, einen höheren kognitiven Verarbeitungsaufwand erfordert, im Spracherwerb später angeeignet wird und frequentiell seltener ist.

Als markiert bezeichnet man auch Formen, die einen Marker für eine bestimmte funktionale Kategorie aufweisen. Das führt in der Morphologie mitunter zu Problemen bei der Morphemanalyse. Das Adjektiv *viejos* weist ein Flexiv zur Pluralmarkierung auf, das die Form *viejo* nicht besitzt; *viejos* ist gegenüber *viejo* also markiert, während *viejo* die unmarkierte Form darstellt. In einem Wörterbuch stehen Wortformen in der Regel unter einer möglichst unmarkierten Suchform (*Lemma*, sp. *lema*; s. Einheit 6), also findet man dort als Eintrag *viejo*, nicht jedoch *vieja* und auch nicht *viejos*. Die Form *viejo* kann aber weiter segmentiert, das Suffix -*o* als Markierung des Genus maskulinum verstanden werden, im Gegensatz zum -a in *vieja*, das das Genus femininum anzeigt. Damit wäre *viejo* ebenso komplex wie *vieja* und nicht mehr als unmarkierte Form zu bezeichnen. Um diesem Dilemma zu entgehen, wird teilweise zwischen kognitiv-frequentieller Markiertheit und formal-struktureller Merkmalhaltigkeit unterschieden: *viejo* trägt durch das -o das Genusmerkmal, ist aber gegenüber *vieja* oder *viejos* die kognitiv unmarkierte Form, sozusagen die Grundform.

Kongruenz | 4.6

Wie sich bei der Morphemanalyse des oben angeführten Beispielsatzes *Juan ha vendido sus coches viejos* gezeigt hat, werden in diesem Satz 6 Flexionskategorien markiert. Die 3. Person Singular wird dabei zweifach – am Auxiliarverb *ha* und am Stammmorphem des Possessivpronomens *su* – angezeigt; die Pluralmarkierung mittels -s findet sich am Possessivpronomen, am Substantiv *coche* und am Adjektiv *viejo*. Diese mehrfache Markierung scheint auf den ersten Blick *redundant* (*redundante*), dahinter verbirgt sich aber eine zentrale Funktion von Flexionsmorphologie, die als *Kongruenz* (*concordancia*, engl. *agreement*) bezeichnet wird. Die mehrfache morphologische Markierung von Flexionskategorien – innerhalb des Satzes/der Äußerung, aber auch über Satzgrenzen hinweg – dient der Verdeutlichung der syntagmatischen Beziehungen (s. Abschn. 4.3) zwischen den Wörtern und Satzbausteinen. Es wird verdeutlicht, welches Element mit welchem (welchen) anderen Element(en) zusammengehört. Das bedeutet, dass die Morphologie durch Kongruenzmarkierung einen wichtigen Beitrag zur Syntax (s. Einheit 5) und zur Diskursorganisation leistet.

Synthetizität und Analytizität | 4.7

Es wurde bereits gezeigt, dass die Verbalform *ha vendido* des Beispielsatzes *Juan ha vendido sus coches viejos* die Flexionskategorie Tempus (konkret: die Teilkategorie Vorzeitigkeit) an zwei verschiedenen Stellen ausdrückt: durch das Flexiv -ido am Stamm des (Haupt-)Verbs, wodurch das Partizip Perfekt gebildet wird, und durch das Hilfsverb *ha*. Beide grammatischen Morpheme, das ungebundene *ha* und das gebundene -ido, tragen gemeinsam zum Ausdruck der Flexionskategorie Tempus bei. Das Morphem -ido verbindet sich aber sehr viel enger mit dem lexikalischen Stammmorphem *vend-* als das Morphem *ha*, was sich daran zeigt, dass zwischen *ha* und *vend-* Elemente eingeschoben werden können, nicht aber zwischen *vend-* und -ido (*Juan ha casi vendido sus coches* vs. * *Juan ha vend casi ido sus coches*). In der Orthografie findet das seinen Niederschlag dadurch, dass man *ha* und *vendido* getrennt schreibt. Für diese so genannte Suffixpräferenz in der Morphologie gibt es ko- Suffixpräferenz gnitiv-psycholinguistische und sprachtypologische Gründe (vgl. Wandruszka 1992).

In einer lateinischen Verbform wie (CANTUS) CANTANTUR ‚(Lieder) werden gesungen' werden durch das Flexiv *-antur* insgesamt fünf Flexionskategorien ausgedrückt: grammatische Person (3. Person), Numerus (Plural), Tempus (Präsens), Modus (Indikativ) und Diathese (Passiv). Bei der entsprechenden spanischen Form (*las canciones*) *son cantadas* werden dieselben fünf Flexionskategorien zuzüglich einer sechsten ausgedrückt, die in der lateinischen Form nicht markiert war, nämlich das Genus durch das *-a* in der Partizipialendung *-da*. Im Lateinischen werden alle Flexionskategorien durch Flexive ausgedrückt, die sich als gebundene Morphologie direkt mit dem Stamm verbinden. Daher gilt die lateinische Verbform als *synthetisch* (*forma sintética*). Im Spanischen werden die Kategorien Person, Modus und auch Tempus durch das vom lexikalischen Morphem getrennte Auxiliar (hier: *son*) und damit durch eine *analytische Form* (*forma analítica*) ausgedrückt (s. Einheit 12.3). Der Gegensatz von Synthetizität vs. Analytizität spielt nicht nur in der Flexionsmorphologie eine Rolle, sondern auch in der Wortbildungsmorphologie.

4.8 | Wortbildung: Funktion und Verfahren

Die Wortbildungsmorphologie teilt mit der Flexionsmorphologie – neben dem konstitutiven Interesse für die bedeutungstragenden sprachlichen Elemente, die Morpheme – zahlreiche deskriptiv-terminologische Charakteristika, aber die Funktion der Wortbildung ist eine andere: Während die Flexion durch die Markierung der abstrakt-grammatischen Flexionskategorien der Verdeutlichung der syntagmatischen Beziehungen in der Linearität der Rede dient, zielt die Wortbildung auf Wortschatzerweiterung ab und wirkt damit vor allem auf der paradigmatischen Ebene der Sprache.

Wortbildung als Verfahren und Produkt

Der Ausdruck *Wortbildung* (*formación de palabras*) wird häufig doppeldeutig zur Bezeichnung des Prozesses der Bildung neuer lexikalischer Einheiten und für diese neuen lexikalischen Einheiten selbst verwendet. Hier wird daher zwischen Wortbildungsverfahren (als Prozess) und Wortbildungsprodukt (als Ergebnis, dem neuentstandenen Lexem) unterschieden.

Derivation

Ausgangspunkt für jeden Wortbildungsprozess ist (mindestens) ein schon in der Sprache vorhandenes Lexem. Wird dieses durch ein Wortbildungsaffix (sei es ein Präfix, ein Suffix oder – selten – ein Infix, auf jeden Fall aber ein Morphem, das selbst nicht als ungebundenes lexikalisches Morphem auftritt) zu einem neuen Wortschatzelement erweitert, spricht man von Ableitung oder *Derivation* (*derivación*).

Beispiel 4.4 |

Derivation: Lexem + Affix → Lexem
canta ‚(er) singt' + *-or* → (*el*) *cantor* ‚Sänger'

Beim Verfahren der *Komposition* (*composición*) fügt man das Lexem mit einem anderen Lexem zusammen. Bei beiden Verfahren wird das Ausgangslexem formal verändert und erweitert.

Komposition

> Komposition: Lexem + Lexem → Lexem
> *canta* ‚(er) singt' + *autor* ‚Autor, Schriftsteller' → *cantautor* ‚Liedermacher'

|Beispiel 4.5

Eine Wortschatzerweiterung ohne formale Veränderung des Ausgangslexems wird als *Konversion* (*conversión*) bezeichnet. Dabei wird ein Ausgangslexem in eine neue Wortart überführt.

Konversion

> Konversion: Lexem → Lexem
> *habla* ‚(er/sie) redet' [Verb] → (*el*) *habla* ‚Rede, Sprechweise, Mundart'
> [Substantiv]
> (*el*) *granate* ‚Granat (Gesteinsart)' [Substantiv] → *granate* ‚(dunkel-)rot'
> [Adjektiv]

|Beispiel 4.6

Das Verfahren der Konversion ist aber vergleichsweise selten und ‚erweitert' den Wortschatz bestenfalls indirekt, nämlich funktional (dieselbe Form kann an mehr syntaktischen Positionen innerhalb der Sprache auftreten). Die zentralen Wortbildungsverfahren sind die Komposition und die Derivation. Das Verfahren der Derivation ist dabei nicht nur das quantitativ bedeutendste innerhalb der romanischen Wortbildung, also jenes mit der größten *Produktivität* (*productividad*). Es steht der Flexionsmorphologie auch strukturell am nächsten. Deshalb beschränkt man bisweilen die Darstellung von Wortbildung unter dem Dach der Morphologie auf die Derivationsmorphologie und gruppiert diese zusammen mit den anderen, nicht nach diesem morphologischen Grundprinzip funktionierenden Wortschatzerweiterungsverfahren unter dem neutraleren Terminus der Wortbildungslehre.

Ein weiteres, traditionell wenig berücksichtigtes, aber für die Gegenwartssprache (nicht nur die spanische) wichtiges Verfahren ist die Wortschatzerweiterung durch Wortkürzung und Siglenbildung.

Derivationelle Wortbildung

|4.9

Bei der Derivation wird ein lexikalisches Ausgangselement als so genannte *Derivationsbasis* (*base de derivación*) mit einem Wortbildungsaffix verbunden. Die Derivationsbasis kann in der Form eines im Wortschatz auch ungebunden vorkommenden Simplex vorliegen (*amor* ‚Liebe' + -*oso* → *amoroso* ‚liebevoll'). Meistens jedoch bilden (auch sonst gebunden vorkommende) lexikalische Stammmorpheme die Basis; so wird das abgeleitete Verb *modernizar* nicht vom Wortschatzelement *moderno* abgeleitet, sondern nur von *modern-* (denn *moderno* ist bereits selbst ein komplexes Morphem aus dem Stamm *modern-* und dem Flexiv -*o*). Häufig unterscheidet sich die Derivationsbasis noch deut-

Derivationsbasis

licher vom Ausgangselement, das – in semantischer Hinsicht – eindeutig die Grundlage der Ableitung bildet. So wird das Adjektiv *nuclear* ('Kern-' i. S. v. „den Kern betreffend") nicht vom Lexem *núcleo* als solchem, sondern seinem verkürzten Allomorph *nucle-* abgeleitet. In analoger Weise ist *escolar* 'schulisch' eine Ableitung von *escuela* 'Schule'; dass *escol-* die Ableitungsbasis zu *escuela* ist, ist intuitiv nachvollziehbar, formal lässt sich diese Allomorphie aber synchronisch nicht erklären, sondern verlangt sprachhistorisch-diachrones Wissen, demzufolge bei der (relativ jungen, in die Zeit des Humanismus (s. Einheit 13.2) zurückreichenden) Bildung der Derivationsbasis auf die lateinische Ursprungsform von *escuela*, (E)SCOLAM, zurückgegriffen wurde.

Derivationskette   Die Derivation kann rekursiv angewandt werden, das abgeleitete Wortbildungsprodukt kann also seinerseits wieder eine Derivationsbasis darstellen oder bilden, so dass lange Derivationsketten entstehen können:

Beispiel 4.7 |

Beispiel einer
Derivationskette

Ausgangslexem	Derivationsbasis	Derivation	Derivationsprodukt
moderno	*modern-*	*modern- + -izar*	***modernizar***
modernizar	*moderniz(a)-*	*moderniza- + -ción*	*modernización*

Die durch Derivation entstandenen Morphemketten lassen sich dann noch durch Flexionsmorpheme erweitern (*modernizaban* '(sie) modernisierten', *modernizaciones*).

Themavokal   Der Vokal *(a)*, auf den die Derivationsbasis zum Verb *modernizar* auslautet, wurde in Klammern notiert, weil er eine besondere Rolle spielt: Es handelt sich hier um einen Bindevokal ohne morphematischen Wert, auch *Themavokal* (*vocal temática*) genannt. Seine lautliche Form wird durch die Konjugationsklasse bestimmt, der das Verb *modernizar* zugehört und die durch ihre Infinitivendung beschrieben wird. Allerdings steht dieser Bindevokal – wie der Terminus vermuten lässt – zwischen Stammmorphem und Ableitungssuffix, ohne einem der beiden klar zugeordnet werden zu können. Durch die Wirkung des Bindevokals lassen sich gewisse allomorphieartige Varianten bei den Derivationsaffixen erklären.

Beispiel 4.8 |

    cantar → *cantable* [*cant + (a) + ble*] 'singbar'
    discutir → *discutible* [*discut + (i) + ble*] 'diskutierbar'

Als Derivationsaffixe können sowohl Suffixe (wie bei *amor* → *amoroso*) als auch Präfixe (*ligar* 'zusammenbinden, verbinden' → *desligar* 'losbinden, trennen') und fallweise Infixe (*cantar* → *canturrear* 'vor sich hinsingen') auftreten.

Suffigale Derivation   Die suffigale Derivation zeichnet sich aber durch zwei Besonderheiten aus: Die dabei verwendeten Derivationsmorpheme bewirken im Gegensatz zu Prä- und Infixen sehr häufig eine Wortklassenänderung des Derivationsproduktes, und sie sind in der Regel von ihrer Bedeutung her abstrakter und schwieriger zu beschreiben. Auch sind Derivationssuffixe – gerade im Spanischen – vielfach polyfunktional. So dient das Suffix *-ar* dazu, aus Substantiven teils Verben (*cocina* → *cocinar* 'kochen'), teils Adjektive abzuleiten (*escuela*

→ *escolar* ‚schulisch‘); mit dem Suffix *-dor* kann man sowohl deverbale (also von Verben abgeleitete) Substantive (*ventilar* ‚lüften‘ → *ventilador* ‚Lüfter‘) als auch deverbale Adjektive (*conservar* ‚bewahren‘ → *conservador* ‚konservativ‘) bilden. Diese Polyfunktionalität oder – negativ gewendet – Ambiguität der Wortbildungselemente stellt formal – also in im strengen Sinne morphologischer Hinsicht – kein Problem dar, wohl aber auf inhaltlich-semantischer Ebene und hinsichtlich der Norm. So lässt sich aus *trabajar* mittels *-dor* sowohl adjektivisches *trajabador* ‚fleißig‘ als auch substantivisches *trabajador* ‚Arbeiter‘ ableiten. Beide Wortbildungsprodukte (bzw. beide Verwendungsweisen desselben Wortbildungsprodukts) sind in gleicher Weise in der Sprechergemeinschaft akzeptiert. Anders bei *ahorrar* → *ahorrador*, das von den meisten Sprechern als deverbales Adjektiv (‚sparsam‘) akzeptiert, als deverbales Substantiv (‚Sparer‘) aber abgelehnt werden dürfte. Deshalb wenden sich viele Linguisten gegen eine formal orientierte Betrachtung der Wortbildung und bevorzugen eine primär inhaltlich ausgerichtete Herangehensweise, die sich dann allerdings vom Feld der Morphologie entfernt und stark Fragen der Semantik und des Sprachgebrauchs nähert.

Bei der zuvor angesprochenen rekursiven Derivation werden mehrere Ableitungsaffixe nacheinander an das Ausgangselement angefügt, wobei die nach den einzelnen Schritten entstehenden Wortbildungsprodukte ebenfalls als Wortschatzelemente auftreten können. Es gibt aber auch Fälle, in denen nicht sukzessive, sondern in einem Schritt mehrere Derivationsaffixe angefügt werden müssen, um ein (normkonformes) Wortbildungsprodukt zu erhalten; diesen Vorgang nennt man *Parasynthese* (*parasíntesis*).

Parasynthetische Derivation

> So ist vom Substantiv *boca* ‚Mund, Mündung‘ durch mehrfache Derivation das Verb *desembocar* ‚einmünden‘ abgeleitet; *desembocar* ist ein direktes Derivationsprodukt des zwar seltenen, aber attestierten Verbs *embocar* ‚(in den Hafen, in einen Fluss) einfahren‘. *Embocar* aber ist nur direkt aus *boca* (bzw. dessen Derivationsbasis *boc-*) durch gleichzeitiges Anfügen des Suffixes *-ar* und des Präfixes *em-* ableitbar, da weder ein Wortbildungsprodukt **bocar* noch ein Lexem **emboca* Elemente des spanischen Wortschatzes sind. *Embocar* ist also ein parasynthetisches Derivationsprodukt von *boca*.

Beispiel 4.9

In Abschnitt 4.2 war bereits vom Morphemtyp des Nullmorphems, also eines strukturell vorhandenen, aber phonetisch nicht realisierten Morphems die Rede. Auch in der Wortbildungsmorphologie kann die Annahme eines solchen ‚unsichtbaren‘ Morphems nützlich sein, nämlich bei der so genannten *Nullderivation* (*derivación cero*). Darunter sind Fälle zu verstehen, in denen ein neues Wortschatzelement abgeleitet wird, das einer anderen Wortklasse als das Basislexem angehört, dessen formaler Unterschied gegenüber der Basis aber nicht in der Hinzufügung, sondern – zumindest oberflächlich – in der Kürzung von Affixen besteht.

Nullderivation

91

Beispiel 4.10 | sp. *marchar* ‚gehen, marschieren' → (*la*) *marcha* ‚Gang, Marsch'

kat. *governar* ‚regieren' → (*el*) *govern* ‚Regierung'

Diese Wortbildungsprodukte könnte man also so erklären, dass an die (verbalen) Stämme *govern-* bzw. *march-* (hier ergänzt um den Bindevokal *-a-*) ein Nullmorphem angefügt würde: *march-* + *-a-* + ø bzw. *govern* + ø. Ebenso plausibel erschiene es allerdings, den Derivationsprozess umzukehren und etwa katalanisch *governar* als reguläre suffigale Derivation von *govern* anzusehen. Auch hier kann nur die Sprachgeschichte Klarheit bringen, die in der Tat das Verb GUBERNARE schon im Lateinischen und damit als primäre Form nachweist, während das zugehörige Substantiv erst im Romanischen auftritt.

Derivationelle Modifikation   Einen besonders zu erwähnenden Fall von formal eindeutiger Derivation ist das, was man mit E. Coseriu inhaltlich als *Modifikation* (*modificación*) beschreiben kann. Hierbei ändert sich die Wortart der Derivationsbasis nicht, es entsteht vor allem aber auch kein neues Wortschatzelement im eigentlichen Sinne, sondern vielmehr wird das Basislexem inhaltlich modifiziert, es bekommt eine Bedeutungsnuance. Zu diesen modifizierenden Derivationen zählen die in den meisten romanischen Sprachen sehr produktiven, also häufig *Diminutiv, Augmen-* produzierten Diminutivableitungen (Verkleinerungsformen), Augmentativ-*tativ, Elativ* ableitungen (Vergrößerungsformen) und Elativbildungen (Intensivierungsformen).

Beispiel 4.11 | Diminutivableitungen: *ventana* ‚Fenster' → *ventanilla* ‚Fensterchen'

                                       beso ‚Kuss' → *besito* ‚Küsschen'

Augmentativableitungen: *hombre* ‚Mann, Mensch' → *hombrón/hombrazo* ‚großer Mann, Riese'

Elativbildungen: *viejo* ‚alt' → *viejísimo* ‚sehr alt, uralt'

Solche Modifizierungen setzen Skalarität voraus, d.h. dass überhaupt unterschiedliche Grade der Größe oder anderer Eigenschaften erlangt werden können. In manchen lateinamerikanischen Varietäten des Spanischen wird der Diminutiv aber auch von Ausgangswörtern gebildet, die eigentlich nicht skalar sind, wie etwa Zeitadverbien (*ahora* ‚jetzt' → *ahorita*); in diesen Fällen geht auch die Diminutivsemantik verloren, die Diminutivmorphologie kann zum (diaphasischen) Kennzeichen zärtlich-liebevollen oder einfach ungezwungen-familiären Sprechens werden. Auch diachronisch kann der Derivationscharakter solcher Modifikationsbildungen undurchsichtig (*opak*, sp. *opaco*) werden. So ist den meisten Sprechern des Spanischen nicht bewusst, dass *manzanilla* ‚Kamille' der Diminutiv von *manzana* ‚Apfel' ist oder *cuchillo* ‚Messer' von einer sprechlateinischen Verkleinerungsform ‚Messerchen' stammt. Dass solche Opakisierungen und Bedeutungsverschiebungen von Modifikationsbildungen sehr schnell in der Sprache vor sich gehen können, belegt das Wort *botellón*, eigentlich eine Augmentativableitung zu *botella* ‚Flasche', die heute quasi metonymisch (s. Einheit 6) das Phänomen des gemeinschaftlichen

Trinkens auf öffentlichen Plätzen beschreibt. Neben den erwähnten derivationellen Modifikationsverfahren gibt es noch die Pejorativbildung (bedeutungsmäßige Verschlechterung) und die Iterativbildung (Wiederholung). Auch die Bildung von Gegensatzpaaren (Antonymen; s. Einheit 6) ist derivationell möglich.

Pejorativ, Iterativ

Pejorativbildung: *poeta* ,Dichter' → *poetastro* ,schlechter Dichter'
Iterativbildung: *considerar* ,bedenken, erwägen' → *reconsiderar* ,überdenken'
Antonymbildung: *motivar* ,ermutigen' → *desmotivar* ,entmutigen'

Beispiel 4.12

Kompositionelle Wortbildung

4.10

Beim kompositionellen Wortbildungsverfahren werden (Simplex- oder komplex aufgebaute) Lexeme, die auch frei vorkommen können, zusammengefügt; bei Komposition im strengen Sinne, ohne dass zusätzliche grammatische Morpheme als „Bindemittel" benötigt werden.

coche ,Wagen' + *cama* ,Bett' → *coche cama* ,Schlafwagen'
rasca ,(er/sie) kratzt' + *cielos* ,Himmel' (Plural) → *rascacielos* ,Wolkenkratzer, Hochhaus'

Beispiel 4.13

Solche Wortbildungsprodukte sind damit auf der Grundlage der sie bildenden Ausgangslexeme formal-strukturell sehr einfach beschreibbar: N (substantivisches Nomen) + N → N (wie bei *coche cama*), V + N → N (wie bei *rascacielos*), Adj + Adj → Adj (wie bei *sordomudo* ,taubstumm') etc. Inhaltlich erweisen sie sich aber als sehr uneinheitlich: bei *ciudad dormitorio* ,Schlafstadt' (im Sinne von: Stadt ohne eigene Infrastruktur) etwa verhält sich das zweite N *dormitorio* wie ein Adjektiv zu *ciudad* („eine Stadt wie ein Schlafzimmer", „… mit der Funktion eines Schlafzimmers"). Bei *rascacielos* ist das N Objekt des Verbs („ein Referent, der den Himmel kratzt"). Bei der Kompositionsbildung ohne Bindeelemente, die man als *asyndetische Komposition* (*composición asindética*) bezeichnet, wird die Beziehung zwischen den zusammengefügten Lexemen bewusst nicht versprachlicht. So muss man etwa im Deutschen einfach wissen, dass ein Geflügeldöner ein Döner *aus* Geflügel ist, ein Kinderdöner aber ein Döner *für* Kinder.

Asyndetische Komposition

In den romanischen Sprachen häufig – und in jedem Fall häufiger als etwa im Deutschen – sind jedoch Kompositionen mit grammatischen Morphemen als Bindeelementen, wie etwa bei *máquina de escribir* ,Schreibmaschine' oder *perro de caza* ,Jagdhund' die Präposition *de*. Solche Kompositionsprodukte werden als syntagmatisch bezeichnet, weil sie die Form einer strukturierten Abfolge von sprachlichen Elementen, also die eines Syntagmas (s. Einheit 5) haben. Anders als bei Derivations- oder asyndetischen Kompositionsbildungen ist es bei der *syntagmatischen Komposition* (*composición sintagmática*) aber im Einzelfall schwierig zu entscheiden, ob man so eine Bildung als Einheit

Syntagmatische Komposition

des Wortschatzes und damit als Wortbildungsprodukt bezeichnen möchte. Im Deutschen würden sowohl *Jagdhund* als auch *Kinderbuch* als Wortbildungsprodukte „durchgehen". Im Spanischen lässt sich eine syntagmatische Komposition mit der bedeutungsarmen Präposition *de* als Bindeelement, wie sie mit *perro de caza* vorliegt, sicher auch noch als Wortbildungsprodukt klassifizieren, aber *libro para niños* (mit einer bedeutungsstärkeren Präposition) wird wohl nicht als Wortschatzelement angesehen werden, sondern als eine freie, spontane Bildung. Um zu entscheiden, ob ein Element oder eine Abfolge von

Lexikalisierung Elementen als Wortschatzeinheit bezeichnet werden kann, ob also eine *Lexikalisierung* (*lexicalización*) vorliegt, werden unterschiedliche Kriterien wie die Häufigkeit, die interne Fixiertheit, aber auch eigentlich arbiträre Aspekte wie die Orthografie (Zusammen- vs. Getrenntschreibung) oder ihr Aufscheinen in Wörterbüchern herangezogen. Danach wäre *libro para niños* gering lexikalisiert, die dem deutschen *Kinderbuch* entsprechende Wortschatzeinheit wäre vielmehr *libro infantil* (also eine asyndetische Bildung gemäß des Bauplans N + Adj → N). Lexikalisierung ist aber kein diskretes, nach dem Ja-Nein-Kriterium zu bestimmendes, sondern ein graduelles Phänomen.

Kompositionskette Wie die Derivation, so kann auch das Wortbildungsverfahren der Komposition rekursiv angewandt werden, also ein Kompositum Bestandteil eines neuen Kompositums werden:

Beispiel 4.14 | *para* ‚(er/sie) hält an, wehrt ab' (vom Verb *parar*) + *brisas* ‚Brisen, (leichte) Winde' (Plural) → (*el*) **parabrisas** ‚(die) Windschutzscheibe'
limpia ‚(er/sie) reinigt' + **parabrisas** → (*el*) *limpiaparabrisas* ‚(der) Scheibenwischer'

Solche mehrfachen Kompositionen gelten für die romanischen Sprachen aber als untypisch, während sie für das Deutsche oft als charakteristisch angesehen werden; man denke an den karikaturenhaften (und als Alltagswort nie verwendeten) *Donaudampfschifffahrtsgesellschaftskapitän*. Bei diesem Kompositum fällt auf, dass auch die scheinbar asyndetischen Kompositionsbildungen des

Bindelaute Deutschen oft Bindeelemente in Form von Genitiv-Flexiven aufweisen (man sagt nicht **Donaudampfschiffahrtgesellschaftkapitän*). Diese Bindeelemente dienen aber vor allem einem euphonischen, also dem Wortwohlklang dienenden Zweck und ähneln mit ihrem kaum vorhandenen morphematischen Wert den Themavokalen der Derivationsbildungen. Im Spanischen findet man solche Bindelaute bei bestimmten zusammengesetzten Adjektiven (also Komposita des Typs Adj + Adj → Adj), wie etwa das *-o-* bei *germano-francés* ‚deutsch-französisch'.

Ebenso wie Derivationsbildungen können auch Kompositionsbildungen im Laufe der Sprachgeschichte so stark lexikalisiert werden, dass ihre ursprüngliche Kompositionalität opak wird. Kaum einem Sprecher des Spanischen dürfte noch bewusst sein, dass etwa das Verb *mantener* ‚halten, instand-, unterhalten' von einem lateinischen MANU TENERE ‚in der Hand halten' kommt. Außerdem kommt es vor, dass für denselben Referenten mehrere komplexe Lexeme gebildet werden. So gibt es für den Korkenzieher im Spanischen ein Kompositum *sacacorchos* (aus: *saca* ‚(er/sie) nimmt/zieht heraus‘ + *corchos* ‚(die) Korken‘ [Plural]) und eine mehrfach derivationelle Bildung *descorchador*. Solche lexikalischen *Dubletten* (*dobletes*) sind insbesondere typisch für vergleichsweise neue Referenten z. B. aus dem Bereich der Technik: So konkurrieren im Spanischen v. a. regional differenziert zur Bezeichnung dessen, was man im Deutschen mit dem englischen Lehnwort *Computer* bezeichnet, drei (allerdings allesamt derivationelle) Wortbildungsprodukte: (*el*) *computador*, (*la*) *computadora* und (*el*) *ordenador* (s. Einheit 14).

Dublettenbildung

Postdetermination vs. Prädetermination | 4.11

Anhand von Beispielen wie *coche cama* und *ciudad dormitorio* wurde im vorangehenden Abschnitt darauf hingewiesen, dass das Verhältnis der Ausgangslexeme, die bei der Komposition zusammengefügt werden, keines von Gleichwertigkeit ist. Vielmehr bestimmt in *coche cama* das N *cama* das andere Lexem *coche* näher. *Coche* ist aber das Element, das die relevanten inhaltlichen und grammatisch-flexionalen Charakteristika an das kompositionelle Wortbildungsprodukt weitergibt. So weist *coche cama* das Genus maskulinum von (*el*) *coche* (und nicht das Genus femininum von (*la*) *cama*) auf und ist nach wie vor ein (Eisenbahn-)Wagen. Bei *coche cama* ist *coche* das Bestimmte (Determinierte, auch *Determinatum*, sp. *determinado* genannt) und *cama* das Bestimmende (Determinierende/*Determinans*, sp. *determinante*). Bei *coche cama* gilt die Determinationsrichtung ‚Determinatum + Determinans‘, das Bestimmende folgt dem näher Bestimmten nach, also liegt Postdetermination vor. Bei *telenovela* (aus: *tele* [Kurzform von *televisión* ‚Fernsehen‘] + *novela* ‚Roman‘) ist es umgekehrt: *tele* bestimmt *novela* näher („ein Roman für das/ aus dem Fernsehen"), geht diesem Determinatum aber voraus; Damit liegt Prädetermination vor.

Determinatum vs. Determinans

> Bei der *Postdetermination* (*posdeterminación*) folgt ein näher bestimmendes Morphem dem näher bestimmten Morphem nach. Bei der *Prädetermination* (*predeterminación*) geht das näher bestimmende Morphem dem näher bestimmten Morphem voraus.

Definition

Postdetermination gilt als typisch für das romanische Kompositionsverfahren, während Prädetermination als charakteristisch für das germanische Kompositionsverfahren angesehen wird. Deshalb werden vielfach prädeterminierende Komposita im Spanischen wie *autoescuela* ‚Fahrschule‘ oder *videoproyector* ‚Datenprojektor, Beamer‘ direkt oder indirekt germanischem, konkret: englischem Einfluss zugeschrieben. Prädetermination gibt es aber nur bei asyndetischen Komposita, während syntagmatische Komposita wie das alternativ für *videoproyector* verwendete *proyector de vídeo* stets postdeterminiert sind.

Morphologischer
Kopf, *head*

Weil das Determinatum in Komposita die kategoriale Zugehörigkeit des komplexen Wortbildungsprodukts und insbesondere die relevanten flexionskategorialen Eigenschaften bestimmt, kann es als lexikalischer *Kopf* (sp. meist *núcleo*) des Wortbildungsprodukts beschrieben werden. Der Kopf-Begriff (von engl. *head*) stammt aus dem Phrasenstrukturmodell, das im Zusammenhang mit der Syntax (s. Einheit 5.4) vorgestellt wird. Es ist nicht nur bei der Komposition, sondern auch bei der Derivation relevant, wo – wie oben gesehen – die kategoriale Zugehörigkeit des Wortbildungsprodukts durch das Derivationssuffix festgelegt wird. So ist in *amoroso* das Suffix *-oso* der Kopf, denn *-oso* bewirkt den adjektivischen Charakter der Derivationsbildung. Derivations-Prä- und Infixe haben hingegen keinen Kopf-Status.

Abb. 4.1 |
Kopfkonstituenten (*heads*) in Derivations- und Kompositionsbildungen

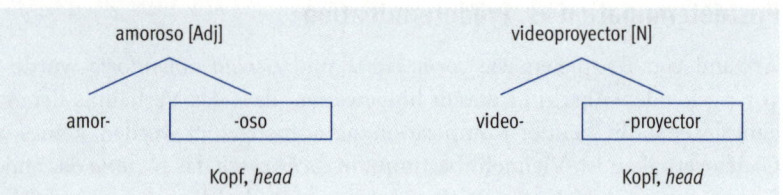

4.12 | Wortbildung mittels Verkürzung und Abkürzungen

Dass Wortschatzerweiterung nicht unbedingt immer formal aufwändigere und „längere" Wortbildungsprodukte nach sich ziehen muss, wurde bereits im Zusammenhang mit der Nullderivation (s. Abschn. 4.10) erwähnt. Noch deutlicher wird dies bei Wortbildungsverfahren durch Verkürzung bestehender Lexeme oder durch Abkürzungsbildung. Bei der Wortverkürzung entstehen allerdings keine neuen Wortschatzeinheiten, sondern Alternativformen zu den meist weiterhin gebräuchlichen Langformen. Bei Abkürzungsbildungen können dagegen neue Wörter entstehen, die vielfach die zugrundeliegenden Langformen völlig ersetzen. Beide Verfahren werden nahezu ausschließlich im Bereich der Nomina angewandt.

Wortverkürzung vs.
Abkürzungsbildung

Aphärese vs.
Apokope

Die Wortverkürzung kann am Anfang oder am Ende des Lexems ansetzen: Bei der *Aphärese* (*aféresis*) wird ein Element am Anfang gekürzt, bei der sehr viel häufigeren *Apokope* (*apócope*) ein Element am Ende.

Beispiel 4.15 |

Aphärese: (*el*) *autobús* → (*el*) *bus*
Apokope: (*la*) *bicicleta* → (*la*) *bici*

Nicht selten ist der Fall, dass ein attributives Adjektiv eines nominalen Ausgangssyntagmas verkürzt und als Substantiv gebraucht wird, während das Substantiv des Syntagmas ganz weggelassen wird. Diese als Ellipse (*elipsis*) bezeichneten Wortkürzungsbildungen könnte man auch als Sonderfall von Konversion betrachten (s. Einheit 6.7).

Komplexe Wortkürzungsbildungen: *(el) jardín zoológico* → *(el) zoo* | **Beispiel 4.16**
(el) ferrocarril metropolitano → *(el) metro*

In der Regel übernehmen dabei die Kurzformen die Flexionskategorien der Langformen, insbesondere das grammatische Geschlecht. Es gibt aber auch Fälle, wo das Geschlecht der Kurzform von dem der angenommenen Langform abweicht. So ist für den Wehrdienst die Kurzform *la mili* (Genus femininum) gebräuchlich, die naheliegende Langform wäre aber wohl *el servicio militar*, also männlichen Geschlechts.

Von den Wortverkürzungen sind die Abkürzungsbildungen zu unterscheiden, auch *Akronyme* (*acrónimos*) genannt. Hier werden Einzelbuchstaben – meist Anfangsbuchstaben – von komplexen Lexemen oder auch gering lexikalisierten Wortgruppen zusammengefügt. Der Verweis auf Buchstaben (nicht Laute) lässt erahnen, dass dieses Verfahren eng mit der schriftsprachlichen Praxis zu tun hat und nicht – wie die Wortverkürzung – in der Mündlichkeit seinen Ausgang nimmt. Bei den Akronymen gibt es zwei Spielarten: solche, die ausbuchstabiert gesprochen werden, wie *(la) ITV* [ite'uße] (aus: *Inspección Técnica de Vehículos* ‚Fahrzeug-Hauptuntersuchung, „TÜV"') und solche, die ein „sprechbares" Wort ergeben, wie *(el) sida* (aus: *Síndrome de InmunoDeficiencia Adquirida* ‚Aids'). Im letzteren Fall kann man auch von Initialwörtern sprechen. Solche Wortbildungen finden sich vor allem im administrativen und technischen Bereich sowie in der Werbe- und Marketingsprache und dienen beispielsweise zur Bildung von Marken- und Produktbezeichnungen. Abkürzungsbildungen sind – wie auch Wortverkürzungen – daher nicht nur dem sprachlichen Ökonomieprinzip zuzuschreiben, sondern auch und vor allem dem kreativ-spielerischen Umgang mit Sprache. Bemerkenswert ist, dass Akronyme Derivationsbasen für weitere Ableitungen ausbilden können. So lassen sich von *(el) sida* die Adjektive *sidático* und *sidoso* bilden (beide in der Bedeutung ‚von Aids betroffen, mit Aids in Zusammenhang stehend'), und zu *(la) BTT* (aus: *bicicleta todo terreno* ‚Mountainbike') gibt es *betetista* (als Adjektiv oder als Substantiv für den, der den Mountainbike-Sport betreibt).

> Akronym

> Initialwort

> Deakronymische Derivation

Einen Textauszug von Carmen Pensado zu *Morfología y fonología* finden Sie im Internet unter www.bachelor-wissen.de.

Informationen zum besonderen Fall des kreativen Umgangs mit Abkürzungen bei Vornamen im Spanischen finden Sie im Internet unter www.bachelor-wissen.de.

Aufgaben

1 Was unterscheidet die Variabilität des Verbalstamms, wie sie anhand der Präsens-Formen des Verbs *querer* in Tab. 4.1 aufgezeigt wurde, von der Variabilität des Stamms

bei den Präsens-Formen von *ser*? Informieren Sie sich dazu in den linguistischen Nachschlagewerken und den u. a. Überblickswerken zum Begriff der *Suppletion* (sp. *supleción*).

2 Welche(s) Ausgangslexem(e) liegt/liegen den folgenden Wortbildungsprodukten zugrunde und welche Derivations- und/oder Kompositionsschritte müssen vollzogen werden, um zu diesen Wortbildungsprodukten zu gelangen? (a) *anticonstitucionalmente* ‚verfassungswidrig‘ (Adv.), (b) *desestabilizador* ‚destabilisierend‘ (Adj.), (c) (*el*) *mileurista* ‚gut qualifizierter Geringverdienender‘, (d) (*el*) *sábelotodo* ‚Besserwisser‘, (e) (*el*) *abrelatas* ‚Dosenöffner‘

3 Neben der Jugend-, Werbe- und Techniksprache gilt die elektronische Kommunikation (CMC: *Computer-Mediated Communication*) z. B. in E-Mail, Newsgroups oder Chat als besonders „abkürzungsfreudig". Informieren Sie sich anhand des Buchs von Julia Sanmartín Sáez, *El chat: la conversación tecnológica*, Madrid: Arco Libros, 2007, über den Sprachgebrauch im spanischen Chat und bewerten Sie die dort eingesetzten Verfahren vor dem Hintergrund der traditionellen Wortbildungslehre.

Literatur

Alvar, Manuel (ed.) (2000): *Introducción a la lingüística española*, Barcelona: Ariel (*Parte III: Morfología*, 175–267).

Booij, Geert (2005): *The Grammar of Words. An introduction to linguistic morphology*, Oxford et al.: Oxford University Press.

Comrie, Bernard (1976): *Aspect. An introduction to the study of verbal aspect and related problems*, Cambridge: Cambridge University Press.

Coseriu, Eugenio (1976): *Das romanische Verbalsystem*, Tübingen: Narr.

Haspelmath, Martin/Sims, Andrea (²2009): *Understanding Morphology*, London: Hodder Education.

Lang, Mervyn F. (1990): *Spanish word formation. Productive derivational morphology in the modern lexis*, London et al.: Croom Helm (sp. Übersetzung: *Formación de palabras en español. Morfología derivativa productiva en el léxico moderno*, Madrid: Cátedra, 1992).

Pena, Jesús (1999): „Partes de la morfología. Las unidades del análisis morfológico", in: Bosque, Ignacio/Demonte, Violeta (eds.): *Gramática descriptive de la lengua española*, III, Madrid: Espasa Calpe, 4305–4366.

Rainer, Franz (1993): *Spanische Wortbildungslehre*, Tübingen: Niemeyer.

Schpak-Dolt, Nikolaus (1999): *Einführung in die Morphologie des Spanischen*, Tübingen: Niemeyer.

Spencer, Andrew/Zwicky, Arnold M. (eds.) (1998): *The Handbook of Morphology*, Oxford/Malden: Blackwell.

Wandruszka, Ulrich (1992): „Zur Suffixpräferenz. Prolegomena zu einer Theorie der morphologischen Abgeschlossenheit", *Papiere zur Linguistik* 46, 3–27.

Syntax

	Inhalt	
5.1	Äußerung und Satz	100
5.2	Allgemeine Grundfragen der Syntax	100
5.3	Hierarchische Organisation des Satzes	104
5.4	Einige Grundbegriffe der Generativen Syntax	105
5.5	Das Verb als Zentrum des Satzes	109
5.6	Aspekte der spanischen Syntax	112
5.7	Konstituentenabfolge und Informationsstruktur	117

In dieser Einheit geht es um die nach der Morphologie nächsthöhere sprachliche Struk-
turierungsebene, den Satz, und damit um ein weiteres zentrales linguistisches Gebiet,
die Syntax. Unter den Begriff Syntax fasst man sowohl den Satzbau selbst als auch die
linguistische Disziplin, die sich mit dem Satzbau beschäftigt. Der erste Teil der Einheit
präsentiert eine Reihe von allgemeinen, übereinzelsprachlichen Beobachtungen zum
Aufbau von Sätzen und Syntagmen und zur Frage des Verhältnisses zwischen der hierarchischen Struktur des Satzes und deren Übertragung in eine lineare Zeichenfolge.
Wie kaum eine andere linguistische Disziplin ist die Syntax geprägt von der Koexistenz
verschiedener theoretischer Ansätze, von denen hier verschiedene angerissen werden.
Im zweiten Teil werden einige Besonderheiten der spanischen Syntax vorgestellt.

Überblick

5.1 | Äußerung und Satz

Äußerung, Satz, Text

Oberhalb der Morpheme und Lexeme könnte als nächste Ebene die *Äußerung* (*enunciado*, engl. *utterance*) oder der Text oder Diskurs (s. Einheit 8) angesetzt werden. Der Begriff Äußerung bezieht sich dabei etwas vage auf eine mehr oder weniger abgeschlossene Menge sprachlicher Elemente und wird vor allem inhaltlich im Sinne einer bestimmten Aussage oder Mitteilung oder einer sprachlichen Handlung (s. Einheit 7) aufgefasst. Eine Äußerung kann aus mehreren Elementen bestehen, wie *esta mañana Juan se levantó muy cansado*, aber auch aus einem einfachen Element wie *hola*. Neben der inhaltlichen und kommunikativen Seite lassen sich bei der linearen Abfolge von Sprachzeichen in den Sprachen der Welt – so auch im Spanischen oder Deutschen – oberhalb der Morphologie bestimmte autonome Regelsysteme identifizieren, welche die Beziehung und Anordnung von Elementen in abgrenzbaren Einheiten steuern. Diese abgrenzbaren Einheiten nennt man *Sätze* (*oraciones*). Die sprachwissenschaftliche Disziplin, die sich mit der Organisation von Sätzen beschäftigt, ist die *Syntax* (*sintaxis*).

Definition

> Die *Syntax* beschäftigt sich mit dem Aufbau und dem inneren Beziehungsverhältnis der Bestandteile von Sätzen und Satzteilen (Syntagmen oder Phrasen).
> Der *Satz* ist die größte unabhängige, nicht untergeordnete syntaktische Einheit eines Sprachsystems.

Abb. 5.1 |
Leonard Bloomfield
(1887–1949)

Die Definition von Satz geht in dieser Form auf den Amerikaner Leonard Bloomfield zurück und soll nicht der Tatsache widersprechen, dass es auch Kategorien oberhalb des Satzes gibt (s. Einheit 8). Beim Sprechen geht es letztlich um die Schaffung von Texten und Diskursen, dies kann jedoch nur auf der Basis des syntaktischen Regelsystems einer Sprache geschehen. Die Syntax ist eine kognitiv verankerte Struktur, die gemeinsam mit der Morphologie die formale Grundlage der ersten Artikulation (s. Einheit 3.1) bildet.

5.2 | Allgemeine Grundfragen der Syntax

Einfache und
komplexe Sätze

Wir können zunächst zwischen *einfachen Sätzen* (*oraciones simples*) unterscheiden, die von einem Verb aus „gesteuert" werden wie *Felipe bebe cerveza*, und *komplexen Sätzen* (*oraciones complejas*), die aus mehreren Teilsätzen zusammengefügt sind wie *si puede, viene*. Wir betrachten hier in erster Linie den einfachen Satz.

Traditionelle syntaktische Kategorien

Seit der Antike wird der Satz als zentrale Einheit der sprachlichen Organisation angesehen, dessen Grundgerüst auf dem Zusammenspiel von *Subjekt* (*sujeto*) und *Prädikat* (*predicado*) fußt (vgl. Gabriel/Meisenburg 2007: 191). Das Subjekt gilt in der Tradition als das Satzglied, über das etwas gesagt wird; das Prädikat der Teil, in dem etwas über das Subjekt ausgesagt wird.

Subjekt Prädikat

Manuel planta un árbol.

|Beispiel 5.1

Das Prädikat kann durch ein finites Verb ausgedrückt werden (*planta* in Bei-spiel 5.1) oder durch ein *Prädikatsnomen* (*predicado nominal*). Die Verbindung zwischen Subjekt und Prädikatsnomen wird *Kopula* (*cópula*, von lat. COPULA ‚Band, Verbindung') genannt.

Subjekt Kopula Prädikatsnomen

Susana es alta.

Susana está contenta.

|Beispiel 5.2

Im Prädikat wird eine *Handlung* (*acción*), ein Geschehen oder ein *Sachverhalt* (*estadio de cosas*) ausgedrückt, dem weitere Informationen in Form von *Ergän-zungen* (*complementos*) durch *Objekte* (*objetos*) oder *Umstandsbestimmungen* (*complementos circunstanciales*) hinzugefügt werden können oder müssen. Außerdem können Eigenschaften dessen, worüber etwas gesagt wird oder worauf sich die Handlung bezieht, durch Attribute näher bestimmt werden.

Ergänzungen durch

Objekte: *Manuel planta **un árbol**.*

Umstandsbestimmungen: *Manuel planta un árbol **en el jardín**.*

Attribute: *Manuel planta un árbol **grande**/*

*un árbol **que le regaló su madre**.*

|Beispiel 5.3

Die traditionellen syntaktischen Grundvorstellungen sind in der modernen Syntaxtheorie teils präsent, teils werden sie durch abstraktere Kategorien mit höherem Allgemeinheitsgrad ersetzt.

Die Syntax ist vielleicht das Gebiet der modernen Linguistik, über das die Meinungen am weitesten auseinandergehen. In den verschiedenen Schulen bestehen einerseits grundlegend unterschiedliche Einschätzungen des eigent-lichen Objekts, andererseits existiert eine beachtliche Zahl unterschiedlicher Grammatiktheorien mit einem zum Teil sehr hohen Grad an Spezialisierung, die die Verständigung der Linguisten untereinander – über die Schulen hin-weg – oft schwierig machen. Die fundamentalen Diskrepanzen betreffen dabei die bereits in Einheit 2.6 angesprochenen Grundfragen, nämlich ob Syntax als universelle Größe angesehen und die Einzelsprache von der angenommenen Universalität aus betrachtet wird oder nicht, aber auch das Problem des Gra-des der Autonomie der Syntax und ihrer Abgrenzung zu Morphologie und Wortschatz sowie das Verhältnis von syntaktischer und semantischer Infor-mation. Dabei sind viele Ansätze untereinander kompatibel und beschreiben schlicht verschiedene Aspekte. Ein einfacher Satz wie *Juan se va de viaje* kann u.a. vom Gesichtspunkt seiner hierarchischen Organisation mit Bezug auf

Uneinheitlichkeit der syntaktischen Theorien

universalgrammatische Fragen, in rein einzelsprachlicher grammatischer Beschreibung, hinsichtlich der Üblichkeit und Vorfertigung der Konstruktion oder als Abbild eines kognitiven Szenarios betrachtet werden, ohne dass die verschiedenen Betrachtungsweisen sich ausschließen würden. In einem Buch wie diesem ist es nicht möglich, einen umfassenden Überblick über die gängigen Syntaxtheorien zu geben, gleichzeitig erscheint es nicht sinnvoll, nur eine ganz bestimmte, aber partielle Betrachtungsweise herauszugreifen, weshalb hier in einem kurzen Einblick Aspekte verschiedener Ansätze berücksichtigt werden.

Datengrundlage der Syntax

In der Linguistik herrscht keine Übereinstimmung darüber, welche Arten von Daten für die Erforschung der Syntax einer Sprache die geeignetsten sind. Einerseits wird vertreten, dass natürliche Sprachdaten (etwa aus Korpora, s. Einheit 10) Grundlage sein sollten, andererseits werden von vielen Linguisten *Introspektionsdaten* (*datos introspectivos*) bevorzugt, da manche Sätze, die gerade die Ränder der Grammatikalität einer Sprache aufzeigen, in Korpora oft gar nicht vorkommen. Dabei verlassen sich Linguisten entweder auf ihre eigenen Intuitionen als Sprecher oder sie befragen Muttersprachler zu bestimmten Beispielen. Dies ist allerdings in zweierlei Hinsicht gefährlich: Erstens *analysieren* die Sprecher zumindest implizit die Sprachdaten, die ihnen vorgelegt werden, und können sich bezüglich ihrer Urteile täuschen. Zweitens kontextualisieren sie die Beispiele in einer gewissen Form, und manches Beispiel kann in bestimmten Kontexten ungrammatisch, in anderen grammatisch wirken. Zuweilen kann dieses Problem durch Kombinationen von Daten verringert oder gelöst werden, doch bleibt der Begriff der Grammatikalität problematisch.

Sicher ist jedenfalls, dass die Sprecher eine Intuition vom syntaktischen Funktionieren des Regelsystems der Einzelsprache haben, die einen Satz wie *Furiosamente duermen las ideas verdes e incoloras* (spanische Übersetzung von Chomskys Beispiel *Colorless green ideas sleep furiously*) als „grammatisch" erscheinen lassen, auch wenn er semantisch keinen Sinn ergibt, im Gegensatz etwa zu einem eindeutig ungrammatischen Satz wie **Furiosamente duerme verdes ideas las e incoloro*.

Übliche Markierungskonventionen für Sätze, über die ein Grammatikalitätsurteil gefällt wurde:

*   ungrammatische bzw. nicht belegte Form/Konstruktion
    me gusta el vino im Gegensatz zu **me gusta vino*.

(*) als (normativ gesehen) inkorrekt geltende, aber existente Form/Konstruktion

\#   grammatische, aber in der gesuchten Lesart unangemessene Form/Konstruktion

?   fragliche Grammatikalität

?? sehr fragliche Grammatikalität

Es gibt also eine eigenständige syntaktische Kompetenz, die als solche bis zu einem gewissen Grade unabhängig von den Inhalten beschrieben werden kann. Die syntaktische Kompetenz umfasst auch die Intuition von der Abgeschlossenheit von Sätzen. Dies zeigt sich etwa anhand der Tatsache, dass Sätze von den Sprechern prosodisch markiert werden, d. h. dass die Syntax sich u. a. in der Intonationsstruktur abbildet, oder in der Tatsache, dass Sprecher einer Sprache im Allgemeinen Sätze auch ohne wissenschaftliche Analyse identifizieren können (Bosque/Gutiérrez-Rexach 2009: 28–53).

Ein wichtiges Fundament der traditionellen Syntax ist die Beschreibung der Wortarten, da diese ihnen eigene syntaktische Informationen enthalten. Über die Zahl der zu unterscheidenden Wortarten herrscht keine Einigkeit. Die traditionelle spanische Grammatik unterscheidet nach Nebrija (s. Einheit 13) zehn verschiedene Wortarten. In der spanischen Grammatikografie gibt es bis heute verschiedene Klassifikationen, wobei eine Unterscheidung von sieben bis zehn Wortarten, je nach Kriterium mit leichten Abweichungen bei den einzelnen Autoren, üblich ist (*Nomen/nombre, Verb/verbo, Adjektiv/adjetivo, Adverb/adverbio, Präposition/preposición, Konjunktion/conjunción, Determinant/determinante*; zuweilen auch noch *Interjektion/interjección, Pronomen/pronombre, Zahlwort/numeral*). In der traditionellen Grammatik wird unterschieden nach lexikalischen und grammatischen Wortarten; heute spricht man eher von *denotativen Wortarten* (*clases de palabras denotativas*) wie Nomina oder Verben, die außersprachliche Gegenstände, Sachverhalte oder Handlungen bezeichnen, und *funktionalen Wortarten* (*clases de palabras funcionales*) wie Konjunktionen oder Präpositionen, die ausschließlich grammatische Funktion haben (s. Einheit 4.2). Eine weitere traditionelle Unterscheidung ist die zwischen *flektierbaren* und *flexionslosen Wortarten* (*clases de palabras flexivas* und *clases de palabras no flexivas*), wobei das Problem dieser Unterscheidung in der sprachspezifischen Variation liegt. So sind etwa die Adjektive im Spanischen endungsvariabel (also flektierbar), im Englischen nicht.

Wortarten

Denotative und funktionale Wortarten

Als Grundkomponenten menschlichen Sprachdenkens bezeichnen Sprachen einerseits Gegenständliches, andererseits Handlungsbezogenes. Im Gegensatz zur traditionellen Grammatik wird in der universell orientierten Generativen Grammatik (GG) daher davon ausgegangen, dass das mentale Lexikon universalgrammatisch auf zwei Merkmalen aufgebaut ist, nämlich dem Merkmal *verbal* und dem Merkmal *nominal*, aus deren Kombination vier grundlegende Wortarten abgeleitet werden:

Verbalität und Nominalität

	+ nominal	– nominal
+ verbal	A (Adjektiv)	V (Verb)
– verbal	N (Nomen)	P (Präposition)

Tab. 5.1

Vier Hauptwortarten durch zwei Merkmale (nach Chomsky 1970)

Wortarten und Syntax

In der traditionellen Syntax werden die Wortarten als Fundament für den Satzbau angesehen. Sicherlich ist es richtig, dass je nach Sprache ein mehr oder weniger unmittelbarer Zusammenhang zwischen Wortarten und syntaktischen Funktionen bestehen kann. Dennoch ist es sinnvoll und notwendig, beides zu trennen, denn Wortarten sind lexikalische Kategorien; in der Syntax geht es jedoch um relationale Funktionen im Satz. Die syntaktischen Funktionen der Wortarten sind bis zu einem gewissen Grad variabel (Fernández Leborans 2003: 26–28).

5.3 | Hierarchische Organisation des Satzes

Schon die klassische Beschreibung des Satzes impliziert, dass bestimmte Elemente im Satz wichtiger sind als andere und manche Elemente anderen untergeordnet sind. Das heißt, dass Sätze hierarchisch organisiert sind und einer bestimmten Struktur entsprechen. Diese besteht nicht aus einer Abstufung von Einzelelementen, sondern von Elementgruppen, die ihrerseits in sich hierarchisch organisiert sind. Die Identifikation und Beschreibung dieser Hierarchien ist eine der zentralen Aufgaben der Syntax. Für die Darstellung der Satzstruktur ist besonders das Baumdiagramm geeignet, aus dem die Hierarchie optisch hervorgeht. Daneben ist in der Linguistik die Klammerdarstellung besonders verbreitet, die das Gleiche abbildet, grafisch jedoch weniger anschaulich ist.

Abb. 5.2 |

Baumdiagramm und Klammerdarstellung eines einfachen spanischen Satzes

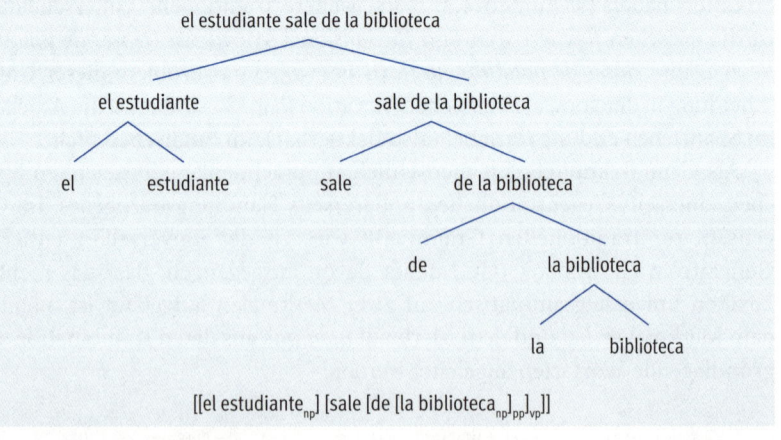

[[el estudiante$_{np}$] [sale [de [la biblioteca$_{np}$]$_{pp}$]$_{vp}$]]

Syntagmen Unterhalb der Ebene des Satzes lassen sich verschiedene zusammengehörige Gruppen oder *Syntagmen* (auch *Syntagmata*, sg. *Syntagma*; sp. *sintagma*) identifizieren; in dem Beispiel ein *Nominalsyntagma* (*sintagma nominal*, *SN*), ein *Verbalsyntagma* (*sintagma verbal*, *SV*) und ein dem Verbalsyntagma untergeordnetes *Präpositionalsyntagma* (*sintagma preposicional*, *SP*).

Definition

Ein *Syntagma* bezeichnet eine Gruppe grammatikalisch zusammengehöriger Wörter.

Die Satzstruktur kann von unten nach oben, d. h. von den Wörtern und Morphemen zum Satz oder umgekehrt beschrieben werden. Wie aber können die Zwischenstufen möglichst objektiv bestimmt werden? Hierfür gibt es eine Reihe von Tests, die mit Bezug auf die Sprachkompetenz von Muttersprachlern durchgeführt werden können.

Tests zur Identifikation von Syntagmen

► Erfragung von Syntagmen und Pronominalisierung: Frage: *¿quién sale de la biblioteca?* Antwort: *El estudiante* oder pronominalisiert *él*; aber weder **estudiante* noch **el.*

► die Weglassprobe: Wenn die Präpositionalphrase in Abb. 5.2 weggelassen werden sollte, so ginge dies nur als Einheit.

► die Ersetzungsprobe: Ein Syntagma kann durch ein anderes ausgetauscht werden, statt *de la biblioteca* kann *del bar* oder *de la cama* stehen.

► die Verschiebungsprobe: Manche Syntagmen können an verschiedenen Positionen auftreten; etwa ist *de la biblioteca sale el estudiante* im Spanischen nicht ungrammatisch; *de la biblioteca* wird dabei als Einheit verschoben und ist in sich fixiert, **la de biblioteca* oder **biblioteca la de* etc. wären ungrammatisch.

► die Koordination: Eine Wortgruppe, die sich mit einer gleichartigen Wortgruppe verknüpfen lässt, ist ein Syntagma: *el estudiante y su amigo entran y salen de la biblioteca y el aula* (vgl. Gabriel/Müller 2008: 22).

Einige Grundbegriffe der Generativen Syntax | 5.4

Eine besonders einflussreiche Ausrichtung in der Syntaxtheorie ist die Generative Syntax (im Folgenden GS), die auf einigen von Noam Chomsky seit den 1950er Jahren entwickelten Grundannahmen basiert und sich in den letzten Jahrzehnten immer weiter ausdifferenziert und verzweigt hat. Dabei wurde das umfassende Theoriegebäude teils in seinen Grundkomponenten modifiziert (Standardtheorie, GB-Theorie, Prinzipien-und-Parameter-Theorie, Minimalismus), teils durch bestimmte Komponenten erweitert, die als Teiltheorien integriert wurden (u. a. Theta-Theorie, Bindungstheorie, Phasentheorie). Daneben haben sich eigenständige Zweige wie die Optimalitätstheorie (s. Einheit 3.10) oder Grammatikformalismen wie die *LFG* (*Lexical-Functional-Grammar*) oder die *HPSG* (*Head Driven Phrase Structure Grammar*) herausgebildet.

Ziel der GS ist die Darstellung eines universellen Modells und von syntaktischen Prinzipien, von denen aus die einzelsprachlichen Phänomene *erklärt* werden können, d. h. der Anspruch geht über die adäquate Beschreibung der

Einzelsprache hinaus (s. Einheit 10.1). Dies erfordert einen zum Teil sehr hohen Grad an Abstraktion und ein technisches Fachwissen, für das es in der Generativen Grammatik eine eigenständige Terminologie gibt, die sich teilweise an die Tradition anlehnt, teilweise bewusst von ihr abhebt.

Rekursivität

In der Generativen Grammatik wird davon ausgegangen, dass der vielleicht zentrale evolutionäre Schritt, der die menschliche Sprache von Kommunikationsformen in der Tierwelt unterscheidet, auf der kognitiven Fähigkeit zur Anwendung von *rekursiven Regeln* (*reglas recursivas,* von lat. RECURRERE ‚zurückkehren') basiert. Dabei können mit einem einfachen Grundgerüst von Regeln, die sich selbst aufrufen, mit einem begrenzten Inventar unendlich viele Strukturen erzeugt werden. Auf die Rekursivität bezieht sich der Begriff

Konstituenz

der grammatischen Konstituenz. Sätze bestehen nicht aus Wörtern, sondern setzen sich aus Wortgruppen, den syntaktischen *Konstituenten* (*constituyentes*) zusammen. Die Konstituenten werden durch schrittweise Zweiteilung des Satzes ermittelt. Die Wörter, die am Ende der letzten Verzweigung stehen, nennt man *terminale Symbole* (*símbolos terminales*). Das Prinzip der Konstituenz lässt sich an dem Baumschema in Abb. 5.2 erläutern. In der GS wird der Punkt, an dem zwei Verästelungen beginnen bzw. zusammenlaufen, als *Knoten* (*nudo*) bezeichnet; die jeweils von einem Knoten dominierten Elemente sind Konstituenten. Damit ist *el estudiante* eine Konstituente, nicht aber *el* oder *estudiante*; ebenso *la biblioteca*, aber auch auf jeweils höheren Ebenen *de la biblioteca*, *sale de la biblioteca* und der ganze Satz *el estudiante sale de la biblioteca*.

Definition

> *Konstituenten* sind syntaktische Einheiten, die sich aus terminalen Symbolen zusammensetzen, welche von demselben Knoten dominiert werden; *Konstituenz* ergibt sich aus dem rekursiven Prinzip des schrittweisen binären Teilens bzw. Zusammenfügens eines Satzes.

Phrase

Anstelle von Syntagma spricht man in der GS im Deutschen in Anlehnung an das Englische von *Phrasen* (im Sp. meist *sintagma*). Phrasen sind komplexe Konstituenten, die durch die Expansion lexikalischer Kategorien gebildet werden. Das heißt, dass bestimmte lexikalische Kategorien im Satz zu so etwas wie „Regenten" über die nach ihnen benannte Phrase werden. Phrasen sind u. a.

Verbalphrase VP

► die *Verbalphrase* oder *VP* (*sintagma verbal, SV*) als Ergebnis einer Expansion der (lexikalischen) Kategorie Verb;

Nominalphrase NP

► die *Nominalphrase* oder NP (*sintagma nominal, SN*) als Ergebnis einer Expansion der Kategorie Nomen;

Präpositionalphrase PP

► die *Präpositionalphrase* oder PP (*sintagma preposicional, SP*) als das Ergebnis einer Expansion der lexikalischen Kategorie Präposition und

Adjektivphrase AP

► die *Adjektivphrase* oder AP (*sintagma adjetivo, SA*) als eine Ergebnis einer Expansion der lexikalischen Kategorie Adjektiv.

Bei der inneren hierarchischen Organisation der Phrasen gibt es jeweils ein bestimmendes Element, das als *Kopf* (engl. *head*, sp. meist *núcleo*) der Phrase bezeichnet wird. Je nach lexikalischer Eigenschaft eröffnet der Kopf einer Phrase bestimmte syntaktische Leerstellen, d.h. er ,projiziert' bestimmte Merkmale auf die Phrase, die dann durch andere Elemente aufgenommen werden können oder müssen. Diese Elemente nennt man Ergänzungen oder *Komplemente* (*complementos*).

> Phrasenstruktur, Phrasenkopf, Komplement

Im Gegensatz zur traditionellen Grammatik, in der die syntaktischen Kategorien in ihren Verschiedenheiten beschrieben werden, wird in der GS eine einheitliche syntaktische Beschreibung der Phrasen vorgeschlagen. Daher wird ein Begriff wie Komplement, der sich traditionell auf Mitspieler des Verbs bezieht, allgemein aufgefasst und für alle Phrasen verwendet; so haben auch Nomina, Adjektive oder Präpositionen Komplemente. Am Prinzip der Einheitlichkeit von Phrasen lässt sich die deduktive Vorgehensweise der GS erläutern (s. Einheiten 2.1 und 2.6): Wenn alle Phrasen auf einem universellen Schema beruhen sollen, so muss dieses den Eigenschaften aller Phrasen gerecht werden. Wenn nun festgestellt wird, dass Nomina in vielen Sprachen der Welt ein weiteres Element benötigen, um syntaktisch zu Phrasen zu werden (etwa dt. *das Haus*, sp. *la casa* – die GS nennt dieses Element einen *Spezifikator* (*especificador*)), und eine bestimmte Position für dieses Element in der Nominalphrase ausgemacht wird, so muss auch für alle anderen Phrasen eine Spezifikatorposition angenommen werden, selbst wenn diese in keiner Sprache der Welt offen realisiert würde. Als relativ einfaches und aus vielen Gründen überzeugendes Modell für die Phrasenstruktur gilt seit den 1970er Jahren das *X'*- oder *X-bar-Schema* (*esquema x* [sprich: equis] *barra*), s. Abb. 5.3.

> Spezifikator

> X-bar-Schema

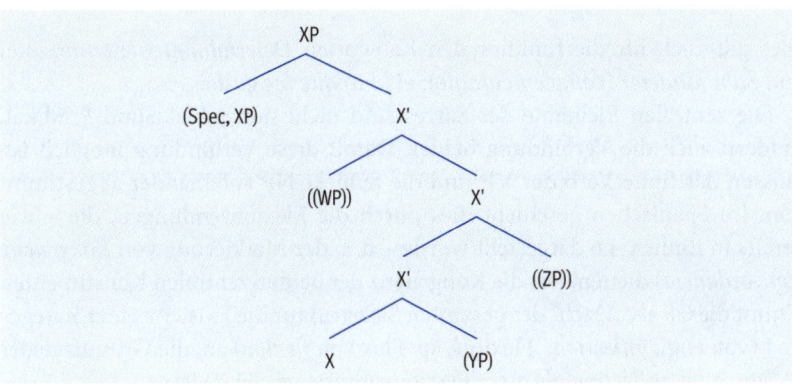

> Abb. 5.3
> X-bar-Schema (vgl. Gabriel/Müller 2008: 25). Die Klammern deuten in unterschiedlichem Grade fakultative Elemente an

X ist dabei eine Variable für verschiedene Typen von Phrasenköpfen (V, N, P, ...). Spec ist die Spezifikatorposition, die in Klammern steht, weil sie nicht obligatorisch ist, genauso wie das Komplement YP (die einzige in allen Phrasen obligatorische Position ist die des Kopfes). Die in doppelten Klammern

Adjunkt notierten weiteren Variablen beziehen sich auf so genannte *Adjunkte* (*adjuntos*), die die Phrase ergänzen können und vom Phrasenkopf unabhängig sind (vergleichbar der Umstandsbestimmung der traditionellen Grammatik). Die Adjunktpositionen sind fakultativ und können rekursiv erweitert werden (z. B. „unter dem Bett im Zimmer im ersten Stock im alten Haus neben der Kirche …"). Ausgehend von diesem einfachen Modell lassen sich prinzipiell alle erdenklichen Phrasen beschreiben.

Abb. 5.4 |

Spanische Nominal-phrase *la hija de Javi en Granada*. *Hija* ist Kopf der Phrase, *la* ist Spezifikator, *de Javi* Komplement und *en Granada* Adjunkt

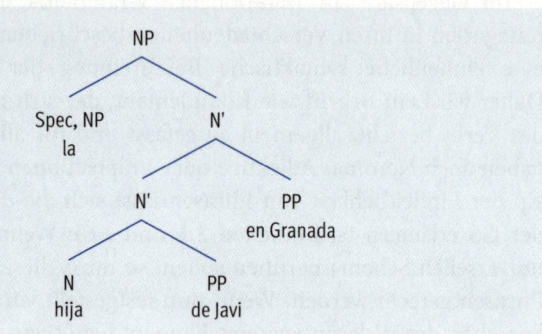

Spanisch als kopfinitiale Sprache
Von der allgemeinen Phrasenstruktur lassen sich auch bestimmte Verallgemeinerungen für die einzelsprachliche Beschreibung ableiten. So ist das Spanische eine Sprache mit phraseninitialem Nukleus, d. h. dass der Kopf einer Phrase grundsätzlich vor der Ergänzung steht (Zagona 2006: 21):

Beispiel 5.4 |

construyeron un puente	(VP, Verb initial)
con un martillo	(PP, Präposition initial)
estudiante de física	(NP, Nomen initial, d. h. vor präpositionaler Ergänzung)
leal a los ideales	(AP, Adjektiv initial)

Dies gilt auch für die funktionalen Kategorien *Determinant* (*determinante*) und *Subordinierer* (*complementante*): *el libro* **que** *me gusta*.

Kongruenz
Die zentralen Elemente des Satzes sind nicht nur Subjekt und Prädikat, sondern auch die Verbindung beider. Damit diese Verbindung möglich ist, müssen das finite Verb der VP und die Subjekt-NP aufeinander abgestimmt sein. Im Spanischen geschieht dies durch die Flexionsendungen, die – wie bereits in Einheit 4.6 dargestellt wurde – u. a. der Markierung von *Kongruenz* (*concordancia*) dienen. Für die Kongruenz der beiden zentralen Konstituenten nimmt die GS als „Dach" der gesamten Satzstruktur die Existenz einer Kategorie I (von engl. *inflection*, ‚Flexion'; sp. Flex von *flexión*) an, die Grundlage der IP (von engl. *inflection phrase* = Flexionsphrase; sp. SFlex ist).

Die Generative Grammatiktheorie hat in den letzten Jahrzehnten eine ganze Reihe weiterer als universell angesehener Komponenten der Grammatik entwickelt, die auch umfassend Anwendung auf Fragen der Syntax des Spanischen finden. Für eine ausführliche Darstellung der Grundlagen der aktuel-

len generativen Syntax sei u. a. auf Gabriel/Müller (2008) sowie auf Bosque/
Gutiérrez-Rexach (2009) verwiesen.

Das Verb als Zentrum des Satzes | 5.5

In den verschiedenen Syntaxtheorien herrscht keine vollständige Einigkeit
über die Frage, ob das nominale Subjekt oder das Prädikat mit seinem verbalen
Kern prioritär ist. Mit Teilaspekten der GS verwandt und zum Teil kompatibel
ist eine in der Romanistik und weit darüber hinaus sehr einflussreiche Auffassung von Syntax, die als *Dependenzgrammatik* (*gramática de dependencias*)
bekannt ist. Sie geht auf den Franzosen Lucien Tesnière (1853–1954) zurück
und stellt das Verb ins Zentrum der grammatischen Organisation. Ähnlich
wie bei der Projektion von Kopfmerkmalen auf eine Phrase „regiert" das Verb
in der Dependenzgrammatik über die Einheit des gesamten Satzes, indem es
in seiner Struktur bestimmte Leerstellen für nominale Mitspieler vorsieht,
die von ihm abhängen (daher „Dependenz"). Verben haben demnach eine
bestimmte „Wertigkeit" oder *Valenz* (*valencia*), die über die Anzahl der möglichen Mitspieler oder *Aktanten* (*actantes*) bestimmt.

Valenz und Dependenz

Aktanten

> Unter der *Valenz* eines Verbs versteht man dessen Fähigkeit, syntaktische Leerstellen für
> andere Elemente zu eröffnen und deren Besetzung zu regeln.

Definition

Im Spanischen gibt es folgende grundlegende Verbvalenzen:

Verbvalenzen im Spanischen

► *Nullwertige Verben* (*verbos avalentes*), Verben der Witterung wie *llueve,*
  nieva, graniza. Im Gegensatz zum Deutschen ist das Spanische eine Sprache, in der die Subjektposition nicht gefüllt werden muss, da die Verbalmorphologie eine eindeutige Zuordnung erlaubt (s. Abschn. 5.6.2). Im
  Deutschen hingegen muss hier ein eigentlich semantisch leeres „Dummy-
  Subjekt" stehen: *es regnet*;
► *einwertige Verben* (*verbos monovalentes*): *Juan* **tose**; *Lola* **trabaja**; *Álvaro*
  sonríe;
► *zweiwertige Verben* (*verbos bivalentes*): *Juan* **quiere** *a María*; *María* **ve** *el*
  coche;
► *dreiwertige Verben* (*verbos trivalentes*): *Juan le* **da** *el libro a María*; *la niña le*
  quita *el juguete a su hermano.*

Für Tesnière ist die Dreiwertigkeit das Maximum; neuere Ansätze bezeichnen
allerdings gewisse Verben wie *comprar* als vierwertig bzw. *tetravalent* („[Juan]
le compró [a Pedro] [su actual coche] [por un precio muy razonable]", cf.
Bosque/Gutiérrez-Rexach 2009: 268). Die Valenz eines Verbs bezieht sich
immer auf die maximale Zahl der Mitspieler, diese kann in konkreten Äußerungen auch reduziert werden, etwa in *Pablo bebe* (zweistelliges Verb; Satz mit
einem Aktanten). Die vom Verb aus bestimmte hierarchische Struktur der

Sätze wird dann nach bestimmten einzelsprachlichen Regeln in eine lineare Ordnung überführt.

Zirkumstanten   Neben den Aktanten gibt es weitere Nuclei, die unmittelbar vom Verb regiert werden, aber fakultativen Status haben. Diese so genannten *Zirkum-stanten* (*circunstantes*) – die Adjunkte der GS – bestimmen Ort, Zeit oder Art und Weise eines Sachverhaltes.

Beispiel 5.5| *Óscar fuma un puro en la terraza.*

Kausativierung   Auch wenn, wie erwähnt, im Spanischen die maximale Aktantenzahl meistens bei drei angesetzt wird, kann mit Hilfe eher seltener, so genannter *kausativer Konstruktionen* (*construcciones causativas*) die Zahl der Aktanten erhöht werden. Als kausative Verben können etwa *hacer, dejar* oder *permitir* fungieren.

Beispiel 5.6| *Juan le permite a Javi darle un puro a Óscar.*

Reflexivität   Eine Reduktion der Aktantenzahl wird außer durch die Passivierung (s. u.) mit *reflexiven Konstruktionen* (*construcciones reflejas*) erreicht, bei denen die inhaltliche Identität zweier Aktanten durch einen pronominalen Platzhalter angezeigt wird: In *Juan$_i$ se$_i$ lava* wird die syntaktische Bedingung der Besetzung zweier Aktantenpositionen zwar erfüllt, das Pronomen *se* ist aber nur ein „Dummy", das die Identität mit dem Erstaktanten *Juan* signalisiert (im Beispiel durch das Indexzeichen$_i$ grafisch dargestellt).

Transitivität   In der traditionellen Grammatikterminologie werden null- und einwertige Verben als *intransitive Verben* (*verbos intransitivos*) bezeichnet, zwei- und dreiwertige Verben als *transitive Verben* (*verbos transitivos*). Dieser Begriff kommt von der Möglichkeit transitiver Verben, Passivformen zu bilden (also zum Passiv „hinüberzugehen", von lat. TRANSIRE). Null- und einwertige Verben können nicht passiviert werden, da sie kein direktes Objekt haben. Bei zwei- und dreiwertigen Verben geht dies hingegen meist problemlos.

Beispiel 5.7| Passivbildung bei transitiven Verben: *La carta ha sido escrita por Juan.*
Unmögliche Passivbildung
bei intransitiven Verben: **es llovido*; **María es llegada.*

Der Weg von null- zu dreiwertigen Verben zeigt, dass es verschiedene Stufen von Transitivität gibt. In der Kognitiven Grammatik wurde daher postuliert, dass Transitivität eigentlich eine skalare Größe ist, die mit einer Reihe prototypischer Inhaltseigenschaften korreliert (Hopper/Thompson 1980). Diese Beobachtung ist insbesondere für einzelsprachliche Unterschiede und für sprachhistorische Entwicklungen relevant. Für das Funktionieren eines Sprachsystems lassen sich die Wertigkeiten von Verben jedoch meist genau bestimmen. Auch in der Generativen Grammatik spielt die unterschiedliche Valenz von Verben, die als lexikalische Eigenschaft angesehen wird, eine Rolle: Verben haben bestimmte *Argumente* (*argumentos*), die spezifischen semantischen Rollen entsprechen; diese werden als *Theta-Rollen* (*papeles temáticos*) oder θ-Rollen bezeichnet. Nach Chomsky (1981) wird jede Theta-Rolle genau einem Argument zugewiesen. Einige wichtige semantische Rollen sind folgende:

Theta-Rollen

‹AGENS›	agente	der Teilnehmer, der die Handlung ausführt
‹EXPERIENCER›	experimentante	der Teilnehmer, der die Handlung wahrnimmt oder auf den sie sich auswirkt
‹THEMA›	tema	der Teilnehmer, der durch die Handlung betroffen ist, der verändert oder bewegt wird
‹REZIPIENT›	receptor	der Teilnehmer, der einen Referenten erhält
‹ZIEL›	meta	das Ziel einer Bewegung
‹ORT›	ubicación	der Ort eines Ereignisses

|Tab. 5.2

Einige wichtige Theta-Rollen

Es wird angenommen, dass im mentalen Lexikoneintrag jedem Verb eine bestimmte *Argumentstruktur* (*estructura argumental*) und ein bestimmtes *Theta-Raster* (*estructura temática*) zugeschrieben wird. So verfügt ein Verb wie *colocar* über drei Argumente mit den Theta-Rollen ‹AGENS, THEMA, ORT›; ein Verb wie *dar* hat ebenfalls drei Argumente mit den Rollen ‹AGENS, THEMA, REZIPIENT› etc. Das Verb bringt demnach aus seiner Wortbedeutung einen syntaktischen und semantischen „Bauplan" mit. Die Vorstellung von den semantischen Rollen geht auf die von Charles J. Fillmore (*1929) in den sechziger Jahren entwickelte Kasusgrammatik zurück, in der jeder Nominalphrase semantische Tiefenkasus zugrunde gelegt wurden. Diese Idee spielt auch in der so genannten *Role-and-Reference-Grammar* (*Gramática del Papel y de la Referencia*), einem in den 1980er Jahren von William Foley und Robert van Valin entwickelten funktionalen Grammatikmodell, eine zentrale Rolle, in dessen Zentrum ein *Linking Algorithm* eine Beziehung von semantischer Repräsentation und Syntax herstellt. Dieses Modell wurde auch für zahlreiche Fragen des Spanischen und anderer romanischer Sprachen fruchtbar herangezogen.

Role and Reference Grammar

Die semantischen Rollen, die ein Verb seinen Argumenten zuweist, können durch die grammatische Operation der Passivierung ausgetauscht werden. Dabei wird jedoch die semantische Rolle des Agens syntaktisch zu einem fakultativen Adjunkt; die Valenz des Verbs wird also reduziert – das Verb wird intransitiv.

Diathese

Manuel lava a Susana → Susana es lavada por Manuel.

|Beispiel 5.8

Neben der aktiven und passiven *Diathese* (*voz gramatical*) spielt im Spanischen das im Gegensatz zum seltenen Auxiliar-Passiv sehr häufige, auf die dritte Person reduzierte *reflexive Passiv* (*pasiva refleja*) eine bedeutende Rolle. In diesem Fall ist die Ergänzung des Agens durch eine Präpositionalphrase im Spanischen zwar möglich (wenngleich selten), doch hat dies stärker als beim

Auxiliar-Passiv einen „administrativen Beiklang" (Bosque/Gutiérrez Rexach 2009: 419) und ist auf gewisse Diskurstraditionen (s. Einheit 8) beschränkt.

Beispiel 5.9 | reflexives Passiv: *Se encontraron los libros.*
ergänzt durch eine PP: *Se firmó la paz por los embajadores.*

Dies ist allerdings ein einzelsprachliches Phänomen und nicht den überein-zelsprachlichen, eventuell gar universellen Eigenschaften der Passiv-Diathese geschuldet.

5.6 | Aspekte der spanischen Syntax

In den folgenden Abschnitten werden wir mit Bezügen auf einen spanischen Satz exemplarisch einige Grundfunktionen der spanischen Syntax erläutern.

Beispiel 5.10 | *Este libro, que les explicará los fundamentos de la lingüística hispánica, se leerá en muchas universidades.*

Es handelt sich um einen komplexen Satz, der aus einem einfachen Hauptsatz (*este libro se leerá en muchas universidades*) und einem eingebettetem Rela-tivsatz (*que les explicará…*) zusammengesetzt ist. Der Relativsatz hat durch seine Funktion als Attribut des Nomens – also als ergänzende Erläuterung zu *libro* – eine feste Position und steht unmittelbar nach seinem Bezugswort. Die beiden Syntagmen des Matrixsatzes sind untereinander austauschbar, wobei die Voranstellung des Verbs eine besondere Hervorhebung ausdrücken würde (s. Abschn. 5.7). Die in Abschn. 5.2 beschriebene Grundstruktur des Satzes findet sich auch hier: Die Nominalphrase *este libro* ist Subjekt des Satzes, das Verbalsyntagma *se leerá…* ist Prädikat.

5.6.1 | Syntax des Nomens

Betrachten wir zunächst das Nominalsyntagma. Es besteht hier (Beispiel 5.10) aus einem *Demonstrativpronomen* (*pronombre demostrativo*) und einem Nomen. In traditionellen Grammatikmodellen wird das Nomen als Nukleus des Nominalsyntagmas aufgefasst. Seit der so genannten *DP-Hypothese* (*hipó-tesis del SD*, Abney 1987, Zagona 2006: 112–117) wird in der Generativen Grammatik üblicherweise der Determinant (D) als Kopf der Phrase angese-hen, die die NP dominiert. Die Analyse in Abb. 5.2 müsste demnach entspre-chend adaptiert werden.

Nominalsyntagma im Spanischen
Im Gegensatz zum Latein ist Spanisch eine Artikelsprache, d.h. dass eine Nominalphrase normalerweise determiniert sein muss. Im Regelfall kann im Spanischen ein Nomen im Singular in Subjektposition nicht als „*nacktes*" Nomen (engl. *bare noun*, sp. *nombre escueto*) stehen, es sei denn, es handelt sich um einen Eigennamen. Eigennamen sind aufgrund ihrer semantischen Beschaffenheit „schon determiniert", es ist ein eindeutiger Referenzbezug

112

vorhanden (s. Einheit 6.2). Ebenfalls determiniererlos am Satzanfang können metasprachlich gebrauchte Nomina stehen (*casa es un sustantivo*). In Objektposition zeigt sich die in den romanischen Sprachen allgemeine Tatsache, dass die Unterscheidung zwischen *kontinuierlichen* und *diskontinuierlichen Referenten* (*referentes continuos y discontinuos*; traditionell weniger glücklich auch als *Massennomina, nombres de masa*, und *zählbare Nomina, nombres contables*, bezeichnet) syntaktisch und morphologisch getroffen wird: Bei Nomina im Singular ohne Determinierer werden die Referenten als kontinuierlich aufgefasst:

> *tomo cerveza* ,ich trinke Bier' vs. *tomo la cerveza* ,ich trinke das Bier'
> *hay sitio* ,es gibt Platz' vs. *hay un sitio* ,es gibt einen Platz'

| Beispiel 5.11

Als *Determinanten* oder *Determinierer* (*determinantes*) wird eine Reihe geschlossener Paradigmen bezeichnet, deren Funktion in der Bestimmung der Referenz eines nominalen Ausdrucks besteht. Im Allgemeinen werden dazu Artikel, Deiktika, Possessiva und Quantifikatoren gezählt.

Definition

Artikel (*artículos*) sind *Aktualisierer* (*actualizadores*), d. h. sie machen ein virtuelles Lexem aus dem Wortschatz referenzfähig. Der bestimmte Artikel dient dabei sowohl für *generische Referenz* (*referencia genérica*), d. h. die Referenz auf die ganze Klasse, als auch für *spezifische Referenz* (*referencia específica*), d. h. Bezug auf im Referenzraum identifizierbare Referenten. Der unbestimmte Artikel hingegen aktualisiert und quantifiziert, ist aber offen gegenüber der Frage der Spezifizität.

Artikel

bestimmter Artikel	– generische Referenz:	*el perro es un animal*
	– spezifische Referenz:	*el perro del vecino*
unbestimmter Artikel	– spezifisch:	*en la granja hay un burro*
	– unspezifisch:	*trabaja como un burro*

| Beispiel 5.12

Wirkliche Spezifikatoren auch im semantischen Sinne sind die *Deiktika* (*deícticos*). Diese aktualisieren nicht nur, sie ,zeigen' auch unmittelbar auf Referenten, wie im Beispielsatz *este libro* auf ,dieses Buch', das vor Ihnen liegt, ,zeigt'. Durch dieses Verweisen auf etwas, das im Prinzip außersprachlich-situational ist, befinden sich Deiktika im Übrigen an der Schnittstelle zwischen Syntax und Pragmatik (s. Einheit 7). Das Spanische kennt wie das Lateinische und im Unterschied zu anderen romanischen Sprachen und zum Deutschen drei Grade von Deixis:

Deiktika

este libro	– bezogen für den Sprecher auf das Hier-Jetzt-Ich;
ese libro	– *nicht* bezogen auf das Hier-Jetzt-Ich des Sprechers und
aquel libro	– weder bezogen auf das Hier-Jetzt-Ich des Sprechers noch auf das des Hörers.

Ebenfalls aktualisierend und spezifizierend sind die Possessivdeterminierer (*mi, tu, su, nuestro, vuestro*), die zugleich ein Possessionsverhältnis anzeigen.

Possessiva

Besonders im amerikanischen Spanisch herrscht aufgrund des *Synkretismus* (*sincretismo* = Zusammenfall mehrerer Formen mit verschiedenen Funktionen) von *su* (Bezug auf 2. Person sg. Höflichkeitsform *usted*, auf 3. Pers. *el/ella* und auf 2. Pers. Pl. *ustedes* sowie 3. Pers. Pl. *ellos*; in Spanien bei der 2. Pers. Pl. in der Näheform *vuestro* kein Synkretismus) die Tendenz, die Possession durch nachgestelltes *de* + Personalpronomen zu ersetzen: *de él/de ella/de usted/de ustedes/de ellos*.

Quantifikatoren *Quantifikatoren* (*cuantificadores*) wie *todo, todos, ambos, cada, cualquiera* etc. werden häufig auch getrennt von den Determinierern behandelt. Sie bestimmen die Nomina in Bezug auf bestimmte Mengen von Referenten.

Attribute Der Referenzbereich von Nomina kann näher bestimmt werden durch *Attribute* (*modificadores*). Diese sind keine eigenständigen Satzglieder, sondern bestimmen ein Satzglied näher. Im Beispielsatz finden wir hierfür zwei Fälle, einerseits das Adjektiv im Relativsatz, anderseits den Relativsatz selbst.

Adjektivstellung Im Gegensatz zu den germanischen Sprachen ist die unmarkierte Adjektivposition im Romanischen die Nachstellung: *lingüística hispánica*. Die Voranstellung **hispánica lingüística* wäre ungrammatisch. Die Determinationsrichtung im Spanischen ist hier also umgekehrt wie im Deutschen, wie dies auch schon bei der Wortbildung unter dem Stichwort Prä- vs. Postdetermination dargestellt wurde (s. Einheit 4.11). Das nachgestellte Adjektiv spezifiziert, d.h. es schränkt den Referenzbereich des Nomens ein: *el buey manso* ist ein zahmer Ochse im Gegensatz zu anderen Ochsen, die nicht zahm sind. Hingegen ist *la mansa oveja* explikativ, d.h. die (prototypische) Eigenschaft der ganzen Kategorie der Schafe, die üblicherweise zahm sind, wird hervorgehoben. Die Voranstellung ist auf eine Reihe von Adjektiven beschränkt, die tendenziell eine eher allgemeine Bedeutung bei gleichzeitig geringer Silbenzahl haben. Für die maskulinen Formen gibt es hier eine Reihe von apokopierten, d.h. am Ende gekürzten Formen. Manche vorangestellten Adjektive tendieren zu festen Verbindungen mit bestimmten Nomina bis hin zur Lexikalisierung (s. Einheit 4.10). Eine Reihe von Adjektiven finden sich (eher selten) in stilistisch besonders markierten Texten spezifizierend in Voranstellung; diese „Ausnahmen" haben eine besondere Salienz.

Beispiel 5.13 apokopierte maskuline Formen: *bueno* → *buen; malo* → *mal*
lexikalisierte Adjektiv-Nomen-Verbindung: *buena fe, gran hotel*
Adjektive in stilistisch bedingter Voranstellung: *la moderna filosofía,*
la madrileña Plaza Mayor

Relativsatz Ebenfalls attributiv ist der Relativsatz, der das Nomen modifiziert. Relativsätze können explikativ sein, wie im Beispielsatz 5.10, oder restriktiv. Ein *explikativer Relativsatz* (*oración relativa explicativa*) fügt eine Information zu einem Nomen hinzu, ohne auf dessen Referenzbereich Einfluss zu haben. Der Relativsatz im Beispiel ändert nicht die Referenz von *este libro*; er erklärt vielmehr eine Eigenschaft des Buches. *Restriktive Relativsätze* (*oraciones relativas* *restrictivas*) hingegen schränken die Referenz des Nomens ein: *el libro que me gusta* begrenzt die Referenz von *libro* auf ein bestimmtes Buch. Referenten, die durch spezifizierende Determinanten bereits identifiziert sind, oder Eigennamen können nur durch explikative Relativsätze ergänzt werden.

Syntax des Verbs |5.6.2

In dem Beispielsatz 5.10 finden sich zwei finite Verbformen, eine im Matrixsatz (Hauptsatz), eine im Relativsatz. Das Verb *leer* ist transitiv und verringert hier durch die Reflexivierung seine Aktantenzahl (s. Abschn. 5.5). Das Verb des Relativsatzes *explicará* ist dreiwertig; seine Argumente sind der Rezipient *les*, das direkte Objekt *los fundamentos* als Thema sowie das Subjekt *el libro* als Agens, das im Relativsatz durch einen Platzhalter, den Subordinator *que*, vertreten wird; allerdings ist *el libro* kein prototypischer Agens (i. S. v. Handlungsausführender), da es nicht belebt ist – was aber mehr eine Frage der Semantik (s. Einheit 6) als der Syntax ist.

Wie bereits in Einheit 4 ausgeführt wurde, dient die Flexion des Verbs zum Ausdruck verschiedener Kategorien (Tempus, Numerus, Modus, Aspekt). Diese Kategorien haben unterschiedliche syntaktische Relevanz. Insbesondere dient wie erwähnt die Kategorie Numerus zur Markierung der Kongruenz mit dem Subjekt. Die Kategorie Modus dient v. a. der satzsemantischen Unterscheidung verschiedener Wahrheitswerte im Nebensatz und wird vorrangig bei der Subordination relevant. Flexion und Syntax

Das Spanische ist eine Sprache, in der die Funktion Subjekt im Gegensatz zum Deutschen, Englischen oder Französischen nicht offen im Satz ausgedrückt werden muss (*er arbeitet/he works/il travaille* vs. *ø trabaja*) – sofern die Referenz eindeutig ist, kann das Subjekt wegfallen. Dies gilt insbesondere bei pronominaler Wiederaufnahme im Falle von thematischer Kontinuität (s. Abschn. 5.7). Offen realisiert wird das Subjekt bei Themawechsel, bei Betonung oder bei möglicher Ambiguität. Die GS hat die Obligatorität oder Fakultativität des Subjektausdrucks als universellen Parameter identifiziert, der in den Sprachen der Welt zu unterschiedlichen Ergebnissen führt; sie nennt diesen Parameter *pro-drop*. Dieser hängt im Falle von Sprachen wie dem Spanischen mit der reichen Verbalmorphologie zusammen, die zur eindeutigen Identifikation des Subjekts beiträgt (vgl. *trabajo, trabajas, trabaja* im Ggs. etwa zu frz. *je travaille, tu travailles, il travaille* mit phonisch jeweils identischen Verben). *pro-drop*

Im Relativsatz des Beispiels 5.10 könnte man das indirekte Objekt durch ein Pronomen *ustedes* verstärken, dann müsste dieses Pronomen jedoch von der Präposition *a* eingeleitet werden, da es sich um menschliche Referenten handelt. Das Spanische verfügt – wie auch einige andere romanische Sprachen und Dialekte – über eine *differentielle Objektmarkierung* (DOM, *marca diferencial de objeto*) mittels der Präposition *a*: *veo un árbol* im Unterschied DOM – *Differential Object Marking* zu *veo a Juan*. Die Markierung ist obligatorisch beim indirekten Objekt und beim direkten Objekt in Falle von menschlichen Eigennamen; andere Objekte können mit *a* markiert werden, wenn sie auf einer Skala der Animiertheit zwischen prototypisch belebten und prototypisch unbelebten Objekten nahe dem Pol des menschlichen belebten Objekts stehen (zum Begriff der Prototypikalität s. Einheit 6.4). Die Variation in den fakultativen Fällen ermöglicht eine Reihe von z. T. subtilen Unterscheidungen: belebte im Ggs. zu unbelebten Inhalten; spezifische (d. h. auf konkrete Referenten bezogene) im Ggs. zu unspezifischen Lesarten (vgl. Leonetti 2008).

Beispiel 5.14 | Unbelebtes mit metonymischer Verbindung zu menschlich Belebtem:
DOM | *el Cid conquistó a Valencia* (Stadt, in der Menschen leben)

belebt vs. unbelebt:

estudia al pueblo de Numancia („er arbeitet über das Volk von Numancia") vs. *estudia el pueblo de Numancia* („er arbeitet über das Dorf Numancia")

spezifisch vs. unspezifisch:

busco un estudiante con camisa verde („ich suche [irgend-]einen Studenten mit grünem Hemd") vs. *busco a un estudiante con camisa verde* („ich suche einen [ganz bestimmten] Studenten mit einem grünen Hemd"

Die Tatsache, dass durch die DOM die Kategorie „humaner Referent" in der spanischen Syntax eine besondere Rolle spielt, zeigt sich auch in einem anderen Phänomen, das in Spanien seit dem 16. Jh. immer mehr Ausbreitung gefunden *leísmo* hat: dem so genannten *leísmo de persona*, der Referenz auf menschliche direkte Objekte mit dem Pronomen *le* statt mit etymologischem *la(s)/lo(s)*.

Beispiel 5.15 |

	mit *leísmo de persona*	ohne *leísmo de persona*
Sache:	*lo he visto* = „ich habe es gesehen"	*lo he visto* = „ich habe es gesehen"
Person:	*le he visto* = „ich habe ihn gesehen"	*lo he visto* = „ich habe ihn gesehen"

Der *leísmo de persona* wird aufgrund seiner Verbreitung in Spanien von den normativen Grammatiken akzeptiert. Im amerikanischen Spanisch ist der *leísmo* kaum verbreitet (s. Einheit 14). Als substandardsprachlich bzw. dialektal gilt der *leísmo de cosa*, wenn auch auf nicht-menschliche direkte Objekte mit *le* referiert wird, sowie der *laísmo*, der darin besteht, das direkte Objektpronomen *la* auch auf indirekte feminine Objekte auszuweiten ((*)*la he dado un regalo*). Der *laísmo* ist vor allem in Kastilien verbreitet.

Negation Das Spanische gehört zu dem in der Romania vorherrschenden Typ der Sprachen ohne obligatorischen Subjektausdruck und mit präverbaler Negation: *me gusta el jamón – no me gusta el pepino*. Wie auch in anderen romanischen Sprachen gibt es im Spanischen das Phänomen der *negativen Konkordanz* (*concordancia negativa*), d. h. dass ein postverbales unbestimmtes Element bei Negation durch ein *n*-Wort (*palabra-n*) ersetzt wird, ohne dass diese „doppelte

Negation" die Verneinungsbedeutung aufheben würde. Bei n-Wörtern, die als Begleiter rechts von einem Nomen auftreten, ist die negative Konkordanz neutralisiert, d. h. es kann ein n-Wort stehen oder nicht.

negative Konkordanz:	*he comido algo – **no** he comido **nada***	Beispiel 5.16
neutralisierte negative Konkordanz:	*no he visto gato **ninguno** –*	
	*no he visto gato **alguno***	

Konstituentenabfolge und Informationsstruktur | 5.7

Konstituentenabfolge

Eine für die Syntax zentrale Frage, die bislang ausgeklammert wurde, betrifft die grundlegende Abfolge von Konstituenten im Satz. Es geht hierbei nicht um die interne Organisation von Syntagmen, sondern um die Frage der Grundstellung von Subjekt und Prädikat im Aussagesatz. Die Sprachen der Welt folgen hier verschiedenen Grundmustern, bei denen vor allem die Reihenfolge zwischen Erst- und Zweitaktant sowie die Position des finiten Verbs variieren kann. Man spricht etwa von OVS, SOV oder SVO-Sprachen, je nach üblicher Abfolge von Erstaktant (Subjekt, S), Zweitaktant (Objekt, O) und Verb (V). Deutsch ist eine Verb-zweit-Sprache; das heutige Spanisch ist eine Sprache vom Typ SVO (z. B. *Juan come una manzana*). In bestimmten Fällen findet sich jedoch im Spanischen die Voranstellung des Verbs oder von Objekt und Verb: *entra Juan; El Guernica lo pintó en 1937 Picasso* (Gutiérrez Ordóñez 2000: 21). Der erste dieser Fälle hängt u. a. mit der Semantik bestimmter Verben zusammen, die *thetische Aussagen* (*enunciados téticos*) ermöglichen, bei denen Verb und Nomen eine Handlungseinheit darstellen, bei der etwa auf die Frage: „Was geschieht?" geantwortet wird, im Gegensatz zu so genannten *kategorischen Aussagen* (*enunciados categóricos*), die auf Fragen wie: „Was tut x?", „Was geschieht mit x?" antworten, wie *María trabaja; Juan come una manzana*. Die Verben der thetischen Konstruktionen werden auch als *unakkusativische Verben* (*verbos inacusativos*) bezeichnet, bei denen semantisch gesehen das Subjekt gleichzeitig Agens und Thema einer Handlung ist; in *entra Juan* ist Juan sowohl Verursacher als auch Betroffener der Handlung des Eintretens.

Der zweite Fall bezieht sich auf eine Möglichkeit des Spanischen und anderer Sprachen, die mit der *Informationsstruktur* (*estructura informativa*) des Satzes zusammenhängt.

Informationsstruktur, Thema/Rhema

Die Untersuchung der Informationsstruktur von Äußerungen und Texten geht maßgeblich auf die jüngere Prager Schule und ihr Modell der Funktionalen Satzperspektive zurück; grundlegend ist der Aufsatz von František Daneš (1964), „A three-level approach to syntax". Bei der Informationsstruktur geht es um die Frage, wie die Information in der Linearität des Textes oder der Rede „verpackt" wird. Die Bestandteile eines Textes oder Diskurses können unterschiedliche informatorische Wertigkeit haben: manches ist (aus Sicht des Sprechers und/oder Hörers) sehr wichtig, anderes weniger (Unwichtiges wird im

Normalfall gar nicht kommuniziert); manches ist neu, anderes schon bekannt; manches bringt die Argumentation oder die Handlung des Textes signifikant weiter, anderes liefert Hintergrundwissen. Bei kategorischen Aussagen unterscheidet man nach Daneš zwischen dem *Thema* (*tema*) des Satzes, dem, worüber gesprochen wird, und dem *Rhema* (*rema*), der neuen Information, die zu dem Thema gegeben wird (vgl. Gutiérrez Ordóñez 2000: 21).

Beispiel 5.17

In *El Guernica lo pintó en 1937 Picasso* ist normalerweise bereits die Rede von dem Bild; die neue Information ist, dass *Picasso* es gemalt hat;

In *Picasso pintó el Guernica en 1937* ist das Thema *Picasso pintó el Guernica*, das Rhema *en 1937*, d.h. man will damit sagen, dass er das Bild in diesem Jahr gemalt hat und nicht in einem anderen.

Es gibt verschiedene Möglichkeiten, Elemente der Äußerung als thematisch oder rhematisch zu kennzeichnen. Manche funktionieren rein morphologisch, beispielsweise die Pronominalisierung (nur etwas Bekanntes, also Thematisches, kann durch ein Pronomen vertreten werden) oder die Tendenz, mit dem bestimmten Artikel etwas Thematisches, mit dem unbestimmten Artikel hingegen Rhematisches zu determinieren. Daneben gibt es auch typische Thematisierungs- und Rhematisierungsstrategien, die die Abfolge der Konstituenten betreffen, so z.B. in der gesprochenen Sprache das Phänomen der *Segmentierung*. Durch eine so genannte *Rechtsversetzung* (*dislocación a la derecha*) kann man die kanonische Abfolge ‚Thema – Rhema' (vom Bekannten zum Neuen) umkehren, wie etwa in: *Ahora vive en Asturias, el hermano de Pedro* (kanonisch: *El hermano de Pedro vive ahora en Asturias*).

Fokus Dass man als Sprecher die Thema-Rhema-Abfolge verändern möchte und überhaupt das Bedürfnis verspürt, den thematischen bzw. rhematischen Charakter, also die informatorische Wertigkeit von Äußerungselementen, besonders zu markieren, hat häufig keine syntaktischen oder semantischen Gründe, sondern ist auf die subjektive Einstellung des Sprechers gegenüber dem Gesagten und den ko- und kontextuellen Rahmen (s. Einheit 7.2) zurückzuführen, in dem die Äußerung gemacht wird. Von daher wird der Bezug der Informationsstruktur zur Pragmatik deutlich (s. Einheiten 7 und 8). Es gibt Äußerungteile, die dem Sprecher wichtiger sind als andere; diese bringt er mit morphologischen, syntaktisch-linearisierungsbezogenen und/oder suprasegmental-prosodischen Mitteln in eine kommunikativ prominente Position, den *Fokus* (*foco*). Äußerungsteile, die gegenüber den Elementen im Fokus als weniger prominent oder salient gelten, besetzen die Hintergrundposition. Im Normalfall korrelieren Thema und Hintergrund einerseits sowie Rhema und Fokus andererseits: was ko(n)textuell neu und diskursiv dynamisch ist, wird vom Sprecher (und auch vom Hörer) als kommunikativ wichtig dargestellt bzw. wahrgenommen. Was vorerwähnt, bekannt oder ko(n)textuell erschließbar ist, wird als kommunikativ weniger prominent enkodiert. Diese Korrelationsbeziehung gilt aber nicht ausnahmslos; so kann ein thematisches, da vorerwähntes Element durchaus

118

auch in die Fokusposition rücken, insbesondere, wenn es sich wie im folgenden Beispiel um eine häufige Art der Fokusmarkierung, den *Kontrastfokus* (*foco contrastivo*), handelt (das fokussierte Element ist fett gedruckt):

A: *Te gustan el vino y el queso de Francia ¿verdad?*

B: *Es el **vino francés** el que me gusta, el queso no tanto.*

|Beispiel 5.18

In Abhängigkeit davon, welchem Element in der Äußerung der Fokus zugewiesen wird und welche syntaktisch bedingte Position dieses Element in der Linearität der Äußerung einnimmt, kann die Informationsstruktur beträchtliche Auswirkungen auf die Konstituentenabfolge haben (vgl. hierzu Gabriel/Müller 2008: 115 ff.; Gutiérrez Ordóñez 2000).

Unter www.bachelor-wissen.de finden Sie einen Lektüretext von Ignacio Bosque und Javier Gutiérrez-Rexach zum Thema *Las fuentes de los datos*.

Aufgaben

1 Konstruieren Sie aus den folgenden Formen grammatikalische Sätze. Welche Möglichkeiten gibt es? Welche Grenzen zeigen sich? *vino, mucho, de, estudiante, bebe, tinto, Rioja, medicina, buen, este, de.*

2 Beschreiben Sie die folgenden Phrasen nach dem X-bar-Schema: (a) *come plátanos*, (b) *las hijas de Gema*, (c) *esta casa de Juan*, (d) *voy al pueblo*, (e) *muy grande*.

3 Analysieren Sie die Wertigkeit der folgenden Verben. Bilden Sie jeweils einen Satz. Wie viele Aktanten müssen jeweils mindestens realisiert werden, wie viele können es maximal sein? Konsultieren Sie in Zweifelsfällen das Wörterbuch von Cuervo (s. u.): (a) *llover*, (b) *dar*, (c) *otorgar*, (d) *permanecer*, (e) *amar*, (f) *trabajar*.

4 Suchen Sie im Online-Corpus CREA (s. Einheit 10.7) jeweils Beispiele mit Voran- und Nachstellung folgender Adjektive: (a) *bueno*, (b) *moderno*, (c) *malo*, (d) *rico*, (e) *grande*. Übersetzen Sie die Beispiele ins Deutsche und beschreiben Sie die Bedeutungsunterschiede.

5 Erklären Sie die Verwendung bzw. Nichtverwendung der Präposition *a* in den folgenden Beispielen: (a) *Voy a París.* (b) *Hay que llamar al fontanero.* (c) *Hay que buscar un fontanero.* (d) *Miro al espejo.* (e) *Miro a María.* (f) *Dale comida al gato.* (g) *Busco al gato.* (h) *¿Dónde está el gato?* (i) *Se busca camarero.* (j) *Busco a un camarero que sepa inglés.* (k) *Busco al camarero que me atendió ayer.*

6 Erklären Sie die Besonderheiten der Wortstellung in den folgenden Beispielen: (a) *Juan busca a María.* (b) *Es a María a quien busca.* (c) *Apareció la niña.* (d) *Caen gotas.* (e) *Falta aire.* (f) *Su padre trabaja.* (g) *Allí trabaja su padre.*

Literatur

Abney, Steven Paul (1987): *The English Noun Phrase in its Sentential Aspect*, Cambridge, Mass.: MIT.

Ágel, Vilmos (ed.) (2006): *Dependenz und Valenz*, 2 Bde., Berlin/New York: De Gruyter.

📖 **Bosque, Ignacio/Demonte, Violeta (eds.) (1999):** *Gramática descriptiva de la lengua española*, 3 vols., Madrid: Espasa Calpe.

📖 **Bosque, Ignacio/Gutiérrez-Rexach, Javier (2009):** *Fundamentos de sintaxis formal*, Madrid: Akal.

Chomsky, Noam (1970): „Remarks on Nominalization", in: Jacobs, Roderick A./Rosenbaum, Peter S. (eds.): *Readings in English Transformational Grammar*, Waltham, Mass.: Ginn, 184–221.

Chomsky, Noam (1981): *Lectures on Government and Binding*, Dordrecht: Foris.

Cuervo, Rufino J. (1953–1994): *Diccionario de construcción y regimen de la lengua castellana*, 8 Bde., Bogotá: Instituto Caro y Cuervo.

Erteschik-Shir, Nomi (2007): *Information Structure. The Syntax-Dicourse Interface*, Oxford: Oxford University Press.

📖 **Fernández Leborans, María Jesús (2003):** *Los sintagmas del español. I.: El sintagma nominal*, Madrid: Arco.

📖 **Gabriel, Christoph/Meisenburg, Trudel (2007):** s. Einheit 1.

📖 **Gabriel, Christoph/Müller, Natascha (2008):** *Grundlagen der generativen Syntax. Französisch – Italienisch – Spanisch*, Tübingen: Niemeyer.

📖 **Gutiérrez Ordóñez, Salvador (2000):** *Temas, remas, focos, tópicos y comentarios*, Madrid: Arco.

Hopper, Paul/Thompson, Sandra A. (1980): „Transitivity in Grammar and Discourse", *Language* 56, 251–299.

Leonetti, Manuel (2008): „Definiteness effect and the role of coda in existential constructions", in: Müller, Høeg/Klinge, Alex (eds.): *Essays on Nominal Determination. From morphology to discourse management*, Amsterdam/Philadelphia: Benjamins, 131–162.

📖 **Pomino, Natascha/Zepp, Susanne (2008):** *Hispanistik*, 2. Aufl., Paderborn: Fink.

Rodríguez Ramalle, Teresa (2005): *Manual de sintaxis del español*, Madrid: Castalia.

Suñer, Margarita (2009): „Formal Linguistics and the Syntax of Spanish: Past, Present and Future", in: Collentine, Joseph et al. (eds.): *Selected Proceedings of the 11th Hispanistic Linguistics Symposium*, Somerville, Mass.: Cascadilla Press, 9–26.

📖 **Zagona, Karen T. (2006):** *Sintaxis generativa del español*, Madrid: Visor.

Internetquelle (Stand: Juli 2009)

Role and Reference Grammar: Einführung und Arbeiten zum Spanischen unter http://wings.buffalo.edu/linguistics//people/faculty/vanvalin/rrg.html

Semantik und Lexikologie

	Inhalt	
6.1	Semantik vs. Pragmatik – Wo die Sprache etwas bedeutet …	122
6.2	Bedeutung vs. Bezeichnung und affine Konzepte	123
6.3	Strukturelle Semantik, Merkmalssemantik	125
6.4	Prototypensemantik	127
6.5	*Frames*-Semantik	130
6.6	Bedeutungshierarchien und Inhaltsrelationen im Wortschatz	132
6.7	Metapher und Metonymie: Grundprinzipien des historischen Bedeutungswandels	136
6.8	Zur Struktur des spanischen Wortschatzes	139
6.9	Spanische Lexikografie	140

Überblick

Die Semantik ist die Lehre von der sprachlichen Bedeutung. In dieser Einheit wird zunächst dargestellt, was „Bedeutung" in der Sprache alles ausdrücken kann; insbesondere wird auf den Unterschied zwischen Bedeutung und Bezeichnung eingegangen. Danach werden mit der strukturellen Semantik, der Prototypensemantik und der *Frames*-Semantik drei maßgebliche Theorien vorgestellt, mit denen man semantische Beziehungen und Unterschiede zwischen sprachlichen Zeichen beschreiben kann. Die Zeichen einer historischen Einzelsprache lassen sich synchronisch durch Inhalts- und Hierarchierelationen strukturieren, wobei sich diachronisch unterschiedliche (auch unterschiedlich alte) Schichten sprachlicher Elemente finden lassen; beide Perspektiven werden mit Blick auf den Wortschatz des Spanischen vorgestellt. Zur Dokumentation des Wortschatzes und zur Konsultation bei Fragen zur Bedeutung und Verwendung von Wortschatzelementen dienen Wörterbücher. Eine Darstellung von Wörterbuchtypen und wichtigen Wörterbüchern des Spanischen schließt die Einheit ab.

121

6.1 | Semantik vs. Pragmatik – Wo die Sprache etwas bedeutet ...

Semantik =
Bedeutungslehre

Die *Semantik* (*semántica*) ist, wie schon in Einheit 2 dargelegt, jener Teilbereich der Linguistik, der sich mit Bedeutung befasst; entsprechend wird er im Deutschen ‚Bedeutungslehre‘ genannt. Vielfach wird Semantik auch definiert als die linguistische Disziplin, die sich mit der Inhaltsseite (*significado*) sprachlicher Zeichen auseinandersetzt, was nicht falsch, aber – wie wir sehen werden – auch nicht ganz korrekt ist. Vor allem suggeriert eine solche Definition, dass sich die Semantik damit in Opposition zu anderen linguistischen Disziplinen befände, die sich (nur) der Ausdrucksseite (*significante*, s. Einheit 2), der Form des sprachlichen Zeichens widmen würden, und dass sich die Betrachtung von Ausdruck und Bedeutung, von Form und Funktion in der Sprache sauber trennen ließen – was aber höchst fragwürdig ist. Denn Sprache bedeutet Sprechen, und wenn wir sprechen, sprechen wir immer über etwas und damit über Inhalte und Bedeutungen.

Allerdings ist ‚Bedeutung‘ etwas sehr Komplexes und stimmt auch nicht völlig mit dem überein, worüber wir beim Sprechen sprechen. Sprachliche Zeichen oder aus solchen Zeichen aufgebaute Äußerungen können auf unterschiedlichen Ebenen Bedeutung vermitteln. Das lässt sich an der einfachen Äußerung *tengo frío* ‚mir ist kalt‘ zeigen: diese Äußerung transportiert dreierlei Arten von Bedeutung.

Wortbedeutung

1. Auf der ersten Ebene, der Ebene der Wortbedeutung(en), drückt *tengo* aus, dass es hier um Haben, um Besitzen geht (das ist die lexikalische Bedeutung des Verbalstammes *ten-* von *tener*), dass der, der etwas hat oder besitzt, ein „ich“, eine 1. Person Singular ist und dass das Haben oder Besitzen in der Gegenwart stattfindet (das ist die grammatische Bedeutung der Verbalendung *-(g)o*; s. Einheit 4). Auf gleicher Ebene drückt *frío* aus, dass es (oder etwas) kalt ist.

Satzbedeutung

2. Auf der Ebene der Satzbedeutung nun müssen die Wortbedeutungen zusammengefügt werden; man spricht hier vom *Prinzip der Kompositionalität* (*principio de composicionalidad*) von Satzsemantik. Die Äußerung *tengo frío* würde dann also so etwas wie „Ich besitze Kälte“ bedeuten. Daran sehen wir schon, dass das Kompositionalitätsprinzip nicht ausreicht, um das Bedeutungsspektrum jenseits des Einzelworts, also in komplexen Äußerungen (und *tengo frío* ist noch eine sehr einfach gestrickte ‚komplexe‘ Äußerung) zu beschreiben; die Sprecherin oder der Sprecher will mit *tengo frío* ja nicht die Situation des Besitzes eines Zustands von niedriger Temperatur beschreiben, sondern ein körperliches Gefühl, und die Bedeutung von *tengo frío* als „mir ist kalt“ geht über die einfache Addition der (lexikalischen und grammatischen) Wortbedeutungen hinaus. Dies wird besonders deutlich an so genannten idiomatischen Wendungen wie „kalte Füße bekommen“ im Sinne von „Angst bekommen“, „den Mut verlieren“: Hier ist die Satzbedeutung aus den Wortbedeutungen nur noch indirekt oder gar nicht mehr ableitbar.

3. Zurück zur Beispieläußerung *tengo frío*: Diese kann in einer bestimmten Situation noch etwas ganz anderes bedeuten, nämlich dass die Sprecherin/der Sprecher den Kommunikationspartner auffordern will, das Fenster zu schließen oder die Heizung aufzudrehen. Auch das ist eine Ebene der Bedeutung der Äußerung, die aber von der Situation abhängt, in der sie geäußert wird. Für diese kontext- oder situationsgebundene Bedeutung ist innerhalb der Linguistik jedoch nicht mehr die Semantik, sondern die Pragmatik zuständig (s. Einheit 7).

Bedeutung im Kontext

Man kann *Pragmatik* und *Semantik* – beides also „Bedeutungswissenschaften" – entsprechend voneinander abgrenzen: Die Semantik untersucht die kontextunabhängige/kontextfreie Bedeutung, die Pragmatik die kontextabhängige/situationsgebundene Bedeutung.

Definition

Bedeutung vs. Bezeichnung und affine Konzepte |6.2

Es wurde bereits darauf hingewiesen, dass nach Saussure im sprachlichen Zeichen eine Lautvorstellung mit einer Inhaltsvorstellung verbunden ist. Im schon angesprochenen sprachlichen Zeichen für Baum (s. Abb. 2.6) ist die Lautvorstellung /árbol/ mit einer Inhaltsvorstellung nicht eines konkreten Baumes, sondern einer abstrakten „Baumheit"

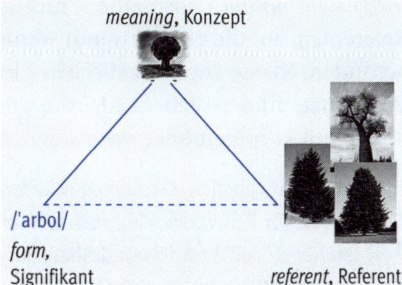

meaning, Konzept

/'arbol/
form,
Signifikant   *referent*, Referent

|Abb. 6.1

Semiotisches Dreieck nach Ogden/Richards (1923)

verbunden. Diese abstrakte Inhaltsvorstellung, das *Konzept* (*concepto*), ist damit die Bedeutung des Zeichens. Wie man sieht, verbleibt dieses Saussuresche Zeichenmodell im Bereich des Psychischen, der mentalen Vorstellungen. Dies ist früh kritisiert worden, denn ein Zeichen lässt sich kommunikativ nur dann erfolgreich einsetzen, wenn damit auch auf konkrete Objekte und Sachverhalte in der Wirklichkeit Bezug genommen werden kann. In einem erweiterten Zeichenmodell, das die britischen Sprachwissenschaftler Charles Ogden (1889–1957) und Yvor Richards (1893–1979) unter Rückgriff auf griechisch-lateinische sprachphilosophische Konzeptionen entwickelt haben, wird deshalb als drittes Element des Zeichens – neben dem Lautbild/dem Ausdruck und der Inhaltsvorstellung/dem Konzept – der *Referent* (*referente*) eingeführt. Der Verweis auf den (außersprachlichen) Referenten wird entsprechend *Referenz* (*referencia*), manchmal auch *Denotation* (*denotación*) und im Deutschen Bezeichnung genannt. Lautbild, Konzept und Referent – und damit Benennung, Bedeutung und Bezeichnung – bilden dieses triadische (= dreiteilige) Zeichenmodell nach Ogden/Richards (1923), das so genannte *semiotische Dreieck* (*triángulo semiótico*) (s. Abb. 6.1).

Beziehung zwischen Lautbild, Referent und Konzept

Wie man in Abb. 6.1 sieht, stehen Lautbild und Konzept einerseits sowie Referent und Konzept andererseits in einer direkten Beziehung. Die Verbindung zwischen Lautbild und Referenten ist aber eine indirekte, durch die abstrakte Inhaltsvorstellung des Konzepts vermittelte. Konzept und Referent befinden sich in der Regel in einer prototypikalischen Beziehung, d. h. das Konzept enthält die wesentlichen Inhaltsmerkmale der Referenten, für die es steht (auf das Prinzip der Prototypikalität wird in Abschn. 6.4 noch genauer Bezug genommen). Gibt es Fälle, in denen Konzept und Referent völlig übereinstimmen? Das wäre vorstellbar bei *Eigennamen* (*nombres propios*), wie z. B. *Personennamen* (*Anthroponymen*, *antropónimos*) oder *Ortsnamen* (*Toponymen*, *topónimos*). Ein Ortsname wie bask. *Hondarribia* steht in der Tat nur für den einen Ort, der als nördlichste Stadt Spaniens gilt und auf Spanisch *Fuenterrabía* genannt wird. In solch einem Fall stimmen Bedeutung und Bezeichnung des Zeichens wohl

Intension vs. Extension

wirklich überein. Damit hat das Zeichen eine *maximale Intension* (*intensión máxima*), d. h. einen hohen Bedeutungsgehalt durch die sehr spezifischen, das Zeichen definierenden Merkmale, und gleichzeitig eine *minimale Extension* (*extensión mínima*), also eine – hier sogar extrem – geringe Zahl möglicher Referenten, auf die es angewandt werden kann. Nun stellen Eigennamen eine besondere Klasse von lexikalischen Elementen dar; aber auch im allgemeinen Wortschatz finden sich Ausdrücke mit mehr oder minder großer Extension und damit korrelierender mehr oder minder geringer Intension.

Beispiel 6.1

Die sprachlichen Zeichen *cosechadora* (‚Mähdrescher') und *coche* (‚Auto') stehen beide für Fahrzeuge, aber *cosechadora* ist in den definierenden Merkmalen spezifischer als *coche* und passt deshalb auf deutlich weniger Referenten, also Fahrzeuge in der Wirklichkeit: *cosechadora* hat größere Intension, *coche* größere Extension.

In manchen Fachbüchern wird für Referenz auch der Terminus *Denotation* (*denotación*) verwendet. Das ist misslich, denn Denotation hat innerhalb der Sprachwissenschaft noch eine andere Bedeutung, nämlich die der von Kontextfaktoren und subjektiven Einstellungen weitgehend freien Grundbedeutung eines sprachlichen Zeichens. Das Wort *playa* beispielsweise steht für das Konzept des aus Geröll oder Sand gebildeten Uferbereichs zwischen dem Meer oder großen stehenden Gewässern und dem Festland. Dieses Konzept ist das

Denotation vs. Konnotation

Denotat des sprachlichen Zeichens *playa*. Viele denken beim Wort *playa* aber an Urlaub, Sonne, Freizeitaktivitäten und anderes mehr. Diese je nach Sprecher variable, also subjektiv und zugleich emotiv begründete ‚Zusatzbedeutung' des Wortes *playa* ist seine *Konnotation* (*connotación*). Wörter können je nach Sprecher und Verwendungskontext positiv oder negativ konnotiert sein. Wichtig ist festzuhalten, dass der konnotative Gehalt eines sprachlichen Zeichens nicht Bestandteil der Wortsemantik ist, sondern kontext- und situationsabhängig, also letztlich auf den Bereich der Pragmatik verweist, womit man erneut sieht, wie eng die „Bedeutungswissenschaften" Semantik und Pragmatik miteinander verflochten sind.

Bereits in Einheit 4 sowie zu Beginn dieser Einheit, bei der Analyse der Verbalform *tengo* in der Äußerung *tengo frío*, wurde der Unterschied zwischen lexikalischer und grammatischer Bedeutung aufgezeigt. Obwohl es unstrittig ist, dass sowohl lexikalische Morpheme (also *Lexeme*, *lexemas*) als auch grammatische Morpheme Bedeutung haben, also über eine Inhaltskomponente verfügen, die sie in die komplexe Äußerung einbringen, ist diese Bedeutung bei Lexemen in der Regel sehr viel einleuchtender. Dies liegt in erster Linie an der Tatsache, dass nur Lexeme auf einen außersprachlichen Referenten, also auf eine in der Zeit in gewissem Maße stabile, sicht- oder fassbare Entität verweisen und damit ein Bezeichnungspotential haben. Und selbst innerhalb der Lexeme ist dieses Potential unterschiedlich: Ein ein Objekt bezeichnendes Nomen referiert eindeutiger und evoziert beim Sprecher oder Hörer wohl auch ein klareres Konzept als ein eine Handlung bezeichnendes Verb, dessen Konzept ein häufig abstraktes Handlungsschema ist. Deshalb überrascht es nicht, wenn sich zwei der drei im Folgenden etwas genauer vorgestellten Herangehensweisen, Bedeutung in der Sprache über Strukturen und Beziehungen im Wortschatz zu beschreiben und zu analysieren, nämlich die strukturelle Semantik und die Prototypensemantik, vor allem auf diese stärker referentiellen nominalen Teile des Lexikons konzentrieren. Erst das dritte und jüngste semantische Modell, die *Frames*-Semantik, bezieht maßgeblich die Verbalität zur Beschreibung von Bedeutungsstrukturen ein.

Semantik von Lexemen und grammatischen Morphemen

Strukturelle Semantik, Merkmalssemantik | 6.3

In den vorausgegangenen Einheiten zur Phonologie, Morphologie und Syntax wurde wiederholt auf den methodischen „Kniff" der strukturalistischen Sprachwissenschaft hingewiesen: Im Strukturalismus wird die Position und die Funktionalität eines segmentierten Elements im komplexen System der Sprache über die *differentia specifica* bestimmt (s. auch Einheit 2.5). Die funktionale Wertigkeit eines sprachlichen Elements ergibt sich aus dem Merkmal, das dieses Element besitzt und das es von den anderen Elementen im System unterscheidet. Die funktionale Opposition durch distinktive Merkmale kann man natürlich auch zur Grundlage der semantischen Funktionszuweisung zu einem sprachlichen Element – in diesem Fall einem Lexem – machen. Die Nomina *caballo* und *yegua* etwa haben nahezu dieselbe Bedeutung, sie bezeichnen dieselbe Spezies von Säugetier, nämlich das Pferd, aber *yegua* trägt – anders als *caballo* – das *Merkmal (rasgo)* [+ weiblich]. Die Verben *ir* und *correr* verweisen auf dieselbe Art der Fortbewegung, aber *correr* hat das Merkmal [+ schnell], während *ir* das Merkmal [– schnell] trägt oder hinsichtlich der Geschwindigkeit der Fortbewegung neutral ist, was dem Merkmal [± schnell] entspräche. Aus diesen Merkmalen, die die Intension des Lexems konstituieren, ergeben sich bestimmte Selektionsbeschränkungen für das Lexem: Eine Kombination von *correr* mit dem Adverb *lentamente* wirkt widersprüchlich,

Merkmals-oppositionen

unnatürlich und bestenfalls ironisch, weil sich die Merkmalssemantik beider Wörter nicht verträgt.

Um eine Sprache bezüglich ihrer bedeutungtragenden Elemente auf diese Weise strukturalistisch zu erfassen, müssten – analog etwa zu den Lauten der Sprache – alle segmentierbaren Elemente, also letztlich sämtliche Wortschatzelemente der Sprache, untereinander hinsichtlich ihrer Merkmalsoppositionen verglichen werden, um das Inventar aller bedeutungtragenden Einheiten und ihrer Bedeutungsmerkmale zu erfassen. Ein solches Vorhaben wäre gigantisch, und es bliebe fraglich, was dadurch gewonnen wäre. Sinnvoll ist eine solche merkmalssemantische Untersuchung vor allem bei Wörtern, die denselben Inhaltsbereichen angehören und deshalb in Äußerungen und Texten eventuell ‚in Konkurrenz zueinander' treten könnten. Deshalb wurde die Analysemethode der strukturellen Semantik vor allem auf eher eng umgrenzte *Wortfelder* (*campos semánticos*) angewandt. Das bekannteste Beispiel, das von dem französischen Hispanisten Bernard Pottier (*1924) stammt, ist das der Sitzgelegenheiten im Französischen; in Tab. 6.1 findet sich eine ähnlich strukturierte kleine Merkmalsanalyse, den Fortbewegungsmitteln im Spanischen gewidmet.

Anwendung der Merkmalssemantik auf Wortfelder

Tab. 6.1 |
Semanalyse aus dem Wortfeld ‚Verkehrsmittel'

	S1 [auf dem Land eingesetzt]	S2 [motorbetrieben]	S3 [auf der Straße fahrend]	S4 [auf Schienen fahrend]	S5 [für mehrere Personen]
bicicleta	+	–	+	–	–
motocicleta	+	+	+	–	–
coche	+	+	+	–	+
tranvía	+	+	+	+	+
locomotora	+	+	–	+	+
ferry	–	+	–	–	+

Sem, Semem, Archisem

Für die einzelnen Merkmale, hinsichtlich der die Elemente des untersuchten Wortfelds verglichen werden, hat der französische Linguist Algirdas Julien Greimas, einer der maßgeblichen Begründer der strukturellen Semantik, den Terminus *Seme* (*semas*) eingeführt. Die aus diesen Bedeutungselementen zusammengesetzte Gesamtbedeutung wird manchmal als *Semem* (*semema*) des Wortes bezeichnet (in – allerdings vager – Parallelität zum Phonem als Gesamtheit der lautlichen Eigenschaften eines bedeutungsunterscheidenden Lautes, s. Einheit 3). Analog zu anderen strukturalistischen Analyseebenen spricht man von einem Bedeutungselement, das allen Lexemen des Wortfelds gemeinsam ist, als *Archisem* (*archisema*). Es konstituiert dabei das Wortfeld (bei den Verkehrsmitteln in Tab. 6.1 wäre etwa [der Fortbewegung und dem Transport dienend] ein solches Archisem).

Abb. 6.2 |
Algirdas Julien Greimas (1917–1992)

Definition

Die einzelnen Merkmale, nach denen die Elemente eines untersuchten Wortfelds verglichen werden, bezeichnet man als *Seme*, die daraus zusammengesetzte Gesamtbedeutung als *Semem*. Ein Bedeutungselement, das alle Lexeme des Wortfelds gemeinsam haben, bezeichnet man als *Archisem*.

Dass dieses auf einzelnen Bedeutungsmerkmalen oder Bedeutungskomponenten aufsetzende (und deshalb manchmal auch Komponentensemantik genannte) Analyseverfahren rasch an seine Grenzen stößt, wird schon beim Beispielwortfeld der Verkehrsmittel deutlich: Nicht nur, welche Lexeme der Linguist dem Wortfeld zuordnet, sondern auch und vor allem, welche Seme er auswählt, um Oppositionen zu bilden, unterliegt einer gewissen Beliebigkeit. Denn anders als etwa im Bereich der Laute, wo sich die Merkmale aus den – bei aller Komplexität – überschaubaren physisch-anatomischen Charakteristika des Artikulationsapparates ergeben, sind die Bedeutungsmerkmale schon bei Wörtern mit ‚ganz alltäglicher‘ Bedeutung enorm vielfältig und kaum erschöpfend aufzulisten. Es gibt zwar Bemühungen, Bedeutungsmerkmale, die in allen Sprachen vorkommen, also so genannte *semantische Primitive* (engl. *semantic primitives*) zu inventarisieren (vgl. z. B. Wierzbicka 1972), doch sind diese für die Untersuchung von natürlichen Sprachen und den oft äußerst feinen Bedeutungsunterschieden in deren Wortfeldern notgedrungen zu allgemein. Sehr nützlich erweist sich die Merkmalssemantik aber bei der Strukturierung von einsprachigen Wörterbüchern (s. Abschn. 6.9), denn dort werden die Bedeutungs- und Gebrauchsunterschiede von Einträgen häufig durch Verweise auf bedeutungsähnliche oder bedeutungsmäßig übergeordnete Wörter mit anschließender Abgrenzung von diesen durch ein (oder mehrere) spezifische(s) Merkmal(e) erklärt.

Kritik der Merkmalssemantik

semantic primitives

Prototypensemantik | **6.4**

Untersuchungen der Psychologie zufolge nimmt man an, dass die in der Merkmalssemantik bevorzugt betrachteten Wortfelder in der Tat einer psychologischen Realität entsprechen; dass der Mensch sein Weltwissen also mental nach dem Prinzip von bedeutungsähnlichen Inhaltsbereichen zu organisieren scheint. Diesbezüglich geht die strukturelle Semantik also mit den kognitiven Prozessen und Prinzipien, den im Denken der Sprecher ablaufenden Vorgängen konform und ist insofern eine ‚kognitive‘ Semantik. Seit den 1970er Jahren des 20. Jhs. hat jedoch unter der Bezeichnung *Kognitive Semantik* (*semántica cognitiva*) eine Herangehensweise der Bedeutungsforschung großen Einfluss erlangt, die man auch als *Prototypensemantik* (*semántica de prototipos*) bezeichnet und die in erster Linie auf die Prototypentheorie der US-amerikanischen Psychologin Eleanor Rosch (*1938) zurückgeht. Bei aller Ähnlichkeit besteht ein grundlegender Unterschied zwischen diesem semantischen Ansatz und der Merkmalssemantik darin, dass letztere die Elemente eines semantischen

Semantik und Kognition

Similarität als
Grundprinzip der
Prototypensemantik

Felds mittels unterscheidender Merkmale zu ordnen versucht, während gemäß der Prototypensemantik diese Elemente anhand der gemeinsamen Merkmale über Ähnlichkeitsbeziehungen (*Similaritäten, similitudes*) geordnet werden. Die Elemente gruppieren sich dabei um einen als „besonders typisch" erachteten zentralen Vertreter, dessen Prototypikalität sich daraus ergibt, dass er die relevantesten, also innerhalb des Wortfelds als am wichtigsten oder am weitverbreitetsten erachteten Merkmale in sich vereinigt.

Ein sehr anschauliches und deshalb häufig zitiertes Beispiel sind die Bezeichnungen für Vögel (vgl. Gabriel/Meisenburg 2007: 178 f. und dortige Verweise):

Beispiel 6.2 | Bei näherer Betrachtung der Sememe, also der Merkmalsstrukturen jener Tiere, die man landläufig als Vögel bezeichnet, fällt auf, dass manche konstitutiven Merkmale wie das Legen von Eiern oder der spitze Schnabel von fast allen Vertretern geteilt werden, andere ebenso typische Merkmale wie das Federkleid oder die Flugfähigkeit aber nicht. So kann der Strauß nicht fliegen, dennoch rechnen wir ihn im Allgemeinen zu den Vögeln; Pinguine hingegen, die biologisch auch der Klasse der Vögel zugehören, würden von vielen wohl nicht als solche bezeichnet werden, weil ihnen nicht nur die Flugfähigkeit, sondern mit dem erkennbaren Gefieder auch ein zweites als konstitutiv erachtetes Merkmal der „Vogelhaftigkeit" fehlt. „Amsel, Drossel, Fink und Star" werden aber ohne Bedenken als Vögel klassifiziert, und der vielleicht „typischste" Vogel – also die Vogelart, die einem Befragten aus unserem Kultur- und Naturraum am ehesten einfällt, wenn er gefragt wird, was er sich unter einem Vogel vorstellt – ist der Spatz.

Prototyp =
‚bester Vertreter'

Man kann das Konzeptfeld der Vögel prototypensemantisch also als ein Feld konzentrischer Kreise darstellen, in deren Zentrum der Spatz als „bester Vertreter" steht, während sich Flamingo und Strauß eher am Rand und der Pinguin schon außerhalb des Feldes befinden:

Abb. 6.3 |

Prototypikalische
Analyse des Kategoriebereichs ‚Vogel'

Doch nicht immer muss der Prototyp als außersprachlicher Referent existieren. Man denke an die Kategorie ‚Baum' und das zugehörige Wortfeld der Baumbezeichnungen: Es ist wohl ausgeschlossen, dass in unseren Breiten der Affenbrotbaum als „bester Vertreter" genannt wird; aber auch die Eiche, die Buche oder die Tanne dürften kaum einstimmig als typischer Vertreter der Kategorie ‚Baum' gelten. Der Prototyp, den wir im Kopf haben, ist wohl (bei den meisten Sprechern) die eher vage Vorstellung eines nicht näher zu bestimmenden Idealbilds eines Laubbaumes (wie in Abb. 6.1 dargestellt), der damit auch nicht sprachlich benannt werden kann.

Prototypikalität ohne besten Vertreter

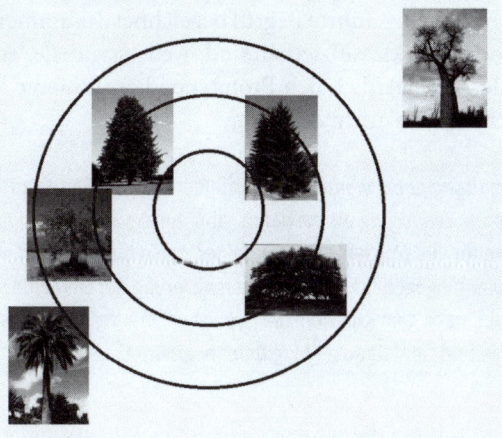

|Abb. 6.4
Prototypikalische Analyse des Kategoriebereichs ‚Baum'

Aus diesen Beispielen wird dreierlei deutlich: Zum einen ist die Prototypensemantik weniger ein Ansatz zur Analyse der Bedeutung der Wörter (so wie die Merkmalssemantik), sondern eine Analyse des sprachlichen Ausdrucks und der sprachlichen Ordnung von Konzepten. Während die Merkmalssemantik also vom Wort zur Bedeutung schreitet, d. h. semasiologisch vorgeht, ist die Prototypensemantik tendenziell onomasiologisch (s. Einheit 2.7). Dem entspricht auch, dass das Untersuchungskorpus in der Merkmalssemantik in erster Linie durch das (sprachlich konstituierte) Wortfeld und in der Prototypensemantik durch die (referentiell-konzeptuell konstituierte) kognitive Kategorie gebildet wird. Zum anderen ist die prototypensemantische Analyse sehr viel stärker abhängig von sozialen und kulturellen Faktoren als die Merkmalsanalyse. In unseren Breiten etwa kann der Spatz als „bester Vertreter" der Kategorie Vogel dienen, weil er hier so häufig vorkommt und so ‚alltäglich' ist. In anderen Erdteilen hingegen kann ein ganz anderer Referent aufgrund seiner Alltäglichkeit und seiner großen Bekanntheit diese Funktion erfüllen, etwa in Neuseeland der Kiwi-Vogel (der dann interessanterweise das sonst für die Kategorie ‚Vogel' so konstitutive Kriterium der Flugfähigkeit gar nicht besäße). Ein dritter wichtiger Punkt ist, dass die Prototypentheorie sehr viel unschärfere Grenzen der von ihr in den Blick genommenen Wirklichkeits-

Kulturelle Spezifizität von Prototypikalität

Abb. 6.5 |
Ludwig Wittgenstein
(1889–1951)

Familienähnlich-
keiten

und Bedeutungsbereiche erlaubt als die Merkmalssemantik. So lässt sich in eine prototypikalische Analyse analog Abb. 6.3 zu den Fischen ohne größere Probleme der Delphin einordnen, da er genug (vor allem äußerliche) Merkmale mit dem prototypischen Fisch aufweist, während er in einer strengen merkmalssemantischen Analyse aufgrund des nicht vorhandenen Merkmals [+gehört der Klasse der Fische an] gar nicht untersucht werden könnte. In einer neueren Version der Prototypentheorie wird diese Unschärfe der Kategorien noch radikaler betont, und man spricht davon, dass die kategorialen Elemente nur durch (eher zufällige) so genannte *Familienähnlichkeiten* (*semejanzas de familia*) zusammengehalten werden. Dieser von dem Philosophen Ludwig Wittgenstein eingeführte Begriff bezeichnet Zusammengehörigkeiten, die nicht taxonomisch klassifizierbar sind, weil essentielle, erkennbar „typische" Merkmale – die letztlich den Prototypen konstituieren – zwischen den Mitgliedern der ‚Familie' nicht existieren.

Definition

> In der *Merkmalssemantik* werden in Wortfeldern organisierte sprachliche Elemente verglichen, deren Bedeutung als verwandt, aber unterschiedlich angesehen wird, ohne dass die Elemente des Wortfelds in irgendeiner Weise hierarchisiert würden. In der *Prototypensemantik* hingegen findet eine Hierarchisierung der Elemente, die eine Kategorie versprachlichen, nach dem Kriterium der ‚typischen' Merkmale statt, was die Differenzierung in zentrale und randständige Mitglieder begründet.

6.5 | *Frames*-Semantik

In der *Frames*-Semantik (eingedeutscht mit ‚Rahmensemantik' wiedergebbar, dieser Terminus ist aber nicht gebräuchlich) geht man noch einen Schritt weiter in der Hierarchisierung von bedeutungsmäßig miteinander verflochtenen sprachlichen Elementen und beschreibt ein Wort im Verhältnis zu einem Situations- oder Ereignisschema, das den Hintergrund für das Verständnis und damit für den Inhalt, der dem Wort zugeschrieben wird, bildet.

Wortbedeutungen
und Ereignis-
schemata

Beispiel 6.3 |

Das Verb dt. *kaufen*/sp. *comprar* ruft beim Sprachbenutzer automatisch ein Handelsszenario hervor, zu dem zwei Personen – ein Käufer und ein Verkäufer – und das gekaufte Gut gehören, ferner, zumindest in vielen Gesellschaften und Kulturen, Geld oder ein anderes Zahlungsmittel, mit dem der Wert des erworbenen Guts dem Verkäufer ausgeglichen wird. Das Verb *vender* ist mit demselben Ereignisschema assoziiert wie *comprar*, wird aber in der syntaktischen Realisierung teilweise anders enkodiert: Im Satz *Juan le compra una bici a Miguel por 100 euros* ist der Käufer in der (syntaktischen) Subjektfunktion; in *Miguel le vende una bici a Juan por 100 euros* ist der Verkäufer in der Subjektposition. Im Deutschen wird die Assoziation beider Verben mit demselben Situationsschema – anders als im Spanischen – dadurch verdeutlicht, dass *verkaufen* eine Derivationsbildung von *kaufen* ist.

Dass bei gleichbleibenden semantischen Rollen die syntaktischen Enkodierungen variieren können, haben wir bereits im Bereich der Syntax im Zusammenhang mit dem Begriff der Diathese kennengelernt (s. Einheit 5), wobei auch das Konzept der Theta-Rollen eingeführt wurde. Diese Theta-Rollen bzw. die in Einheit 5.5 erwähnte Theorie der Kasusgrammatik von Charles Fillmore bilden die Grundlage der *Frames*-Semantik, wobei die Nähe zur Valenz- und Dependenzgrammatik Lucien Tesnières offensichtlich ist. Zugleich sind Kasusgrammatik und *Frames*-Semantik Wegbereiter der *Konstruktionsgrammatik* (*Construction Grammar, gramática de construcciones*), eines Ansatzes der funktionalistisch orientierten Grammatiktheorie, der die formale Struktur von komplexen Äußerungen ganz eng mit ihrer semantischen und – vor allem – pragmatischen Gebrauchsdimension verknüpft.

(Randglosse) Theta-Rollen, Kasusgrammatik

Wie schon in Abschnitt 6.2 angedeutet, ist die *Frames*-Semantik wegen der zugrundegelegten Situations- und Ereignisschemata besonders gut geeignet, die Bedeutung von Verballexemen, die ja häufig Handlungen oder Vorgänge ausdrücken, zu beschreiben. Aber auch Nomina lassen sich mit diesem Modell der Bedeutungsbeschreibung gut erfassen.

> Das Substantiv (*el*) *rescate* ‚Lösegeld' etwa ist eng mit dem sehr charakteristischen, vielgliederigen Ereignisschema einer Entführung verbunden, das Wort *desayuno* mit einer (kultur)spezifischen Handlungspraxis der morgendlichen Nahrungsaufnahme.

(Randglosse) **Beispiel 6.4**

Wie schon beim Prototypen, sind auch die Situationsschemata variabel und von sozio-kulturellen Fakturen abhängig: So ruft das deutsche Wort *Frühstück* meist ein deutlich anderes Situationsschema auf, etwa gekennzeichnet durch den Handlungsraum des eigenen Hauses, als das spanische *desayuno*, das – für viele Sprecher des europäischen Spanisch – auch mit einem öffentlichen Handlungsraum wie z. B. einer Bar verknüpft sein kann. Das bedeutet nicht, dass *desayuno* nicht auch zu einer morgendlich-vormittäglichen Nahrungsaufnahme zu Hause passen würde oder *Frühstück* nicht zum situational-lokativen Rahmen eines Cafés oder Bistros, aber das sind nicht die kulturspezifisch üblichsten Räume, mit denen das Wort bzw. das Konzept kognitiv verbunden ist. Prototypikalität spielt also auch in der *Frames*-Semantik eine Rolle.

(Randglosse) Prototypikalität als konstitutives Merkmal des *Frames*

Formale Ansätze der semantischen Analyse

Grundsätzlich zu unterschieden von der kognitiven Semantik sind die verschiedenen Richtungen der so genannten *formalen Semantik* (*semántica formal*), die nicht auf psychologisch-assoziativen Kriterien aufbaut, sondern sich auf die logische Seite der Sprache bezieht und die Bedeutung v. a. von Sätzen in logisch-mathematischen Kategorien und mit einer formalen Metasprache beschreibt. Grundlage ist dabei das bereits erwähnte Kompositionalitätsprinzip. In der konkreten semantischen Analyse wird beschrieben, wie Sätze sich auf außersprachliche Referenten beziehen und welchen Wahrheitsbedingungen sie dabei unterliegen. Damit können u. a. Voraussagen über ungrammatische Sätze gemacht werden, die nicht als wahr interpretierbar sind. Die formale Semantik ist damit von großer Bedeutung für die formale Beschreibung von Sprache schlechthin, u. a. in syntaktischer Hinsicht. Als allgemeine Einführung sei hier auf Heim/Kratzer (2007) verwiesen; für das Spanische bietet Escandell Vidal (2003) eine grundlegende Darstellung.

6.6 | Bedeutungshierarchien und Inhaltsrelationen im Wortschatz

Wie in den vorausgegangenen Abschnitten deutlich wurde, untersucht man die Konzepte und die zugehörigen sprachlichen Ausdrücke in der semantischen Forschung in der Regel anhand von Bedeutungsbereichen und Wortfeldern, deren zugehörige Elemente „etwas gemeinsam haben", zum Beispiel eine ähnliche Funktion (Verkehrsmittel, Sitzgelegenheiten) oder physische und biologische Beschaffenheit (Vögel). Natürlich könnte man auch eine Straßenbahn mit einem Spatz merkmals-, prototypen- oder *frames*-semantisch vergleichen, aber der Vergleich wäre wohl noch unsinniger als der sprichwörtliche zwischen Äpfel und Birnen (die ja beide immerhin Obstsorten sind): Straßenbahn und Spatz sind bedeutungsmäßig weitgehend *inkongruent* (*incongruentes*), d. h. es ist unwahrscheinlich bis unmöglich, dass sich die beiden Wortschatzelemente in einem Satz in paradigmatischer Beziehung befinden können. Straßenbahn und Fahrrad hingegen stellen sinnvolle, bedeutungsrelevante Alternativen für Leerstellen in einer Vielzahl von Sätzen dar (z. B. *Ich fahre mit ___ zur Arbeit*), und auch *Vogel* vs. *Spatz* können sich in zahlreichen Äußerungen in ‚Konkurrenz' zueinander befinden. In diesen Fällen ist es sinnvoll und interessant, diese Wortschatzrelationen genauer zu untersuchen und zu beschreiben.

Semantische Inkongruenz

Bei derartigen Relationen muss man unterscheiden zwischen solchen, bei denen Wortschatzelemente in eine hierarchische Ordnung gebracht werden, und solchen, wo kein Verhältnis der Über- oder Unterordnung besteht. *Bedeutungshierarchien* (*jerarquías semánticas*) haben wir bereits beim Wortfeld und beim prototypensemantischen Konzeptfeld kennengelernt:

Bedeutungshierarchien

Beispiel 6.5 | *Verkehrsmittel/medio de transporte* ist der Oberbegriff, unter den sich *Straßenbahn/tranvía*, *Fahrrad/bicicleta*, *Auto/coche* etc. als Unterbegriffe einordnen lassen; *Vogel* wäre der Oberbegriff für *Spatz*, *Strauß* und *Pinguin*.

Hyponym vs. Hyperonym

Die Bedeutungshierarchien, die hier bestehen, spricht man mit den Termini der Hyponymie und der Hyperonymie an: *Vogel* ist das *Hyperonym* (*hiperónimo*) zu *Spatz*, *Spatz* ist im Gegenzug *Hyponym* (*hipónimo*) von *Vogel*. Natürlich wäre auch *Tier* ein möglicher Oberbegriff von *Spatz*, *Pinguin* und *Strauß*. Bei Bedeutungshierarchien bemüht man sich jedoch, jeweils die nächsthöhere

Bedeutungsebene – das so genannte *genus proximum* (s. Einheit 2.5) – als Hyperonym zu betrachten und keine Bedeutungsebene zu überspringen.

> Ordnet man Wortschatzelemente nach deren Bedeutungshierarchie, so bezeichnet man den jeweiligen Oberbegriff der nächsthöheren Bedeutungsebene als *Hyperonym*, den Unterbegriff als *Hyponym*.

Definition

Bei hyponymisch-hyperonymischer Bedeutungsrelation liegt eine Inklusionsbeziehung hinsichtlich Extension und Intension (s. Abschn. 6.2) vor: Das Hyponym weist (mindestens) dieselbe Intension wie das Hyperonym auf, und das Hyperonym hat (mindestens) dieselbe Extension wie jedes seiner Hyponyme bzw. die Extension aller seiner Hyponyme. Anders formuliert: *Vogel* bezieht sich auf mindestens so viele Referenten in der Wirklichkeit wie *Spatz*, und *Spatz* weist eine mindestens so präzise Merkmals- und Bedeutungsstruktur auf wie *Vogel*. Ein Wortfeld konstituiert sich dadurch, dass einem Hyperonym seine – möglichen, unterschiedlich zahlreichen – Hyponyme zugeordnet werden. Zwischen den Hyponymen (wie z. B. den in Tab. 6.1 aufgelisteten Verkehrsmitteln) besteht dann *Kohyponymie* (*cohiponimia*). Fälle, in denen zwischen den Hyponymen keine festgelegte Ordnung besteht (abgesehen davon, dass sie eben durch die gemeinsame Bedeutungskomponente Hyponyme des Oberbegriffs sind), muss man dabei von Fällen der seriellen Hyponymie unterscheiden, wo die hyponymischen Elemente z. B. räumlich geordnet sind (so bei den Ausdrücken ‚Norden‘, ‚Süden‘, ‚Osten‘, ‚Westen‘ des Wortfelds ‚Himmelsrichtungen‘) oder chronologisch, wie bei den Wochentagen, wobei man deren ‚horizontale‘ Ordnung (im Unterschied zur ‚vertikalen‘, hierarchischen Ordnung) besonders schön im Portugiesischen sieht, wo die Bezeichnungen für die Werktage einfach, am Sonntag beginnend, durchnummeriert sind (*Montag = segunda-feira*, *Dienstag = terça-feira* etc.). Die Wochentage können auch als Beispiel für eine zweite Art von Bedeutungshierarchie dienen: sie konstituieren die Woche, d. h. Montag und Dienstag sind Teile der Woche. Damit besteht zwischen den Wochentagen und dem Begriff ‚Woche‘ eine semantische Teil-Ganzes-Relation, die als *Meronymie* (*meronimia*) bezeichnet wird. Während die Meronymie eine primär materiell-referentielle Hierarchiebeziehung beschreibt, ist die Hyponymie eine primär kognitiv-konzeptuelle Hierarchierelation.

Typen von Kohyponymie

Meronymie

Wenden wir uns nun den nicht-hierarchischen Bedeutungsrelationen im Wortschatz zu, wobei die Wochentage ein weiteres Mal zur Illustration dienen sollen: Montag, Dienstag etc. sind zwar alle Hyponyme zu ‚Wochentag‘ und können damit paradigmatische Alternativen darstellen, schließen sich in ihrem Verweischarakter, also hinsichtlich ihrer zeitlichen Deixis, aber aus: sie sind inkompatibel. *Semantische Inkompatibilität* (*incompatibilidad semántica*) ist aber kein Charakteristikum von seriell-geordneten Hyponymen; auch bei nicht-serieller Hyponymie kann sie vorliegen. Z. B. schließt die Bezeich-

Nicht-hierarchische Bedeutungsrelationen

Semantische Inkompatiblität

**Synonymie =
Bedeutungs-
ähnlichkeit**

nung eines Vogels als *Spatz* seine Bezeichnung als *Pinguin* aus. Wenn keine Inkompatibilität vorliegt, haben wir es mit *Synonymie* (*sinonimia*), also der (zumindest partiellen) Bedeutungsgleichheit von Wortschatzeinheiten zu tun. So sind im Deutschen *Samstag* und *Sonnabend* beide Hyponyme von ‚Wochentag' (und Meronyme von ‚Woche'), aber sie schließen sich nicht aus. Eine Äußerung wie „Er feiert am Samstag Geburtstag, also am Sonnabend" ist nicht nur grammatisch, sondern auch semantisch akzeptabel, im Unterschied zu einer Äußerung „Er feiert am Samstag Geburtstag, also am Freitag". ‚Echte', hundertprozentige Synonymie dürfte es in der Sprache aber kaum geben, man wird immer Faktoren und Begründungen finden können, warum das eine Wort und nicht das (‚bedeutungsgleiche', besser: bedeutungsähnliche) andere Wort in einem bestimmten Kontext das besser geeignete ist. *Mujer* und *esposa* gelten zwar im Sinne von ‚Ehefrau' als bedeutungsgleich, dennoch wird je nach Kommunikationssituation die eine oder die andere Ausdrucksweise als angemessener empfunden, ganz ähnlich wie im Deutschen *Frau*, *Ehefrau* und *Gattin*. Und beim erwähnten *Samstag* vs. *Sonnabend* ist in erster Linie die geografische Zone, in der die Äußerung fällt bzw. aus der der Sprecher stammt, entscheidend.

**Antonymie =
Bedeutungs-
gegensatz**

Dem – wie gesehen, für die sprachliche Praxis nur begrenzt ergiebigen – Begriff der Synonymie steht als Gegenbegriff die *Antonymie* (*antonimia*) gegenüber, also ein starker Bedeutungsgegensatz, ein Ausdruck der Gegenteiligkeit. Bei semantischer Inkompatibilität liegt eine kontradiktorische Antonymie vor, so bei den Adjektiven *erwachsen* und *minderjährig*. Hier gilt: *tertium non datur*, eine Zwischenstufe zwischen den Antonymen gibt es nicht, nur ein Entweder-Oder. Häufiger ist der Fall der konträren oder graduellen Antonymie: Die Adjektive *kalt* vs. *heiß* sind zwar ebenso gegensätzlich wie *erwachsen* vs. *minderjährig*, aber man kann Gradierungen vornehmen (Gabriel/Meisenburg 2007: 174). Ebenfalls als Antonymie, aber ganz anderer Art, lassen sich Gegensatzpaare ansprechen, wie wir sie bei der Darstellung der *Frames*-Semantik mit *comprar* vs. *vender* kennengelernt haben: Die Verben *kaufen* und *verkaufen* versprachlichen auch einen starken Bedeutungsgegensatz, beziehen sich aber – wie erwähnt – auf denselben Vorgang, dasselbe Ereignisschema in der Wirklichkeit; der Sachverhalt wird nur in unterschiedlicher Perspektive betrachtet, was als konverse Antonymie bezeichnet wird.

Beispiel 6.6

kontradiktorische Antonymie:	erwachsen vs. minderjährig
	mayor (de edad) vs. *menor (de edad)*
konträre/graduelle Antonymie:	kalt vs. heiß
	helado vs. *caliente*
Gradierung:	eiskalt vs. kalt vs. kühl vs. warm vs. heiß
	helado vs. *frío* vs. *fresco* vs. *tibio* vs. *caliente*
konverse Antonymie:	kaufen vs. verkaufen
	comprar vs. *vender*

Im Fall der (wie gesagt, in vollkommener Form seltenen) Synonymie haben Lexeme von verschiedener Form, also mit unterschiedlichem Signifikanten, gleiche oder wenigstens ähnliche Bedeutung, also denselben Signifikaten. Wenn im umgekehrten Fall Lexeme auf der Ausdrucksseite identisch sind, aber unterschiedliche Bedeutungen aufweisen, spricht man von *Homonymie* *(homonimia)*. Homonymien kann man als „Unfälle der Sprachgeschichte" (Pöll 2002: 76) apostrophieren: Die zwei synchron homonymen sprachlichen Zeichen sind meist durch Lautwandelprozesse im Laufe ihrer historischen Entwicklung formal konvergiert. Wenn die ausdrucksseitige Konvergenz in gleicher Aussprache und gleicher Schreibweise mündete, spricht man von *Homografen (homógrafos)*. Häufig kommt bei Homografenpaaren ein Element auch aus einer ganz anderen Sprachschicht als das andere, insbesondere durch Entlehnung aus anderen Sprachen. Wenn Homonyme ‚nur' gleich klingen, ohne identisch geschrieben zu werden, spricht man von *Homophonen (homófonos)*.

Homonymie

Homografie vs. Homophonie

Homografie:	*(la) llama* = ‚Flamme' vs. ‚Lama'	**Beispiel 6.7**
	Wortherkunft: *(la) llama* von lat. FLAMMA	Homonymie
	(la) llama, Bezeichnung für Lama aus dem Quechua	
	(la) tónica = ‚Grundton' vs. ‚Tonicwater'	
	Wortherkunft: *(la) tónica* ‚Grundton' (einer Tonleiter) von gr. *tonos* ‚Spannung'	
	(la) tónica, Abwandlung des engl. ‚Tonicwater'	
Homophonie:	*(el) rayo* ‚Strahl' vs. *rallo* ‚ich reibe (1. Person Sing. Präsens von rallar)' in *yeísmo*-Gebieten	
	hojear ‚blättern' vs. *ojear* ‚beäugen'	
	(la) casa ‚Haus' vs. *(la) caza* ‚Jagd' in *seseo*-Gebieten	

Homonymie bezieht sich, wie man schnell erkennt, ausschließlich auf die Formseite des sprachlichen Zeichens und ist insofern gar kein Phänomen der Semantik. Wenn sie dennoch üblicherweise unter diesem Thema erwähnt wird, dann, weil man sie von einem anderen Phänomen, das sehr wohl für die bedeutungsmäßige Strukturierung des Wortschatzes relevant ist, abgrenzen muss, nämlich von der Polysemie, der semantischen Mehrdeutigkeit.

Bei der *Polysemie (polisemia)* hat eine sprachliche Form mehrere Bedeutungen, ist also semantisch ambig. Alle Bedeutungen gehen jedoch immer auf dasselbe Ursprungswort (Etymon) zurück. Bei der Homonymie sind also zwei verschiedene Wörter formal identisch, während bei der Polysemie dasselbe Wort verschiedene Bedeutungen hat. In beiden Fällen hilft ein Blick in die Sprachgeschichte (und damit ein Verlassen der strikt synchronischen Betrachtungsebene), um beide Phänomene voneinander abzugrenzen.

Polysemie = semantische Ambiguität

Polysemie vs. Homonymie

Beispiel 6.8 | Polysemie: *(la) lengua* = ,Zunge' vs. ,Sprache'
Wortherkunft: lat. LINGUA ,Sprache, Zunge'
(la) falta = ,der Fehler' vs. ,der Mangel, das Nicht-Vorhandensein'
Wortherkunft: vulgärlat. FALLITA/lat. FALLERE ,fehlen'

Auch fällt auf, dass die Bedeutungen eines polysemen Wortes in einer größeren semantischen Nähe zueinander stehen (oder voneinander hergeleitet
werden können), was bei homonymen Wörtern nicht der Fall ist. *Lengua*
kann Zunge und Sprache bezeichnen, weil das Organ Zunge maßgeblich an
der Produktion von Sprache beteiligt ist, und *una falta*, einen ,Fehler' im
Sinne von einer unrichtigen Angabe, kann man als ein ,Fehlen' der richtigen
Angabe interpretieren (ganz wie bei dt. *Mangel*, was auch beides – Fehler oder
Fehlen – ausdrücken kann). Aber bei *llama* besteht zwischen dem andinen
Tier und der Flamme keine solche Beziehung der semantischen Nähe oder
Relationalität, die man als Kontiguität bezeichnet. Manchmal führt das Kriterium der semantischen Nähe (bei Polysemie) bzw. Distanz (bei Homonymie)
auch auf eine falsche Fährte: So scheint zwischen *(la) pupila* ,Mündel, unter
Vormundschaft stehende Person' und *(la) pupila* ,die Pupille' keine besondere Bedeutungsnähe zu bestehen (ebensowenig wie im Englischen zwischen
(the) pupil ,Schüler' und *(the) pupil* ,Pupille', vgl. Kortmann 1999: 171), was
ein Indiz für Homonymie wäre, und doch kommen diese Wörter – sowohl
die spanischen als auch die englischen – letztlich vom gleichen lateinischen
Etymon PUPA ,Mädchen, Puppe', was eher für polysemen Charakter spricht.
Wenn also die semantische Beziehung zwischen den Bedeutungen opak, d. h.
undurchschaubar wird, dann wird Polysemie leicht zu Homonymie. Umgekehrt scheint es sich bei *(el) sueño* ,Traum' und ,Schlaf' um eine klare Polysemie zu handeln – und doch kommen beide Wörter von – allerdings in der Tat
bedeutungsnahen – getrennten Etyma (Pöll 2002: 78).

6.7 | Metapher und Metonymie: Grundprinzipien des historischen Bedeutungswandels

Wie sich bei der Abgrenzungsproblematik von Polysemie und Homonymie
gezeigt hat, führt eine rein synchronische Analyse des Wortschatzes und der
Relationen zwischen den Wortschatzeinheiten mitunter zu zweifelhaften
Ergebnissen. Auch und besonders bei der Beschäftigung mit dem Wortschatz
ist es sinnvoll, sprachhistorisches Wissen einzubringen und eine pan-chroni-
sche, den gegenwärtigen Ist-Zustand und frühere Stadien der Sprachentwicklung einbeziehende Perspektive einzunehmen.

Historische Semantik   Mit der diachronen Betrachtung der Bedeutung(en) und dem historischen
Bedeutungswandel befasst sich die *Historische Semantik* (*semántica histórica*),
die als wissenschaftliche Disziplin auf eine lange Geschichte, welche bis ins

frühe 19. Jh. reicht, zurückblicken kann (vgl. Blank 2001: 69). Ebenfalls mit der Geschichte von Wörtern befasst sich die *Etymologie* (*etimología* von gr. *étymos* ‚wahr‘ + *lógos* ‚Wort‘), die die Herkunft, Ausgangsbedeutung und Entwicklung von Wörtern – insbesondere im Sprachvergleich – untersucht. Die Etymologie war ein zentrales Forschungsgebiet der historisch-vergleichenden Sprachwissenschaft des 19. Jhs., weil sie maßgeblich dazu beitragen konnte, genetische Abstammungen und Verwandtschaften von Sprachen zu erhellen und Lautgesetze zu erkennen. Zwar gibt es viele Fälle, in denen sich die Etymologen über das korrekte Etymon nicht einig werden, aber die in den einschlägigen etymologischen Wörterbüchern vorgeschlagenen Lösungen sind in der Regel das Ergebnis genauer, durch Dokumentation hinreichend abgesicherter Forschung. Anders liegen die Verhältnisse bei der so genannten *Volksetymologie* (*etimología popular*), die mit der wissenschaftlichen Etymologie nur den Namen gemeinsam hat und auch keine historische Betrachtungsweise ist. Vielmehr handelt es sich hier um einen synchronen Wortbildungsprozess, bei dem die Sprecher ein ihnen fremdes, undurchsichtiges Lexem motivieren, in dem sie es mit ihnen vertrauten Wörtern bedeutungsmäßig und formal in Verbindung bringen.

> Etymologie: historische Herleitung von Wörtern

> Volksetymologie: ahistorische Wortherleitung

(el) vagabundo:		**Beispiel 6.9**
etymologisch:	von lat. VAGABUNDUS ‚umherstreifend, unstet‘	
volksetymologisch:	„erklärt" durch das Zusammenfügen von *vagar* ‚umherstreifen‘ und *mundo* ‚Welt‘	

Zu den Grundprinzipien des historischen Bedeutungswandels gehören die Generalisierung (Bedeutungserweiterung) und die Spezialisierung (Bedeutungsverengung) (Blank 2001: 86 ff.). Bei der *Generalisierung* (*generalización*) weitet ein Wort im Laufe der Zeit seine Bedeutung aus, dadurch wird seine Extension größer und seine Intension geringer. Die Ursprungsbedeutung ist bei der Generalisierung also hyponymisch mit der aktuellen Bedeutung verbunden, wobei sich dieser Bedeutungswandel prototypikalisch plausibel machen lässt. Bei der *Spezialisierung* (*especificación*) ist es umgekehrt, die sich entwickelnden Wörter besitzen dementsprechend eine größere Intension und geringere Extension als das Ursprungswort. Oftmals sind diachrone Prozesse semantischer Generalisierung oder Spezialisierung auf bewusst ausdrucksstarkes, expressives Sprechen oder auf abschwächenden, beschönigenden Sprachgebrauch – den so genannten Euphemismus – zurückzuführen. Wenn beispielsweise aus spätlat. TREPALIUM ‚Folter‘ (*el*) *trabajo* ‚Arbeit‘ wird, ist dies eine Bedeutungsgeneralisierung mit Extensionserweiterung, die in drastisch-expressivem Gebrauch – die Arbeit wird als Folter dargestellt – ihren Ausgang genommen hat. *Trabajo* ist dabei natürlich weit weniger drastisch als das zugrundeliegende Konzept der Folter, es hat daher eine semantische Deintensivierung stattgefunden. Umgekehrt ist es bei lat. INFIRMUS ‚schwach‘ → sp. *enfermo* ‚krank‘: Ausgangspunkt dieses Bedeutungswandels war wohl

> Generalisierung = Bedeutungserweiterung

> Spezialisierung = Bedeutungsverengung

> Intensivierung und Deintensivierung

euphemistischer Gebrauch, die aktuelle Bedeutung ist aber ausdrucksstärker, beschreibt einen heftigeren Zustand körperlicher Angegriffenheit als die Ausgangsbedeutung, es hat also semantische Intensivierung stattgefunden (hinsichtlich Intension vs. Extension ist dieses Beispiel allerdings weniger klar).

Beispiel 6.10

Generalisierung: sp. *pájaro* ‚kleiner Vogel‘ von lat. PASSER ‚Spatz‘
sp. *hablar* ‚reden‘ von lat. FABULARE ‚Geschichten erzählen‘
sp. *(el) trabajo* ‚Arbeit‘ von spätlat. TREPALIUM ‚Folter‘
Spezialisierung: sp. *colgar* ‚(auf)hängen‘ von lat. COLLOCARE ‚setzen, stellen, legen‘
sp. *oca* ‚Gans‘ von spätlat. AUCA ‚Vogel‘

Wenn durch euphemistischen Wortgebrauch aus INFIRMUS ‚schwach‘ *enfermo* ‚krank‘ wird, geschieht dies natürlich nicht ganz zufällig; denn zwischen Schwäche und Krankheit besteht ein Zusammenhang: das eine ist häufig Symptom oder Folge des anderen. Es lässt sich also eine Beziehung der semantischen Nähe herstellen, eine *Kontiguitätsrelation* (*relación de contiguidad*), eine Beziehung der „zeitliche[n], räumliche[n] oder anderweitige[n] konzeptuelle[n] Aufeinanderbezogenheit zweier Konzepte in unserem Weltwissen" (Blank 2001: 79). Bedeutungswandel aufgrund von solcher Kontiguität wird als **Metonymie –** metonymischer Prozess bezeichnet. Die *Metonymie* (*metonimia*) ist eine Stilfigur, die man vor allem aus der Rhetorik und der Literaturwissenschaft kennt, wo sie häufig als *Pars-pro-toto*-Beziehung eingeführt wird (wenn etwa in poetischer Sprache vom *Eisen* statt vom *Schwert* die Rede ist), was allerdings nur ein Aspekt dessen ist, was als metonymische Beziehung verstanden werden kann. In der historischen Semantik kommt der Metonymie als sprachlichem Verfahren und als Erklärung für diachronen Bedeutungswandel mindestens ebenso große Bedeutung zu wie einem zweiten, ebenfalls vor allem aus Rhetorik und Literaturwissenschaft als Stilfigur bekannten Verfahren, der *Metapher* **Metapher –** (*metáfora*). Im Unterschied zur Metonymie, die auf Kontiguitätsrelationen zwischen Konzepten aufsetzt, deren Bezeichnungen dann miteinander in Verbindung gebracht werden, beruht die Metapher auf Similaritätsrelationen, also auf Formähnlichkeiten. Häufig wirken beide Verfahren in einem Bedeutungswandelprozess zusammen. Dies kann man schön am Beispiel des Ersetzens von lat. CAPUT durch lat. TESTA ‚Tongefäß, Tonscherbe‘ erkennen, ein Wandel, der in Abb. 1.5 zur Illustration der Unterscheidung von Zentral- und Randromania diente. Dieser Prozess kann als Metapher gedeutet werden, wobei die runde Form des Kopfes mit der runden Form des mit TESTA bezeichneten Tongefäßes in Verbindung gebracht wird. Wenn man die in der griechisch-römischen Antike verbreitete Verwendung von Tonscherben als ‚Stimmzettel‘ bei Wahlen und Abstimmungen berücksichtigt, kann der Wandel auch durch die Assoziationskette ‚Person‘ → ‚Name der Person‘ → ‚Kopf der Person‘ (als Teil des Körpers, anhand dessen man eine Person üblicherweise identifizieren kann) begründet werden, er wäre dann metonymisch. Fügt man beim meta-

Metonymie –
Bedeutungswandel
durch Kontiguität

Metapher –
Bedeutungswandel
durch Similarität

phorischen Bedeutungswandel ‚Tongefäß‘ → ‚Kopf‘ einen Zwischenschritt ein, wonach das runde, hohle Tongefäß für den ebenfalls runden (und hohlen) Schädel steht und dieser als (für die Form maßgeblicher) Teil des Kopfes gilt, würde sich diese (wahrscheinlichere) Herleitung des Bedeutungswandels in einen metaphorischen und einen metonymischen Teilschritt gliedern (Blank 2001: 74). Metaphern und Metonymien sind daher in jedem Fall als die maßgeblichen Verfahren diachronischen Bedeutungswandels zu bezeichnen.

Ein weiteres Verfahren des historischen Bedeutungswandels, das allerdings formal an komplexe Lexien gebunden ist, stellt die lexikalische Absorption, auch (semantische) *Ellipse* (*elipsis*) genannt, dar. Dabei übernimmt ein Baustein eines mehrteiligen, aus mehr als einem Lexem aufgebauten Wortschatzelements die Gesamtbedeutung des komplexen Ausdrucks (s. auch Einheit 4.12).

Lexikalische Absorption/Ellipse

> Lexikalische Absorption: sp. *hermana* von lat. SOROR GERMANA
>
> Lexeme: SOROR ‚Schwester‘
>
> GERMANUS ‚leiblich, von denselben Eltern‘
>
> sp. *hermano* von lat. FRATER GERMANUS
>
> Lexeme: FRATER ‚Bruder‘
>
> GERMANUS ‚leiblich, von denselben Eltern‘

| Beispiel 6.11

Das attributive Adjektiv hat hier also auf dem Weg zum Spanischen die Bedeutung der gesamten lateinischen Nominalphrase absorbiert (und dadurch die Wortart gewechselt, ist also vom Adjektiv zum Substantiv geworden). Solche Prozesse des Bedeutungswandels finden sich auch in jüngeren Abschnitten der Sprachgeschichte immer wieder und in großer Zahl und können dabei sehr schnell ablaufen. Ein Beispiel für eine ‚junge‘ elliptisch-absorbierende Bildung ist das in Teilen Lateinamerikas gebräuchliche (*el*) *colectivo* für den Linienbus, das wohl aus (*el*) *transporte colectivo* ‚der öffentliche Verkehr‘ hervorgegangen ist, wobei zwischen dem komplexen Ausgangslexem und dem durch Absorption entstandenen Ziellexem zudem eine hyperonymische Beziehung besteht.

Zur Struktur des spanischen Wortschatzes

| 6.8

Wie mehrfach betont, ist das Lexikon eine besonders offene Komponente des sprachlichen Systems, in der vielfältige Variations-, Wandel-, Ablösungs- und Erneuerungsprozesse für eine ständige Dynamik sorgen. Daher erscheint es müßig zu fragen, wie groß der Wortschatz einer historischen Einzelsprache wie des Spanischen denn sei: Der Wortschatz ist ständig in Bewegung und damit nie *in toto* erfassbar. Der 1958 erschienene, umfangreiche *Thesaurus Enciclopedia del idioma* von Martín Alonso Pedraz, der den Wortschatz des Spanischen zwischen dem 12. und 20. Jh. erfasst, kommt auf etwa 300.000 Wörter (Pöll 2001: 41), die zu unterschiedlichen Zeitpunkten in der Sprache geläufig waren. Als Grundlage für eine Quantifizierung des heutigen Wortschatzes bieten sich natürlich die aktuellen Wörterbücher des

Umfang des spanischen Wortschatzes

Spanischen an. Die 22. Auflage des Wörterbuchs der Real Academia Española (2001) umfasst knapp 88.500 Worteinträge, das sind etwa 5.000 mehr als in der vorausgegangenen 21. Auflage von 1992. Besonders deutlich angestiegen ist hier die Zahl der als *americanismos* bezeichneten Wörter, der Lexeme also, die ausschließlich in Lateinamerika, aber nicht oder nicht mit demselben Bedeutungsspektrum in Spanien Verwendung finden, was natürlich auch auf eine andere Wörterbuchpolitik der Akademie zurückzuführen ist (s. Einheit 14). Aus diesem Beispiel wird deutlich, wo die Grenzen der Wörterbücher und ihres Vollständigkeitsanspruches bei einer Weltsprache wie dem Spanischen liegen: Würden die Lexikografen systematisch alle nationalen und regionalen/dialektalen Varianten als Wörterbucheinträge – so genannte *Lemmata* (Sing.

Lemma *das Lemma*, sp. *lema*) – aufnehmen, einschließlich der in den verschiedenen spanischsprachigen Ländern und Regionen aus Kontaktsprachen entlehnten Wörter, kämen sie schnell auf deutlich mehr als 88.500 Einträge. Dasselbe Problem stellt sich bei den selten gebrauchten, da z. B. als veraltet oder nur in sehr speziellen Stilen und Registern als akzeptabel geltenden Wörtern. Auch Fachvokabular, wie es z. B. von spezifischen Berufsgruppen verwendet wird, und wissenschaftliche Terminologien werfen die Frage ihrer Berücksichtigung in Wörterbüchern auf, die sich als allgemeine Gebrauchswörterbücher primär an den „Normalsprecher" richten. Dennoch: Wörter wie *byte* oder *biosfera*, die vor wenigen Jahrzehnten noch als Spezialvokabular gegolten haben, sind heute auch unter Nicht-Fachleuten gebräuchlich oder zumindest verständlich und zweifelsohne Elemente des spanischen Wortschatzes geworden.

6.9 | Spanische Lexikografie

Lexikologie vs. Lexikografie Die Untersuchung des Wortschatzes einer Sprache, wie sie in den vorangegangenen Abschnitten ansatzweise unternommen wurde, ist die Aufgabe des Lexikologen. Der Lexikograf hingegen widmet sich der Dokumentation des Wortschatzes – sei es in seiner aktuellen Zusammensetzung oder zu einem historischen Zeitpunkt – in Form von Wörterbüchern. Bei *Lexikologie* (*lexicología*) und *Lexikografie* (*lexicografía*) ist es wie bei Phonetik und Phonologie: die Disziplinen sind zwar getrennt, kommen aber nicht ohne einander aus, und dementsprechend gibt es zahlreiche inhaltliche (und personelle) Überlappungen.

Wörterbuchtypologie Wörterbücher lassen sich grundlegend nach Form und Zweck gliedern. Wie bei Grammatiken auch kann man unterscheiden zwischen deskriptiven Wörterbüchern (die das Lexikon einer Sprache beschreiben, wie es ist) und normativen Wörterbüchern (die den Wortschatz beschreiben, wie er für den Sprachgebrauch als richtig oder nachahmenswert empfunden wird), wobei natürlich auch normative Wörterbücher weitgehend deskriptiv vorgehen, da sie den Wortschatz zum Ziel der Bewertung ja auch beschreiben müssen. Relevanter ist die formal-inhaltliche Unterscheidung zwischen ein- und zwei-

(oder mehr-)sprachigen Wörterbüchern; letztere sind oft Lernwörterbücher für den Fremdsprachenerwerb. Historisch betrachtet gehen sie im Spanischen (wie in anderen europäischen Sprachen) den einsprachigen Wörterbüchern voraus: Lateinisch-spanische Wörterbücher, darunter Antonio de Nebrijas *Dictionarium ex sermone latino in hispaniensem* (1492), leiten im späten 15. Jh. die Lexikografie des Spanischen ein (s. auch Einheit 13.2). Ein einsprachiges Wörterbuch folgt mit dem *Tesoro de la lengua castellana o española* von Sebastián de Cobarrubias (1539–1613) erst 1611.

Historisch wichtige Wörterbücher des Spanischen

Das bis heute – gerade als normatives Referenzwerk – maßgebliche einsprachige Wörterbuch ist das bereits erwähnte der Real Academia Española (RAE), das erstmals zwischen 1726 und 1739 unter dem Titel *Diccionario de autoridades* erschien und an dessen 23. Auflage zur Zeit (2009) gearbeitet wird (vgl. www.rae.es). Einsprachige Wörterbücher sind meist semasiologisch angeleg-

Definitionswörterbuch

te Definitionswörterbücher: die alphabetisch geordneten Einträge gliedern sich in einen Explikations- und einen Demonstrationsteil. Der Explikationsteil umfasst vor allem die Wortgrundformen (die erwähnten Lemmata) und erläuternde Aussprache-, Grammatik-, Kategorien- und ggf. etymologische Angaben, gefolgt von der Definition, die die Bedeutungserklärung und eventuell Verwendungsmarkierungen und -restriktionen umfasst. In dem je nach Wörterbuch unterschiedlich umfänglichen Demonstrationsteil werden Bedeutung und Gebrauch anhand von Beispielen/Zitaten illustriert. Traditionell speist sich dieses illustrative Material aus literarischen Quellen (so ist auch der Zusatz „de autoridades" im

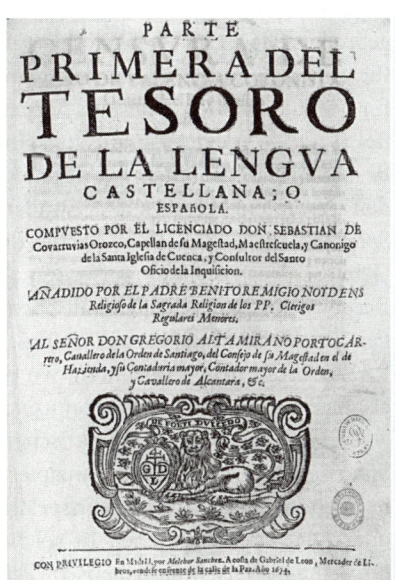

|Abb. 6.6

Tesoro de la lengua castellana o española von Sebastián de Cobarrubias (1611; Fol. Ir; www.cervantesvirtual.com)

Titel des RAE-Wörterbuchs zu verstehen), erst in jüngster Zeit beziehen Lexikografen systematisch auch nicht-literarische, informationsbetonte Textsorten in ihr Beispielkorpus mit ein. Im Fall des Spanischen ist hier vor allem der 1999 in zwei Bänden publizierte *Diccionario del español actual* von Manuel Seco *et al.* zu nennen, ferner der 2001 erschienene *Gran diccionario de uso del español actual*, herausgegeben von Aquilino Sánchez Pérez, dessen Basiskorpus CUMBRE dem Wörterbuch auf einer CD-ROM beigelegt wurde (s. Einheit 10). Ebenfalls in elektronischer Form liegen mittlerweile die meisten spanischen Gebrauchswörterbücher selbst vor. Die aktuelle Ausgabe des *Diccionario de la lengua española* der RAE beispielsweise ist ebenso wie der 2005 erschienene *Diccionario panhispánico de dudas* im Internet unter www.rae.es online zugänglich.

Wichtige aktuelle Wörterbücher des Spanischen

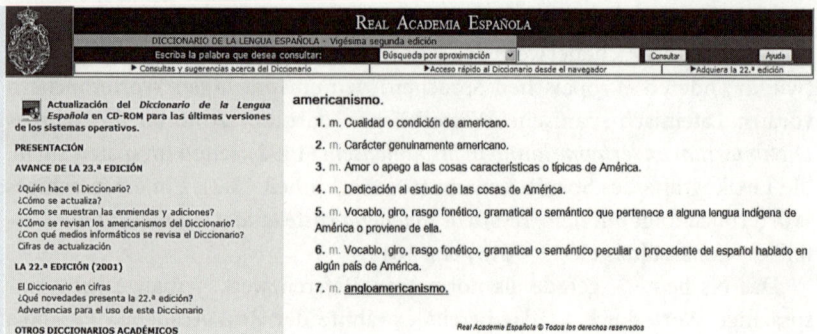

Lexikografie des außereuropäischen Spanisch

Einen besonders heiklen und zugleich von großer Uneinheitlichkeit geprägten Bereich innerhalb der Lexikografie des Spanischen stellt die Behandlung des außereuropäischen und hier insbesondere des lateinamerikanischen Sprachgebrauchs dar. Ein eigenständiges und vollständiges Definitionswörterbuch für eine nationale Varietät des Spanischen außerhalb Spaniens liegt bislang für Mexiko mit dem von Luis Fernando Lara betreuten *Diccionario del español usual de México* (1996) vor. Hingegen sind differentielle Wörterbücher des Amerikaspanischen seit dem 19. Jh. vorhanden. Diese beschreiben nicht den gesamten Wortbestand, sondern nur Wörter, die es im europäischen Spanisch nicht gibt, oder solche, die in Übersee andere Bedeutungen und Gebrauchsrestriktionen aufweisen als in Europa. Ähnlich wird auch bei der Berücksichtigung von (lexikalischen oder semantischen) Amerikanismen in aus Europa stammenden Wörterbüchern des Spanischen – insbesondere im RAE-Wörterbuch – verfahren, wo diese mittels entsprechender Markierung als diatopisch restringiert gekennzeichnet werden.

Spezial- und wissenschaftliche Wörterbücher

Neben den für den praktischen Gebrauch von Sprachbenutzern und Sprachenlernen allgemein konzipierten Wörterbüchern gibt es weitere Wörterbuchtypen, die sich an sehr spezifische Nutzerkreise richten, so etwa Fach- oder Dialektwörterbücher. In solchen Spezialwörterbüchern wird mitunter die semasiologisch-alphabetische Anordnung des Wortmaterials durch eine onomasiologische, also nach Sachbereichen geordnete Struktur ersetzt. Im Bereich der sprachhistorischen Wörterbücher sind vor allem die etymologischen Wörterbücher von Relevanz, die – wie erwähnt – über die Etyma und damit die Herkunft des Wortschatzes Auskunft geben. Für das Spanische ist hier vor allem der monumentale, von Joan Coromines (1905–1997) und José Antonio Pascual (*1942) redigierte und zwischen 1980 und 1991 erschienene 6-bändige *Diccionario crítico etimológico castellano e hispánico* zu nennen. Ebenfalls eher in den Bereich der wissenschaftlichen Wörterbücher gehören die von den Augsburger Romanisten Günther Haensch und Reinhold Werner herausgegebenen differentiellen Wörterbücher lateinamerikanischer Varietäten des Spanischen, die die Publikationsreihe der *Diccionarios contrastivos del español de America* bilden.

Auf www.bachelor-wissen.de finden Sie einen Lektüretext von Andreas Blank zum Thema *Wort und Semantik*.

Aufgaben

1 Konsultieren Sie im Internet die Seiten, die die Real Academia Española (www.rae.es) ihrem Wörterbuch *Diccionario de la lengua española* widmet: Welche Veränderungen, Ergänzungen und Neuausrichtungen wurden zwischen der 21. Auflage (1992), der 22. Auflage (2001) und der (2009 noch in Vorbereitung befindlichen) 23. Auflage vorgenommen?

2 Suchen Sie mithilfe eines etymologischen oder allgemeinen Wörterbuchs die lateinischen Etyma der folgenden spanischen Lexeme, und stellen Sie die Bedeutung dieser Etyma im Lateinischen fest. Wo liegt Bedeutungswandel vor? Wie lässt er sich erklären, welche Verfahren liegen zugrunde? (a) *llegar* ,ankommen‘, (b) (*el*) *fuego* ,Feuer‘, (c) *tener* ,haben, besitzen‘, (d) (*el*) *dinero* ,Geld‘, (e) (*la*) *pierna* ,Bein‘

3 Verschaffen Sie sich anhand des Kapitels „Bedeutungswandel: ein wissenschaftsgeschichtlicher Rückblick" in Blanks Buch *Prinzipien des lexikalischen Bedeutungswandels am Beispiel der romanischen Sprachen* (1997: 7–46) einen Überblick über die Beschäftigung mit dem Phänomen des semantischen Wandels und die Bedeutung, die dem im Lektüreausschnitt erwähnten Werk des ungarisch-britischen Linguisten Stephen Ullmann (1914–1976) in diesem Forschungsfeld zukommt.

4 Unternehmen Sie eine Semanalyse anhand einer Matrix wie in Tab. 6.1 für das folgende kleine Wortfeld. Welches Archisem schlagen Sie dafür vor? (a) (*el*) *periódico* ,Zeitung‘, (b) (*el*) *tebeo* ,Comic‘, (c) (*el*) *libro* ,Buch‘, (d) (*la*) *revista* ,Zeitschrift‘, (e) (*el*) *folleto* ,Prospekt‘

Literatur

Blank, Andreas (2001): *Einführung in die lexikalische Semantik für Romanisten*, Tübingen: Niemeyer.

Escandell Vidal, María Victoria (2003): *Fundamentos de semántica composicional*, Barcelona: Ariel.

Gabriel, Christoph/Meisenburg, Trudel (2007): s. Einheit 1.

Heim, Irene/Kratzer, Angelika (2007): *Semantics in generative grammar*, Nachdr., Malden, Mass./Oxford: Blackwell.

Hausmann, Franz Josef (ed.) (1989–1991): *Wörterbücher. Ein internationales Handbuch zur Lexikographie/Dictionaries. An international encyclopedia of lexicography*, 3. Bde., Berlin: De Gruyter.

Lyons, John (1995): *Linguistic Semantics. An introduction*, Cambridge: Cambridge University Press.

Kortmann, Bernd (1999): *Linguistik: Essentials. Anglistik – Amerikanistik*, Berlin: Cornelsen.

Metzeltin, Miguel (1990): *Semántica, pragmática y sintaxis del español*, Wilhelmsfeld: Egert.

Pöll, Bernhard (2002): *Spanische Lexikologie. Eine Einführung*, Tübingen: Narr.

Stefenelli, Arnulf (1992): *Das Schicksal des lateinischen Wortschatzes in den romanischen Sprachen*, Passau: Rothe.

Von Stechow, Arnim et al. (eds.) (1991): *Semantik. Semantics. Ein internationales Handbuch der zeitgenössischen Forschung*, Berlin: De Gruyter.

Wierzbicka, Anna (1972): *Semantic Primitives*, Frankfurt a. M.: Athenäum.

Internetquelle (Stand: Juli 2009)

Diccionario de la lengua española sowie **Diccionario panhispánico de dudas:** www.rae.es

Pragmatik

Inhalt	
7.1 Pragmatisch, praktisch, gut …	146
7.2 Kotext und Kontext, Umfelder	146
7.3 Pragmatik und die Philosophie der Alltagssprache	147
7.4 Sprechakte: Definition, Struktur, Typologie	148
7.5 Kooperationsprinzip und Konversationsmaximen	152
7.6 Implikation und Implikatur	153
7.7 Relevanztheorie	155
7.8 Sprachliche Höflichkeit und *facework*	156
7.9 Diskursmarker	159

Die Pragmatik untersucht die Bedeutung in Abhängigkeit von Kontext und Situation, in der die sprachliche Interaktion stattfindet, wobei die in der Alltagssprache häufige Divergenz von Gesagtem und Gemeintem eine große Rolle spielt. Gleichzeitig liefert die Pragmatik das Instrumentarium, um Sprechen als absichts- und zielgerichtetes Handeln zu beschreiben. In dieser Einheit werden die zentralen Konzepte, auf denen die pragmatische Analyse aufbaut, eingeführt: Die Sprechakttheorie sowie das Kooperationsprinzip und die davon abgeleiteten Konversationsmaximen. Mit der Relevanztheorie wird ein Ansatz vorgestellt, der diese theoretisch-deskriptiven Grundlagen der Pragmatik kritisch weiterentwickelt. Mit dem Phänomen des sprachlichen Ausdrucks von Höflichkeit und Respekt sowie den Diskursmarkern als Elementen, die zur Redeorganisation und zur subjektiven Modalisierung des Gesagten dienen, werden zwei Bereiche vorgestellt, die in der aktuellen pragmatischen Forschung von großem Interesse sind.

Überblick

7.1 | Pragmatisch, praktisch, gut ...

Wenn man in der Alltagssprache sagt, jemand denke oder handle pragmatisch, dann meint man damit, dass sie oder er ein Vorhaben mit Blick auf dessen maximalen Nutzen oder ein Problem im Hinblick auf dessen schnellste und effizienteste Lösung angeht. „Pragmatik" in diesem Alltagsverständnis hat also mit Nützlichkeit und Praktikabilität zu tun. In Einheit 6.1 war bereits von *Pragmatik* (*pragmática*) im sprachwissenschaftlichen Sinne die Rede; dort wurde sie (vorläufig) als Lehre von der kontext- und situationsabhängigen Bedeutung definiert. Wie lassen sich Alltags- und linguistische Spezialbedeutung zusammenbringen?

Sprechen als Handeln

Den Schlüssel dazu liefert die Etymologie: Das Wort „Pragmatik" kommt von gr. *pragma* ‚Handlung, Tätigkeit‘, und mit dem Adjektiv *pragmatikós* wurde im Griechischen belegt, wer tüchtig und erfahren war, also Handlungsorientiertheit und Vertrautheit mit der Praxis zeigte. Betrachtet man Sprache auf pragmatischer Ebene, so hat man dabei einerseits die Bezüge der sprachlichen Äußerungen zur Realität – eben zum Kontext und zur Situation, in die die Äußerungen eingebettet sind – im Blick; andererseits betrachtet man Sprache und Sprechen als eine Problemlösestrategie, mit der der Sprecher eine bestimmte Absicht verfolgt, nämlich beim Hörer eine (sprachliche oder nicht-sprachliche) Reaktion hervorzurufen und damit einen kommunikativen „Erfolg" zu erzielen. Pragmatik lässt sich also präziser als die linguistische Subdisziplin beschreiben, die sich mit dem Gebrauch von Sprache als Handlung in bestimmten Situationen befasst. Die Situation gibt dabei die Möglichkeiten und Grenzen des Handelns vor; wenn man sprachlich handelt, setzt man sich mit der Situation, den Akteuren und den Elementen, die sie konstituieren (den Gesprächspartnern, den äußeren Rahmenbedingungen etc.), auseinander.

Interaktion

Diese ‚Auseinandersetzung‘ wird als *Interaktion* (*interacción*) bezeichnet, linguistische Pragmatik lässt sich damit auch (in einem weiten Sinne) als Lehre von der sprachlichen Interaktion beschreiben.

7.2 | Kotext und Kontext, Umfelder

Greifen wir nochmals das bereits in Einheit 6.1 verwendete Beispiel auf und entwickeln es weiter:

Beispiel 7.1 |

In der kühleren Jahreszeit halten sich in einem Raum bei geöffnetem Fenster eine Sprecherin A und ein Sprecher B auf. Nach einer Weile sagt
A: *Tengo frío.*

Sprechhandlung

Mit dieser Äußerung vollzieht A eine Sprechhandlung: A macht die Äußerung nicht um ihrer selbst willen (z. B. weil sie sie poetisch findet) und auch nicht – oder jedenfalls nicht primär – wegen ihrer satzsemantischen (s. Einheit 6) Bedeutung des Kältegefühl-Habens, sondern um bei B eine Reaktion zu provozieren. Diese kann, wie erwähnt, wiederum sprachlich oder aber nicht-sprachlich sein:

zu Beispiel 7.1

	(A: *Tengo frío.*)
Sprachliche Reaktion:	B: *Pues, mira, si quieres te dejo mi jersey.*
Nicht-sprachliche Reaktion:	B steht auf, schließt das Fenster/dreht die Heizung an/legt A seinen Pullover über die Schulter

Die nicht-sprachliche Reaktion von B erklärt sich nahezu ausschließlich durch die Situation, in der A ihre Äußerung macht: B setzt sie mit den außersprachlichen Elementen und Rahmenbedingungen in Beziehung, die ihm ebenso zugänglich sind wie A, weil beide die Situation gemeinsam erleben (und beide darüberhinaus ein gemeinsames Welt- und Handlungswissen haben). In der Variante der sprachlichen Reaktion nimmt B hingegen auf die konkrete Situation und ihre konstitutiven Elemente (offenes Fenster/niedrige Temperatur/ausgeschaltete Heizung) kaum Bezug, vielmehr erklärt sich diese sprachliche Reaktion in ihrem Inhalt und ihrer Struktur vor allem durch die zuvor von A gemachte Äußerung: So zeigt B mit *pues* an, dass er die Aussage von A wahrgenommen hat und darauf eingehen möchte; mit *mira* kündigt er an, dass er ihr einen Vorschlag machen wird, für den er um Aufmerksamkeit bittet; und mit *si quieres* gibt er zu verstehen, dass er A die Freiheit lässt, den Vorschlag anzunehmen oder nicht. Diese sprachliche Reaktion wäre also stärker vom sprachlichen Kontext abhängig, konkret: von dem, was A zuvor gesagt hat. Die nicht-sprachliche Reaktion hingegen wäre mehr vom außersprachlichen Kontext, der Situation geprägt. Im Interesse terminologischer Präzision ist es sinnvoll, den Begriff *Kontext* (*contexto*) auf diese außersprachlich-situativen Faktoren des Sprechens zu beschränken, während man den sprachlich konstituierten Rahmen einer Äußerung als *Kotext* (*cotexto*) bezeichnen kann. Diese Unterscheidung wird zwar in der Forschung nicht konsequent angewandt, sie erweist sich aber rasch als ausgesprochen nützlich; dies um so mehr, als bei der pragmatischen Einbettung von Äußerungen – wie das fingierte Beispiel erahnen lässt – in der Regel gleichzeitig kotextuelle und kontextuelle Bezüge bestehen. Der sprachliche Kotext und der außersprachliche Kontext sind die zwei wichtigsten *Umfelder* (*entornos*) des Sprechens (s. Einheit 8). Eine feingliedrige Darstellung verschiedener Umfelder finden Sie auf www.bachelor-wissen.de.

Gesagtes und Gemeintes

Kontext = situationaler Rahmen

Kontext = sprachlicher Rahmen

Pragmatik und die Philosophie der Alltagssprache |7.3

In der Geschichte der zeitgenössischen Sprachwissenschaft wird ab den späten 1960er Jahren von einer „pragmatischen Wende" gesprochen. Die Erkenntnis, dass Sprache/Sprechen Bestandteil und Ausdruck menschlichen Handelns sind, galt zu jenem Zeitpunkt als neu und bemerkenswert. Warum hatte die „Entdeckung" der pragmatischen Dimension von Sprache eine solche Wir-

pragmatic turn

kung, dass die Pragmatik heute zu den dynamischsten Teilbereichen der Sprachwissenschaft zählt?

Die linguistische Pragmatik nahm in der Sprachphilosophie ihren Ausgang, konkret in der Auseinandersetzung mit der bis dato dominierenden wahrheitsfunktionalen Semantik, die eng mit den Fragestellungen der Logik nach dem Wahr- oder Falsch-Sein von Äußerungen verbunden war. Im Zuge der vor allem in Großbritannien an den Universitäten von Cambridge und Oxford entwickelten Philosophie der Alltagssprache („Ordinary Language Philosophy") stellten Sprachphilosophen fest, dass sich viele alltäglich gemachte Äußerungen einer Bewertung nach dem Wahr-Falsch-Kriterium entziehen. Eine Begrüßungsformel wie *Guten Tag* oder *Buenos días* kann man ebensowenig als ‚wahr' oder ‚falsch' klassifizieren wie die Aufforderung „Komm nicht zu spät nach Hause!". Dennoch werden solche Äußerungen von Sprechern kommunikativ erfolgreich eingesetzt und von Hörern dekodiert und ‚verstanden'. Gleichzeitig ist die Alltagssprache – insbesondere in ihrer primären, mündlichen Form – durch bisweilen auf den ersten Blick unstrukturierte und wenig kohärente Äußerungsgefüge gekennzeichnet. In einem Beispiel wie dem folgenden:

Margin: Wahrheitsfunktionale Semantik

Margin: Philosophie der Alltagssprache

Beispiel 7.2

A: *¿Juan se viene al cine?*
B: *Hoy juega el Barça.*

scheint die Antwort an der Frage völlig vorbeizugehen. Dennoch ‚beantwortet' B mit der Aussage, dass der Fußballklub Barcelona spielt, erfolgreich und weitgehend erwartungsgemäß die Frage von A, der versteht, dass Juan ein Fan dieses Klubs ist und nie etwas anderes unternimmt, wenn ‚sein' Verein spielt.

Die Beschäftigung mit Äußerungen, die keinen (oder zumindest keinen eindeutig zuzuweisenden) Wahrheitswert haben, und mit dem, was Sprecher mitteilen können, ohne es wortwörtlich zu versprachlichen, bildet den Kernbereich pragmatischer Forschung.

7.4 | Sprechakte: Definition, Struktur, Typologie

Der Handlungsaspekt des Sprechens ist konstitutiv für die pragmatische Untersuchung von Sprache. Wie kann man mit Sprache handeln und agieren? Diese Frage stellte schon in den 1950er Jahren der der *Ordinary-Language*-Strömung zuzurechnende Sprachphilosoph John L. Austin in seinem 1962 postum erschienenen Buch *How to do things with words*. Am deutlichsten wird das Handlungsmoment des Sprechens, wenn eine Handlung genau in dem Moment und nur dadurch vollzogen wird, dass man sie ausspricht, z. B. wenn man etwas verspricht, etwas schwört oder jemanden oder etwas tauft:

Abb. 7.1

John L. Austin
(1911–1960)

A: Ich schwöre dir ewige Treue.

A: Ich taufe dich auf den Namen „Titanic".

(A: Ich kaufe dir ein gutes Buch.)

Beispiel 7.3

Dass hier die Handlung des Taufens bzw. Schwörens – anders als die des Kaufens – unmittelbar mit dem Äußern des entsprechenden Satzes verbunden ist, wird durch die Hinzufügbarkeit des Adverbs „hiermit" deutlich:

Performative Verben

A: Hiermit schwöre ich dir ewige Treue.

A: Hiermit taufe ich dich auf den Namen „Titanic".

(A: #Hiermit kaufe ich dir ein gutes Buch.)

zu Beispiel 7.3

Verben wie *taufen*, *schwören* und *versprechen* bezeichnet man als *performative Verben* (*verbos performativos*). Mit der Raute # im letzten Beispiel wird markiert, dass dieser Satz zwar grammatisch korrekt, aber pragmatisch unangemessen ist, also unter normalen Ko- und Kontextbedingungen nicht akzeptabel wäre (zu dieser Konvention s. Einheit 5.2).

Die verschiedenen Sprechakte können anhand von unterschiedlichen Verben, die Sprechhandlungen bezeichnen, so genannte *Sprechaktverben* (*verbos de actos de habla*) klassifiziert werden. Die performativen Verben sind ein Sonderfall, weil hier die vom Sprecher durch die Äußerung vollzogene Sprechhandlung durch die Semantik des Verbs, das den Kern der Äußerung bildet, wiedergegeben wird. Das, was ausgesagt wird, versprachlicht damit, was mit der Aussage bezweckt wird. Normalerweise sind *Sprechakte* (*actos de habla*, engl. *speech acts*) komplexer aufgebaut. Nach dem US-amerikanischen Sprachphilosophen John Searle, der die Sprechakttheorie von Austin weiterentwickelte, lässt sich ein Sprechakt in mehrere Teilakte untergliedern (vgl. Meibauer 1999: 86 ff.):

Sprechaktverben

Abb. 7.2
John Searle (*1932)
Teilakte eines
Sprechakts

► Den *lokutionären Akt* (*acto locutivo*), d.h. den Äußerungsakt: sprachliche Elemente werden artikuliert; dieser (Teil-)Akt ist zwar für das Sprechen grundlegend, für die pragmatische Analyse aber von geringerer Wichtigkeit;

Lokutionärer Teilakt

► den *propositionalen Akt* (*acto proposicional*), also den Aussageakt: Referenten der außersprachlichen Wirklichkeit werden Eigenschaften zugeschrieben oder Handlungen zugeordnet, d.h. über sie wird etwas prädiziert; dieser (Teil-)Akt betrifft eher die semantische als die pragmatische Bedeutungsebene;

Propositionaler Teilakt

► den *illokutionären Akt* (*acto ilocutivo*), d.h. die Zuschreibung einer bestimmten kommunikativen Absicht, eines Aussageziels, das mit der Sprechhandlung erreicht werden soll; dieser (Teil-)Akt ist der für die pragmatische Analyse zentrale;

Illokutionärer Teilakt

► der *perlokutionäre Akt* (*acto perlocutivo*), der eine Wirkungsabsicht, eine möglicherweise intendierte Reaktion des Hörers betrifft; er ist hinsichtlich der Bewertung, ob ein Sprechakt erfolgreich war, zwar essenziell, aber als

Perlokutionäre Effekte

gleichwertiger Teilakt neben den drei zuvor beschriebenen Akten umstritten. Man spricht häufig vorsichtiger von einem perlokutionären Effekt.

Beispiel 7.4 | Wenn ein Sprecher A sagt:

A: *A Juan le gusta el fútbol.*

dann setzt sich seine Sprechhandlung aus folgenden Akten zusammen:

– lokutionärer Akt: A artikuliert die Lautfolge /aˈxwanleˈɣustaɛlˈfuðβol/;
– propositionaler Akt: A schreibt Juan die Eigenschaft zu, sich für Fußball zu interessieren;
– illokutionärer Akt: A macht eine Aussage oder eine Behauptung über Juan und hat als intendierten Effekt, einen anwesenden Hörer B über Juans Freizeitbeschäftigungen zu informieren.

Äußert Sprecher A dagegen:

A: *¿A Juan le gusta el fútbol?*

dann bleibt zwar der propositionale Akt derselbe (Juan wird nach wie vor die Eigenschaft des Fußballinteresses zugeschrieben), der lokutionäre Akt ist jedoch leicht anders (die Lautfolge bleibt zwar gleich, aber die suprasegmentale Eigenschaft der Intonation verändert sich: A hebt am Ende der Äußerung die Stimme) und der illokutionäre Akt ist völlig verschieden: A sagt nichts aus oder macht eine Behauptung, sondern fragt etwas, fordert also zu einer Antwort auf.

Assertiver Sprechakt   Im Fall der Aussage liegt ein assertiver (oder auch repräsentativ genannter) illokutionärer Akt (mit vagem perlokutionären Effekt) vor, im Fall der Frage

Direktiver Sprechakt   ein im weitesten Sinne direktiver illoktionärer Akt mit eindeutigem intendierten Effekt, nämlich dem Liefern einer Antwort durch B.

Definition

> *Assertive Akte* (*actos asertivos*) sind Sprechhandlungen, deren illokutionäre Kraft sich mit Verben wie *aussagen*, *behaupten*, *feststellen*, *beschreiben* etc. veranschaulichen lässt. *Direktive Akte* (*actos directivos*) sind dagegen mit Sprechaktverben wie *befehlen*, *auffordern* oder *bitten* assoziierte Akte.

Assertive und *direktive Akte* bilden die zentralen Typen illokutionärer Akte. Daneben gibt es noch zwei weitere Typen (vgl. Meibauer 1999: 95 f.):

Kommissiver Sprechakt   ▶ *Kommissive Akte* (*actos compromisorios*): Sie ähneln den direktiven Akten, haben also mit Anweisung und Verpflichtung zu tun, wobei hier allerdings der Sprecher nicht andere, sondern sich selbst zu einer Handlung anweist; entsprechende Sprechaktverben wären *versprechen*, *schwören*, *drohen*;

Expressiver Sprechakt   ▶ *expressive Akte* (*actos expresivos*): Sie bringen einen psychischen Zustand des Sprechers zum Ausdruck und lassen sich durch Verben wie *danken*, *(sich) entschuldigen*, *(sich) beklagen* beschreiben. Die Frage „*¿A Juan le gusta el fútbol?*" kann z. B. auch einen expressiven Akt beinhalten, wenn A keine Antwort von B haben, sondern seine Verwunderung oder Überraschung über Juans Hobby zum Ausdruck bringen will.

Einen Sonderstatus haben so genannte *deklarative Akte* (*actos declarativos*), wie z. B. durch die Sprechaktverben *ernennen, vermählen* oder *taufen* ausgedrückt: Sie stehen zwischen assertiven und direktiven illokutionären Akten, erfordern einen festen institutionellen Rahmen (Mann und Frau für verheiratet oder einen Krieg erklären kann und darf nicht jede/r) und sind vielfach durch die Verwendung performativer Verben gekennzeichnet.

Deklarativer Sprechakt

Die in der eben dargestellten Typologie angeführten Sprechaktverben zeigen, wie der jeweilige illokutionäre Sprechakt zu verstehen ist und welche kommunikative Funktion oder Absicht der Sprecher damit verbindet. Sie können somit als *Illokutionsindikatoren* (*indicadores ilocutivos*) dienen. Eine solche Funktion können auch bestimmte Adverbiale wie *por desgracia* (expressiver illokutiver Akt) oder *por favor* (direktiver Akt) und die so genannten Satzmodi – also die eher formal definierten Satzformen des Aussage-, Frage- oder Aufforderungssatzes – sowie die mit ihnen verbundenen Intonationsmuster erfüllen.

Illokutionsindikatoren

> Assertiver Sprechakt, Behauptung oder neutrale Feststellung:
> *A Juan le gusta el futból.*
> Expressiver Sprechakt, subjektive Bewertung:
> *Por desgracia, a Juan le gusta el futból (pero a mí, no).*

| **Beispiel 7.5**

Mitunter gibt es zwischen dem, was Illokutionsindikatoren erwarten lassen, und der tatsächlich mit der Sprechhandlung verbundenen Absicht oder Funktion Widersprüche: so zeigt in einer Äußerung wie „Diese Sache wird Folgen haben, das schwöre ich dir" das Sprechaktverb *schwören* keinen kommissiven, sondern eher einen expressiven illokutiven Akt (eine Drohung) an. Ein ähnlicher Fall liegt bei der schon mehrfach angeführten Äußerung *tengo frío* vor: der Satzmodus ‚Aussagesatz' indiziert eigentlich einen assertiven Sprechakt, also eine Beschreibung eines (körperlichen) Zustands. Die intendierte Illokution ist aber die eines direktiven Aktes, also eine Aufforderung (z. B. zum Schließen des Fensters). Wenn der gemeinte illokutive Akt vom wörtlich ausgedrückten abweicht, spricht man von einem *indirekten Sprechakt* (*acto de habla indirecto*). Die gemeinte Illokution ist dabei die pragmatisch primäre, die wörtlich ausgedrückte demgegenüber sekundär.

Indirekter Sprechakt

Indirektheit beim Vollzug von Sprechakten ist in gewisser Weise ein Verstoß gegen grundlegende Spielregeln der Interaktion, die in der Sprechakttheorie als *Gelingensbedingungen* (*condiciones de felicidad*) für Sprechakte und damit für kommunikativen Erfolg betrachtet werden. Dass erfolgreiche Kommunikation (problem- und risikolos) nur bei Beachten von bestimmten Grundsätzen der Kooperation gewährleistet wird, zeigt ein anderer grundlegender Ansatz der Pragmatik.

Gelingensbedingungen

7.5 | Kooperationsprinzip und Konversationsmaximen

Grundlage dieses Ansatzes, der von dem englischstämmigen, aber lange Zeit in den USA lehrenden Sprachphilosophen Hermann Paul Grice (1913–1988) entwickelt wurde, ist die Einsicht, dass sich Menschen in ihrem Handeln grundsätzlich von der Vernunft leiten lassen. Bei sprachlichem Handeln bedeutet dies, dass die Gesprächspartner sich kooperativ verhalten, also versuchen, den gegenseitigen Erwartungen zu entsprechen und gemeinsam dazu beizutragen, dass die Kommunikation erfolgreich ist. Konkret besagt dieses *Kooperationsprinzip* (*principio de cooperación*):

Kooperationsprinzip

> Mache deinen Beitrag zur Konversation genau so, wie es der Punkt der Konversation, an dem er erfolgt, erfordert, wobei das, was erforderlich ist, bestimmt ist durch den Zweck oder die Richtung des Gesprächs, in dem du dich befindest. (übers. nach Meibauer 1999: 25)

Vier Konversationsmaximen

Aus diesem übergeordneten Kooperationsprinzip leitet Grice vier weitere Prinzipien ab, die als *Konversationsmaximen* (*máximas conversacionales*) bekannt sind und wie folgt umschrieben werden können:

► *Maxime der Quantität* (*máxima de cantidad*): „Mache deinen Redebeitrag so informativ wie nötig, aber nicht informationshaltiger";
► *Maxime der Qualität* (*máxima de calidad*): „Gestalte deinen Redebeitrag so, dass er wahr ist; sage nichts, von dem du weißt, dass es falsch ist oder für dessen Wahrheit du keine Indizien und Belege hast";
► *Maxime der Relation/Relevanz* (*máxima de relación/de relevancia*): „Mache deinen Redebeitrag relevant für die Kommunikation";
► *Maxime der Modalität/Art und Weise* (*máxima de manera/de modalidad*): „Äußere dich klar und deutlich, knapp und geordnet, vermeide Mehrdeutigkeit".

Konversationsmaximen als deskriptive Prinzipien

Diese von Grice selbst eingeführte Formulierung der Konversationsmaximen könnte den Eindruck erwecken, es ginge hier um normative Vorgaben, um eine Art moralischen Leitfaden für „gutes" Sprechhandeln. So sind die vier Maximen und das übergreifende Kooperationsprinzip aber nicht gemeint; vielmehr sind sie als deskriptive Prinzipien zu verstehen, die insbesondere dazu dienen, zu erklären, warum wir die pragmatische Bedeutung von Äußerungen, also die Bedeutung jenseits der wörtlichen Bedeutung, erfassen können. Als deskriptive Prinzipien gelten die Maximen nicht absolut, sondern relativ zueinander und zu äußeren, durch den besprochenen Sachverhalt sowie kontextuell gegebenen Parametern. So bedeutet die Modalitätsmaxime nicht, dass die kürzeste Äußerung immer die kommunikativ erfolgreichste ist.

Relativität der Maximen

Die Relativität der Konversationsmaximen ist im Kooperationsprinzip angelegt, das themen- und situationsangemessenes Sprechen als Grundlage jeder erfolgreichen Kommunikation beschreibt.

Wenn Sprecher sich bewusst sind oder zumindest vermuten, dass ihre Äußerung nicht (in vollem Umfang) den Konversationsmaximen entspricht, signalisieren sie dies häufig mit so genannten *Heckenausdrücken* (engl. *hedge* ‚Hecke‘, *atenuadores*). Durch ein „perdón por decirlo de esta manera" deutet man an, dass die Art und Weise des Ausdrucks möglicherweise nicht angemessen ist; mit „dicho sea de paso" wird signalisiert, dass der Anspruch der Relevanz und Relationalität zum aktuellen Gesprächsgegenstand nicht eingelöst werden kann.

hedges

Implikation und Implikatur

|**7.6**

Kommunikation ist dann erfolgreich, wenn der Hörer die Absicht, die der Sprecher mit seiner Sprechhandlung verfolgt, erkennt, also die Äußerung verstehen und in Bezug auf Gesprächsthema und -situation interpretieren kann. Bei diesem Interpretationsvorgang setzt der Hörer die Gültigkeit des Kooperationsprinzips und der daraus ableitbaren Konversationsmaximen voraus. Bei Äußerungen, bei denen dies offensichtlich der Fall ist, stellt die Interpretation kein Problem dar.

Kommunikations-erfolg

> Wenn Sprecherin B ihrem wartenden Partner A, der sie per Handy gefragt hat, wann sie nach Hause käme, antwortet: „Llego dentro de 30 minutos", besteht keine Gefahr des Scheiterns der Kommunikation. Antwortet B jedoch: „Estoy en el tren, estamos saliendo de Atocha", scheint sie As kommunikatives Anliegen nicht verstanden zu haben. A geht jedoch davon aus, dass sich B (zumindest ein Stück weit) kommunikativ kooperativ verhält, und versucht, die Äußerung so zu interpretieren, dass sie den Maximen – vor allem der Quantitäts- und der Relevanzmaxime – entspricht. A wird durch Schlussfolgerungen versuchen, das von B Gemeinte (den Zeitpunkt ihrer Ankunft zu Hause) auf der Grundlage des von B Gesagten zu erschließen, etwa durch folgende Schlussfolgerungen: „B sagt mir, dass ihr Zug gerade im Bahnhof Atocha abfährt. B geht davon aus, dass ich weiß, wo dieser Bahnhof liegt und dass die Zugfahrt von dort bis zu unserem Wohnort sowie der anschließende Fußweg zur Wohnung etwa 30 Minuten dauert. B will mir sagen, dass sie in 30 Minuten zu Hause ist."

|**Beispiel 7.6**

Der kognitive Vorgang des Erschließens von (zusätzlichen) Informationen aus vorhandenen Informationen wird als *Inferenz* (*inferencia*, von lat. INFERRE ‚hineintragen, hinzufügen‘) bezeichnet. Eine Inferenz auf der Grundlage der semantischen (= kontextunabhängigen) Bedeutung ist eine *Implikation* (*implicación*); Austin gibt dafür im erwähnten Buch von 1962 die Beispieläußerung „Die Katze ist auf der Matte", die die Aussage „Die Matte ist unter der Katze" impliziert. Im Falle des Atocha-Beispiels kann A aus Bs Aussage die Information der Zeitdauer aber nur durch Bezug auf kontextabhängige Faktoren (z. B. das gemeinsame Wissen um die Transportwege und Fahrzeiten öffentlicher Verkehrsmittel) erschließen, inferiert also auf pragmatischer Grundlage.

Inferenz

Implikation

Implikatur

Eine pragmatische Inferenz nennt man mit Grice – und in Abgrenzung zur semantischen Implikation – eine *Implikatur* (*implicatura*). Implikaturen können – im Gegensatz zu Implikationen – streichbar sein, d. h. vielfach kann man sie unmittelbar nach der Äußerung, aus der sie gefolgert werden (können), zurücknehmen oder negieren.

Beispiel 7.7

Aus der Äußerung *Juan abraza a María* lassen sich zwei Aussagen folgern:
1. *Juan toca a María.*
2. *Juan quiere a María.*

Aussage 1 ist eine Implikation des Ausgangssatzes; es ist kaum möglich, zu sagen: „Juan abraza a María pero no la toca". Aussage 2 ist eine Implikatur des Ausgangssatzes, es lässt sich also sagen: „Juan abraza a María pero no la quiere", ohne dass dies als unplausibel erachtet würde.

Konversationelle vs. konventionelle Implikatur

Grice bezeichnet in höchstem Maße von Situationswissen abhängige Implikaturen, wie sie an Beispiel 7.6 illustriert wurden, als *konversationell* (*implicatura conversacional*). Sie funktionieren nur in diesen spezifischen Kontexten. Es gibt daneben weniger kontextsensitive Implikaturen, bei denen zwar auch nicht genau das Gemeinte gesagt wird, aber die konventionelle Bedeutung der Lexeme und die grammatische Struktur den Schluss nahelegen. So lässt sich aus der Äußerung „Juana se encuentra con su marido para hablar de su divorcio" ableiten, dass es um die Scheidung zwischen Juana und ihrem Mann geht; die inhaltliche Kontiguität der Lexeme *marido* und *divorcio* (beide verweisen unmittelbar auf den Inhaltsbereich ‚Eheverhältnis'; s. Einheit 6) drängen diese Interpretation geradezu auf. Solche *konventionellen Implikaturen* (*implicaturas convencionales*) teilen mit den Implikationen das Charakteristikum der Nicht-Streichbarkeit, man kann also nicht sagen: „Juana se encuentra con su marido para hablar de su divorcio pero no del divorcio con él". Die Nicht-Streichbarkeit und Nicht-Hinterfragbarkeit der konventionellen Implikatur machen klar, weswegen man auf sie auch den Begriff der *Präsupposition* (*presuposición*, von lat. PRAESUPPONERE, ‚voraussetzen') anwenden kann. Auch bei der Äußerung „Juana se encuentra con su abogado para hablar de su divorcio" wäre die konventionelle Implikatur, dass es um die Scheidung von Juana und ihrem (hier nicht erwähnten) Mann geht. Soll die Äußerung so interpretiert werden, dass hier die Scheidung von Juana und dem Anwalt gemeint ist, würde dies eines sehr speziellen Kontextes bedürfen, der vom Sprecher möglicherweise erst durch eine Ergänzung der Äußerung hergestellt werden müsste, etwa durch die Aussage „Ya sabes que el marido de Juana es abogado". Diese konversationelle Implikatur ist dann aber ohne Weiteres streichbar: „Juana se encuentra con su abogado para hablar de su divorcio pero no del divorcio con él".

Relevanztheorie

|7.7

Im Ansatz von H. Paul Grice kommt dem Kooperationsprinzip eine über-geordnete Stellung zu, da daraus die als Konversationsmaximen bekannten Prinzipien der Quantität, Qualität, Relevanz/Relation und Modalität abgeleitet werden. Ein in den 1980er Jahren von dem französischen Anthropologen und Kognitionswissenschaftler Dan Sperber und der britischen Linguistin Deirdre Wilson konzipierter Grice-kritischer Ansatz, die *Relevanztheorie* (*teoría de la relevancia*, auch: *de la pertinencia*; vgl. Sperber/Wilson ²1996), sieht hingegen – wie die Bezeichnung erahnen lässt – in der Relevanzmaxime eine Art „Super-Prinzip", das jeder menschlichen Kommunikation zugrundeliegt. Hinter der allumfassenden Devise „Be relevant!" steht die Annahme, dass jede Äußerung maximal relevant ist oder sein will. Maximale Relevanz ergibt sich für Sperber und Wilson aus dem Verhältnis von kontextuellen Effekten – der kommuni-zierten und erschließbaren Information, dem Wissensgewinn – einer Äuße-rung und ihrem kognitiven Verarbeitungsaufwand. Optimal relevant ist eine Äußerung, bei der mit möglichst geringem Verarbeitungsaufwand möglichst große kontextuelle Effekte erzielt werden.

Relevanzmaxime als übergeordnetes Prinzip

Verarbeitungsauf-wand vs. kontextuelle Effekte

> A: *¿Vamos a la playa esta tarde?*
> B: *No.*
>
> A gelangt hier mit minimalem Aufwand zur Erkenntnis, dass B nicht zum Baden gehen möchte. Antwortet B hingegen: „Dicen en la radio que va a llover por la tarde", dann ist der Verarbeitungsaufwand für A deutlich größer, schon weil die Aussage von B länger und komplexer ist. Allerdings weiß A damit nicht nur, dass B nicht an den Strand möchte, sondern erfährt zusätzlich, dass der Wetterbericht Regen vorhersagt, was vielleicht auch A davon abhält, den Plan des Badens weiterzuverfolgen. Dem erhöhten kognitiven Aufwand stehen also größere kontextuelle Effekte gegenüber, die längere Antwort von B kann damit in gleicher Weise (optimal) relevant sein wie das kurze „no".

|Beispiel 7.8

Die kontextuellen Effekte, wie Sperber und Wilson sie verstehen, beziehen sich allerdings nicht auf einen gegebenen situativ-materiellen Kontext, wie in Abschn. 7.2 dargestellt, sondern auf einen kognitiven Kontext, der von den Kommunikationspartnern und vor allem vom Hörer ‚konstruiert' werden muss; die Autoren sprechen hier von „contextual enrichment".

„Kognitiver Kontext"

> Bleiben wir beim Wetter: wenn A fragt „¿Lloverá esta noche?" und B antwortet: „Está bastante nublado", wird A die Interpretation von Bs Aussage leicht fal-len, da ein Kontext, der Wolken am Himmel mit potentiellem Niederschlag in Beziehung setzt, schnell gefunden ist. Antwortet B hingegen: „Tengo entradas para un concierto al aire libre", kostet es A größere Mühe, einen Kontext zu kon-struieren, in dem dann das Besitzen von Konzertkarten eine relevante Reaktion auf die Frage nach möglichem Regen darstellt.

|Beispiel 7.9

Prozedurale vs.
propositionale
Information

Wenn der Sprecher absieht, dass der Hörer Probleme bei der Konstruktion eines passenden Kontextes haben könnte, kann er ihm zusätzliche Hinweise auf den intendierten relevanten Kontext geben; Sperber/Wilson bezeichnen solche Hilfsmittel bei der Kontextfindung als *prozedurale Information* (*información procedural*), im Unterschied zur *propositionalen* (*información proposicional*, bei Sperber/Wilson: konzeptuellen) Information von Aussagen. Besonders wichtige Elemente mit prozeduraler Bedeutung sind Diskursmarker (s. Abschn. 7.9). Mitunter ist aber schon der propositionale Gehalt einer Äußerung unvollständig und muss durch Inferenz komplettiert werden.

Beispiel 7.10

Auf der Grundlage der semantisch-kontextunabhängigen Bedeutung ist bei der Aussage „¿Dónde está la azafata?" im peruanischen Spanisch nicht entscheidbar, ob sie sich auf eine Stewardess oder ein Tablett bezieht. Schon um das wörtlich Gesagte zu verstehen, ist hier Kontexteinbezug notwendig, also etwa ob die Aussage an Bord eines Flugzeugs oder in einem Selbstbedienungsrestaurant gemacht wird.

Explikatur

Eine solche kontextuelle „Anreicherung" der propositional-referentiellen Ebene einer Äußerung wird in der Relevanztheorie – in Anlehnung an und zugleich in Abgrenzung vom Begriff der Implikatur – als *Explikatur* (*explicatura*) bezeichnet.

7.8 | Sprachliche Höflichkeit und *facework*

Zuvor ist betont worden, dass für das Kooperationsprinzip und die daraus abgeleiteten Konversationsmaximen keine absolute Gültigkeit beansprucht wird, da aufgrund anderer, die menschliche Kommunikation leitender Grundsätze nicht selten dagegen „verstoßen" werden muss. Am häufigsten für die Nichtbeachtung der Griceschen Prinzipien verantwortlich sind die Regeln und kommunikativen Strategien der *sprachlichen Höflichkeit* (*cortesía verbal*). Wenn man auf die Einladung zum Ausgehen, „¿Te vienes a tomar algo con nosotros esta tarde?", nicht eingehen möchte, kann man natürlich einsilbig mit „No" antworten. In der Regel formuliert man die Ablehnung jedoch aufwändiger und sagt etwa „Mira, me gustaría mucho pero esta tarde no puedo, lo siento. La próxima vez será." Die kommunikative Absicht und damit der illokutionäre Akt (s. Abschn. 7.4) bleiben gleich, doch obwohl auf den ersten Blick gegen die Quantitätsmaxime verstoßen wurde, wird die aufwändigere Antwort sicher als situationsangemessener empfunden. Warum ist das so?

Face, Gesicht

Zentral für das Verständnis sprachlicher Höflichkeit ist der *face*-Begriff (*imagen* [*pública*]), auf Deutsch durchaus wiederzugeben mit ‚Gesicht' (wenngleich auch in der deutschsprachigen Forschung meistens das englische Wort bevorzugt wird). Das Gesicht bestimmt in der Regel das Bild, das wir von einem Menschen im Kopf haben, und in diesem Sinne ist ‚Gesicht'/*face* auch

im hier relevanten wissenschaftlichen Sinne gemeint: als das Bild, das Image, das eine Person von sich hat oder das andere von einer Person haben. Dieses Image soll – wenigstens aus der Perspektive der oder des Betroffenen – möglichst positiv sein und bleiben, da es mit Ansehen und Prestige, mit (Selbst-) Achtung, Respekt und Ehre zu tun hat (vgl. die Redewendung „das Gesicht wahren"). In den Sozialwissenschaften wurde der *face*-Begriff vor allem durch den kanadischen Soziologen Erving Goffman (1922–1982) verbreitet; in die Linguistik eingeführt haben ihn dann die Pragmatikforscher Stephen Levinson und Penelope Brown in ihrem erstmals 1978 publizierten Text *Politeness: some universals in language usage* (²1987), dem grundlegenden Werk zur verbalen Höflichkeit. Brown und Levinson verstehen Höflichkeit als „Arbeit" am Image, als *facework*. Das *face* eines Menschen hat dabei zwei Facetten: ein positives *face* (*imagen positiva*) mit einer hohen Wertschätzung innerhalb der | Positives vs.
sozialen Gemeinschaft (bzw. dem Wunsch, ein solches Image zu besitzen), | negatives *face*
und ein negatives *face* (*imagen negativa*) im Sinne eines Anspruchs auf Handlungsfreiheit und darauf, von den übrigen Mitgliedern der Gemeinschaft nicht bedrängt oder eingeschränkt zu werden. Beide Facetten des *face* können durch sprachliche und nicht-sprachliche Handlungen bedroht werden; Brown und Levinson sprechen hier von „face-threatening acts" (FTA; *acto amenazador* | FTA = Gesichts-
de la imagen). | bedrohende Akte

> Indem man einen Kommunikationspartner auffordert, z. B. ein offenstehendes | **Beispiel 7.11**
> Fenster zu schließen, schränkt man dessen Handlungsfreiheit zumindest temporär ein: er kann dann nicht einfach sitzenbleiben oder weiter Kaffee trinken. Die Aufforderung ist damit ein FTA für das negative *face* des Kommunikationspartners.
>
> Wenn man jemanden anschreit oder beleidigt, gibt man zu verstehen, dass man kein positives Image von ihm hat, und verletzt ihn eventuell in seiner Ehre; hier liegt dann ein FTA für sein positives *face* vor.

Höflichkeit ist nun ein Bündel von Strategien, die eingesetzt werden, um (potentiell oder tatsächlich) gesichtsbedrohende Akte abzumildern oder so zu gestalten, dass sie nicht mehr als gesichtsbedrohend empfunden werden. Entsprechend den zwei Seiten des *face* unterscheiden Brown und Levinson zwei Spielarten von Höflichkeit, *positive* und *negative Höflichkeit*. Ihre Terminologie ist insofern unglücklich, als negative Höflichkeit ebensowenig negativ (im Sinne von ‚schlecht') ist wie das negative Gesicht, allerdings hat sich dieser wenig optimale Sprachgebrauch in der Pragmatik durchgesetzt. Positive Höf- | Positive Höflichkeit
lichkeit (*cortesía positiva*) zielt darauf ab, den Gesprächspartner der Achtung und des Respekts, den man ihm zollt, sowie des positiven Images, das man von ihm hat, zu versichern. Sprachlich manifestiert sich positive Höflichkeit z. B. in Anredeformeln, die zum Ausdruck bringen, dass man den Gesprächspartner hochschätzt, sich ihm unterordnet und gleichzeitig mit ihm verbunden fühlt („mein Herr", „muy señor mio" als Briefanrede [von lat. SENIOR ‚der Ältere

i. S. v. Weisere']). Auch das spanische Personalpronomen der höflichen Anrede *usted* ist aus solch einer Anredeformel, *Vuestra Merced* ‚Euer Gnaden', entstanden (s. Einheit 13.3). Negative Höflichkeit (*cortesía negativa*) hat zum Ziel, den Handlungsspielraum des Gesprächspartners möglichst unangetastet zu lassen (oder dies zumindest verbal vorzuspiegeln). Hierher gehören viele der oben erwähnten indirekten Sprechakte: Statt einen klar direktiven Sprechakt der Aufforderung zu wählen, um beim Hörer eine motorische Reaktion, nämlich die Handlung des Fensterschließens, zu bewirken, kann man den „sanfter" direktiven Sprechakt der Frage „¿puedes cerrar la ventana, por favor?" verwenden, der (vorgeblich) nur auf eine verbale Reaktion, nämlich eine Antwort, abzielt. Zur negativen Höflichkeit zählt auch die Verwendung des Konjunktivs und anderer – etwa adverbialer – Ausdruckselemente, die eine vom Gesprächspartner erwartete Handlung als keineswegs sichere oder zwingende Reaktion, sondern als frei wählbare Option, als Möglichkeit oder als Gefallen darstellen.

Beispiel 7.12

Direktiver Sprechakt: *¡Dame un lápiz!*
„Sanfter" (indirekter) direktiver Sprechakt: *¿Tienes un lápiz para mí?*
Durch Konjunktiv abgeschwächter (indirekter) direktiver Sprechakt: *¿Tendrías por casualidad un lápiz para mí?*

Höfliche Anrede-formen

Da bei der Höflichkeit immer das Verhältnis von Sprecher und Hörer betroffen ist, überrascht es nicht, dass die Paradigmen der *Anredeformen* (*formas alocutivas deferenciales*) ein besonders neuralgischer Bereich sprachlicher Höflichkeit sind. Dies betrifft sowohl nominale und pronominale Höflichkeitsformen (so genannte Honorifica, lat. HONORIFICUS ‚ehrend') als auch die zugehörigen Verbalformen, wie zuvor schon im Zusammenhang mit dem als Höflichkeitsstrategie eingesetzten Modus Konjunktiv gezeigt. Neben dem Modus spielen hier vor allem die Flexionskategorien (s. Einheit 4) des Numerus und der (grammatischen) Person eine große Rolle. Nach einem vielzitierten Aufsatz der amerikanischen Forscher Roger Brown und Albert Gilman (1960) bilden sich in diesen grammatischen Formen der Höflichkeit soziale Verhältnisse und Maßstäbe ab, die in der ethnolinguistischen Gemeinschaft gelten, wobei zwischen einer vertikalen Dimension der Hierarchie („power") und einer horizontalen Dimension der Vertrautheit („solidarity") zu unterscheiden ist. Bei großer Vertrautheit verwendet man Formen der intimen Anrede (dt. *du*, sp. *tú*), bei geringer Vertrautheit Formen der Distanz (dt. *Sie*, sp. *usted*). Gleichzeitig können dieselben Formen in asymmetrischer Weise zwischen Sprechern unterschiedlicher sozialer Hierarchiestufe verwendet werden (ein Schüler spricht den Lehrer mit der Distanzform an, der Lehrer kann es sich dagegen erlauben, den Schüler mit der Intimform anzusprechen), während unter Angehörigen von gleichem Status symmetrische Anredeformen praktiziert werden. Bei höflichen Anredeformen signalisiert der Sprecher seine Unterordnung gegenüber dem Hörer dadurch, dass er

honorifics

power vs. *solidarity*

Pluralformen verwendet (der Hörer wird als Mehrzahl, als zahlenmäßig überlegen kodiert und damit als wichtiger konstruiert) oder aber Formen der 3. Person, also eines in der Kommunikationssituation gar nicht Anwesenden, was seine „Betroffenheit" von der Situation reduziert und damit Ausdruck negativer Höflichkeit sein kann. Allerdings kann die 3. Person auch als „non-personne" im Sinne von Benveniste (s. Einheit 4.4) verstanden werden, womit eine Anrede in dieser Form bewusst zur Markierung sozialer Unterordnung verwendet würde. Dass auch die Kategorie des Plurals als Höflichkeitsstrategie ambig ist, zeigt sich beim in schriftlichem Gebrauch gepflegten *Pluralis modestiae*, dem Bescheidenheitsplural, bei dem sich das Sprecher-Ich zurücknimmt, indem es in einer nicht näher definierten *Wir*-Gruppe „verschwindet". Dieses Stilmittel wird heute kaum mehr verwendet, weil es zur Verwechslung mit dem *Pluralis maiestatis* einlädt und damit als sprachlicher Ausdruck von Macht und Überlegenheit (miss-)verstanden werden kann.

Diskursmarker |7.9

Einen Gegenstandsbereich der Pragmatik, der gerade in jüngster Zeit großes Interesse in der Forschung gefunden hat und der ebenfalls mit dem Phänomen sprachlicher Höflichkeit in engem Zusammenhang steht, bilden die so genannten *Diskursmarker* (*marcadores discursivos*, engl. *discourse markers*; vgl. Portolés ²2001). Der Terminus hat sich vor allem dank des grundlegenden, 1988 erschienenen gleichnamigen Werks der amerikanischen Linguistin Deborah Schiffrin durchgesetzt, auch im Deutschen, wo mit *Gesprächswörtern* oder *Modalpartikeln* mögliche, aber nicht wirklich bedeutungsgleiche Alternativausdrücke zur Verfügung stünden. Die Klasse der Diskursmarker, wie Schiffrin sie konstituiert, ist formal heterogen: Die Autorin rechnet so unterschiedliche (bei ihr: englische) Elemente wie interjektives *Oh!*, Adverbien wie *well, now, then*, Konjunktionen wie *and, but, or, because* und verbale Parenthesen wie *you know* und *I mean* dazu.

Charakteristika typischer Diskursmarker

Typischerweise sind *Diskursmarker* kurze (oft monosyllabische) Einheiten mit geringem semantischen Gewicht (also geringer Intension; s. Einheit 6), die nicht zum propositionalen Gehalt der Äußerung beitragen (also nach der oben erwähnten Relevanztheorie keine konzeptuelle, sondern ausschließlich prozedurale Bedeutung haben) und syntaktisch gering bis gar nicht in die Äußerung, in der sie erscheinen, integriert sind.

Definition

Diskursmarker bilden vor allem eine funktional definierte Kategorie, wobei sich ihre Funktionsbreite über den gesamten Bereich kotextueller und kontextueller Bezüge (s. Abschn. 7.2) erstrecken kann. Diskursmarker sind noch stärker als andere in der Pragmatik untersuchte Phänomene und Elemente an die gesprochene Sprache (s. Einheit 8) gebunden und finden sich in geschriebener Sprache selten oder gar nicht.

Gliederungssignale   Als *Gliederungssignale* (*marcadores estructurales*) (Gülich 1970) funktionieren Diskursmarker zunächst einmal auf kotextueller Ebene, wo sie anzeigen können, wie sich Äußerungen inhaltsstrukturell in umgebende Text- bzw. Redesegmente einfügen. Diese Funktionsdimension der Diskursmarker, die vor allem die thematische Organisation von Konversation und damit die Informationsstruktur betrifft (s. Einheit 5.7), ist allerdings mehr ein Gegenstand der Textlinguistik als einer der Pragmatik (s. Einheit 8). Neben der thematisch-inhaltlichen Organisation können Diskursmarker auch der *sequentiellen Gesprächsgliederung* (*marcadores interaccionales*) dienen. Damit ist die Abfolge der Redebeiträge bei der Kommunikation mehrerer Gesprächspartner gemeint, die (im Normalfall) *face-to-face*-Interaktion praktizieren (s. Einheit 8.7). Es geht bei dieser Art des „Konversations-Managements" um die Verwaltung des Rederechts und die Abfolge der Redeeinheiten (*turns*), den

turn, turn-taking   Sprecherwechsel (*turn-taking*) und seine Kennzeichnung, die Markierung von Formulierungsarbeit und die Korrektur von Formulierungs- oder Argumentationsschwächen (*repair*-Mechanismen). Mit diesen Fragen der Interaktions-

Konversationsanalyse   organisation befasst sich der Forschungszweig der *Konversationsanalyse* (*análisis conversacional*; vgl. Gülich/Mondada 2008), der sich etwa zeitgleich und parallel zur Pragmatik entwickelt hat und mit dieser viele Berührungspunkte aufweist. An dieser Stelle ist wichtig, dass die pragmatischen Einheiten der Diskursmarker als Gliederungssignale gerne für solche gesprächssteuernde Zwecke mobilisiert werden.

Beispiel 7.13   So kann ein nachgestelltes, mit einer kurzen Pause von der vorangehenden Äußerung abgetrenntes und dazu mit fallender Intonationskontur artikuliertes *creo* signalisieren, dass der Sprecher hier eine inhaltlich-argumentative Gesprächseinheit abschließt.

Durch ein in eine Äußerung eingeflochtenes *o sea* wie in „Mi hermana viene el día 20, o sea el viernes que viene" zeigt der Sprecher an, dass er eine Information präzisieren und damit eine als eventuell unklar identifizierte Formulierung korrigieren möchte.

Wenn ein Teilnehmer in einer Diskussion mit „lo que quería decir" ansetzt, gibt er zu verstehen, dass er das Rederecht beansprucht und einen *turn* beginnen möchte.

Da es bei solchen Fragen der Gesprächsorganisation auch stets um das Aushandeln der Beziehungen zwischen den Kommunikationsteilnehmern geht, betrifft diese Funktion der Diskursmarker sowohl die Kotext- wie auch die Kontext-/Situationsebene.

Modalisierung   Primär auf der Ebene des Kontextes und der Sprecher-Hörer-Beziehung funktionieren Diskursmarker, wenn sie modalisierend eingesetzt werden.

Unter *Modalität* (*modalidad*) versteht man die Einstellung des Sprechers zu dem, was er sagt, insbesondere aber die Markierung des Geltungsanspruches des geäußerten Sachverhalts. *Modalisierung* (*modalización*) ist der Einsatz sprachlicher Strategien – und hier eben im besonderen Maße der Gebrauch von Diskursmarkern – zur Kennzeichnung solcher subjektiver Einstellungen gegenüber dem Gesagten und/oder dem Gemeinten.

Definition

Wenn ein Sprecher etwa seine Aussage über den Genfer Linguisten Ferdinand de Saussure (s. Einheit 2) mit „por así decir" modalisiert und sagt: „Saussure es por así decir el padre de la lingüística moderna", dann bringt er damit zum Ausdruck, dass er für seine Aussage keine absolute Gültigkeit beansprucht, etwa deshalb, weil es sich (offenkundig) nicht um eine Vaterschaft im biologischen Sinne handelt, oder auch, weil sich der Sprecher eventuell nicht sicher ist, ob die moderne Linguistik wirklich mit Saussure oder nicht schon mit Forschern vor ihm beginnt. Er gebraucht „por así decir" also als *hedge* (s. Abschn. 7.5).

Beispiel 7.14

Wenn Diskursmarker als *hedges*, also zur Abschwächung (des Gültigkeitsanspruchs) einer Aussage verwendet werden, spricht man auch von sprachlicher *Mitigation* (*mitigación*, auch *atenuación lingüística*, von lat. MITIGARE ,mildern, lindern'; vgl. Caffi 2007). Aussagen können aber auch mittels Diskursmarkern in ihrem Gültigkeitsanspruch verstärkt werden; so klingt ein „no me gustan los huevos para nada" entschiedener als ein „no me gustan los huevos" ohne den Zusatz.

Mitigation

Diskursmarker entstehen vielfach aus sprachlichen Einheiten, die primär eine referentiell-propositionale Bedeutung haben, dann aber text- bzw. diskursstrukturierend eingesetzt werden und schließlich in zunehmendem Maße modalisierend-subjektive Bedeutung und intersubjektive, also das Sprecher-Hörer-Verhältnis betreffende Funktion annehmen. Die in den USA lehrende englische Linguistin Elisabeth Traugott hat dies als einen universell nachweisbaren semantisch-funktionalen Sprachwandelvorgang der Subjektivierung beschrieben, den sie als *Grammatikalisierungsprozess* (*proceso de gramaticalización*, s. Einheit 12.3) versteht (vgl. Traugott/Dasher 2002):

Subjektivierung, Grammatikalisierung

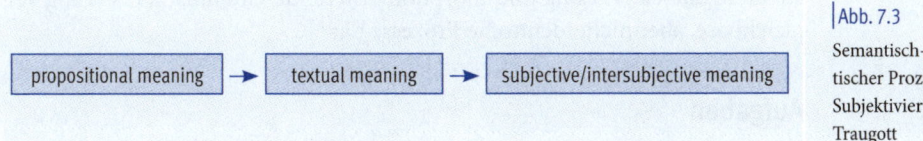

Abb. 7.3
Semantisch-pragmatischer Prozess der Subjektivierung nach Traugott

Dies lässt sich anhand der Entwicklung und des Bedeutungsspektrums von *bueno*, einem der am besten untersuchten Diskursmarker des Spanischen, nachvollziehen (vgl. Serrano 1999):

Beispiel 7.15

Bueno ist zunächst ein Adjektiv, das Elemente der Proposition evaluierend qualifiziert. Dann wird *bueno* aber auch gesprächsstrukturierend vor allem als Auftakt-Marker einer Redeeinheit (*turn-taking*-Signal) und damit textuell verwendet, etwa in:

A: *¿Cómo te va?*

B: *Bueno, pues no me va mal.*

Und schließlich kann *bueno* vom Sprecher eingesetzt werden, um zu kennzeichnen, dass er eine Aussage machen wird, die im Gegensatz zur Erwartungshaltung seines Gesprächspartners steht.

Serrano (1999) spricht hier von *bueno* als Kontrapositions-Marker in einer das Sprecher-Hörer-Verhältnis tangierenden, also intersubjektiven Funktion:

zu Beispiel 7.15

A: *Qué bien cuando se disfruta del trabajo ¿no?*

B: *Bueno, el trabajo es solamente un medio de subsistencia […] nada más.*

Da *bueno* bereits in seinem propositionalen Gebrauch wertend ist und Bewertung immer etwas mit subjektiver Einstellung zu tun hat, ist seine Entwicklung hin zu einem subjektiv-intersubjektiv funktionierenden Diskursmarker in gewisser Weise „vorgezeichnet". In der grammatikalisierungsbasierten Sprach-

source determination

wandelforschung spricht man hier von *source determination*, auf Deutsch vielleicht wiederzugeben mit „Ursprungsbestimmtheit".

Die Entwicklung von Diskursmarkern teilt zwar viele Charakteristika mit typischen Grammatikalisierungsprozessen (s. Einheit 12.3), etwa ein Verblassen der lexikalischen Ausgangsbedeutung des involvierten sprachlichen Elements oder seine formale Reduzierung auf nur eine invariable Form (als Diskursmarker ist nur *bueno* gebräuchlich, nicht aber *buena*, *buenos* oder *buen*), doch es gibt einen wichtigen Unterschied: während grammatikalisierte Elemente Teil der Morphologie werden und dabei ihren Bezugsbereich verengen,

Skopus

d. h. ihren *Skopus* (*escopo*) reduzieren, erweitern Diskursmarker, die dem o. g. Entwicklungspfad nach Traugott folgen, ihren Skopus: *bueno* als evaluatives Adjektiv kann sich nur auf ein Nomen in seiner Nähe beziehen, *bueno* als Diskursmarker hingegen auf ganze Aussagen. Insofern stellen pragmatikalisierende Subjektivierung und morphologisierende Grammatikalisierung vergleichbare, aber nicht identische Prozesse dar.

Aufgaben

1 Analysieren Sie das folgende (authentische) Textbeispiel gesprochener Sprache (aus Gómez Molina (ed.) 2005) unter Sprechakt-Perspektive: Welche Sprechakte werden vollzogen? Aus welchen Teilakten setzen sie sich jeweils zusammen?

E: ¿tú recuerdas el día que tomaste la primera comunión?

I: sí

E: a ver / cuéntanos qué pasó ese día

I: ese día / recuerdo que estaba muy nerviosa muy nerviosa // y cuando me levanté / bueno mi madre empezó a hacerme el pelo / me ayudó a vestirme / en ese momento vinieron mis tíos / mi abuelo // recuerdo que que se me cayó un diente ese día // lo recuerdo perfectamente

2 Zu den gravierendsten Verletzungen des Kooperationsprinzips und der Qualitätsmaxime scheint die Lüge zu gehören. Verschaffen Sie sich anhand der in diesem Kapitel erwähnten Handbuchliteratur einen Überblick über den Status der Lüge in der Sprechakttheorie und beurteilen Sie dann, warum, wann und unter welchen Rahmenbedingungen die Lüge dennoch eine erfolgreiche Kommunikationsstrategie sein kann.

3 Welche Elemente im folgenden Beispiel gesprochener Sprache (aus Gómez Molina (ed.) 2005 [leicht verändert]) lassen sich der Klasse der Diskursmarker zurechnen? Welche Funktion(en) könnten sie in diesem Textbeispiel erfüllen?

E: ¿quieres hablarnos un poco sobre tu infancia / algunos recuerdos de tu niñez?

I: en mi niñez / bueno / ehh / recuerdo pues ehhh ostras (*observación complementaria = está muy nerviosa; mira a la oyente, que es su hermana, como pidiendo ayuda*) // ehh pues los juegos con mis primos // ehh ehh estar con mi padre muchas veces / en en los campos / pues ayudándole y viendo lo que hacía / y no sé qué decir

E: ¿qué tienes / esta hermana solo?

I: tengo una hermana / sí / solo una hermana / tiene / ahora diecinueve años / y

E: venga

Literatur

Austin, John L. (1962): *How to do things with words*, Cambridge, Mass.: Harvard University Press.

Brown, Roger/Gilman, Albert (1960): „The pronouns of Power and Solidarity", in: Sebeok, Thomas A. (ed.): *Style in Language*, Cambridge, Mass. et al.: Technology Press of MIT/ John Wiley & Sons, 253–276.

Caffi, Claudia (2007): *Mitigation*, Amsterdam et al.: Elsevier.

Cortés, Luis/Camacho, María Matilde (2005): *Unidades de segmentación y marcadores del discurso. Elementos esenciales en el procesamiento discursivo oral*, Madrid: Arco Libros.

Escandell, María Victoria (²2005): *Introducción a la pragmática*, Barcelona: Ariel.

Garcés Gómez, María Pilar (2008): *La organización del discurso: marcadores de ordenación y de reformulación*, Frankfurt a. M./Madrid: Iberoamericana.

Gómez Molina, José Ramón (eds.) (2005): *El español hablado de Valencia. Materiales para su estudio. II. Nivel sociocultural medio*, València: Universitat de València/Facultat de Filologia.

Gülich, Elisabeth (1970): *Makrosyntax der Gliederungssignale im gesprochenen Französisch*, München: Fink.

Gülich, Elisabeth/Mondada, Lorenza (2008): *Konversationsanalyse. Eine Einführung am Beispiel des Französischen*, Tübingen: Niemeyer.

Levinson, Stephen C. (1990 u. ö.): *Pragmatics*, Cambridge: Cambridge University Press (neue dt. Übers.: *Pragmatik*, Tübingen: Niemeyer, 2000).

Levinson, Stephen C./Brown, Penelope (1987 u. ö. [1978]): *Politeness: Some universals in language usage*, Cambridge et al.: Cambridge University Press.

Meibauer, Jörg (1999): *Pragmatik. Eine Einführung*, Tübingen: Stauffenburg.

Portner, Paul (2009): *Modality*, Oxford et al.: Oxford University Press.

Portolés, José (²2001): *Marcadores del discurso*, Barcelona: Ariel.

Portolés, José (2004): *Pragmática para hispanistas*, Madrid: Síntesis.

Schiffrin, Deborah (1987): *Discourse markers*, Cambridge et al.: Cambridge University Press.

Searle, John R. (1969 u. ö.): *Speech acts. An essay in the philosophy of language*, Cambridge: Cambridge University Press (dt. Übers.: *Sprechakte. Ein sprachphilosophischer Essay*, Frankfurt a. M.: Suhrkamp, 1971 u. ö.).

Serrano, María José (1999): „*Bueno* como marcador discursivo de inicio de turno y contraposición: estudio sociolingüístico", *International Journal of the Sociology of Language* 140, 115–133.

Sperber, Dan/Wilson, Deirdre (²1996 [1986]): *Relevance. Communcation and cognition*, Oxford et al.: Blackwell.

Traugott, Elizabeth C./Dasher, Richard B. (2002): *Regularity in semantic change*, Cambridge et al.: Cambridge University Press.

Textlinguistik, Diskurstraditionen, gesprochene und geschriebene Sprache

	Inhalt	
8.1	Was ist eigentlich ein Text?	166
8.2	Kriterien der Textualität – Kohärenz und Kohäsion	169
8.3	Textsorten	170
8.4	Diskurstraditionen	171
8.5	Gesprochene und geschriebene Sprache, Medium und Konzeption	173
8.6	Besonderheiten der geschriebenen Sprache	175
8.7	Besonderheiten der gesprochenen Sprache	177
8.8	Transkription gesprochener Sprache	178
8.9	Gesprochene Sprache – gesprochenes Spanisch	179

Im ersten Teil dieser Einheit wird es um Texte gehen, um gesprochene und geschriebene Texte, Eigenschaften von Texten und um verschiedene Kriterien zu ihrer Klassifikation und Analyse im Rahmen der Textlinguistik sowie um die Frage der Tradition von Texten.

Der zweite Teil widmet sich dem Unterschied zwischen gesprochener und geschriebener Sprache, und zwar sowohl in allgemeiner Hinsicht als auch speziell mit Bezug auf das Spanische, wobei zuerst einige Besonderheiten der geschriebenen und anschließend der gesprochenen Sprache dargestellt werden.

Überblick

8.1 | Was ist eigentlich ein Text?

Hinter dieser banal scheinenden Frage, auf die jedes Schulkind eine Antwort hat, verbergen sich bei näherem Hinsehen eine ganze Reihe von Problemen, und zwar sowohl was die Objekte selbst als auch was ihre linguistische Erfassung angeht. Dabei geht es in erster Linie um vier Fragen unterschiedlicher Komplexität, die in der Linguistik uneinheitlich beantwortet werden: die Frage der medialen Bestimmung, die Frage der Abgrenzung literarischer und nichtliterarischer Texte, die Frage der Begrenzung eines bestimmten Textes und die Frage des allgemeinen semiotischen Status von Texten.

Vier Leitfragen

Abb. 8.1 |

Ein persisches Teppichknüpfmuster neben einer mittelalterlichen spanischen Manuskriptseite

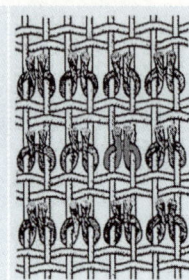 

Das Wort *Text* kommt von lat. TEXTUM ‚Gewebe‘. Dies deutet bildhaft auf die Tatsache hin, dass die inhaltlichen und oberflächlichen Beziehungen in einem Text einem Gewebe gleichen.

Text und Textur

Definition

> Als *Text* (*texto*) bezeichnet man eine schriftliche oder mündliche kommunikative Sinneinheit, deren Elemente durch Oberflächensignale und durch inhaltliche Beziehungen miteinander verwoben sind. Texte lassen sich aufgrund ihrer kommunikativen Funktion oder bestimmter formaler oder inhaltlicher Eigenschaften charakterisieren.

Mediale Bestimmung: gibt es mündliche Texte?

Das erste der genannten Probleme ist ein rein terminologisches: Im allgemeinsprachlichen Gebrauch wird unter *Text* normalerweise eine *schriftliche* Äußerung verstanden. Die *Textlinguistik* (*lingüística del texto*) als relativ junge linguistische Disziplin begann jedoch seit ihren Anfängen in den späten 1960er Jahren (mit Vorläufern seit den Fünfzigern) recht bald, den Textbegriff weiter zu fassen und *Textualität* (*textualidad*), d. h. das Wesen von Texten (s. Abschn. 8.2), nicht am *Medium* (*medio*), sondern an anderen Eigenschaften festzumachen. Damit wurden auch mündliche Äußerungen, vom Vortrag über die Nachrichtenmeldung bis zum Alltagsgespräch, als Texte bezeichnet. Bis heute herrscht hier jedoch keine Einheitlichkeit: Während manche Autoren den Begriff Text schriftlichen Äußerungen vorbehalten, sehen andere Text als Oberbegriff, der sowohl schriftliche als auch mündliche Äußerungen umfasst (Adamzik 2004: 38–44).

Literarische und nichtliterarische Texte

Für die linguistische Betrachtung von Texten ist deren ästhetischer Status nicht von primärer Bedeutung. Gebrauchstexte wie Kochrezepte oder Betriebsanleitungen können genauso textlinguistisch betrachtet werden wie ein Gedicht oder ein Roman. Die Textlinguistik ist dabei eine wichtige Nachbardisziplin der Literaturwissenschaft und kann mit der linguistischen Textanalyse auch Arbeitsinstrumente zur Verfügung stellen, die für die literarische

Analyse, auch für die Frage der Ästhetik und der Interpretation, relevant sind.

Wo beginnt ein Text, wo hört er auf? Wenn man beispielsweise ein Koch-rezept als Text bezeichnet, so wird man sich fragen, ob dann nicht das ganze Kochbuch auch *ein* Text ist oder vielmehr eine Sammlung von Texten? Und wenn das Kochbuch Teil einer Reihe ist, ist dies dann eine Reihe von Texten oder ergibt es einen Gesamttext? Und in umgekehrter Richtung könnten wir fragen: Kann nicht die Liste der Zutaten, die Beschreibung des Vorgehens oder gar der Buchtitel als eigener Text angesehen werden? Diese Fragen könnten unendlich fortgeführt werden: Wie sollen wir *einen* Text von einem anderen unterscheiden? Sicherlich haben wir eine Vorstellung von mehr oder weniger gegebener Abgeschlossenheit, und ein Roman zwischen zwei Buchdeckeln ist im Allgemeinen ohne Zweifel abgeschlossener als ein Smalltalk auf einer Party. Aber die intuitive Bestimmung reicht nicht, wir brauchen einen wissen-schaftlichen Textbegriff. Doch mit einer starren Darstellung lässt sich dieses Problem nicht lösen: Text muss als dynamischer Begriff verstanden werden. Der Freiburger Romanist Wolfgang Raible (geb. 1939) spricht daher – mit Bezug auf den Philosophen Edmund Husserl (1859–1938) – von Text als „Teilganzem", als etwas, das Teil größerer Einheiten ist und in kleinere Einhei-ten zerlegt werden kann. Somit können wir bei einem Roman den Titel, den Prolog und jedes Kapitel und innerhalb der Kapitel einzelne Abschnitte als Texte ansehen, aber auch den ganzen Roman. Die Abgrenzung kann dabei an objektiven Markierungselementen sichtbar sein, sie muss es aber nicht, denn die Abgrenzung ist auch eine Frage der kommunikativen Absicht sowie der Perspektive des Beobachters.

Abgrenzung eines bestimmten Textes

Die vierte Frage ist die komplexeste, da es hier um ein sprachtheoretisches Grundproblem geht, das in der Textlinguistik zu unterschiedlichen Betrach-tungsweisen geführt hat. So herrscht keine wirkliche Einigkeit über das Objekt der Textlinguistik, und ihre Ausprägungen unterscheiden sich je nach Auffas-sung. Einerseits wird Text in erster Linie als die lineare Fortsetzung sprachlicher Einheiten in der Reihe Morphem – Wort – Satz – Text angesehen; die Textlin-guistik betrifft damit jenen Bereich der Grammatik, der über die Satzgrenze hinausgeht. Dieser wird auch als *Textgrammatik* (*gramática del texto* bzw. *gramática textual*), *Textsyntax* oder *transphrastische Grammatik* (*gramática transfrástica*) bezeichnet. Zahlreiche Fragen der Grammatik lassen sich nämlich auf der Satzebene nicht vollständig erklären, da die Zeichen sich auf Elemente beziehen können, die außerhalb des Satzes stehen (s. Einheit 7.2). So verweist der Artikel in einem Satz wie *El coche rojo era mío* auf eine Information aus dem *Umfeld* (*entorno*), beispielsweise aus einem vorhergehenden Satz wie *Delante de la casa había tres coches*. Meist vermischt sich die textgrammatische Betrachtung jedoch mit Fragen der Textfinalität oder des Textsinns, d. h. mit der Frage der adäquaten Interpretation eines Textes; und das Wissen, das beim Textverstehen aktiviert wird, ist nicht nur grammatisch, sondern auch umfeld-

Semiotischer Status von Texten

Textgrammatik

Textsinn

bezogen. Beispielsweise sind im Falle der so genannten *assoziativen Anapher* (*anáfora asociativa*) nicht Kenntnisse der entsprechenden Sprache, sondern auch der bezeichneten Sache notwendig: Im Beispiel *Llegué a la universidad. La clase ya había empezado* ist es im zweiten Satz möglich, sich auf *la clase* mit bestimmtem, anaphorischem Artikel zu beziehen, auch wenn der Unterricht nirgendwo im Text vorerwähnt wurde. Der Sprecher nimmt an, dass der Hörer weiß, was eine Universität ist, dass es dort Unterricht gibt und dieser zu bestimmten Zeiten beginnt etc. In einer auf Eugenio Coseriu zurückgehenden Auffassung von Text wird die Frage der horizontalen Erweiterung der Syntax im Sinne einer *Textgrammatik*, die als Teil der einzelsprachlichen Grammatik der historischen Ebene zugeordnet wird (s. Einheit 2), scharf getrennt von der individuellen Ebene des Textes als einem einmaligen, konkreten Ereignis, das einen ganz bestimmten *Sinn* (*sentido*) hat, der sich durch die besondere kontextuelle Einbindung und Bezüge zu den Umfeldern erschließt. Der Vorgang der Textsinnerfassung wird als hermeneutischer, interpretativer und doch objektivierbarer Prozess angesehen (Coseriu 1994).

Betrachten wir zur Veranschaulichung der vier Unterscheidungen den folgenden Gebrauchstext, ein Rezept für eine spanische *Tortilla de patatas*:

Tortilla de patatas
¾ kg de patatas cortadas en láminas finas
6 huevos batidos con una pizca de sal
sal para sazonar las patatas
aceite

Se sazonan las patatas y se fríen en la freidora con el aceite no muy caliente. Una vez que las patatas están blandas, pero sin dorarse, se sacan de la freidora, se escurren y se mezclan con los huevos.

En una sartén antiadherente, se cubre el fondo con aceite, y cuando está caliente se echa la tortilla. Se mueve la sartén por el mango para que no se pegue, se baja el fuego y se deja que se vaya cuajando. Cuando se vea que está despegada y doradita por debajo, se le pone encima un plato y se vuelca la sartén. A continuación, se echa la tortilla en la sartén por el lado contrario para que se termine de hacer. Se vuelve a mover la sartén por el mango y cuando está cuajada se pasa al recipiente donde la vamos a servir.

Hier handelt es sich eindeutig um einen schriftlichen Text (erste Bestimmung), der nicht literarisch (zweite Bestimmung) und relativ abgeschlossen ist (mit Erweiterungsmöglichkeiten nach oben, etwa das ganze Kochbuch, und Binnengliederung nach unten, etwa „Zutaten" neben „Kochanleitung"). In transphrastischer bzw. textgrammatischer Hinsicht lassen sich verschiedene Elemente identifizieren, die zur Kohäsion (s. u.) des Textes beitragen, etwa die anaphorischen bestimmten Artikel im Anleitungteil, die sich auf die Zutaten des ersten Teils beziehen. Der Sinn des Textes besteht in einer komplexen, ergebnisorientierten Handlungsanweisung.

Kriterien der Textualität – Kohärenz und Kohäsion | **8.2**

Zur Bestimmung dessen, was ein Text ist, haben Beaugrande/Dressler 1981 in einer klassisch gewordenen Einteilung die folgenden sieben Kriterien genannt, die auf verschiedene textlinguistische Studien zurückgehen: *Kohäsion, Kohärenz, Intentionalität, Akzeptabilität, Informativität, Situationalität, Intertextualität.*

Sieben Kriterien von Textualität

Unter *Kohäsion* (*cohesión*), einem Begriff, der von Halliday und Hasan (1976) für die Textlinguistik geprägt wurde, versteht man den „äußeren Zusammenhalt" eines Textes, der durch Elemente gewährleistet wird, die an der Textoberfläche sichtbar sind, z. B.:

Kohäsion

- ► durch ein Netz *anaphorischer* (*relación anafórica*, rückbezogener) oder *kataphorischer* (*relación catafórica*, nachbezogener) Bezüge durch *Pro-Formen* (*pro-formas*); im Spanischen im Ggs. zum Deutschen oft nicht sichtbar: *Peter ist krank. Er[pro] kommt nicht* vs. *Pedro está enfermo. ø[pro] No viene.* (Anapher);
- ► durch *assoziative Anaphern* (*anáforas asociativas*), d. h. anaphorische Bezüge, die sich auf in den Umfeldern zu Erwartendes beziehen: *El coche se quedó parado. El depósito se había quedado vacío;*
- ► durch temporale kohäsive Bezüge: *Vine, vi, y vencí.* (dreimal gleiche Verbform verweist auf Kontinuität des Bezuges);
- ► durch syntaktische *Ellipse* (*elipsis*): Das Weglassen eines Satzteils verweist auf Information aus einem anderen Satz: *De los dos hombres, uno era guapo. El otro menos;*
- ► durch *Rekurrenz* (*recurrencia*), d. h. Wiederholung: *Este libro ofrece una introducción. El libro se compone de 14 unidades. La introducción empieza por una descripción general;*
- ► durch *Substitution* (*sustitución*) eines Wortes durch ein anderes: *El Airbus se puso en marcha. Lentamente, el avión se dirigía hacia la pista de despegue.*
- ► durch lexikalische Kohäsion (Verwendung von Wörtern, die in hyponymischer, meronymischer oder hyperonymischer Beziehung zueinander stehen (s. Einheit 6)): *Había muchos animales. Un perro, dos gatos y cuatro vacas;*
- ► durch grammatische Markierungen (Kongruenz in Genus, Numerus, Tempus etc., s. Einheit 4.6);
- ► durch *Konnektoren* (*conectores*), d. h. satzverknüpfende Konjunktionen, Subordinatoren oder deiktische Elemente: *Es verdad que Pedro quería venir. Pero no puede;*
- ► durch metadiskursive Markierungen: *en lo que sigue, explicaremos lo que es la lingüística del texto.*

Kohärenz

Im Gegensatz zu Kohäsion bezeichnet der Begriff *Kohärenz* (*coherencia*) den inhaltlichen Zusammenhalt eines Textes. Auch ohne oberflächliche Merkmale kann ein Text einen Sinn ergeben, es ist sogar so, dass alle Texte mehr oder weniger kohärent sind und der Versuch, völlig inkohärente Texte zu schaffen, meist durch die Sinnsuche seitens des Hörers vereitelt wird. So nennt der Textlinguist Teun van Dijk (1983: 43) den Text *María hacía punto. La tierra gira alrededor del sol* als kohärenzlosen Text. Doch selbst hier wird der Hörer sich fragen, welchen Sinn die Verbindung der beiden Sachverhalte in einer konkreten Situation haben könnte. Bei nur schwer herstellbaren Sinnzusammenhängen wirken Texte oft poetisch oder komisch (*Al profesor se le cayó la tiza. En México hubo un terremoto*). Üblicherweise ist die Kohärenz eines Textes einerseits durch ein zentrales, hierarchisch übergeordnetes *Textthema* (*tópico discursivo*) gegeben (s. Einheit 5.7), andererseits durch eine Reihe von untergeordneten Teilthemen und deren argumentative, erklärende oder narrative Entfaltung.

Intentionalität, Akzeptabilität

Ein Sprecher oder Schreiber verfolgt bei der Textproduktion eine gewisse Intention, die vom Hörer erkannt und akzeptiert werden muss (s. Einheit 7).

Informativität

Das Kriterium der *Informativität* (*informatividad*) hängt mit dem Relevanzprinzip zusammen (s. Einheit 7), denn hier geht es um das richtige Maß an bekannter und neuer Information. Ein Text muss neue Information für den Hörer enthalten, damit er als akzeptabel eingestuft wird. Eine reine Feststellung von Bekanntem ist nicht mitteilungswürdig – es wird sogleich ein „tieferer Sinn" gesucht – etwa: *es que estamos en Alemania* als Hinweis auf bestimmte Verhaltensmuster. Andererseits müssen neue Informationen ausreichend Bezüge zu Bekanntem enthalten, um verstanden zu werden.

Situationalität

Als konkrete Äußerungen auf der individuellen Ebene sind Texte situational eingebunden und können oft nur durch Bezüge zu bestimmten Umfeldern richtig interpretiert werden (s. Einheit 7).

Intertextualität

Bei der *Intertextualität* (*intertextualidad*) geht es um Bezüge zu anderen Texten. Jeder Text wiederholt bis zu einem gewissen Grade bereits geäußerte Texte. Auch da, wo ein Text absolut neu ist, spielt die Intertextualität – und sei es gerade durch die Vermeidung von intertextuellem Bezug – eine Rolle.

8.3 | Textsorten

Texte lassen sich nach verschiedenen Kriterien in *Textsorten* kategorisieren.

Definition

> Als *Textsorte* (*tipo de texto*) bezeichnet man eine Abstraktion aus einer Reihe von gemeinsamen Eigenschaften individueller Texte, die als normative Orientierung für deren Produktion und Rezeption dienen.

Beispiele wären Textsorten wie der Gesetzestext, die Fußballreportage, das Seminarsreferat, das Kompliment, die Verabredungs-SMS usw.

In der Textlinguistik gibt es eine vielfältige Terminologie und eine Reihe von Kriterien zur Typisierung von Texten, so ist die Rede von *Gattungen*, *Genres* (*géneros*), *Textsorten*, *Texttypen* (*tipos de texto*, *tipos textuales*), *Textformen* (*formas textuales*), *Textklassen* (*clases textuales*) etc., Begriffen, die in verschiedenen Theorien unterschiedliche Inhalte bezeichnen (vgl. Loureda 2003). So kann man Texte nach ihrer kommunikativen Funktion, nach bestimmten inhaltlichen oder formalen Eigenschaften, nach ihrer Selbstbezeichnung, der argumentativen oder thematischen Entfaltung, ihrem Ertrag, nach situationellen oder institutionellen und noch vielen weiteren Kriterien typisieren und die entsprechenden Kategorien jeweils unterschiedlich bezeichnen; diese können wiederum als absolut oder als mehr oder weniger prototypisch aufgefasst werden. Im Laufe der Entwicklung der Textlinguistik haben sich verschiedene Klassifizierungswege herauskristallisiert; besonders fruchtbar sind mehrdimensionale Bestimmungen, die verschiedene Faktoren parallel berücksichtigen.

Diskurstraditionen

Sprechen ist nicht nur die Schaffung von Äußerungen nach den grammatischen Regeln und mit dem Wortschatz einer bestimmten Sprache oder einer sprachlichen Varietät (s. Einheit 11). Im Allgemeinen schaffen wir beim Sprechen unseren Ausdruck nicht völlig neu, sondern beziehen uns dabei auch auf Texte oder Textformen, die in einer ähnlichen Situation bereits geäußert wurden und die wir wiederholen oder abwandeln. Wenn man in Spanien *Buenos días* zur morgendlichen Begrüßung sagt, so tut man dies nicht nur, weil man Spanisch kann, sondern weil man auch diese besondere übliche Grußformel gelernt hat. Wüsste man nur die Regeln der Grammatik und würde den spanischen Wortschatz kennen, so würde man vielleicht so etwas wie *te deseo un día feliz* spontan kreieren – aber man sagt *Buenos días* und wiederholt einen ganz bestimmten, festen Text. Was für die Grußformel gilt, trifft auf unzählige Formen sprachlicher Interaktion zu, von der Alltagskommunikation bis hin zum schriftlichen elaborierten Text, bei dem wir uns ebenfalls üblicher Formeln und Formen bedienen. Der russische Literatur- und Textwissenschaftler Mihail Bakhtin spricht in diesem Zusammenhang mit Bezug auf die Unzulänglichkeit einer rein strukturellen Sprachbetrachtung von *Genres* (*géneros*), und er unterscheidet zwischen *primären Genres* (*géneros primarios*), die der Alltagskommunikation entstammen, und *sekundären Genres* (*géneros secundarios*), die in den Kulturen von den primären Genres abgeleitet werden und u. a. ästhetischen, wissenschaftlichen oder sonstigen komplexen Zielen genügen.

Um der Wiederholung von Texten, bestimmten Inhalten oder Textformen als zentralem Faktor des Sprechens Rechnung zu tragen, spricht man vor allem in der Romanistik seit einigen Jahren von *Diskurstraditionen* (*tradiciones discursivas*).

|**8.4**

Traditionen von Texten

|Abb. 8.2

Mihail Bakhtin (1895–1975)

Genres

Diskurstraditionen

171

Definition

> Als *Diskurstraditionen (tradiciones discursivas)* bezeichnet man die in einer bestimmten Kultur traditionell gewordenen (d. h. in der entsprechenden Kultur bekannten) Texte, Textformen oder Textinhalte, die durch kommunikative Konstellationen evoziert werden, welche zu den mit der Diskurstradition verbundenen kommunikativen Konstellationen analog sind.

Damit umfassen Diskurstraditionen sowohl Textsorten als auch Wiederholungen einzelner Formeln oder Formen sowie bestimmte Subtraditionen. Beispielsweise können innerhalb einer relativ homogenen Textsorte verschiedene Subtraditionen existieren: Die Tradition des Aufmachers der Madrider Tageszeitung *El País* ist anders als die von *El Mundo* (ebenfalls Madrid) und diese wiederum anders als die von *La Nación* aus Buenos Aires. Auch wenn die Textsorte eindeutig bestimmbar ist (und damit einer gemeinsamen Tradition entspricht), wird die unterschiedliche politische Ausrichtung oder geografische Herkunft auch in unterschiedlichen Traditionen des Schreibens manifest. Wichtig ist auch, dass Diskurstraditionen nicht unbedingt an eine bestimmte Einzelsprache gebunden sind: Sie können innerhalb der Sprachgemeinschaft variieren und über die Sprachgemeinschaft hinausgehen (denken wir etwa an die Tradition bestimmter literarischer Formen wie des Sonetts). Der Bezug auf Diskurstraditionen ist für die Kommunikation nahezu unabdingbar. Jede konkrete Äußerung ist einerseits bezüglich der Einzelsprache (Grammatik und Wortschatz), andererseits bezüglich der Traditionalität untersuchbar. Diese findet sich v. a. in folgenden Bereichen:

► Formelhaftigkeit des Alltags. Von Grußformeln wie *Buenos días*, Briefformeln wie *querido amigo* bis hin zu komplexeren Regeln etwa für bestimmte Gesprächs- oder Textformen ist die Kommunikation in vielerlei Hinsicht durch Traditionen von Texten geprägt;

► das Verhältnis von Sprechen/Schreiben und Schweigen/Nicht-Schreiben ist durch soziale Praktiken geprägt, die gesellschaftlichen Traditionen entsprechen;

► verschiedene soziale Gruppen unterscheiden sich durch unterschiedliche Diskurstraditionen. So sind etwa Anredeformen, sprachliche Umgangsformen etc. in sozialen Gruppen stark untereinander differenziert. Dies zeigt sich in unzähligen sprachlichen Traditionen, die unabhängig von der Frage der einzelsprachlichen Struktur betrachtet werden müssen. Unterschiedliche Diskurstraditionen fallen insbesondere beim Kulturkontakt auf, und das, was man als *interkulturelle Kommunikation (comunicación intercultural)* bezeichnet, bezieht sich dort, wo es sprachliche Fakten betrifft, in erster Linie auf das Bewusstmachen von unterschiedlichen Diskurstraditionen.

Auch wenn die Einzelsprache als Grammatik und Wortschatz von der Tradition der Diskurse unterschieden werden muss, besteht doch eine gewisse

172

Beziehung zwischen beiden Größen; so finden sich bestimmte grammatische Formen bevorzugt in bestimmten Diskurstraditionen und weniger in anderen (etwa überlebte der nahezu ausgestorbene spanische *futuro de subjuntivo* jahrhundertelang fast ausschließlich in juristischen Diskurstraditionen).

Vieles von dem, was durch Diskurstraditionen bedingt ist, wird üblicherweise zum Bereich der *Pragmatik* (s. Einheit 7) gezählt. Es ist jedoch sinnvoll, die Diskurstradition von der Pragmatik als *universeller,* d.h. sprachen- und traditionsunabhängiger Wissenschaft der sprachlichen Interaktion und der *Grammatik* (s. Einheiten 4 und 5) als sprachbezogener Wissenschaft von den Regeln einer Einzelsprache mit deren Wortschatz zu trennen, da es sich hier weder um eine einzelsprachliche noch um eine universelle Größe handelt. Diskurstraditionen können weit über die Einzelsprache hinausgehen. So sind bestimmte Textformen (Brief, Zeitungsartikel, Roman etc.) und kulturelle Entwicklungen zwar durch Tradition verbunden, nicht aber auf eine Einzelsprache beschränkt. Diskurstraditionen sind in ihrer Dynamik ähnlich wie andere kulturelle Traditionsphänomene (Musik, Mode, Architektur etc.) und können zu diesen in enger Beziehung stehen.

> Pragmatik, Grammatik, Diskurstradition

Gesprochene und geschriebene Sprache, Medium und Konzeption |8.5

Die vorherrschende Sichtweise des 20. Jahrhunderts betrachtete Sprache als in erster Linie lautliches Phänomen, womit die Schriftsprache als sekundäre Erscheinungsform oft aus der Sprachbetrachtung ausgeschlossen wurde. In den letzten Jahrzehnten ist die Beschäftigung mit der Schriftsprache wieder stärker ins Zentrum des Interesses gerückt; gleichzeitig werden auch die eigentlichen Besonderheiten mündlicher Rede, also in unserem Falle des gesprochenen Spanisch, untersucht. Bevor wir uns die Besonderheiten von gesprochener und geschriebener Sprache näher ansehen, sind einige Grundunterscheidungen notwendig. In Einheit 3 wurde bereits auf den Unterschied zwischen Sprachlauten und grafischen Zeichen hingewiesen.

> Primat der Lautsprache

Die Schrift ist in erster Linie ein Repräsentationssystem, das vieles von dem, was in der lautlichen Kommunikation vorkommt, auf eine lineare Buchstabenfolge reduziert. Wenn wir sprechen, dann können wir unsere Aussagen mit Mimik, Gestik, Bezügen auf die Gegenstände, die wir sehen, mit Stimmbewegung und zahlreichen Modulationsmöglichkeiten unterstützen. Beim Schreiben fällt vieles davon weg, gleichzeitig aber kommt die Möglichkeit grafischer Gestaltung und ausführlicher Planung hinzu. Viele Formen von Sprache sind nur durch die Schrift denkbar, sowohl in der Literatur als auch in der Alltagssprache. Schrift ist also nicht nur Abbild, sondern auch eine Möglichkeit, ganz eigenständige sprachliche Formen zu entwickeln und über Zeiten und Räume hinweg zu vermitteln und zu bewahren. Deshalb beruht unsere Kultur zu einem wesentlichen Teil auf Wissensbeständen, die schriftlich überliefert werden.

> Schriftsprache

Der Unterschied zwischen gesprochener und geschriebener Sprache betrifft also eine ganze Reihe von Phänomenen, die sowohl mit der Andersartigkeit der Schriftzeichen im Gegensatz zu den Lauten, als auch mit den verschiedenen Möglichkeiten von mündlicher und schriftlicher Kommunikation zusammenhängen.

Medium und Konzeption

Um diesen Unterschied besser fassen zu können, hat zu Beginn der 1970er Jahre der Romanist Ludwig Söll eine terminologische Präzisierung eingeführt, die zunächst den Aspekt des *Mediums (medio)* von dem der *Konzeption (concepción)* trennt.

Definition

> Sprache kann im phonischen oder grafischen *Medium* realisiert werden. Außerdem kann Sprache – sowohl gesprochene als auch geschriebene – von der *Konzeption* her „schriftlich" oder „mündlich" sein.

Eine umgangssprachliche Äußerung wie *estoy cansao* kann, wie hier, auch geschrieben werden; der Ausfall des -d- zwischen den Vokalen in der Partizipendung weist jedoch auf ein sprechsprachliches Phänomen hin: *medial* ist die Äußerung geschrieben, *konzeptionell* ist sie „mündlich". Umgekehrt kann man auch einen komplexen juristischen oder wissenschaftlichen Text vorlesen, womit ein konzeptionell schriftlicher Text medial „gesprochen" wiedergegeben wird.

Nähe und Distanz

Zur Vereinfachung des Begriffswirrwars haben die Romanisten Peter Koch und Wulf Oesterreicher in einer Reihe von Arbeiten seit Mitte der 1980er Jahre vorgeschlagen, die Unterschiedlichkeit der Konzeption einer Äußerung besser mit den Begriffen *Nähe* (*inmediatez*) und *Distanz* (*distancia*) auszudrücken.

Abb. 8.3

Nähe-Distanz-Kontinuum nach Koch/Oesterreicher 2007: 34

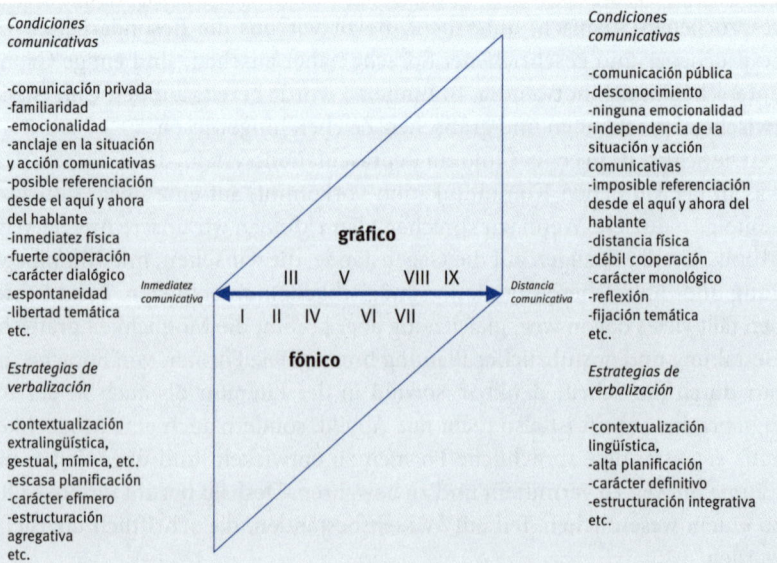

Für Koch und Oesterreicher sind Nähe und Distanz universelle Begriffe des Sprechens: Auch Kulturen ohne Schrift unterscheiden zwischen einem spontanen Gespräch und einer religiösen Formel oder einer überlieferten Geschichte. In Schriftkulturen wird „Nähe" eher mit gesprochener, „Distanz" eher mit geschriebener Sprache verbunden. Zwischen Nähe und Distanz gibt es ein Kontinuum, das Koch/Oesterreicher wie in Abb. 8.3 darstellen. Die beiden Dreiecke stehen für die Häufigkeit üblicher Realisierungen: am Pol der Nähe werden wenige Texte geschrieben und viele gesprochen, am Pol der Distanz ist es umgekehrt. Die durchgezogene Linie zwischen den beiden Dreiecken weist darauf hin, dass es sich hier um eine klare Trennung handelt: eine Äußerung ist entweder gesprochen oder geschrieben – Zwischenformen sind nicht möglich. Von links nach rechts hingegen sind unzählige Abstufungen möglich. Zwischen den beiden Polen lassen sich alle gesprochenen und geschriebenen Texte irgendwo situieren, so weisen die römischen Zahlen in dem Schema auf verschiedene Beispiele hin:

I	Familiäres Gespräch	conversación familiar
II	Privates Telefongespräch	conversación telefónica privada
III	Privater Brief	carta privada
IV	Bewerbungsgespräch	entrevista de trabajo
V	Zeitungsinterview	entrevista periodística
VI	Predigt	sermón
VII	Wissenschaftlicher Vortrag	conferencia científica
VIII	Zeitungsartikel/Editorial	artículo editorial
IX	Juristischer Text	texto jurídico

Tab. 8.1

Realisierungsformen von Sprache zwischen Nähe und Distanz nach Koch/Oesterreicher 2007: 35

Besonderheiten der geschriebenen Sprache | 8.6

Da unser Bild von Sprache sehr stark durch die Schriftsprache geprägt ist, fallen uns viele Besonderheiten der geschriebenen Sprache erst dann auf, wenn wir uns mit der realen gesprochenen Sprache beschäftigen (und nicht nur mit ihrer Mimesis in der Schriftsprache, vgl. López Serena 2007). Im Folgenden sollen nur einige grundlegende Charakteristika genannt werden:

▶ Schriftsprache ist üblicherweise einheitlich und standardisiert. Sie folgt orthografischen Konventionen und ist bezüglich morphologischer und syntaktischer Variation weitgehend eingeschränkt. Im Gegensatz zur gesprochenen Sprache werden in der Schriftsprache regionale und soziale Besonderheiten nur in Ausnahmefällen zum Ausdruck gebracht. Auch die in der gesprochenen Sprache enorme prosodische Variation ist in der Schrift auf einige wenige Konventionen reduziert;

- Schriftsprache ist bezüglich ihrer phonischen Realisierung flexibel. Ein einheitlicher geschriebener Text wird beim Lesen unterschiedlich phonisch realisiert, wobei regionale und soziale Differenzierungen, Unterschiede bezüglich Geschlecht und Alter und individuelle Eigenheiten hörbar werden;
- Schriftsprache ist linear. Obwohl auch gesprochene Sprache als Abfolge von Lauten dargestellt werden kann, sind doch im Gespräch Überschneidungen oder Pausen üblich. In der Schriftsprache ist dies nicht im selben Maße der Fall;
- Schriftsprache tendiert zur Darstellung abgeschlossener Sätze, während in der gesprochenen Sprache Abbrüche, Korrekturen und Wiederholungen normal sind;
- Schriftliche Texte erlauben durch die meist höhere Planungszeit einen komplexen und strukturierten Aufbau. So gehorcht die argumentative Progression von Schrifttexten üblicherweise bestimmten linearisierenden Regeln, etwa der Vermeidung von Redundanz und Wiederholung;
- Schriftsprache muss gewisse Umfelder, die in der gesprochenen Sprache durch die Situationsgebundenheit schon vorhanden sind, erst im Text aufbauen. So müssen bestimmte Situationen oft erst genau beschrieben werden, damit für den Leser klar wird, worum es geht, während in gesprochenen Redesituationen die Situation oft „für sich spricht".

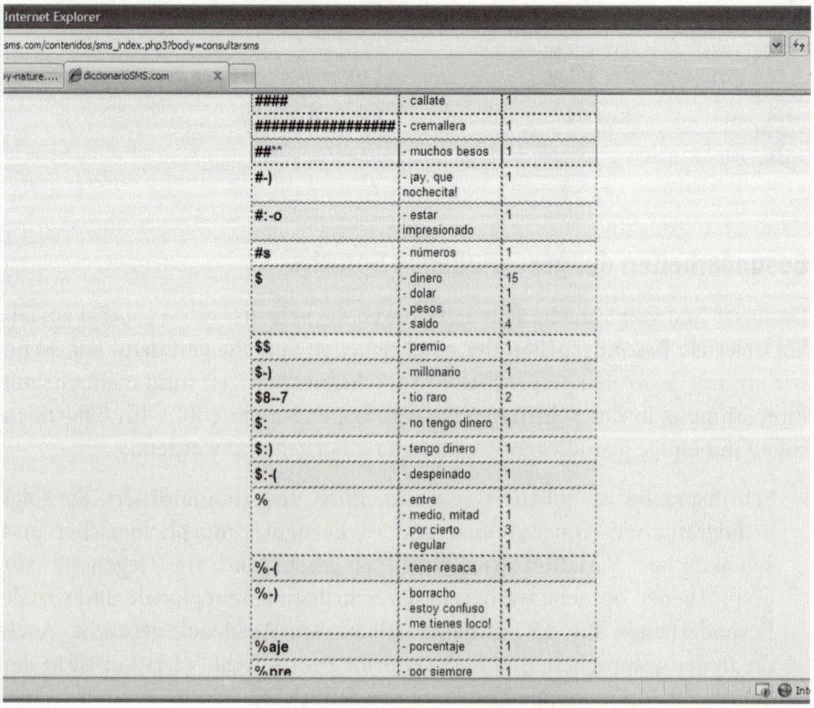
Internet Explorer
sms.com/contenidos/sms_index.php3?body=consultarsms
y-nature.... diccionarioSMS.com

####	- callate	1
##################	- cremallera	1
##**	- muchos besos	1
#-)	- ¡ay, que nochecita!	1
#:-o	- estar impresionado	1
#s	- números	1
$	- dinero - dolar - pesos - saldo	15 1 1 4
$$	- premio	1
$-)	- millonario	1
$8--7	- tio raro	2
$:	- no tengo dinero	1
$:)	- tengo dinero	1
$:-(	- despeinado	1
%	- entre - medio, mitad - por cierto - regular	1 1 3 1
%-(	- tener resaca	1
%-)	- borracho - estoy confuso - me tienes loco!	1 1 1
%aje	- porcentaje	1
%pre	- por siempre	1

Abb. 8.4 | Unter www.diccionariosms.com/contenidos/ findet sich ein umfassendes Wörterbuch der spanischen SMS-Abkürzungen

Viele dieser Eigenschaften haben mit der Planbarkeit schriftlicher Texte zu tun: Beim Schreiben kann man einen Text vorstrukturieren, überdenken und mehrmals korrigieren. Nicht alle schriftlichen Texte sind jedoch umfassend geplant. Bei E-Mails oder in Chats wird teilweise fast so schnell und dialogisch kommuniziert wie in der gesprochenen Sprache. Andere geschriebene Texte wie SMS gehorchen ganz besonderen Kommunikationsbedingungen, die die Verwendung von Abkürzungen, Emoticons etc. begünstigen (s. Abb. 8.4).

Planbarkeit schriftlicher Texte

Besonderheiten der gesprochenen Sprache | 8.7

Die Besonderheiten gesprochener Sprache lassen sich in vollem Umfang nur an realen Gesprächssituationen aufzeigen. Neben den rein lautsprachlichen Äußerungen spielen dabei die räumlichen Bezüge sowie Mimik und Gestik eine wichtige Rolle. Die traditionelle Sprachwissenschaft hat solche „redebegleitenden" oder „parasprachlichen" Elemente meist aus der linguistischen Betrachtung ausgeblendet; doch durch die wachsende Bedeutung der Pragmatik wird auch der Blick auf sprachbegleitende Gestik bedeutsam. Die linguistische Disziplin, die sich mit Mimik und Gestik beschäftigt, ist die *Kinesik* (*kinésica*).

Kinesik und Lautsprache

> Sprachbegleitende Gestik ist nicht mit *Gebärdensprache* (*lengua de señas*) zu verwechseln. Gebärdensprachen sind vollständig funktionsfähige Sprachsysteme für Gehörlose.

Achtung

Neben der Gestik durch Arme, Gesicht und andere Körperteile kann man auch von „lautlicher Gestik" oder „prosodischer Gestik" sprechen, d. h. intonatorischer Begleitung des Zeigens, wobei Arm- und Gesichtsgestik und lautliche Gestik oft simultan auftreten. Eine wichtige Besonderheit der gesprochenen Sprache ist die räumlich-zeitliche Einbettung. Wenn jemand sagt *soy de aquí*, so ist eindeutig, worauf sich das *yo* und das *aquí* bezieht, weil eine bestimmte Person an einem bestimmten Ort spricht. Bei der so genannten *Face-to-face*-Kommunikation ist der deiktische Bezug auf Gegenstände möglich, die für Sprecher und Hörer sichtbar sind, etwa *Dame este libro* etc., oder die häufige Verwendung von so genannten Passe-partout-Wörtern (*chisme, cosa, tío*).

Räumliche Einbindung

Real gesprochene Sprache ist meist voll von Wiederholungen, Korrekturen, Zögerungsphänomenen und Abbrüchen. Zudem gibt es in der gesprochenen Sprache Elemente, die in der Schriftsprache eher vermieden werden oder ganz wegfallen wie Interjektionen und gewisse Gesprächswörter (u. a. *Kontaktsignale/marcadores de contacto*: ¿verdad?, ¿sabes? etc.; *Turn-Taking-Signale/marcadores de turno de palabra*: *oye, mire, escucha* etc.; s. Einheit 7.9). Deren Fehlen aufgrund (oft schlecht) geschriebener Drehbücher macht die „gesprochene" Sprache von Fernsehsendungen und Filmen oft so unnatürlich, wenn einerseits in vollständigen Sätzen, andererseits immer genau der Reihe nach

Wiederholungen, Abbrüche

gesprochen wird. Eine kurze Aufnahme eines authentischen Gesprächs lehrt uns, dass so etwas in Wirklichkeit praktisch nicht vorkommt: Oft sprechen mehrere Personen gleichzeitig, oft werden Konstruktionen abgebrochen oder die Gesprächspartner konstruieren in gemeinsamer Kooperation Sätze (etwa wenn einer einen Satz beginnt und dieser von einem anderen beendet wird).

Begrenztheit des
Wortschatz- und
Formeninventars

Für die gesprochene Sprache charakteristisch ist im Allgemeinen die Präferenz für einen relativ begrenzten Kernwortschatz sowie die Bevorzugung gewisser besonders frequenter morphologischer Formen und einer eher aggregativen Syntax.

8.8 | Transkription gesprochener Sprache

In der Sprachwissenschaft wird gesprochene Sprache meist auf der Basis einer Methode untersucht, die sich in den Zusammenhang der so genannten *Korpuslingusitik (lingüística de corpus)* einordnet (s. Einheit 10) und das Gesprochene zunächst, ausgehend von einer Aufnahme, schriftlich transkribiert. Eine linguistische Transkription gesprochener Sprache bedient sich zwar der Schrift, sie verwendet jedoch darüber hinaus bestimmte Elemente, um das Gesprochene so authentisch wie möglich abzubilden. Die Transkription gesprochener Sprache ist von der phonetischen Transkription zu unterscheiden, bei der es ausschließlich um lautliche Besonderheiten geht. Es gibt keine fixierten Transkriptionskriterien wie in der Phonetik (s. Einheit 3); die Art der Transkription hängt vom spezifischen Forschungsinteresse ab. Es ist jedoch üblich, möglichst viele Details des Gesprochenen wiederzugeben – einschließlich Unterbrechungen, Korrekturen, Abbrüchen, Pausen etc. Betrachten wir die Transkriptionskriterien und das Beispiel einer Transkription der Forschergruppe Val.Es.Co aus Valencia:

Abb. 8.5 |

Transkriptionskriterien für mündliche Sprache nach Briz (Val.Es.Co 2002: 29–30)

:	Cambio de voz.	→	Entonación mantenida o suspendida.
A:	Intervención de un interlocutor identificado como A.	Cou	Los nombres propios, apodos, siglas y marcas, excepto las convertidas en «palabras-marca» de uso general, aparecen con la letra inicial en mayúscula*.
?:	Interlocutor no reconocido.		
§	Sucesión inmediata, sin pausa apreciable, entre dos emisiones de distintos interlocutores.	PESADO	Pronunciación marcada o enfática (dos o más letras mayúsculas).
=	Mantenimiento del turno de un participante en un solapamiento.	pe sa do	Pronunciación silabeada.
[	Lugar donde se inicia un solapamiento o superposición.	(( ))	Fragmento indescifrable.
]	Final del habla simultánea.	((siempre))	Transcripción dudosa.
–	Reinicios y autointerrupciones sin pausa.	((...))	Interrupciones de la grabación o de la transcripción.
/	Pausa corta, inferior al medio segundo.	(en)tonces	Reconstrucción de una unidad léxica que se ha pronunciado incompleta, cuando pueda perturbar la comprensión.
//	Pausa entre medio segundo y un segundo.		
///	Pausa de un segundo o más.	pa'l	Fenómenos de fonética sintáctica entre palabras, especialmente marcados.
(5")	Silencio (lapso o intervalo) de 5 segundos; se indica el n° de segundos en las pausas de más de un segundo, cuando sea especialmente significativo.	°( )°	Fragmento pronunciado con una intensidad baja o próxima al susurro.
↑	Entonación ascendente.	h	Aspiración de «s» implosiva.
↓	Entonación descendente.	(RISAS, TOSES GRITOS...)	Aparecen al margen de los enunciados. En el caso de las risas, si son simultáneas a lo dicho, se transcribe el enunciado y en nota al pie se indica «entre risas».
		aa	Alargamientos vocálicos.
		nn	Alargamientos consonánticos.
		¿¡ !?	Interrogaciones exclamativas.
		¿ ?	Interrogaciones. También para los apéndices del tipo «¿no?, ¿eh?, ¿sabes?»
		¡ !	Exclamaciones.
		és que se pareix a mosatros:	Fragmento de conversación en valenciano. Se acompaña de una nota donde se traduce su contenido al castellano.
		Letra cursiva:	Reproducción e imitación de emisiones. Estilo directo, característico de los denominados relatos conversacionales.

In dem Beispiel (Abb. 8.6) sitzen sechs Personen in einem Privathaus um einen Tisch. Die eckigen Klammern weisen auf Überschneidungen hin, wenn gleichzeitig gesprochen wird (jeweils das, was untereinander steht und durch Klammer gekennzeichnet ist, ist gleichzeitig; s. Einheit 10.4). Die Pfeile beziehen sich auf Intona-

```
405  V:                                    [calla calla/ p(e)ro si
406      es que–] y– yy este hombre↑// NOO este hombre es qu'es//
407      pelee– peligra// [peligraa noo// peligra su puesto=]
408  A:                   [¿ahora no queréis Cocacola? ¿ahora no que-
409      réis Cocacola?]
410  V: = de trabajo/ que no sé en quée– en qué [condiciones está
411      ahí→]
412  A:                                              [OYE↓] vamos a
413      servirnos el café↑/ y después cuando venga él→
414  V: ¿en qué condiciones está ahí?/ yo no lo sé// este hombre§
415  G: § cuando venga él↑/ no– no hay café// hay que sacar las car-
416      tas///(2") (RISAS) o s(ea) vamos a darnos prisa (RISAS)
417  J: luego es que es muy tarde/ tú
418  A: ¡qué va a ser tarde!/ [no]
419  V:                        [a mí] me dijo a las diez y media ¿eh?
420  J: sí/ pero son las once ya ¿no?
421  G: sí/ pero eh que↑/ ÉL siempre se pierde// [a mí cuando me
422      llamó me dijo ((cuándo saldría))]
423  V:                                          [°((pues si dijo a))
424      las diez y media→// es ya] media horita)°// es que hoy/
425      [esto (( ))]
```

Abb. 8.6

Transkription mündlicher Sprache (Briz/ Val.Es.Co 2002: 178)

tionsmerkmale. In Klammern werden parasprachliche Phänomene festgehalten wie (RISAS), d. h. Lachen. An dem kurzen Ausschnitt können wir einige Besonderheiten der gesprochenen Sprache beobachten, so u. a.:

► zahlreiche Wiederholungen: *calla calla* (405); *y – y y* (406); Satzwiederholungen (408–409);

► Zögerungen und Korrekturen: *pelee- peligra* (407);

► Abbrüche: *es que-*] (406);

► Dehnungen von Vokalen als so genannte *Turn-Maintaining*-Signale: *en quée-* (410), d. h., dass der Sprecher den Redefluss aufrecht erhält und signalisiert, dass er weitersprechen will, zugleich aber Zeit zur weiteren Planung benötigt;

► Gesprächswörter, Kontaktsignale: *OYE* (412); *¿no?* (420);

► Überschneidungen (407–408; 418–419);

► „aggregative" Syntax mit wenig komplexen Satzstrukturen und wenig Satzunterordnung;

► redundante pronominale Deixis *a mí cuando me llamó me dijo* (421–422);

► satzinitiales *es que* (406, 421, 424);

► Interjektionen *¿eh?* (419);

► Paraphrasen *o sea…* (416).

Gesprochene Sprache – gesprochenes Spanisch

8.9

Die in dem Beispiel genannten Fakten entsprechen weitgehend universellen Tendenzen gesprochener Sprache (Wiederholungen, Abbrüche, Überschneidungen etc.) und sind in ähnlicher Form in allen Sprachen der Welt zu finden. Zugleich gibt es einzelsprachliche Besonderheiten der gesprochenen Sprache, die einerseits mit bestimmten Diskurstraditionen zusammenhängen (und auch innerhalb der spanischsprachigen Welt z. T. variieren), andererseits mit bestimmten strukturellen Eigenschaften des Spanischen. Charakteristisch für das gesprochene Spanisch sind (bei regionaler Unterschiedlichkeit) u. a.:

- bestimmte phonetische Tendenzen zur Reduktion (*amado* → *amao*; *inmediato* → *imediato* etc.);
- Verwendung von bestimmten Gesprächswörtern/Diskursmarkern wie *pues, bueno, vamos a ver, vamos*, in Argentinien v. a. *este, viste*;
- intensivierende Reduplikationen *casa casa, comer comer* etc.;
- Verwendung von „polyvalentem *que*";
- *habían mucha gente* statt *había mucha gente* wg. pluralischem Referenten;
- Adjektivierung von Adverbien: *estamos fenómeno, el traje te queda perfecto*;
- häufige Diminutivformen (im Beispiel oben: *media horita*, 424);
- Satzbeginn mit *es que, lo que pasa es que, lo que ocurre es que*;
- Verwendung von ursprünglich vulgärem Wortschatz mit z. T. diskursiven Funktionen (Spanien: *joder, hostia, coño*; Mexiko *chin, chinga*, etc.).

Unter www.bachelor-wissen.de finden Sie einen Lektüretext von Óscar Loureda aus *Introducción a la tipología textual*.

Aufgaben

1 In der Gruppe soll jede/r einen kurzen Text *ohne jede Kohärenz* bestehend aus drei Sätzen verfassen. Dann muss jede/r versuchen, für einen der sinnlosen Texte eines/r anderen einen Sinn zu finden. Gibt es vollkommen sinnlose Texte, bei denen keine Art der Interpretation möglich ist?

2 Analysieren Sie den Text unter www.bachelor-wissen.de bezüglich seiner kohäsiven Merkmale und bezüglich seiner thematischen und argumentativen Entfaltung.

3 Betrachten Sie die Liste von etwa 4.000 deutschen Bezeichnungen für Textsorten unter www.unige.ch/lettres/alman/akt/aktbibl.html und suchen Sie spanische Äquivalente für eine Reihe von Ausdrücken. Lassen sich alle Textsortenbezeichnungen mühelos ins Spanische übertragen? Finden Sie in beiden Richtungen Fälle, wo es keine direkte Übersetzung gibt?

4 Situieren Sie die Beispiele auf der Webseite aus Aufgabe 3 bezüglich der Kriterien von Koch/Oesterreicher auf dem Nähe-Distanz-Kontinuum.

5 Suchen Sie in einem Internet-SMS-Wörterbuch (z. B. www.diccionariosms.com/contenidos/) zehn spanische und zehn deutsche Abkürzungen aus und vergleichen Sie diese. Wie lassen sich die jeweiligen Abkürzungen erklären? Welche einzelsprachlichen Unterschiede lassen sich feststellen?

6 Machen Sie mit einem spanischen Muttersprachler eine kurze Aufnahme, in welcher die Person erklärt, was an ihrer Heimat besonders attraktiv und was eher unattraktiv ist. Transkribieren Sie zwei Minuten der Aufnahme und beschreiben Sie die im Text auftretenden auffälligen Besonderheiten der gesprochenen Sprache. Versuchen Sie, zwischen universellen und einzelsprachlichen Phänomenen zu unterscheiden.

Literatur

Adam, Jean-Michel (1999): *Lingüística de los textos narrativos*, Barcelona: Ariel.

Adamzik, Kirsten (2004): *Textlinguistik. Eine einführende Darstellung*, Tübingen: Niemeyer. 📖

Bakhtin, Mikhail M. (1989): *El problema de los géneros discursivos*, México: Siglo XXI (russ. Orig. Moskau 1986).

Briz, Antonio (2000): *¿Cómo se comenta un texto coloquial?*, Barcelona: Ariel.

Briz, Antonio/Grupo Val.Es.Co (2002): *Corpus de conversaciones coloquiales*, Madrid: Arco.

Busch, Albert/Stenschke, Oliver (2007): s. Einheit 3.

Ciapuscio, Guiomar (1994): *Tipos textuales*, Buenos Aires: Universidad de Buenos Aires.

Coseriu, Eugenio (1994): *Textlinguistik*, hrsg. und bearb. von Jörn Albrecht, 3., überarb. und erw. Aufl., Tübingen/Basel: Francke (sp. Version: *Lingüística del texto*, Madrid: Arco, 2008).

De Beaugrande, Robert-Alain/Dressler, Wolfgang Ulrich (1981): *Einführung in die Textlinguistik*, Tübingen: Niemeyer.

Dijk, Teun A. van (1983): *La ciencia del texto*, Barcelona: Paidós (niederl. Orig. Utrecht 1978).

Halliday, M. A. K./Hasan, Ruqayia (1976): *Cohesion in English*, London: Longman.

Kabatek, Johannes (2007): „Las tradiciones discursivas entre conservación e innovación", 📖 *Rivista di Filologia e Letterature Ispaniche* X, 331–345.

Koch, Peter/Oesterreicher, Wulf (1990): *Gesprochene Sprache in der Romania: Französisch,* 📖 *Italienisch, Spanisch*, Tübingen: Niemeyer (sp., aktualisierte und erweiterte Ausgabe: *Lengua hablada en la Romania*, Madrid: Gredos, 2007).

López Serena, Araceli (2007): *Oralidad y escrituralidad en la recreación literaria del español coloquial*, Madrid: Gredos.

Loureda, Óscar (2003): *Introducción a la tipología textual*, Madrid: Arco. 📖

Spanisch in Kontakt:
Sprachkontakt und kontrastive Linguistik

	Inhalt	
9.1	Sprachkontakt	184
9.2	Sprachkontaktphänomene	185
9.3	Kontrastive Linguistik Deutsch-Spanisch	190
9.4	Sprachkontakt und historische Linguistik	191
9.5	Spanisch im Kontakt mit anderen Sprachen	192

In dieser Einheit geht es um die Frage des Sprachkontaktes: Sprachen existieren nicht isoliert; die Sprecher verschiedener Sprachen stehen zueinander in Kontakt. Einige Grundbegriffe der Sprachkontaktforschung werden zunächst vorgestellt und dann auf den Kontakt zwischen Deutsch und Spanisch einerseits und auf verschiedene historische Kontaktphänomene andererseits bezogen.

Im Anschluss werden die wichtigsten Regionalsprachen vorgestellt, mit denen das Spanische auf der Iberischen Halbinsel in Kontakt steht, und schließlich werden noch einige Kontaktgebiete und Kontaktphänomene in Amerika beschrieben.

Überblick

9.1 | Sprachkontakt

Was ist Sprach-
kontakt?

Wenn zwei Sprachen zusammentreffen, spricht man von *Sprachkontakt* (*contacto de lenguas*). Natürlich treten dabei nicht die Sprachen als abstrakte Einheiten zueinander in Kontakt, sondern Menschen als Sprecher unterschiedlicher Sprachen.

Überall ist Sprach-
kontakt

Sprachkontakt gibt es in unzähligen Situationen: zwischen Individuen bei Reisen oder in der Begegnung mit Anderssprachigen in unserem heimatlichen Umfeld; zwischen ganzen Gemeinschaften in mehrsprachigen Gebieten, in mehrsprachigen Familien, beim Sprachunterricht oder selbst, wenn wir Radio hören und Musik mit fremdsprachigem Text gesendet wird. Sprachkontakt ist also ein alltägliches, überall präsentes Phänomen, das eine sehr große Bandbreite von Möglichkeiten umfasst, von minimalem Sprachkontakt bei (nahezu) Einsprachigen bis zur umfassenden Mehrsprachigkeit.

Siedlungskontinuität
und Migration

Wie wir in Einheit 11 sehen werden, war es in der Sprachwissenschaft traditionell üblich, Siedlungskontinuität als Normalfall anzusehen, in der Sprache primär als jahrhundertealter Ortsdialekt vorkommt. Heute liegt im Zuge der Globalisierung (s. Einheit 14) das Augenmerk vermehrt auf Migrationsphänomenen und damit verbundenem Sprachkontakt; in den letzten Jahren ist mit

Migrationslinguistik

der *Migrationslinguistik* (*estudio de lengua y migración*) (Krefeld 2004) sogar eine eigene Disziplin entstanden, die sich mit den sprachlichen Konsequenzen dieser Phänomene beschäftigt. Dabei kann Migration entweder aus der Sicht der Siedlungskontinuität betrachtet werden (etwa wenn gefragt wird, welche Einflüsse die zahlreichen lateinamerikanischen Immigranten auf gewisse Sprachsituationen in Spanien haben) oder aber aus der Sicht der Migranten (wenn etwa gefragt wird, wie das Spanisch mexikanischer Emigranten in den USA durch das Englische beeinflusst und verändert wird).

Der Sprecher als Ort des Sprachkontakts

Bevor wir verschiedene Sprachkontaktphänomene differenzieren, soll zunächst grundsätzlich festgestellt werden, dass der Ort des Sprachkontakts immer das Individuum ist, das partiell oder umfassend mit mehreren Sprachen konfrontiert wird. Und noch genauer: Der eigentliche Ort des Sprachkontakts sind die Köpfe der Sprecher, in denen verschiedene Sprachen durch mehrsprachige Kommunikation kopräsent sind. Das heißt, dass auch dann, wenn wir von mehrsprachigen Regionen oder Gruppen sprechen, damit immer gemeint ist, dass sich in diesen Regionen oder Gruppen Individuen befinden, in deren Sprachkompetenz mehrere Sprachen vorhanden sind.

Typen von Sprach-
kontakt

Grad der individuel-
len Mehrsprachigkeit

Eine solche Kopräsenz kann nun weiter differenziert werden:

► Sprachkontakt kann partiell oder umfassend sein. Ein Individuum, das von einer Sprache nur ein einziges Wort kennt, steht bereits in partiellem, wenn auch minimalem Kontakt mit dieser. In der Praxis spricht man von

Sprachkontakt im Allgemeinen erst dann, wenn ein gewisser Umfang der Kenntnis der Kontaktsprache zu verzeichnen ist. Am anderen Extrempunkt des Kontinuums steht die vollkommene Beherrschung einer Kontaktsprache;

► Sprachkontakt kann individuell oder sozial sein. Wenn ein deutschsprachiger Sprecher in ein spanischsprachiges Land zieht, so tritt er als Individuum zum Spanischen in Kontakt; unter Umständen ist er der einzige deutschsprachige Sprecher an dem Ort, in den er zieht. Wenn hingegen ein Katalane in seinem Umfeld stets sowohl mit dem Katalanischen als auch mit dem Spanischen konfrontiert wird und in einer mehrsprachigen Gesellschaft lebt, so handelt es sich um gemeinschaftlichen Sprachkontakt. Sowohl individuelle als auch soziale Zweisprachigkeit wird als Bilinguismus oder Bilingualismus bezeichnet, wobei manche Autoren beide Begriffe differenziert verwenden;

Grad der sozialen Mehrsprachigkeit

► individuelle und soziale Mehrsprachigkeit kann mehr oder weniger symmetrisch sein. Bei symmetrischer individueller Zweisprachigkeit beherrscht das Individuum zwei Sprachen annähernd gleich; bei sozialer symmetrischer Zweisprachigkeit haben zwei Sprachen in einer Gesellschaft annähernd die gleiche Funktionsbreite und das gleiche Prestige. Wirkliche individuelle Symmetrie ist eher selten, vollkommene soziale Symmetrie nahezu inexistent. In der Regel finden sich in mehrsprachigen Gesellschaften Situationen von *Diglossie* (*diglosia*), d.h. dass in einer Gesellschaft zwei Formen einer Sprache oder zwei Sprachen mit unterschiedlicher Funktionsaufteilung und mit unterschiedlichem Prestige verwendet werden;

Verhältnis der Kontaktsprachen

► Mehrsprachigkeit ist keinesfalls auf zwei Sprachen begrenzt. Individuen können monolingual (einsprachig), bilingual (zweisprachig) oder multilingual (oder polyglott, d.h. vielsprachig) sein, und auch in Gemeinschaften kann die Verwendung von zwei, drei oder mehr Sprachen allgemein üblich sein (s. Einheit 1.1).

Zahl der Kontaktsprachen

Mehrsprachigkeit nimmt heute in vielen Teilen der Welt zu. Um nur zwei Phänomene zu nennen: Der zumindest partielle Kontakt mit dem Englischen wird weltweit immer stärker; ähnlich ist es mit dem Kontakt zum Spanischen und zu anderen Weltsprachen; gleichzeitig sind durch Migration unzählige Sprachen u.a. in Europa und den USA präsent und treten dort zu den lokalen Sprachen in Kontakt.

Sprachkontaktphänomene

|9.2

Sprachkontakt führt zu einer Reihe von Phänomenen, die in den folgenden Abschnitten einzeln vorgestellt werden. Es soll dabei unterschieden werden zwischen

„Horizontale" und „vertikale" Kontaktphänomene

► „horizontalen" (d.h. im Ablauf der Rede aufeinanderfolgenden) Sprach-
kontaktphänomenen: In der Rede Mehrsprachiger wird im Verlauf einer
Äußerung zwischen verschiedenen Sprachen gewechselt (*code-switching*
oder *code-mixing*);

► „vertikalen" (d.h. in der Rede zugleich präsenten) Sprachkontaktphäno-
menen: Die Äußerung eines Mehrsprachigen ist durch die Präsenz einer
anderen Sprache geprägt (sprachliche *Interferenz*).

Schematisch kann der Unterschied beider Phänomene folgendermaßen dargestellt werden:

Abb. 9.1|
Code-Switching und
Interferenz

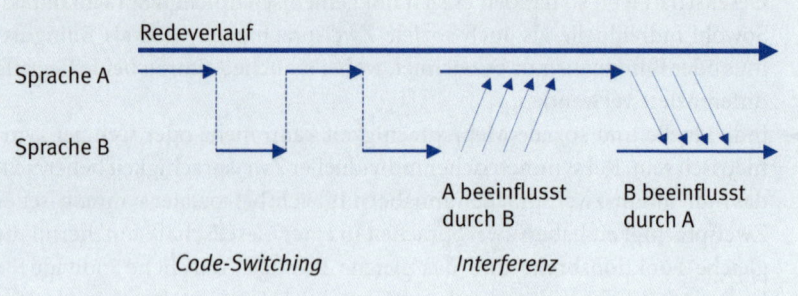

Diese „aktuellen" Sprachkontaktphänomene sind wiederum zu trennen von
den möglichen historischen Konsequenzen von Sprachkontakt (s. Abschn.
9.4).

9.2.1| Code-Switching

Definition

> Wenn Individuen, die mehrere Sprachen beherrschen, in einem Diskurs zwischen den
> verschiedenen Sprachen wechseln, so spricht man von *Code-Switching* (*alternancia de
> códigos*).

Intersententiales und
intrasententiales
Code-Switching

Code-Switching kann sowohl von Satz zu Satz stattfinden („intersententiales
Code-Switching") als auch innerhalb eines Satzes („intrasententiales Code-
Switching"):

Beispiel 9.1|

Intersentential (*intersentencial*): *Guten Tag. ¿Cómo estás?*
Intrasentential (*intrasentencial*): *Sometimes I'll start a sentence in English y ter-*
mino en español.

Für das intrasententiale Code-Switching scheint es gewisse grammatische
Restriktionen zu geben, so kann nicht an jedem beliebigen Punkt eines Satzes
die Sprache gewechselt werden, sondern nur an so genannten *permissible code-
switch-sites* (vgl. Poplack 2004).

Die Auslösefaktoren für Code-Switching sind vielfältig. Sie hängen mit dem Inhalt des Gesagten (gewisse Inhalte werden mit der einen oder der anderen Kontaktsprache assoziiert) und mit äußeren Faktoren der Kommunikation (Präsenz oder Absenz bestimmter Personen, bestimmter Orte etc.) zusammen.

Code-Switching als kommunikative Praxis setzt mindestens zwei mehrsprachige Individuen voraus. In mehrsprachigen Gemeinschaften kann sich Code-Switching zu einer üblichen sozialen Praxis entwickeln, deren Ausmaß sozialen Restriktionen unterliegen kann.

Es ist umstritten, ab wann man von Code-Switching sprechen kann. Wenn ein einziges englisches Wort in einem spanischen Satz geäußert wird, ist das dann schon Code-Switching? Wahrscheinlich muss man hier mit der Finalität des Sprechers argumentieren und der Sprache, auf die er abzielt. Ein einzelnes englisches Wort muss noch nicht mit einem Sprachenwechsel verbunden sein, da lexikalische Elemente leicht zwischen Sprachen transferierbar sind. Andererseits kann ein einzelnes Wort einen klaren Sprachenwechsel signalisieren, etwa wenn jemand auf eine spanische Frage mit „yes" antwortet.

Grenzen des Code-Switching

Wenn mehrsprachige Sprecher nicht nur zwischen Sequenzen in der einen oder anderen Sprache wechseln, sondern beide Sprachen vor allem im Wortschatz aleatorisch mischen, als ob es sich um eine Sprache handelte, so wird auch von *Code-Mixing* (*mezcla de códigos*) gesprochen, wobei dieser Ausdruck in der Literatur nicht einheitlich verwendet wird. *Code-Mixing* umfasst auch die Herausbildung so genannter hybrider grammatischer Formen zwischen zwei Sprachen.

Code-Mixing

Ein in den letzten Jahren besonders viel diskutiertes Phänomen sprachlicher Mischung ist das sogenannte *Spanglish* in den USA. Spanglish wird zuweilen als „neue Sprache" bezeichnet, es ist aber in erster Linie ein Sammelbegriff, der verschiedene Mischphänomene zwischen Spanisch und Englisch bezeichnet. Unter den Millionen von spanischsprachigen Immigranten in den USA, die in unterschiedlichem Maße zweisprachig sind – meist asymmetrisch bilingual in der ersten Generation mit besserer Kompetenz des Spanischen, weitgehend symmetrisch bilingual in der zweiten Generation und asymmetrisch bilingual mit besserer Kompetenz des Englischen ab der dritten Generation – haben sich kommunikative Praktiken entwickelt, die Elemente aus beiden Kontaktsprachen miteinander kombinieren, wobei die Bandbreite von einigen Anglizismen im Spanischen bis hin zu Englisch mit einigen Hispanismen reicht. Während die Sprachenmischung einerseits häufig als Ausdruck von Inkompetenz kritisiert wird, häufen sich in den letzten Jahrzehnten die Versuche, in der Sprachenmischung einen besonderen kulturellen Reichtum zu sehen und bewusst eine „hybride Kultur" zu pflegen. In bestimmten Kulturbereichen, vor allem in der Musik, ist das Hispano-Element mittlerweile einer der prägenden Faktoren der USA, und auch in der Literatur wird versucht, die kommunikative Mischpraxis umzuwerten und diese

Beispiel „Spanglish"

Hybride Kultur

offensiv als Identifikationselement der mehrsprachigen Hispano-Kultur zu vertreten.

Ein vehementer Vertreter des *Spanglish* als Kulturform ist der aus Mexiko stammende amerikanische Hochschullehrer Ilán Stavans. Als Reaktion auf die Behauptung, *Spanglish* sei keine richtige Sprache, da es keine ernstzunehmende Literatur hervorgebracht habe, legte Stavans 2003 einige Seiten des Don Quijote in einer Spanglish-„Übersetzung" vor, die jedoch mit realer Sprache wenig zu tun hat, da sie voll von „unmöglichen" Code-Switching-Phänomenen ist und sehr willkürlich aus den beiden Kontaktsprachen schöpft. Damit soll aber demonstriert werden, dass in der Mischung von Sprachen auch ein literarisches Potenzial steckt.

Don Quijote auf Spanglish?

Materialien zu Spanglish auf www.bachelor-wissen.de.

9.2.2 | Sprachliche Interferenz

Interferenz

Im Gegensatz zum Code-Switching, bei dem die Sprachmischung sich als Abfolge von Passagen in der einen oder in der anderen Sprache äußert, bezeichnet man als *sprachliche Interferenz* (*interferencia lingüística*) Phänomene von Abweichung beim Sprechen einer Sprache, die aus der Kenntnis einer anderen Sprache resultieren. Interferenz gibt es auf allen Ebenen der Sprache, im lautlichen, grammatischen und lexikalischen Bereich und in Ausdruck und Inhalt, wobei der Grad der Interferenz von verschiedenen Faktoren abhängt, u. a. den folgenden:

Faktoren für Interferenz

► Umfang der Präsenz der Kontaktsprache beim Sprechen. Je präsenter die Kontaktsprache im Moment des Sprechens ist, desto stärker wird sich Interferenz auswirken. Wenn z. B. ein Deutscher, der mit verschiedenen deutschen Freunden durch Peru reist, ab und zu Spanisch spricht, wird das Deutsche präsenter sein, als wenn er ein Jahr in Lima lebt und sich nur auf Spanisch verständigt;

► Verhältnis $L_1 - L_2$ (Erstsprache – Zweitsprache). Ein Sprecher mit deutscher Mutter-/Primärsprache wird beim Sprechen des Spanischen gewisse lautliche Züge des Deutschen bewahren und in der Regel mit einem „deutschen Akzent" sprechen; umgekehrt mag ein deutscher Muttersprachler, der intensiv mit dem Spanischen in Kontakt steht, bestimmte spanische Ausdrücke ins Deutsche übertragen oder dazu tendieren, bestimmte Gesprächswörter (*bueno*, *pues* etc.) im Deutschen zu verwenden, er wird aber keinen „spanischen Akzent" bekommen;

► strukturelle Nähe der Kontaktsprachen. Rein rechnerisch ist die Beeinflussungsmöglichkeit umso größer, je entfernter die Kontaktsprachen sind. In der Praxis zeigt sich Interferenz aber gerade zwischen eng verwandten Sprachen besonders deutlich, weil die Sprecher die Sprachen schlechter trennen können und außerdem die Nähe der Sprachen nutzen, um ihr

Wissen aus der einen Sprache für die Produktion von Texten/Diskursen in der anderen zu übertragen;

► Planungsmöglichkeit beim Sprechen. Beim spontanen Nähe-Sprechen (d. h. Sprechen am Pol der „sprachlichen Nähe", s. Einheit 8) ist weniger *Monitoring* (*monitorizaje*) möglich (d. h. bewusstes Kontrollieren des Sprechens) als bei geplantem Distanz-Sprechen, deshalb können Interferenzen beim Distanz-Sprechen leichter unterdrückt oder kontrolliert werden.

In struktureller Hinsicht lassen sich folgende Typen von *Interferenz* unterscheiden:

Typen von Interferenz

► *Ersetzung:* Ein Element der Sprache L_2 wird durch ein Element der Sprache L_1 ersetzt, z. B. deutsches Zäpfchen-r [R] ersetzt spanisches Zungen-r [r];

► *Überdifferenzierung:* Eine Unterscheidung von L_1, die es in L_2 nicht gibt, wird auf die L_2 übertragen, etwa die Unterscheidung zwischen langen und kurzen Vokalen oder zwischen stimmhaftem und stimmlosem *s* vom Deutschen auf das Spanische ['ka:za] statt ['kasa];

► *Unterdifferenzierung:* Der umgekehrte Fall, etwa die Nicht-Unterscheidung von [r] und [ɾ], weil es diese im Deutschen nicht gibt;

► *Überrepräsentierung:* Häufigere Verwendung von L_1-konformen Strukturen in L_2 (auch „Konvergenz"/„Überschneidungsinterferenz"). Als Gegenreaktion tendieren Sprecher, welche die Tendenz von Konvergenz erkannt haben, zuweilen mit Divergenz (auch „Unterscheidungsinterferenz");

► *Unterrepräsentierung:* Aufgrund von Unsicherheit oder Unkenntnis verwenden Sprecher von L_1 gewisse L_2-Strukturen nicht.

Die beiden letzten Tendenzen lassen sich nicht durch offensichtliche Abweichungen nachweisen. Sie führen aber zu Frequenzunterschieden und zu Abweichungen, die stilistische Auswirkungen haben können.

► Ebenfalls zur Interferenz ist das Phänomen der *Hyperkorrektion* (*hipercorrección* oder *ultracorrección*) zu zählen, wenn aufgrund von Analogien zwischen verwandten Sprachen Formen gebildet werden, die es in diesen Sprachen nicht gibt (oder die anderen Einheiten entsprechen), etwa wenn Italiener für ‚Küste' spanisch *cuesta* statt *costa* sagen, weil sie denken, it. betontes *o* wird sp. zu *ue* – wobei es auch auf Spanisch *costa* heißt und *cuesta* zwar existiert, aber mit einer anderen Bedeutung (1. Person von *costar* oder ‚geneigte Ebene').

Zuweilen wird zwischen *Interferenz* und *Transfer* oder *Transferenz* unterschieden. Als Transfer werden Strategien und Prozesse bezeichnet, mit denen Sprecher einer Sprache L_1 beim Sprechen einer Sprache L_2 von ihren bereits aus L_1 vorhandenen Kenntnissen profitieren, indem sie all das nutzen, was übertragbar ist. Glückt die Übertragung, so ist von „positivem Transfer" die

Interferenz und Transfer

Rede, misslingt sie, haben wir es mit „negativem Transfer" zu tun. Ein lautliches Beispiel: Wenn ein deutschsprachiger Sprecher spanisch *gato* ausspricht, so gelingt der Transfer der deutschen Lautgewohnheiten und ermöglicht eine weitgehend korrekte spanische Aussprache; es ist jedoch wahrscheinlich, dass auch die Aussprache des behauchten deutschen [tʰ] im Spanischen reproduziert wird, was ein Fall von „negativem Transfer" wäre, da es zu einer Abweichung gegenüber der normalen spanischen Aussprache führt.

9.3 | Kontrastive Linguistik Deutsch-Spanisch

Die *Kontrastive Linguistik* (*lingüística contrastiva*) beschäftigt sich mit der Frage, inwieweit zwei Sprachen ähnlich bzw. unterschiedlich sind. Ähnlichkeiten und Unterschiede lassen sich in allen Bereichen sprachlicher Strukturierung feststellen; für den Sprecher und den Sprachlehrer ist es nützlich, die Unterschiede zweier Sprachsysteme zu kennen, da diese potentielle Lernprobleme betreffen, wobei eine rein kontrastive Analyse nicht unmittelbar Rückschlüsse auf tatsächliche Lernprobleme zulässt. In den folgenden exemplarisch ausgewählten Fällen lassen sich Probleme beim Erlernen von Spanisch als L_2 durch deutschsprachige L_1-Sprecher beobachten:

Lautlicher Bereich ► Übertragung der grundsätzlich okklusiven Aussprache von *b, d, g* auf diejenigen Kontexte des Spanischen, in denen die Aussprache nicht okklusiv ist; behauchte Aussprache von *p, t, k*; stimmhafte Aussprache von *-s-*; Übertragung deutscher Vokalquantitäten auf das Spanische; Vokalisierung von *r* in der Silbenkoda (*comer* [koˈmea]); prädorsodentale Aussprache von *s* (entspricht der amerikanischen, nicht aber der kastilischen Aussprache); Übertragung der Distributionsregeln von dt. /x/ auf spanisch /x/ ([ˈdiço] statt [ˈdixo]); Übertragung deutscher Vokalsynkopen (*intresante*); Erstsilbenbetonung bei *Emphase* (*énfasis*; im Spanischen wird auch bei Emphase im Allgemeinen die Tonsilbe akzentuiert); Übertragung deutscher Intonationsmuster, etc.;

Grammatischer Bereich ► Übertragung von Regeln des Verbalsystems (Verwendung des *perfecto compuesto* nach den Regeln des deutschen Perfekts, Übertragung von Konjunktiv auf *subjuntivo*); Übertragung im Bereich der Satzgliedstellung; im Bereich der Objektmarkierung; der Artikelsyntax; Unsicherheit bezüglich der Dreigliedrigkeit des deiktischen Systems; Übertragung der Overtheit von Subjektpronomina; Übertragung von Präpositionen (Identifikationen: *in → en*; *nach → a* etc.); Übertragung von Verbvalenzen (z. B. #*lo pregunto* mit Akk. statt *le pregunto* mit Dat.) und von verbaler Rektion, etc.;

Wortschatz ► Identifikation von ähnlich klingenden Lexemen („falsche Freunde"); Übertragung von Inhalten deutscher Formen auf spanische Formen (z. B. *Verben: lernen → aprender*: *Aprendo español* statt *estudio español* ‚ich lerne

Spanisch'; *Nomina: Zimmer* → *habitación*: #*mi habitación en la oficina* statt *mi despacho en la oficina*; *Platz* vs. *plaza* ('Platz', auch: 'Markt', 'Markthalle'); *Adverbien: hinter* → *detrás*: #*aparca detrás del coche azul* (betrachterorientiert vs. objektorientiert); etc.

Sprachkontakt und historische Linguistik

|9.4

Sprachgeschichte und Sprachkontakt

Sprachkontaktphänomene können rein individuell sein oder Auswirkungen auf ganze Gruppen oder Sprachgemeinschaften haben. Betrachten wir die Geschichte einer Sprache, so können wir feststellen, dass diese meist auch eine Geschichte von Kontaktphänomenen ist, welche die Entwicklung der Sprache mal mehr, mal weniger geprägt haben. Im Falle des Spanischen können wir beispielsweise – wie bei vielen anderen Sprachen – in der Gegenwart einen intensiven englischen Einfluss v. a. auf den Wortschatz feststellen. Im Laufe der Sprachgeschichte waren die Kontakte vielfältig und haben sich auf unterschiedliche sprachliche Strukturierungsebenen ausgewirkt (s. auch Einheiten 12, 13 und 14).

Ein besonderer Fall von Sprachkontakt ergibt sich dann, wenn eine Mehrheit die Sprache einer Minderheit übernimmt, wie es etwa bei der Romanisierung der Iberischen Halbinsel oder der Hispanisierung Amerikas der Fall war. Die Konsequenz kann zwar die vollständige Übernahme der „neuen" Sprache sein, zugleich bleiben aber auch lautliche Gewohnheiten der zuvor gesprochenen Sprache erhalten. Auch andere Elemente wie Wortschatz oder seltener grammatische Einflüsse können erhalten bleiben. In der traditionellen historischen Sprachwissenschaft nennt man eine ehemals an einem Ort gesprochene und dann verschwundene Sprache *Substrat* (*sustrato*), ihren Einfluss auf die 'neue' Sprache (das 'Strat') nennt man Substrateinfluss, etwa den keltischen oder iberischen Substrateinfluss auf das Spanische. Besonders nachhaltig wirkte die arabische Präsenz von 711 bis 1492 auf die spanische Sprache. Solche Eroberungseinflüsse, die eine zeitlang wirken, dann aber wieder verschwinden, nennt die traditionelle historische Linguistik *Superstrate* (*superestratos*). Einflüsse, die sich durch ein Nebeneinander von Sprachen wie im Falle des Englischen in der Gegenwart oder etwa der amerikanisch-indianischen Sprachen in der Vergangenheit ergaben, nennt man *Adstrateinflüsse* (*influencias de adstrato*). Schematisch lassen sich die verschiedenen Einflüsse folgendermaßen darstellen:

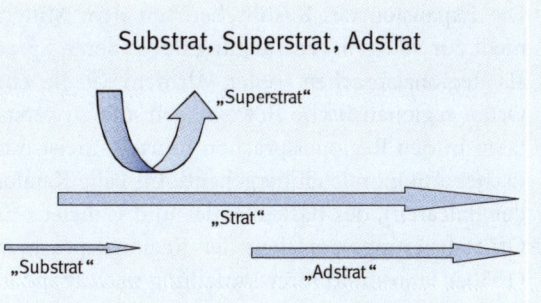

|Abb. 9.2

Verschiedene Kontakteinflüsse in der Sprachgeschichte

9.5 | Spanisch im Kontakt mit anderen Sprachen

Spanisch als
Weltsprache

Wie in Einheit 1 gezeigt wurde, ist das Spanische als Weltsprache zugleich Nationalsprache vieler Länder. Zudem wird es in Ländern gesprochen, in denen andere Sprachen Nationalsprachen sind, wie im Falle der USA; darüber hinaus ist es an verschiedenen Orten Zweitsprache. In allen diesen Sprachsituationen steht das Spanische im Kontakt mit anderen Sprachen. Eroberung, Kolonisation und Migration haben zur Verbreitung des Spanischen geführt, doch nur teilweise auch zur Verdrängung anderer Sprachen, die zuvor in den entsprechenden Sprachgebieten gesprochen wurden. In der Geschichte des Spanischen wird die Verbreitung der Sprache immer wieder von einer Ideologie der Einsprachigkeit begleitet, die insbesondere ab dem 18. Jh. die

Einheitsgedanke vs.
Sprachenvielfalt

Vorstellung von der nationalen Einheit mit der Einheitlichkeit der Nationalsprache verbindet. Dieser Gedanke, der Ende des 18. Jhs. von Frankreich seinen Ausgang nahm (s. Einheit 1.1), wurde zu Beginn des 19. Jhs. prägend für die jungen hispanoamerikanischen Nationen. In Spanien hatte der Nationalsprachgedanke schon frühere Wurzeln und wurde im 20. Jh. während der beiden spanischen Diktaturen, insbesondere zur Zeit der Franco-Diktatur bis 1975, extrem überhöht. Gerade die Tatsache, dass in Spanien in verschiedenen Gebieten dem nationalsprachlichen Einheitsideal eine mehrsprachige Realität gegenüber stand, hat nach dem Tode Francos im Zuge der Demokratisierung eine intensive Regionalsprachbewegung ermöglicht. Auch in Amerika lässt sich in verschiedenen Ländern in den letzten Jahrzehnten eine gewisse Abkehr von der Nationalsprachideologie beobachten, die sich v. a. in sprachpolitischen Fördermaßnahmen für die Regionalsprachen ausdrückt. Durch die verstärkte Förderung der Regionalsprachen wird auch die Prägung des Spanischen durch diese in den verschiedenen Kontaktgebieten gefördert. Bei der Betrachtung der Einzelphänomene ist jedoch oft schwer zu unterscheiden, ob es sich um aktuellen Sprachkontakt handelt oder um auf Kontakt zurückgehende Eigenschaften des regionalen Spanisch, die sich in den entsprechenden Gegenden zu regionalen dialektalen Eigenschaften entwickelt haben.

9.5.1 | Spanisch und die Regionalsprachen in Spanien

Mehrsprachige
Regionen in Spanien

Die Expansion des Kastilischen seit dem Mittelalter (s. Einheit 12) führte nicht zur völligen Verdrängung der anderen Sprachen Spaniens, diese lebten als Regionalsprachen weiter. Ab dem 19. Jh. entstanden an verschiedenen Orten regionalistische Bewegungen, die zu verstärkten literarischen Aktivitäten in den Regionalsprachen führten, meist mit der Forderung nach politischer Autonomie einhergehend. Im Falle Kataloniens (sowie Valencias und der Balearen), des Baskenlandes und Galiciens führte der Regionalismus zu Offizialisierungsversuchen der Regionalsprachen während der 2. Republik (1930er Jahre) und ihrer Entfaltung nach Francos Tod (1975). Die spanische Verfassung von 1978 erkannte die Sprachenvielfalt Spaniens in Art. 3 an

(s. Einheit 1). Neben den drei kooffiziellen Sprachen gibt es (mit geringerem politischem Rückhalt und geringerer realer Sprachenbasis) auch Regionalsprachenbewegungen in Asturien und in Aragón.

|Abb. 9.3

Regionalsprachgebiete in Spanien

Katalanisch und Spanisch

|9.5.1.1

Sprachgebiet

Das Katalanische wird im Osten der Iberischen Halbinsel in Katalonien, dem Land Valencia und auf den Balearen sowie in Andorra, im Département Pyrenées Orientales in Südfrankreich und in der Enklave L'Alguer (it. *Alghero*) auf Sardinien gesprochen. Die Angaben über Sprecherzahlen schwanken sehr; je nach Zählung und Kriterium ist von 6–10 Mio. Sprechern die Rede.

In Teilen des Sprachgebiets werden die lokalen Sprachformen bevorzugt mit eigenen Bezeichnungen versehen (u. a. *valencià, mallorquí, menorquí, eivissenc, algarés* oder *alguerés*); insbesondere im Land Valencia gibt es Bewegungen, die das Valencianische als eigenständige, vom Katalanischen unabhängige Sprache ansehen wollen. Einerseits wird dies damit gerechtfertigt, dass die Sprecher sich nicht mit Katalonien identifizieren und daher auch sprachlich nicht unterordnen wollen. Zudem werden die – allerdings geringen – sprachlichen Unterschiede als Grund herangezogen. Die Tendenz eines valencianischen Eigenweges wird von anderen Gruppen als sezessionistisch und antikatalanisch bezeichnet und als ihr eigentliches Ziel die Schwächung der katalanischen Einheit und insbesondere des Katalanischen in Valencia unterstellt.

Katalanisch und Valencianisch

In Katalonien, Valencia, auf den Balearen und in Andorra ist das Katalanische neben dem Spanischen kooffiziell. Dabei ist die Situation in den einzelnen Gebieten sehr unterschiedlich: Während die sprachpolitische Wende seit dem Ende der Franco-Diktatur in Zentralkatalonien mit Voraussetzungen zusammentraf, die das bereits hohe Prestige des Katalanischen weiter gestärkt und das Katalanische weitgehend aus seiner Minderheitenrolle emanzipiert haben, ist die Situation des Katalanischen auf den Balearen und im Land Valencia

Status und Situation des Katalanischen

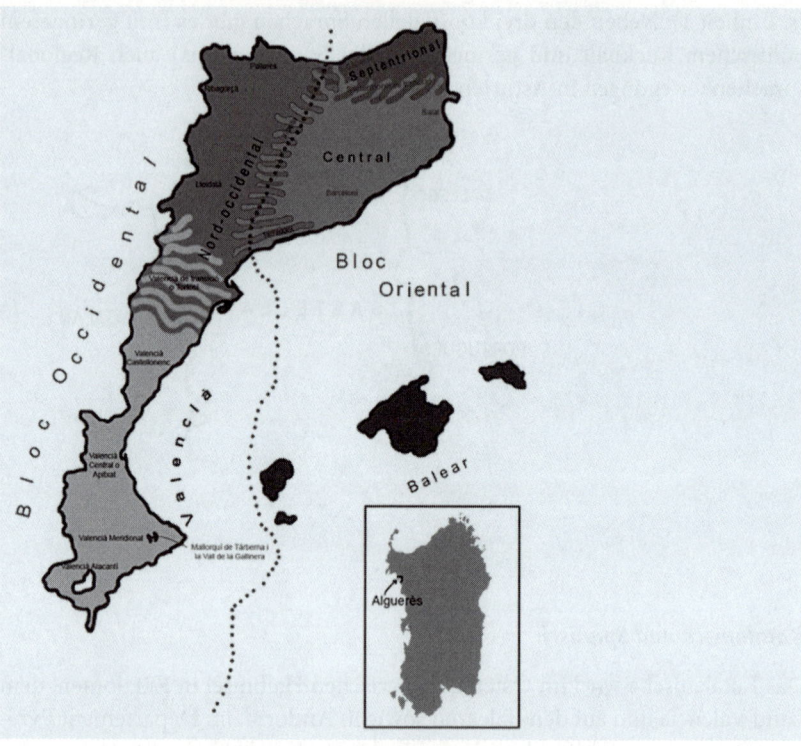

Abb. 9.4

Das katalanische Sprachgebiet mit den Hauptdialektzonen

prekärer. In Frankreich und Italien ist die Existenz des Katalanischen in den entsprechenden Sprachgebieten gefährdet.

Geschichte   Im Mittelalter bildete sich das Katalanische zur Schrift- und Literatur- sprache heraus, jedoch wurde es seit der Renaissance durch die Ausbreitung des Kastilischen als Prestigesprache vor allem in den Städten stark zurückge- drängt. Im 19. Jh. gab es mit der so genannten katalanischen „Wiedergeburt", der *Renaixença*, eine wichtige literarische Regionalbewegung, die die Pflege der katalanischen Sprache mit regionalem Patriotismus verband. Ende des 19. und in den ersten Jahrzehnten des 20. Jhs. bildete sich eine einheitliche katalanische Schriftsprache heraus, die maßgeblich durch die Arbeiten von Pompeu Fabra (1868–1948) und dessen normative Werke geprägt wurde. In Zentralkatalonien fand das Katalanische seit Ende des 19. Jhs. eine wichtige Stütze im lokalen Bürgertum und konnte seine Konnotation als Brücken- sprache nach Frankreich im Laufe des 20. Jhs. trotz sehr eingeschränkter Entfaltungsmöglichkeiten vor allem während der Franco-Diktatur ausbauen. Dies ermöglichte die Durchsetzung einer gezielt prokatalanischen Sprachpo- litik nach dem Ende der Diktatur, wie sie sich im Autonomiestatut und in verschiedenen „Gesetzen zur sprachlichen Normalisierung" äußert. Katala- nisch ist heute eine in weiten Teilen v. a. des zentralkatalanischen Gebiets fest etablierte Sprache in allen Kommunikationsbereichen. Auch an zahlreichen

194

deutschsprachigen Hochschulen wird Katalanisch gelehrt. Allen fördernden sprachpolitischen Maßnahmen zum Trotz konnte sich die Rolle des Spanischen bis heute vor allem im urbanen Raum behaupten. Die Gründe dafür sind vielfältig; ein wichtiger Faktor liegt neben dem Prestige des Spanischen u. a. wegen dessen großer kommunikativer Reichweite auch in den verschiedenen Immigrationswellen, die in unterschiedlicher Weise zur Stärkung des Spanischen beigetragen haben.

Das Katalanische ist dialektal einteilbar in zwei große Blöcke, das Ostkatalanische (einschließlich dem Balearischen) und das Westkatalanische (einschließlich dem Valencianischen). Der Hauptunterschied liegt im Vokalsystem (starke Reduktion des Phoneminventars in unbetonter Position).

Aufgrund seiner sprachhistorischen und typologischen Nähe sowohl zu den galloromanischen (insbesondere dem Okzitanischen) als auch zu den iberoromanischen Sprachen wurde das Katalanische als *Brückensprache* (kat. *llengua-pont*, sp. *lengua-puente*) klassifiziert. Heute sind die verschiedenen Varietäten auch geprägt durch Einflüsse verschiedener Kontaktsprachen: Spanisch, Französisch (auch Okzitanisch) oder Italienisch (und Sardisch).

Das (Zentral-)Katalanische weist ein im Vergleich zum Spanischen komplexeres Lautsystem mit acht Vokalphonemen und u. a. stimmhaften Sibilanten, die das Spanische nicht kennt, auf. Unter den morphosyntaktischen Besonderheiten ist die Tatsache hervorzuheben, dass im Katalanischen Personennamen üblicherweise mit dem bestimmten Artikel *en/na/la* genannt werden (kat. *En Joan treballa molt* – sp. *Juan trabaja mucho*). Auch vor Possessivpronomen wird in den meisten Fällen der Artikel gesetzt (*la meva casa* – *mi casa*). Eine in der Romania einzigartige Besonderheit des katalanischen Verbalsystems ist das so genannte *perfet perifràstic*, das eine dem spanischen *Indefinido* vergleichbare Funktion innehat und mit *anar* + Inf. gebildet wird (z. B. kat. *vaig estudiar molt* – sp. *estudié mucho*). Im Wortschatz des Katalanischen zeigt sich besonders dessen Brückenstellung zwischen Gallo- und Iberoromania.

Das Spanische in den katalanischsprachigen Ländern hat aufgrund der teilweise engen Kontaktsituation und der Nähe der Sprachen eine Reihe von Charakteristika herausgebildet, die sich auf allen sprachlichen Ebenen äußern; in lautlicher Hinsicht zeigt sich der „katalanische Akzent" u. a. in der Übertragung prosodischer Muster des Katalanischen auf das Spanische; der Tendenz zur Übertragung der Neutralisierung von unbetontem *a* und *e*; zur Palatalisierung von /l/; der Tendenz zur Sonorisierung von intervokalischem /s/ sowie zur Auslautverhärtung. Neben lautlichen Phänomenen zeigen sich auch auf allen anderen Ebenen Besonderheiten. Wie im Katalanischen wird auch im Spanischen Kataloniens (wie teils auch in anderen Regionen des spanischen Sprachgebietes) Personennamen häufig der Artikel vorangestellt. Die Verbalperiphrase *ha de ser* ‚tiene que ser' wird analog zum Katalanischen verwendet. Die Präposition *a* hat wie im Katalanischen auch lokative Funktion: *Mamá es a casa* (hier auch wie im Kat. Verwendung des Verbs *ser* für einen Zustand). In vielen Fällen werden

Dialekte und Kontaktsprachen

Besonderheiten des Katalanischen

Spanisch und Katalanisch

Ausdrücke, die sich in identischer oder nahezu identischer Form in den beiden Kontaktsprachen finden, im Spanischen Kataloniens wie im Katalanischen verwendet oder es werden katalanische Verwendungen auf kastilische Formen projiziert, z. B. *te traeré el coche* ‚te llevaré el coche' von kat. *et portaré el cotxe* bei systematischer Ersetzung von *portar → traer* etc. Im Bereich des Wortschatzes finden sich Katalanismen wie *caldre* ‚ser necesario', *plegar* ‚terminar el trabajo', *enchegar* ‚poner en marcha una máquina', *faena* ‚trabajo' etc.

9.5.1.2 | *Baskisch und Spanisch*

Sprachgebiet

Das Baskische ist nicht mit dem Spanischen verwandt und auch keine indoeuropäische Sprache (s. Einheit 1). Es ist die einzige vorrömische Sprache der Iberischen Halbinsel, die die Romanisierung überlebt hat. Das baskische Sprachgebiet umfasst die zu Spanien gehörenden Provinzen Álava (bask. Araba), Guipúzcoa (bask. Gipuzkoa) und Vizcaya (bask. Bizkaia), den nördlichen Teil der Provinz Navarra (Nafarroa) sowie die in Frankreich liegenden Gebiete Basse-Navarre (Nafarroa Behera), Labourd (Lapurdi) und Soule (Zuberoa).

Heute wird Baskisch von etwa 800.000 Menschen gesprochen, davon wohnen die meisten südwestlich der spanisch-französischen Staatsgrenze (ungefähr 650.000), ein kleinerer Teil nördlich davon (ca. 70.000). Es wird vermutet, dass bis zu 80.000 Personen, die außerhalb des Baskenlands leben (vor allem in Nord- und Südamerika), über Baskischkenntnisse verfügen.

Geschichte des Baskischen

Es ist umstritten, inwieweit das Baskische ursprünglich ein größeres Sprachgebiet umfasste und bis zu welchem Grad das Baskenland von den Römern latinisiert wurde. Heute nimmt man an, dass das antike Sprachgebiet sich ungefähr mit dem heutigen Gebiet deckte, auch wenn sich baskische Einflüsse über das Sprachgebiet hinaus zeigen. Im Gegensatz zu Galicisch und Katalanisch wurde Baskisch im Mittelalter nicht zur Schriftsprache ausgebaut; es gibt nur wenige, sporadisch geschriebene Sprachzeugnisse. Das erste baskische Buch stammt aus dem 16. Jh. Im 19. Jh. entstand der baskische Nationalismus als politische und kulturelle Bewegung. Während der 2. Republik bekam auch das Baskenland Autonomierechte, die Franco jedoch abschaffte, wonach das Baskische auf verschiedene Weise unterdrückt wurde. Nach der Franco-Diktatur wurde auch das Baskische offizialisiert und wird heute im spanischen Baskenland flächendeckend unterrichtet. Während noch vor wenigen Jahrzehnten Baskisch v. a. von den Älteren im ländlichen Raum verwendet wurde und die jüngeren Generationen zum Spanischen tendierten, sind es heute gerade die jüngeren Sprecher, die vermehrt (auch im urbanen Raum) für die Verwendung des Baskischen eintreten.

Dialektale Vielfalt

Das Baskische ist von einer großen dialektalen Vielfalt geprägt, die eine Verständigung der Sprecher unterschiedlicher Dialekte z. T. fast unmöglich macht. Ein Beispiel: „Du bist" heißt auf Biskayisch *zara*, auf Gipuzkoanisch *zera*, in Labourd *zare* und in Navarra *zira*. Manche Linguisten vertraten daher

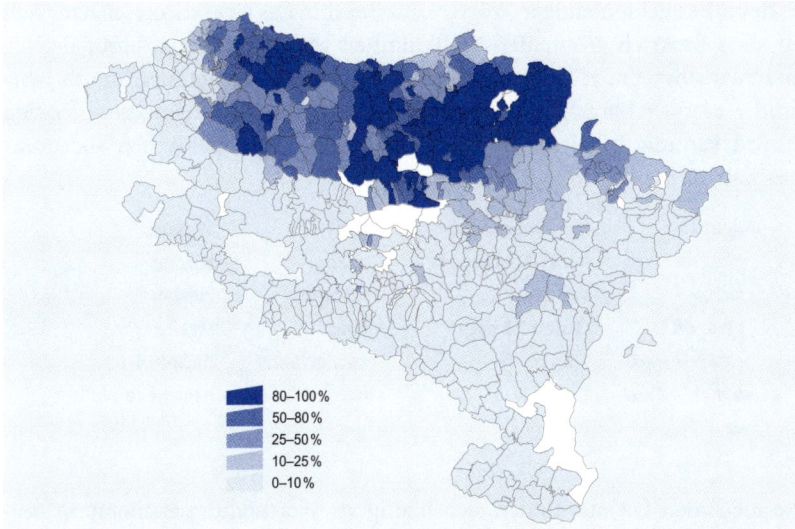

|Abb. 9.5

Baskische Sprachgebie-
te in Spanien mit pro-
zentualem Anteil der
Sprecher, die angeben,
Baskisch zu sprechen;
Daten von 2001
(© Barasoaindarra/
Wikimedia Commons)

80–100 %
50–80 %
25–50 %
10–25 %
0–10 %

sogar die These, beim Baskischen handle es sich eigentlich um mehrere Sprachen; eine Ansicht, in der verschiedene Soziolinguisten jedoch einen Versuch
sehen, die Grundeinheit der baskischen Sprache zu leugnen und damit deren
Gewicht zu schwächen.

Zur Überwindung der dialektalen Spaltung wurde von der baskischen
Akademie *Euskaltzaindia* seit den sechziger Jahren eine künstliche Gemein-
sprache, das *Euskara batua* („geeintes Baskisch") vorgeschlagen. Das Batua
ist heute die Sprache des baskischen Fernsehens, der Radiosender und des
öffentlichen Lebens sowie die baskische Alltagssprache vieler der „Neuen
Sprecher", die trotz spanischer Muttersprache entschieden haben, im Alltag
das Baskische zu verwenden.

Die baskische Grammatik ist aus Sicht des Spanischen in verschiedenen
Bereichen sehr komplex, besonders das Verbalsystem ist vollkommen anders
als das der indoeuropäischen Sprachen. Baskisch ist eine so genannte Erga-
tivsprache: Im Gegensatz zu Deutsch oder Spanisch, wo Nominativ und
Akkusativ zwar syntaktische, aber nur tendenziell auch semantische Rollen
bezeichnen (z. B. Nominativ als Agens: *der Hund beißt den Mann* – aber auch
Nominativ als Patiens: *der Mann wird vom Hund gebissen*), wird im Baskischen die aktive Person einer Handlung mit einem Ergativsuffix versehen, die
passive Person steht im „neutralen Kasus" oder Absolutiv, z. B.

> Baskisch:
> Ergativsprache

> *Kepa badator.* ‚Peter kommt.' im Gegensatz zu
> *Kepak ogia badakarkie.* ‚Peter bringt ihnen Brot' (mit Ergativsuffix -k).

|Beispiel 9.2

Unmarkiert sind also das Subjekt des intransitiven Satzes (*Kepa* im ersten Bei-
spicl) und das Objekt des transitiven Satzes (*ogia* im zweiten Beispiel), während das Subjekt des zweiten, transitiven Satzes im Ergativ (*Kepak*) steht.

Beim Betrachten einiger Wörter und Begriffe des Grundwortschatzes fällt auf, dass Baskisch größtenteils vollkommen von den anderen europäischen Sprachen abweicht, z. T. aber auch über Wortschatz verfügt, der (durch Jahrhunderte langen Sprachkontakt) auf das Lateinische zurückgeht, neben vielen Ausdrücken und Inhalten, die das Baskische aus dem Spanischen übernommen hat:

Beispiel 9.3

agur	Grußwort (v. a. beim Abschied)	*ura*	Wasser
		eliza	Kirche
kaixo	Hallo	*albergea*	Herberge
egun on	Guten Morgen	*kalea*	Straße
eskerrik asko	Danke	*tren geltokia*	Bahnhof
bai	Ja	*botika*	Apotheke
ez	Nein		

Die folgenden Lexeme finden sich häufig als Wortbildungselemente in baskischen Ortsnamen. Da sich die baskischen Personennamen traditionell von Ortsnamen ableiten, sind diese Elemente auch charakteristisch für baskische Familiennamen, die in der spanischsprachigen Welt – weit über das Baskenland hinaus – verbreitet sind:

Beispiel 9.4

-aga	Ort von	*herri*	Volk
aran	Tal	*mendi*	Berg
berri	neu	*zarra, zaharra*	alt
etxe	Haus	*zubi*	Brücke
gorri	rot		

Spanisch im Baskenland

Da historisch gesehen das Kastilische lautlich durch das Baskische geprägt wurde, scheinen die lautlichen Besonderheiten des Spanischen im Kontakt mit dem Baskischen weitgehend den altkastilischen Dialekten ähnlich zu sein. Dennoch fällt eine gewisse prosodische Markiertheit etwa der biskayischen Varietäten auf. Im Bereich der Morphosyntax zeigen sich Konstruktionen, die auf baskische Vorbilder zurückgehen, wie *ser de* für Futurisches (*Carmen es de venir*), neben Konstruktionen, die zwar typisch für das Spanische im Baskenland, aber schwerlich durch das Baskische erklärbar sind wie die Verwendung des Konditionals statt des Subjuntivo in Konditionalsätzen wie *Si alguien nos habría dicho* oder Kompletivsätzen wie *le pidió que vendría*. Auffällig ist auch die Tilgung von Objektpronomina (*no rompas* statt *no lo rompas*). Auf die Präsenz des Baskischen gehen verschiedene Wendungen zurück wie *hacer uno* ‚estar de acuerdo‘ oder *andar gafas* ‚llevar gafas‘. Im Wortschatz finden sich zahlreiche Ausdrücke aus dem Baskischen, so u. a. *chachu* ‚dümmlich‘, *baldarra* ‚ungeschickt‘, *agur* (Grußwort), *bilera* ‚Sitzung‘, *talde* ‚Gruppe‘ u. a. (Oñederra 2004).

Galicisch und Spanisch

|9.5.1.3

Galicisch ist die eng mit dem Spanischen und noch enger mit dem Portugiesischen verwandte romanische Sprache des Nordwestens der Iberischen Halbinsel, der Region Galicien und angrenzender Gebiete in Asturien und León. Galicisch wird heute von ca. 2,4 Mio. Menschen gesprochen und ist seit Beginn der achtziger Jahre neben Spanisch offizielle Sprache in allen Bereichen des öffentlichen Lebens in Galicien.

Sprachgebiet

Im Mittelalter bildete das Galicisch-Portugiesische eine sprachliche Einheit, die durch die politische Abtrennung von Portugal ab Mitte des 12. Jhs. unterbrochen wurde. Während sich das Portugiesische in den folgenden Jahrhunderten zur eigenständigen Sprache und später zur Weltsprache entwickeln konnte, fiel Galicien schon ab dem 13. Jh. unter kastilischen Einfluss. Das lokale Idiom, das noch im 13. Jh. eine wichtige Lyriksprache auf der Iberischen Halbinsel war und auch jenseits des galicischen Gebiets verwendet wurde, blieb nur als mündlicher Dialekt bestehen. Aus dem schriftlichen Bereich verschwand es während der von der galicischen Sprachgeschichtsschreibung als *séculos escuros* („dunkle Jahrhunderte") bezeichneten Zeit bis zum 18. Jh. nahezu vollkommen. Im Gegensatz zur breiten Bevölkerung, die nach wie vor Galicisch sprach, verwendeten Adel und Klerus das Kastilische, was zu einer fortschreitenden Kastilianisierung des Galicischen v. a. im Bereich des kirchlichen und administrativen Wortschatzes führte. Im 18. Jh. kam es im Zuge der Aufklärung zu einzelnen Stimmen, die die spanisch-galicische Diglossie als ungerecht bezeichneten. Im 19. Jh. wurde die lokale Sprache wie an vielen Orten Europas für die Lokalliteratur entdeckt. Einige bekannte Dichter wie v. a. die große Spätromantikerin Rosalía de Castro führten das Galicische in der 2. Hälfte des 19. Jhs. zum so genannten literarischen *Rexurdimento* (v. gal. *rexurdir* ‚wiedersprießen'), das sich teilweise auch mit einer politischen Regionalismusbewegung verband.

Geschichte des Galicischen

|Abb. 9.6
Rosalía de Castro
(1837–1885)

Zu Beginn des 20. Jhs. gab es erste Bemühungen von galicischen Intellektuellen, auch den mündlichen Gebrauch der Regionalsprache jenseits von Umgangssprache und familiärem Kontext zu pflegen. In der 2. Republik wurde das Galicische in einem Autonomiestatut analog zu Baskisch und Katalanisch zur offiziellen Sprache erklärt; das Statut wurde jedoch nie ratifiziert und mit dem Bürgerkrieg die Autonomiebestrebungen vorerst beendet. Während der Franco-Diktatur war aufgrund der Propagierung eines einheitlichen Spanienbildes auch die kulturelle Entfaltung des Galicischen stark eingeschränkt.

In den 1970er und 1980er Jahren bekam das Galicische analog zu Katalanisch und Baskisch einen kooffiziellen Status. Galicien ist diejenige spanische Region, in welcher die Zahl der Sprecher der lokalen Sprache relativ am höchsten ist: Über 90 % der Bevölkerung geben an, Galicisch zu verstehen, und etwa zwei Drittel behaupten, es überwiegend zu verwenden. Grund hierfür ist die u. a. durch die geografische Randlage bedingte relative Homogenität der

Heutige Situation

Bevölkerung. Dennoch täuschen diese Zahlen über die Tatsache hinweg, dass Galicisch heutzutage mitunter extrem stark mit dem Spanischen vermischt ist und v. a. im urbanen Raum und in den neuen Prestigebereichen (Parlament, Medien, öffentliches Leben) z. T. nur wenig von seinen ursprünglichen Eigenschaften erhalten hat. Daher kann die dauerhafte Existenz der Sprache trotz überwiegend positiver Einstellungen bei der Bevölkerung nicht als gesichert gelten.

Das Galicische gilt als dialektal relativ einheitlich. Im Vergleich zu den Nachbarsprachen Spanisch und Portugiesisch weist es eine Reihe archaischer Strukturen auf, aber auch einige innovative Elemente.

Sprachliche
Besonderheiten

Im lautlichen Bereich unterscheidet sich das Galicische vom Spanischen neben einer Reihe prosodischer Besonderheiten durch die Existenz von sieben Vokalphonemen (mit relevantem Öffnungsgrad von e: *ven* ‚sie sehen‘; *vén* ‚er kommt‘ und o: *oso* ‚Bär‘, *óso* ‚Knochen‘) und den Diphthongen *ou* und *ei* (*ouro* ‚Gold‘ – *xaneiro* ‚Januar‘). Bei den Konsonanten ist die Existenz eines velaren Nasalphonems hervorzuheben (*unha* ‚eins‘ vs. *una* subj. v. *unir*) sowie die Existenz eines palatalen Sibilanten /ʃ/ *xoven* [ˈʃɔβeŋ] ‚jung‘. Im Westen Galiciens kontrastiert die so genannten *gheada*, die aspirierte oder velar-frikative Aussprache von /g/, mit den Nachbarsprachen (*galego* [haˈleho]) sowie der dem kanarischen und amerikanischen Spanisch und auch z. T. dem Südspanischen analoge *seseo*.

In syntaktischer Hinsicht sei die im Hauptsatz vorherrschende Enklise der Objektpronomina (wie im europäischen Portugiesisch) hervorgehoben, wie sie in den romanischen Sprachen des Mittelalters üblich war (gal. *quérote* für sp. *te quiero*).

Das traditionelle galicische Verbalsystem verfügt nicht über grammatikalisierte temporale Periphrasen (sp. *he pensado* – gal. *pensei*; sp. *había hecho* – gal. *fixera*). Der Wortschatz des Galicischen ist dem der Nachbarsprachen, v. a. dem Portugiesischen sehr ähnlich; einige wenige Wörter finden sich nur im Galicischen und nicht in den Nachbarsprachen (z. B. *brétema* ‚Nebel‘; *lóstrego* ‚Blitz‘).

Spanisch in Galicien

Der Kontakt mit dem Galicischen hat zur Herausbildung eines Kontinuums von Mischformen zwischen Spanisch und Galicisch geführt, die mit geografischen und sozialen Faktoren korrelieren. In lautlicher Hinsicht fällt das Spanische des Nordwestens vor allem durch eine Reihe prosodischer Phänomene auf, die als eine Art „Singsang" wahrgenommen werden (wie im Galicischen werden im Spanischen Galiciens die Tonsilben im Vergleich zu den Vor- und Nachtonsilben länger, akzentuierter und mit dynamischen Frequenzmodulationen auf der Tonsilbe selbst gesprochen). Zudem besteht die Tendenz, die Vokalöffnungsgrade aus dem Galicischen auf das Spanische zu übertragen und das jeweils zweite Element der spanischen Diphthonge *ie* und *ue* sehr offen auszusprechen. In ländlicher Aussprache finden sich z. T. auch die *gheada* und der *seseo* im Spanischen Galiciens.

Eine morphologische Besonderheit zeigt sich in der Generalisierung des galicischen Diminutivs *-iño* auch im Spanischen Galiciens; in der Verbalmorphologie fällt die weitgehende Inexistenz von temporalen Verbalperiphrasen auf, anstelle derer synthetische Formen verwendet werden (u. a. *canté* statt *he cantado*; *cantara* statt *había cantado*); einige aspektuelle Periphrasen werden analog zum Galicischen verwendet (z. B. *dar* + Partizip: „erreichen, etwas zu tun": *no doy hecho ese trabajo* ‚ich schaffe diese Arbeit nicht'). Trotz der relativ großen Unterschiede zwischen den Kontaktsprachen in der Pronominal- und Artikelsyntax sind hier die Einflüsse des Galicischen auf das Spanische geringer.

Der Regionalwortschatz des Spanischen in Galicien ist von galicischen Elementen geprägt, die den Sprechern oft nicht als solche bewusst sind (z. B. *colo* ‚Schoß', *parvo* ‚dumm', *sacho* ‚Hacke'; Wendungen wie *de aquella* ‚damals' etc.).

Webadressen zu den Sprachen Spaniens unter www.bachelor-wissen.de.

Sprachkontakt in Amerika

|9.5.2

In großen Teilen Amerikas steht das Spanische in Kontakt mit anderen Sprachen. Der Kontakt mit dem Englischen wurde bereits erwähnt. Er ist für ganz Amerika mehr oder weniger bedeutend, mit Englisch als unmittelbarer Kontaktsprache für die spanischsprachige Bevölkerung in den USA und in Kanada, als kooffizieller Sprache im öffentlichen Bereich für die weitgehend einsprachig-spanische Bevölkerung Puerto Ricos, als Enklavensprache in Costa Rica, Handelssprache in Panamá und als Prestigesprache in ganz Lateinamerika. Daneben gibt es von Mexiko bis Feuerland eine große Zahl von Gebieten, in denen das Spanische im Kontakt zu indigenen Sprachen steht und teilweise lokale Dialektformen herausgebildet hat. Und schließlich sind in den Kontaktregionen mit Brasilien verschiedene Mischformen zwischen Spanisch und Portugiesisch entstanden („Portuñol" oder ECP, *Español en Contacto con el Portugués*, vgl. Elizaicín 2004). Von diesen zahlreichen Kontaktsituationen mit hunderten von Sprachen sollen hier nur exemplarisch drei herausgegriffen und kurz vorgestellt werden.

Mehrsprachige Regionen in Amerika

Spanisch in Yucatán

|9.5.2.1

Auf der Halbinsel Yucatán in Mexiko steht das Spanische in Kontakt mit der Mayasprache Yucateco oder Mayathan (Eigenbezeichnung der Sprecher), einer der größten indigenen Sprachen des Landes mit einem relativ homogenen Sprachgebiet, in dem eine große Zahl Spanisch als Zweitsprache spricht oder nur geringe Kenntnisse des Spanischen hat. Seit einigen Jahren werden durch Reformen der Sprachgesetzgebung dem Yukatekischen wie den anderen indigenen Sprachen Mexikos umfassende Rechte eingeräumt; in der Praxis hat dies jedoch nur zu einer eher randständigen öffentlichen Präsenz geführt.

Spanisch im Kontakt mit Maya

Das Spanische in Yucatán ist relativ gut untersucht, insbesondere ist der Einfluss des Maya in der Aussprache des Spanischen sichtbar. In prosodischer Hinsicht werden Intonationsmuster der Tonsprache Yukatekisch auf das Spanische übertragen. Ein deutlicher Glottisschlag markiert bestimmte Silbenanfänge und dient zur Trennung von Vokalen: [miʔixo] *mi hijo*; [noʔsaße] *no sabe*. In der Syntax weist das yukatekische Spanisch den Gebrauch eines pleonastischen, invariablen Pronomens *lo* auf: *lo arreglé la casita* (Lipski 2004). Besonders verbreitet sind Maya-Elemente im Bereich des Wortschatzes (*cenote* ‚Brunnen‘, *ha* ‚Wasser‘, *chich* ‚Großmutter‘ etc.).

9.5.2.2 | *Spanisch im Andenraum*

Spanisch in Kontakt mit Quechua und Aymara

Der Andenraum stellt eine umfassende Kontaktzone dar, in der neben zahlreichen kleineren indigenen Sprachen von Südkolumbien bis Peru Quechua und von Südperu bis Chile Aymara gesprochen wird. Im lautlichen Bereich wird das Andenspanische durch Beibehaltung der Opposition [ʎ] / [y] und durch Reduktion und Verlust unbetonter Vokale charakterisiert; multiples [r] wird frikativ-assibiliert ausgesprochen. In der Grammatik tendiert das Andenspanische zur Lockerung der Kongruenz zwischen Nomen und Adjektiv bzw. zwischen Nomen und Verb. Die Satzstellung OV ist sehr häufig (*pan voy comprar*). Aus dem Quechua stammen Konstruktionen wie *de Juan su mamá* ‚la mamá de Juan‘ oder *dame cerrando la puerta* ‚cierra la puerta‘. Wie im yukatekischen Spanisch findet sich auch im Andenraum die genusneutrale Verdoppelung des Objektpronomens (*ya me lo llevé toda la documentación*), die durch den Kontakt mit dem Quechua erklärt werden kann. Die gehäufte Verwendung von Diminutiven im Andenspanischen geht auf eine Übertragung der Ehrenmarkierer des Quechua zurück und ist auf Zahlwörter, Demonstrativa, Adverbien und Gerundien ausdehnbar (*cincuentita*, *estito*, *biencito*, *corriendito* etc., Lipski 2004). Auch im Wortschatz findet sich je nach Intensität des Kontaktes eine variable Anzahl von Indigenismen, von denen einige allgemein verbreitet sind und auch von Sprechern ohne Kenntnis der indigenen Sprachen verwendet werden (*apunarse*, *yapa*, *jacú*, *muruk'ullu* ‚Mensch mit rasiertem Kopf‘ etc.).

9.5.2.3 | *Spanisch in Kontakt mit Guaraní*

Spanisch und Guaraní stehen in Teilen Boliviens, im argentinischen Nordosten und vor allem in Paraguay in Kontakt. Die Sprachsituation in Paraguay, wo das Guaraní offiziellen Status hat und die mehrheitlich gesprochene Sprache des Landes darstellt (s. Einheit 1.5.2), hat besonders zahlreiche und tiefgreifende Kontaktphänomene hervorgebracht, unter anderem auch eine mit Hispanismen durchsetzte Form des Guaraní (auch als *jopará* bezeichnet). Im Spanischen Paraguays finden sich umgekehrt Einflüsse des Guaraní, von denen hier nur einige genannt werden sollen. Im Gegensatz zum im rioplatensischen Spanisch üblichen *yeísmo* wird in Paraguay wohl aufgrund des Kontakts zum Guaraní zwischen /ʎ/ und /y/ unterschieden. Verschiedene Partikeln aus dem Guaraní sind auch im Spanischen Paraguays üblich, etwa *na* ‚bitte‘, *pa* (Fragepartikel), ebenso der Diminutiv *-i* (*Joseí* statt *Joselito*). Wie im andinen Spanisch finden sich auch im Kontakt mit dem Guaraní Fälle von Nullobjekten: *Viste mi reloj? No, no vi.* Im Wortschatz des Spanischen Paraguays sind Lehnwörter aus dem Guaraní wie *había* ‚Amsel‘, *mangangá* ‚Hummel‘, *mamangá* ‚Glühwürmchen‘ etc. verbreitet.

Informationen zum Guaraní und zum Sprachkontakt in Paraguay unter www.staff.uni-mainz.de/lustig/guarani/deutsch.htm.

Einen Textauszug von Adolfo Elizaincín zu *El español, lengua de contactos* finden Sie unter www.bachelor-wissen.de.

Aufgaben

1 Um welche Typen von Interferenz handelt es sich bei den folgenden Beispielen: (a) Aussprache [l] von sp. [r] und [ɾ] durch chinesische Muttersprachler; (b) Generelle Verwendung von *ser* statt der Unterscheidung von *ser* und *estar* durch deutsche Muttersprachler: **soy a Madrid* statt *estoy en Madrid*; (c) Nichtverwendung des deutschen Neutrums durch spanische Muttersprachler (**die Auto*, **der Kind* etc.); (d) stimmhafte Aussprache von dt. *-ss-* durch spanische Muttersprachler.

2 Hören Sie die Aufnahme eines von einem Deutschen gesprochenen spanischen Texts auf www.bachelor-wissen.de und beschreiben Sie die deutschen Interferenzen.

3 Erklären Sie den Ursprung folgender baskischer Namen: (a) *Zubizarreta*, (b) *Arana*, (c) *Echeverría*, (d) *Mendigorria*, (e) *Echemendia*, (f) *Zubiaga*.

4 Betrachten und erklären Sie die Grafiken zur Entwicklung der Sprachkompetenz des Baskischen unter www.bachelor-wissen.de.

5 Sehen Sie unter www.bachelor-wissen.de das Video mit Aussagen des Padre Pablo Cáceres zur Verteidigung des Guaraní. Der Text ist auf Guaraní. Können Sie Code-Switching-Phänomene oder spanische Interferenzen identifizieren?

Literatur

Blas Arroyo, José Luis (2004): „El español actual en las comunidades del ámbito lingüístico catalán“, in: Cano (ed.), 1065–1086.

Bullock, Barbara E./Toribio, Almeida Jacqueline (2009): *The Cambridge handbook of linguistic code-switching*, Cambridge: Cambridge University Press.

Cano Aguilar, Rafael (ed.) (2004): *Historia de la lengua española*, Barcelona: Ariel.

Castillo Lluch, Mónica/Kabatek, Johannes (ed.) (2006): *Las lenguas de España. Política lingüística, sociología del lenguaje e ideología desde la Transición hasta la actualidad*, Frankfurt a. M./Madrid: Vervuert/Iberoamericana.

Elizaincín, Adolfo (2004): „Las fronteras del español con el portugués en América", *Revista Internacional de Lingüística Iberoamericana* 4, 105–118.

Garatea Grau, Carlos (2004): „Español de América, español del Perú. Sobre normas y tradiciones discursivas", *Lexis* 28, 397–428.

Godenzzi, Juan Carlos (2004): „Recursos fonético-fonológicos en la construcción de la identidad: retención de la oposición /ʎ/ – /y/ en la ciudad de Puno (Perú)", *Revista Internacional de Lingüística Iberoamericana* 4, 57–68.

Kabatek, Johannes (1997): „Zur Typologie sprachlicher Interferenzen", in: Moelleken, Wolfgang/Weber, Peter (eds.): *Neuere Forschungsarbeiten zur Kontaktlinguistik*, Bonn: Dümmler, 232–241, www.kabatek.de/publi/C19.pdf.

Krefeld, Thomas (2004): *Einführung in die Migrationslinguistik*, Tübingen: Narr.

Lacorte, Manel/Leeman, Jennifer (eds.) (2009): *Español en Estados Unidos y otros contextos de contacto. Sociolingüística, ideología y pedagogía. Spanish in the United States and other contact environments. Sociolinguistics, ideology and pedagogy*, Frankfurt a. M./ Madrid: Vervuert/Iberoamericana.

Lipski, John (2004): „El español de América: los contactos bilingües", in: Cano (ed.), 1117–1138.

López Morales, Humberto (ed.) (2009): s. Einheit 1.

Matras, Yaron (2009): *Language Contact*, Cambridge: Cambridge University Press.

Müller, Natascha (2008): *Theorien des Code-Switching*, Tübingen: Narr.

Oñederra, Lourdes (2004): „El español en contacto con otras lenguas: español-vasco", in: Cano (ed.), 1103–1117.

Poplack, Shana (2004): „Code-Switching", in: Ammon, Ulrich et al. (eds.): *Sociolinguistics. An International Handbook of the Science of Language and Society*, Berlin: de Gruyter, 2. Aufl., 589–596.

Riehl, Claudia (2009): *Sprachkontaktforschung. Eine Einführung*, 2., überarbeitete Aufl., Tübingen, Narr.

Rojo, Guillermo (2004): „El español de Galicia", in: Cano (ed.), 1087–1101.

Romaine, Suzanne (1995): *Bilingualism*, 2nd. ed., Oxford: Blackwell.

Sinner, Carsten (2004): *El castellano de Cataluña. Estudio empírico de aspectos léxicos, morfosintácticos, pragmáticos y metalingüísticos*, Tübingen: Niemeyer.

Sinner, Carsten/Wesch, Andreas (eds.) (2008): *El castellano en tierras de habla catalana*, Frankfurt a. M./Madrid: Iberoamericana.

Thomason, Sarah G. (2001): *Language contact: an introduction*, Washington: Georgetown University Press.

Thomason, Sarah G./Kaufman, Terrence (1988): *Language contact, creolization, and genetic linguistics*, Berkeley: Univ. of California Press.

Zajícová, Lenka (2009): *El bilingüismo paraguayo. Usos y actitudes hacia el guaraní y el castellano*, Frankfurt a. M./Madrid: Vervuert/Iberoamericana.

Internetquellen (Stand: Juli 2009)
Zeitschrift für Katalanistik: www.katalanistik.de/zfk
Struktur des Baskischen: www.martinhaase.de/bask-str.html

Empirische Sprachwissenschaft und Korpuslinguistik

Inhalt	
10.1 Theorie und Empirie – Theorie contra Empirie?	206
10.2 Korpuslinguistik: Junge Disziplin mit alter Tradition	208
10.3 Sprachdatenerhebung und Feldforschungstechniken	209
10.4 Datenaufbereitung für Korpora gesprochener Sprache	211
10.5 Korpusanalyse mit Konkordanzprogrammen	214
10.6 Historische Korpora des Spanischen	215
10.7 Korpora der spanischen Gegenwartssprache	217
10.8 Repräsentativität von Korpora und Textsortendifferenzierung	218

In der folgenden Einheit geht es um die empirische, d. h. auf Erfahrungsdaten basierende Untersuchung von Sprache und eine relativ junge linguistische Disziplin, die Korpuslinguistik, die heute innerhalb der linguistischen Empirie eine wichtige Stellung einnimmt. Zunächst werden einige grundlegende Informationen zum empirischen Ansatz und zur Korpuslinguistik mit ihren Möglichkeiten und Grenzen gegeben. Danach wird das Vorgehen beim Sammeln und Dokumentieren von Sprachdaten und bei deren Aufbereitung im Zuge der Korpuserstellung dargestellt. Anschließend werden Analysewerkzeuge und einige spanische Korpora präsentiert: Korpora der Gegenwartssprache und historische Korpora, Korpora geschriebener wie auch gesprochener Sprache.

Überblick

10.1 | Theorie und Empirie – Theorie contra Empirie?

Wie bereits in Einheit 2 dargestellt, impliziert die wissenschaftliche Beschäftigung mit Phänomenen und Ausschnitten der Wirklichkeit einerseits Abstraktion und andererseits Systematisierung, was sich in der Formulierung von Theorien niederschlägt.

Definition

> Eine *Theorie* (*teoría*) lässt sich definieren als eine vereinfachende Darstellung eines Wirklichkeitsausschnitts, durch die dieser Wirklichkeitsausschnitt beschrieben und erklärt werden soll, wobei auf der Grundlage dieser Beschreibung und Erklärung Prognosen aufgestellt und Handlungsanweisungen gegeben werden können.

Häufig wird der Theorie die Empirie gegenübergestellt.

Definition

> *Empirie* (*estudio empírico*, von gr. *ém-peiros* ‚erfahren') ist die auf Beobachtung basierende Sammlung von Erfahrungsdaten aus einem Wirklichkeitsausschnitt, aus denen Generalisierungen abgeleitet werden können, die diesen Wirklichkeitsausschnitt vereinfachend beschreiben oder erklären.

In den Geisteswissenschaften wird häufig ein Gegensatz zwischen Theorie und Empirie konstruiert. Dies gilt auch für die Sprachwissenschaft, wo Vertreter einer eher theoretisch ausgerichteten Forschung als „armchair linguists" („Ohrensessel-Linguisten") apostrophiert werden, während sich für empirisch orientierte Forscher Bezeichnungen wie „dirty-foot linguists" (Linguisten, die sich „die Hände dreckig machen") finden. Zwar gibt es in der Tat Unterschiede zwischen beiden Fraktionen, z. B. was das erkenntnisbildende Vorgehen betrifft (tendenziell eher induktiv bei empirisch arbeitenden Linguisten und eher deduktiv bei theoretisch ausgerichteten Linguisten; s. Einheit 2.1), doch besteht zwischen Theorie und Empirie weniger ein Antagonismus als vielmehr eine Komplementarität: der eine Ansatz kommt ohne den anderen nicht aus, und wissenschaftliches Arbeiten ist in der Regel ein permanentes Hin und Her zwischen Theorie und Empirie.

Deskription und Explikation

Zentral (und für beide Ansätze gültig) ist dabei, dass sich die wissenschaftliche Auseinandersetzung in zwei Schritten abspielt: in einer Beschreibungsphase und einer daran anschließenden Erklärungsphase. Die *deskriptive Phase* (*fase descriptiva*) stellt dabei die Frage: „Wie ist der zu untersuchende Wirklichkeitsausschnitt beschaffen?" und zielt auf Beobachtungsadäquatheit ab. Die *explikative Phase* (*fase explicativa*) fragt: „Warum ist der Wirklichkeitsausschnitt so beschaffen?" und zielt auf Erklärungsadäquatheit ab. Eine Erklärung ist dann adäquat, wenn sie widerspruchsfrei ist, es also z. B. keine Gegenbeispiele gibt. Wann aber ist Beschreibungsadäquatheit erreicht? Hier kann man unterscheiden zwischen dem Ziel der *Exhaustivität* (*exhaustividad*) und dem Ziel der *Exemplarität* (*ejemplaridad*): Bei exhaustiver Beschreibung versucht man, alle Vorkommen oder Erscheinungsformen eines Phänomens bei der Beschreibung zu berücksichtigen – ein Anspruch, der sich bei komplexen Wirklichkeitsausschnitten wie der Sprache schnell als illusorisch erweist. Deshalb belässt man es meistens bei der Beschreibung einer begrenzten, aber als repräsentativ erachteten Teilmenge der Vorkommen oder Erscheinungsformen des Phänomens, arbeitet also exemplarisch.

Die Deskription muss der Explikation immer vorausgehen, insbesondere um zu Klassen, Kategorien und Verteilungsmustern (*patterns*, sp. *pautas*, *patrones*), d.h. den *Taxonomien* (*taxonomías*) für die Elemente, die den Wirklichkeitsausschnitt konstituieren, zu gelangen. Diese können dann in der Explikationsphase als Grundlage für Terminologien innerhalb von Theorien genutzt werden (s. Einheit 2). Unter den Objektbereichen der Sprachwissenschaft gibt es solche, die aufgrund jahrhundertelanger Beschäftigung und Reflexion sehr genau beschrieben und gut erklärt sind. Bei anderen Sprachen und Inhaltsbereichen ist man aber noch nicht einmal zu einer befriedigenden Beschreibung und Taxonomie gelangt (wie z. B. bei den in Einheit 7.9 behandelten *Diskursmarkern*) und von einer wirklichen Erklärung des Wie und Warum noch weit entfernt. Dies ist aber nicht als ‚Armutszeugnis‘, sondern vielmehr als Zeichen für den Fortschritt in der Forschung zu interpretieren, denn mit wachsendem Wissen nimmt auch die Erkenntnis zu, was und wovon man noch nichts oder nur wenig weiß.

Es ist naheliegend, dass insbesondere innerhalb der deskriptiven Phase der Beschäftigung mit einem (sprachlichen) Phänomen die Empirie eine große Rolle spielt: Will man z. B. das Funktionieren von Höflichkeitsstrategien (s. Einheit 7.8) oder der differentiellen Objektmarkierung (s. Einheit 5.6) im Spanischen erklären, benötigt man erst Erfahrungsdaten

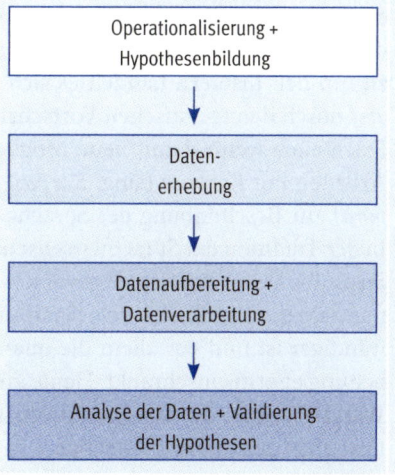

Operationalisierung +
Hypothesenbildung

Daten-
erhebung

Datenaufbereitung +
Datenverarbeitung

Analyse der Daten + Validierung
der Hypothesen

Abb. 10.1
Die vier Schritte
einer empirischen
Untersuchung

und ‚Beispiele‘ dieser Erscheinungen in dieser Sprache. Eine empirische Untersuchung lässt sich dabei in vier Schritte gliedern (vgl. Schlobinski 1996: 20 f.):

Bei der *Operationalisierung* (*operacionalización*) werden Untersuchungsgegenstand und allgemeine Ziele festgelegt und *Hypothesen* (*hipótesis*), also Annahmen über das Ergebnis der Untersuchung formuliert. Danach werden die (Sprach-)Daten, die den Gegenstand – das fragliche Phänomen – repräsentieren oder illustrieren, erhoben und anschließend weiterverarbeitet, indem man sie in eine technische Form bringt, die für die Auswertung günstig

Daten und Hypo-
thesen

ist. Durch die Datenanalyse wird/werden dann die Aushangshypothese(n) validiert; es wird überprüft, ob die gesammelten Daten die Hypothese bestätigen oder nicht. An dieser Stelle wird deutlich, dass Theorie und Empirie in der Tat komplementär sind, denn um den Untersuchungsgegenstand überhaupt qualifiziert auswählen und Hypothesen dazu aufstellen zu können, benötigt man Vorwissen und ein gewisses Maß an apriorischen Annahmen. Und dies auch, wenn man dezidiert datenbasiert (engl. *data-driven*) vorgehen, also die Datenauswahl möglichst wenig durch Vorannahmen beeinflussen möchte. Für den Schritt der Sprachdatenerhebung muss man eine geeignete Erhebungsmethode wählen, die Datenaufbereitung und -verarbeitung mündet in unterschiedliche Arten von Korpora mit je eigenem Korpusdesign, das seinerseits Auswirkungen auf das Vorgehen bei der Analyse hat. Diese Aspekte bilden den Gegenstand der nachfolgenden Abschnitte dieser Einheit und werden unter dem Stichwort ‚Korpuslinguistik' behandelt.

10.2 | Korpuslinguistik: Junge Disziplin mit alter Tradition

Was ist ein Korpus? Die *Korpuslinguistik* (*lingüística de corpus*) im heute gängigen Verständnis beschäftigt sich mit digitalen Sammlungen sprachlicher Daten und ist damit eine Disziplin, die eng mit der Entwicklung der Computertechnologie und der Möglichkeit der Speicherung und Verarbeitung großer Datenmengen zu tun hat. Insofern handelt es sich um eine wirklich neue Disziplin, da sie erst durch den technischen Fortschritt der letzten Jahrzehnte möglich wurde. Doch auch wenn damit neue Möglichkeiten entstanden sind, entspricht das Arbeiten mit *Korpora* (sing. *Korpus*, sp. *corpus*, Plural *los corpus* oder *los córpora*) zur Beschreibung der Sprache eigentlich einer traditionellen Methode. In der Tradition der Sprachwissenschaft sind häufig Sprachphänomene auf der Basis der Durchsicht einer gewissen Menge von Texten beschrieben worden, nur dass die Durchsicht von Hand und mit dem Karteikasten wesentlich aufwändiger ist und vor allem die quantitativen Möglichkeiten der Datenverarbeitung enorm einschränkt. Heute können wir mit einem Mausklick das ganze *WorldWideWeb* durchsuchen, noch vor wenigen Jahren waren vergleichbare Datenmengen kaum vorstellbar.

Definition | Unter einem *sprachlichen Korpus* versteht man in der Linguistik im weiteren Sinne eine (mehr oder minder) systematische Sammlung von sprachlichen Primärdaten; im engeren (und heute dominierenden) Sinne bezieht sich der Begriff auf Sammlungen in *textueller* und *digitaler Form*.

Einzelwörter und Wortlisten würde man demzufolge nicht (mehr) als Korpora bezeichnen, ebensowenig wie einen Stapel Romane, ein Konvolut unbearbeiteter Urkunden oder eine Sammlung von CDs oder MP3-Dateien mit Tonaufnahmen.

Im Deutschen bewahrt das sprachliche Korpus (auch *Corpus* geschrieben) übrigens sein lateinisches Genus, also „das Korpus".

Die Erstellung eines Korpus – und damit die Datenerhebungsmethode – sowie die Aufbereitung der Daten variieren signifikant, je nachdem, ob es sich um geschriebene oder gesprochene Sprache handelt (s. Einheit 8). Die Erstellung sprechsprachlicher Korpora, die im Folgenden etwas genauer dargestellt wird, ist dabei ungleich aufwändiger. In technischen Fragen der Darbietung der aufbereiteten Daten und ihrer Analyse gleichen sich beide Korpustypen aber weitgehend.

Sprachdatenerhebung und Feldforschungstechniken | 10.3

Schriftsprachliche Daten werden natürlich in schriftlicher Form erhoben, also durch direkte Übernahme von Primärtextdaten von Verlagen und Druckereien oder durch Einscannen, z. B. bei literatur- oder pressesprachlichen Korpora. Vielfach erstellt man solche Korpora heute auch durch Kopieren der Texte aus dem Internet. Geht es aber um mündliche Sprache, muss die Datenerhebung direkt bei den Sprachproduzentinnen und -produzenten und im Kontakt mit ihnen erfolgen; man spricht hier von *Feldforschung* (*estudio de campo*).

Die gängigen Feldforschungstechniken gliedern sich in Experiment, Befragung und Beobachtung. Experimentelle Datenerhebung erfolgt dabei häufig nicht wirklich ‚im Feld' im Sinne von: im natürlichen Lebens- und Kommunikations-Umfeld der befragten Person – des *Informanten* oder der *Informantin* (*informante*) –, sondern unter Laborbedingungen. Da man bei sprechsprachlichen Daten heute aber Wert auf möglichst große Authentizität und Spontaneität legt, vermeidet man Sprachdatenerhebung unter Laborbedingungen, wo immer möglich. Experimentelle Methoden, die dennoch zu relativ natürlichen Sprachdaten führen können, sind z. B. der *map-task*, bei der ein Informant eine Wegbeschreibung aufgrund einer nur ihm zugänglichen Landkarte gibt und ein zweiter Informant diese Beschreibung auf einer ihm vorliegenden, viel ungenaueren Karte nachvollziehen muss. Auch die Aufgabe des (Nach-)Erzählens einer Bildergeschichte wird gerne angewandt, insbesondere bei der Erhebung von kindersprachlichen Daten für Forschungen zum Erstspracherwerb. Heutzutage werden für bestimmte Fragestellungen auch mehr und mehr psycholinguistische Labormethoden angewandt, wenn etwa in Leseexperimenten mit speziellen Geräten die *Augenbewegung* (*seguimiento de los ojos*, engl. *eye-tracking*) gemessen wird und ausgehend von der Lesezeit oder der Hin- und Herbewegung Rückschlüsse auf die sprachliche Verarbeitung getroffen werden.

Feldforschung und Labor

Die *Befragung*, auch *Enquête* (*encuesta*) genannt, ist eine wichtige Methode zur Datenerhebung; sie kann schriftlich und mündlich erfolgen, wobei bei schriftlichen Befragungen mit *Fragebögen* (*cuestionarios*) gearbeitet wird. Fragebögen eignen sich gut zur Erhebung von Daten über die Sprache(n)

Befragung, Interview, Elizitation

oder das Sprechen, wie man sie für attitudinale (d. h. auf die Einstellung der Sprecher gegenüber der Sprache bezogene) soziolinguistische Untersuchungen benötigt. Für Daten zum tatsächlichen Sprachgebrauch hingegen sind sie weniger geeignet. Hier zieht man die mündliche Befragung durch *Interview* (*entrevista*) vor. Ein besonderer Fall ist die Sprachdatenerhebung in der Dialektologie (s. Einheit 11.5), wo mit umfangreichen Fragebüchern gearbeitet wird und wo der Forscher häufig versucht, aus dem Informanten ein Wort oder eine Äußerung mit einem bildlichen oder verbalen Stimulus (einer Frage, einem unvollständigen Satz u. dgl.) ,herauszukitzeln', eine Technik, die man *Elizitation* (*elicitación*) nennt.

Bei Interviews gilt es zwischen unterschiedlich kontrollierten oder freien Formen zu unterscheiden. Bei einem standardisierten Interview folgt der Enquêteur einem vorab etablierten Fragekatalog und gibt dem Informanten die Antwortmöglichkeiten mehr oder minder vor; bei einem offenen Interview dienen die vorbereiteten Fragen nur dazu, den Informanten zum Sprechen zu bewegen, wobei der Feldforscher beim so genannten Leitfadeninterview dennoch versuchen wird, das Gespräch in seinem Verlauf entlang bestimmter Themen zu lenken, während er beim narrativen Interview den Informanten so gut wie gar nicht im Erzählen zu beeinflussen trachtet.

Introspektion vs. Korpusdaten
Bei der Sprachdatenerhebung durch Beobachtung lässt sich zwischen Selbst- und Fremdbeobachtung trennen, wobei die Selbstbeobachtung – *Introspektion* (*introspección*) genannt – als alleinige Datenquelle in der Linguistik für viele Fragestellungen umstritten ist (s. Einheit 5.2). Zwar kann auch ein Linguist als Informant für die Sprache(n), die er als Primär-/Muttersprache beherrscht, gelten, doch wenn er sich selbst befragt, also seine individuelle Art des Sprechens (*Idiolekt*, *idiolecto*) zur Grundlage seiner sprachlichen Analyse macht, ist der für wissenschaftliche Herangehensweisen grundlegende Anspruch auf Objektivität, der zugleich ein Mindestmaß an Distanz zum untersuchten Objekt verlangt (s. Einheit 2), nach Ansicht der Verfechter der Korpuslinguistik kaum einzulösen (Lehmann 2004). Fremdbeobachtung in Reinform, also ein Erheben von Daten, bei dem sich der Forscher völlig aus der dokumentierten Interaktion heraushält, lässt sich aber auch kaum umsetzen; seine bloße Anwesenheit beeinflusst die Informanten in ihrem Sprechen und Handeln. Daher wird häufig die aus der Soziologie stammende Technik der *teilnehmenden Beobachtung* (*observación participante*) gewählt, bei der der Forscher versucht, sich in die *sozialen Netze* (*redes sociales*) der Informanten einzufinden, an einzelnen Alltagsaktivitäten teilzunehmen und dabei die ablaufende Kommunikation durch Tonaufnahmen festzuhalten, immer bemüht, die Aktivitäten nicht zu stören und selbst möglichst wenig in Erscheinung zu treten.

Ergebnis der Feldforschung mit dem Ziel der Untersuchung gesprochener Sprache sind Tonaufnahmen – früher auf Audiokassetten, heute in der Regel auf Minidiscs oder speziellen Wave- oder MP3-Feldrekordern – oder ggf. Videoaufnahmen. Damit daraus ein brauchbares linguistisches Korpus wird, müssen aber noch einige teils sehr zeitintensive Schritte der Datenaufbereitung folgen.

Datenaufbereitung für Korpora gesprochener Sprache | 10.4

Die Sprachdaten müssen zunächst vom phonischen in das grafische Medium überführt, also verschriftet werden. Dieser Vorgang der Transkription (*transcripción*) kann mit spezifischen Computerprogrammen wie dem französischen *Transcriber* (http://trans.sourceforge.net), dem an der Universität Marburg entstandenen *f4audio* (www.audiotranskription.de) oder dem an der Universität Hamburg entwickelten EXMARaLDA-Editor (www.exmaralda.org) erfolgen. Oft wird auch das eigentlich zur phonetisch-prosodischen Analyse entwickelte Programm PRAAT (www.praat.org) zu Transkriptionszwecken genutzt. Diese Programme erlauben vielfach eine Synchronisierung der Audio- und Transkriptionsdaten (engl. *alignment*), was später in multimedialen Korpora den parallelen Zugriff auf Text und Ton ermöglicht. Die Transkription kann phonetisch oder phonologisch erfolgen – dann wird üblicherweise die IPA-Lautschrift (s. Einheit 3) verwendet – oder aber orthografisch, also sehr nahe an der Standardschreibung. Da heute die Audiodaten sehr einfach zusammen mit den Transkriptionen zur Verfügung gestellt werden können (auf CD-ROM oder aber in Form multimedialer Online-Korpora), wird fast nur noch orthografisch transkribiert, mit punktuellen Zugeständnissen an die Lautung, wenn diese vom ‚Normalfall‘ oder Standard deutlich abweicht (so genannte Akkomodationen).

Transkription

Bei der Transkription muss die sprachliche Linearität in der Zeit abgebildet werden auf eine Linearität im Raum, nämlich in der Zweidimensionalität des transkribierten Textes. Dazu muss man sich für einen *Notationstyp* (*tipo de notación*) entscheiden. Zur Auswahl steht einerseits die *Linearnotation* (*notación lineal*), in der englischen Terminologie auch als *stage-play notation* bekannt, da das Gesprochene wie in einem gedruckt vorliegenden Theaterstück angeordnet wird: Jeder Sprecher bzw. Sprecher-*turn* bekommt eine neue Zeile bzw. einen neuen Absatz. Andererseits gibt es die *Partiturnotation* (engl. *score notation*), bei der die Äußerungen der verschiedenen Sprecher (sofern in der Aufnahme mehrere Sprecher vorkommen, sie also polylogisch ist) innerhalb eines Transkriptionssegments wie bei einer musikalischen Partitur übereinander und parallel zueinander angeordnet werden. Eine im deutschsprachigen Raum sehr verbreitete Partiturnotation ist HIAT (*Halbinterpretative Arbeitstranskription*), für die das zuvor erwähnte Programmpaket EXMARaLDA konzipiert wurde; ein Beispiel für eine Transkription in Linearnotation findet sich in Beispiel 10.1 und Abb. 8.6. Dort sieht man, dass auch bei der Linearnotation im Fall von Redeüberlappung und simultanem Sprechen – einer in gesprochener Sprache häufigen Situation – auf partiturartige Notationsprinzipien ausgewichen werden muss; Partiturnotationen kommen damit optimal

Notation

zurecht, sind aber komplex, schwerer zu lesen und weniger günstig für die computergestützte Analyse.

Beispiel 10.1

Linearnotation:

Sprecher 1: *¡que va a ser tarde! [no]*

Sprecher 2: *[a mí] me dijo a las diez y media ¿eh?*

Sprecher 1: *sí pero son las once ya*

Partiturnotation (angelehnt an HIAT):

| Sprecher 1: *¡que va a ser tarde! no* | *sí pero son las* |
| Sprecher 2: | *a mí me dijo a las diez y media ¿eh?* |

Sprecher 1: *once ya*

Annotation

Während oder teilweise nach der Transkription gemäß einem der genannten Notationstypen können in den transkribierten Text zusätzliche Angaben eingefügt werden, die über die grafische Wiedergabe der verbalen kommunikativen Ereignisse hinausgehen. Derartige Zusätze werden als *Annotationen* oder *tags* (engl. *tag* ‚Etikett', sp. *etiqueta*) bezeichnet, der Vorgang ihrer Hinzufügung ebenfalls als *Annotation* (*anotación, etiquetaje*). Annotationen können deskriptiv oder analytisch sein. Der Korpusauszug in Einheit 8.8 enthält

Abb. 10.2

Auszug aus einem
TEI-konform
annotierten Korpus
(aus: Vida Castro,
Matilde (ed.) (2007):
*El español hablado
en Málaga. Corpus
oral para su estudia
sociolingüístico.
I: Nivel de estudios
bajo*, Málaga:
Editorial Sarriá,
leicht verändert)

```
<HOMBRE DE 20 AÑOS, NIVEL DE ESTUDIOS BAJO, CARNICERO
MUJER DE 23 AÑOS, NIVEL DE ESTUDIOS BAJO, CAJERA>
<fichero = Entrevista Málaga 01 = MA 01>
<cinta 01> <estereofónica>
<duración = 60'>
<idioma = español>
<texto = oral>
<corpus = ESESUMA/PRESEEA-MA>
<fecha de grabación = 1993>
<ciudad = Málaga>
<código informante 1 = MA-022H11>
<nombre informante 1 = Gustavo = I1>
<código informante 2 = MA-023M11>
<nombre informante 2 = Miriam = I2>
<entrevistador = Antonio Ávila = E>
<I1 = 20 años, hombre, nivel de estudios bajo, carnicero>
<I2 = 23 años, mujer, nivel de estudios bajo, cajera>
<E = 24 años, hombre, nivel de estudios alto, entrevistador>
<A = audiencia = 22 años, mujer, nivel de estudios alto, maestra>
<origen = E, I1 , I2, A = Málaga>
<roles = E, I1 , I2, A = amigos>
<lugar de grabación = vivienda entrevistador>
<interacción = conversación semidirigida >

<tipo = diálogo> <campo = no técnico> <tenor = estatus = 1, edad = 0, proximida

<texto>

A.:   <planificación = coloquio> chiquitina pero vaya.
I2.:  no / no <ininteligible> <risas>.
E.:   bueno ? vamos a empezar.
I2.:  a ver.
A.:   y asi estáis más tranquilos.
E.:   de momento no / <simultáneo> no vamo<(:)><[s]> /
I2.:  <ininteligible> </simultáneo> si te quedas tú me / <simultáneo> me da ri:
E.:   no vamos a </simultáneo> poner el micrófono porque es un poco / da corte
I2.:  y yo <ininteligible> </simultáneo> / ¿ya está grabando?
E.:   venga / ya está grabando <risas> / oye no os cortéis / que es una cosa m
I2.:  ahora vamos a ver.
E.:   </planificación = coloquio> venga empeza<(:)><[d]> / con vuestros nombre:
I1.:  yo <nombre propio> Gustavo Roldán Garcia </nombre propio>.
E.:   eso es // ¿y tú?
I2.:  y yo <nombre propio> Miriam Ramos Garcia </nombre propio>.
E.:   venga / ¿dónde vivis?
I1.:  yo vivo en la calle <nombre propio> Haza Cañero </nombre propio> // núme:
I2.:  y yo en la <nombre propio> Marisma </nombre propio> / número cuarenta.
E.:   <volumen bajo> <vacilación><ininteligible> <simultáneo> </volumen bajo>.
```

beispielsweise Siglen zur Sprecher/innen-Identifikation oder Hinweise auf sprachbegleitende Ereignisse wie Lachen. Für solche deskriptiven und in erster Linie textstrukturierenden Annotationen gibt es Empfehlungen der *Text-Encoding Initiative* (TEI, www.tei-c.org), eines internationalen Konsortiums, das sich mit der computergerechten Aufbereitung von Texten aller Art befasst. Zu den von TEI empfohlenen Annotationen gehören auch die grundlegenden Metadaten, die der Transkription in Form eines Vorspanns, des so genannten *header*, vorangestellt werden.

Zu den Annotationen, die über die Beschreibung der Transkription hinausgehen und bereits teilweise die Analyse der transkribierten Daten vorwegnehmen, zählen:

tagging, Lemmatisierung, *parsing*

► Angaben zur Wortart der einzelnen im Text vorkommenden Elemente, der *tokens*. Dazu wird die Transkription mit einem Programm zur Wortartenbestimmung, einem so genannten *part-of-speech* (*POS*) *tagger*, analysiert, der Analysevorgang wird *Tagging* genannt. Im korpuslinguistischen Jargon meint man mit „getaggten Korpora" in der Regel solche mit Wortart-Annotation;

► Angaben zur Grundform (*type*) bei flektierten *tokens* (z. B. Verbformen). Dieser Vorgang wird als *Lemmatisierung* (*lematización*) bezeichnet;

► Angaben zur syntaktischen Kategorie der *tokens*; diese kann man maschinell mittels eines *Parsers*, einem Programm zur Syntaxanalyse, bestimmen. Dieser Analysevorgang wird als *Parsing* (*etiquetaje sintáctico*), Korpora mit grammatisch-syntaktischen Annotationen im Jargon der Korpuslinguistik als „geparst" bezeichnet.

```
<p>
<f h="TEA" st="687.847" et="690.49" id="303">
<sf t="enu" id="303-1">
<w cat="C" lem="y" id="303-1-1"> y </w>
<w cat="P" lem="se" id="303-1-2"> se </w>
<ps t="pr"/>
</sf>
<sf t="int" id="303-2">
<w cat="PUNCT" lem="¿" id="303-2-1"> ¿ </w>
<w cat="C" lem="y" id="303-2-2"> y </w>
<w cat="PREP" lem="con" id="303-2-3"> con </w>
<w cat="P" lem="qué" id="303-2-4"> qué </w>
<w cat="P" lem="se" id="303-2-5"> se </w>
<w cat="AUX" lem="poder" tie="pres_ind" num="plu" per="3" id="303-2-6"> pueden </w>
<w cat="V" lem="comer" tie="inf" id="303-2-7"> comer </w>
<w cat="ART" lem="el" gen="fem" num="plu" id="303-2-8"> las </w>
<w cat="N" lem="miga" gen="fem" num="plu" id="303-2-9"> migas </w>
<w cat="PUNCT" lem="?" id="303-2-10"> ? </w>
</sf>
</f>
</p>
```

Abb. 10.3

Auszug aus einem getaggten, lemmatisierten und geparsten Korpus (aus: Laboratorio de Lingüística Informática (ed. 2008): *CHIEDE Corpus: A Spontaneous Child Language Corpus of Spanish*, Madrid/Paris: Universidad Autónoma de Madrid/ELRA)

Während deskriptiv (insbesondere nach TEI-Empfehlung) annotierte Korpora inzwischen auch in den romanischen Sprachen die Regel sind, erfordern analytisch annotierte Korpora zusätzlichen Aufwand gerade bei der Validierung und stehen deshalb für romanische Sprachen erst sehr begrenzt zur Verfügung.

10.5 | Korpusanalyse mit Konkordanzprogrammen

Als erster und zugleich wichtigster Schritt bei der computergestützten Analyse muss das gewählte Korpus auf geeignete einschlägige Belege hin durchsucht werden. Dies könnte man im Prinzip mit der Suchfunktion jedes Betriebssystems oder jedes Textverarbeitungsprogramms erreichen; es gibt aber spezielle Software, die Belege aus Korpora, deren Volltexte offline als Textdateien vorliegen, in einer besonders anschaulichen Art und Weise in Konkordanzen

Konkordanz, KWIC auflistet. Abb. 10.4 zeigt eine solche Konkordanz des gesuchten Segments *creo que* in dem schon in Abb. 10.2 verwendeten Korpus des Spanischen. Diese Konkordanz wurde mit dem kommerziellen Korpusanalyse-Werkzeug *MonoConc Pro* (www.athel.com/mono.html) erstellt, andere weitverbreitete Konkordanzprogramme sind *WordSmith Tools* (kommerziell; www.lexically. net/wordsmith), das im EXMARaLDA-Paket enthaltene EXAKT (kostenfrei; www.exmaralda.org/exakt.html) u. a. m.

Webadressen mit Analyseprogrammen finden Sie unter www.bachelor-wissen.de.

Abb. 10.4 |

KWIC-Darstellung
der Suchergebnisse
von *creo que* im
Korpus *El español
hablado en Málaga*

```
por la autovía <fático  =  afirmación  =  E1> / está mu<[y]> bien.
/ na<[d]><[a]> más que curvas y to<[d]><[o]> fatal.
a sigue siendo<[:]> / la carretera que han hecho yo creo que<[:]> / que está dando más problemas que la
```

```
... e / una vez ? en diez años <risas> / yo creo que ya pa<[r]><[a]> tocarme las palmas no p ...
... a ir a tomarnos una copa pero vamos yo creo que si cualquier día // dicen de ir a tomar ...
... el <interrupción  = I2> I2.:!hombre yo creo que lo te <palabra cortada> no lo sé <vacil ...
... me refiero <interrupción = I2> I2.:!yo creo que tenerla <vacilación> yo no estoy mu<[y] ...
... láusula no completa> I1.:!sí pero / yo creo que sí </simultáneo>. I2.:!saben cómo va / ...
... 1.:!no ? sí </simultáneo>. I2.:!que yo creo que <interrupción  = I1> I1.:!no / las pasa ...
... se puede. I2.:!y eso </simultáneo> yo creo que / lo ascienden a encarga<[d]>o. E.:!no ...
... dono difícil / algunas veces el perro yo creo que / cuando te comprende / ta ...
... pción  = E> E.:!¿sí? I.:!y <[pf]> / yo creo que eso tampoco / la mayoría sí pero otros ...
... tan también / a mis padres le gustan yo creo que también. E.:!ya ya ya ¿y los gatos qué ...
... ¿y a tus amigos? I.:!a mis amigos / yo creo que tampoco tampoco les atrae mucho / eso d ...
... sas? I.:!no la he visto pero <[pf]> yo creo que como la de <nombre propio> Málaga </nom ...
... re propio> Málaga <nombre propio> yo creo que como la de <nombre propio> Málaga </nom ...
... ué tal la mili qué tal? I.:!bueno / yo creo que es una pérdida de tiempo pero bueno / p ...
... cordará de mí o no se acordará. E.:!yo creo que de la mili / todo el mundo se acuerda d ...
... propio> también / <ininteligible> / yo creo que está bien de hospitales vaya que no<[:] ...
... s. E.:!¿ochenta y siete? I.:!sí / yo creo que sí. E.:!¿y de dónde son? / era<[:]>n t ...
... entre los dos ¿no? // eso es lo que yo creo que es un amigo. E.:!¿y tienes algún<[:]> ...
... E.:!¿sí? I.:!sí. E.:!¿sí hay? I.:!yo creo que sí. E.:!¿campo  = ideología patente  = r ...
... les que es mu<[y]> artificial / yo creo que<[:]> <interrupción = E> E.:!tú piensa ...
... arse ellos los bolsillos y<[:]> // y yo creo que el país los trae sin cuida<[d]>o porque ...
... propio> <cláusula no completa> I.:!yo creo que <nombre propio> España </nombre propio> ...
... = I> I.:!¿no? E.:!¿tú crees? I.:!yo creo que sí que <nombre propio> España </nombre ...
... i? I.:!<tipo  = argumentativo> sí // yo creo que sí que <nombre propio> España </nombre ...
... perdi<[d]>o el atractivo // claro // yo creo que // que eso </tipo  = argumentativo> <sus ...
... poco de buscar / otro trabajo pero / yo creo que si no tienes más remedio que buscar otr ...
```

Diese Darstellungsweise präsentiert das Suchwort, farblich hervorgehoben, mit seinem unmittelbaren beidseitigen Ko(n)text und wird KWIC (*key word in context*) genannt; im oberen Fenster des Programms kann man jeden Beleg zusätzlich mit ausführlichem Kotext darstellen. Die Suche nach Wortformen (*tokens*) stellt die einfachste Suchstrategie dar. Die Konkordanzprogramme erlauben auch komplexere Suchabfragen in einer Syntax aus *regulären Ausdrücken* (*expresiones regulares*) wie z. B. dem senkrechten Strich | für die „oder"-Funktion oder unter Verwendung von analytischen Annotationen – dies natür-

214

lich nur, wenn das Korpus entsprechend annotiert wurde. Programme wie *ConcGram* (www.edict.com.hk/pub/concgram; kommerziell) sind speziell für die Suche nach *Kollokationen* (*colocaciones, co-occurencias*) konzipiert; damit sind Verbindungen von Sprachelementen gemeint, die in Texten benachbart (auch, aber nicht unbedingt direkt nebeneinander) auftreten.

Kollokationen

Neben Konkordanzen kann man mit Korpusanalyseprogrammen wie den genannten auch sehr schnell Frequenzlisten von Korpora erstellen, was auch für die inhaltliche Analyse von Texten von Nutzen sein kann. Daneben bieten einige von ihnen weitere Komfortfunktionen an.

Korpora in Hülle und Fülle ...

Die moderne Korpuslinguistik beginnt im Jahre 1964 mit der Schaffung eines Korpus der englischen Gegenwartssprache durch W. Nelson Francis und Henry Kucera an der amerikanischen Brown University. Das Korpus (*Brown Corpus*) umfasste ca. 1 Mio. Wörter des Gegenwartsenglischen, die aus verschiedenen Bereichen sorgfältig ausgewählt wurden und für die Sprache repräsentativ sein sollten. Es ermöglichte statistische Abfragen und erlaubte u. a. einen Einblick in die Vielfalt des englischen Gegenwartswortschatzes. Bis Korpora ähnlicher Größe für die romanischen Sprachen zur Verfügung standen, sollte noch einige Zeit vergehen, während Korpusressourcen für das Englische seither in beeindruckender Weise ausgebaut wurden. Heute gibt es auch für die meisten romanischen Sprachen eine große Zahl teils sehr umfangreicher Korpora für vielfältige Zwecke (eine Übersicht der sprechsprachlichen romanischen Korpora liefert Pusch 2002), und in zunehmendem Maße sehen sich jene Linguisten in Rechtfertigungszwang, die für ihre Forschungen *keine* Korpora verwenden. Hinsichtlich schriftsprachlich-literarischer Sprachdaten ist das Französische besonders gut dokumentiert, in erster Linie durch die hervorragende Datenbank *Frantext* (www.frantext.fr), während bei den schriftsprachlich-nichtliterarischen und den sprechsprachlichen Daten das Spanische und das Portugiesische mit besonders umfangreichen (und gut zugänglichen) Ressourcen aufwarten können.

Historische Korpora des Spanischen

|10.6

Das Spanische als Sprache mit einer reichen Tradition sprachhistorischer Forschung verfügt über eine Reihe umfangreicher Korpora für sprachhistorische Untersuchungen. In den 1990er Jahren wurde das Korpus ADMYTE vorgestellt, das auf CD-ROM erhältlich war und eine Sammlung altspanischer Texte bis zur Renaissance enthielt.

Die heute wichtigsten Großkorpora sind das sprachhistorische Korpus CORDE der spanischen Akademie (www.rae.es, Menüpunkt „Banco de datos") sowie das 100 Mio. Wörter umfassende *Corpus del Español* des Amerikaners Mark Davies (www.corpusdelespanol.org). Im Gegensatz zu dem mit großem Aufwand und zahlreichen Mitarbeitern geschaffenen CORDE ist das

CORDE, *Corpus del Español*

215

Corpus del Español das Werk einer einzigen Person. Es erlaubt einen sehr schnellen, webbasierten Zugriff und enthält einige komfortable Bedienungselemente, so erlaubt es die grafische Darstellung bestimmter Entwicklungen und ist POS-getaggt, was zielgenaues Suchen ermöglicht.

Abb. 10.5 |

Grafische Darstellung der Häufigkeit von *creo que* im *Corpus del Español* von Mark Davies

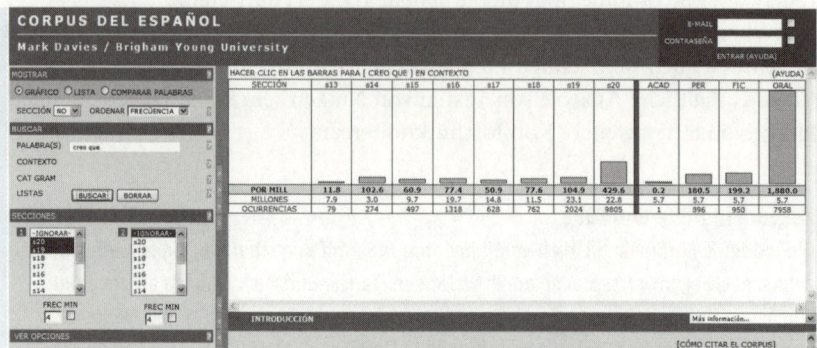

Der Nachteil dieses Korpus ist hingegen die philologische Ungenauigkeit: Aufgrund der enormen Datenmenge war es nicht möglich, die Texte im Detail zu überprüfen, weshalb es zahlreiche Fehler gibt. Bei CORDE ist die Textgenauigkeit wesentlich größer, der Bedienungskomfort allerdings geringer. Beide Korpora erlauben keinen direkten Zugriff auf die Volltexte. Sie bestehen aus zwei Komponenten, einer Suchmaschine, in die bestimmte Formen und Formkombinationen eingegeben werden können; bei beiden Corpora mit Differenzierung nach Jahrhunderten, bei CORDE mit einer genaueren Unterscheidung von Texttypen, beim teilweise geparsten *Corpus del Español* mit der Möglichkeit der Suche nach grammatischen Kategorien. Das Ergebnis der Abfrage ist das Vorkommen der Form und die relative Häufigkeit in den Texten. Die zweite Komponente ist eine Konkordanzfunktion ähnlich den im letzten Abschnitt beschriebenen Konkordanzprogrammen. Beide Korpora ergänzen einander aufgrund ihrer unterschiedlichen Schwerpunktsetzung. CORDE wird nicht mehr erweitert, es wird aber derzeit annotiert und soll bald auch in der neuen Form online verfügbar sein.

Weitere historische Korpora

Von den im Moment entstehenden historischen Korpora des Spanischen sei das an der Universität der Balearischen Inseln beheimatete Projekt *Biblia Medieval* (www.bibliamedieval.es) erwähnt; Bibelübersetzungen eignen sich besonders gut zum (synchronen wie diachronen) Sprachvergleich aufgrund der konstanten Texte und werden gerne für so genannte Parallelkorpora genutzt. Auch die zur Zeit (2009) im Entstehen begriffene historische Grammatik des Spanischen *Sintaxis histórica de la lengua española* (Company Company ed. 2006–2009) basiert auf einem einheitlichen historischen Arbeitskorpus. Eine dem französischen Korpus *Frantext* vergleichbare, v. a. literatursprachliche Datenbank befindet sich mit der *Biblioteca Virtual Miguel de Cervantes* (www.cervantesvirtual.com) im Aufbau.

Korpora der spanischen Gegenwartssprache

|10.7

In der spanischsprachigen Welt gibt es eine bereits erstaunlich lange und innerhalb der romanischen Sprachwissenschaft einzigartige Tradition, den zeitgenössischen Sprachgebrauch durch international vernetzte Korpusprojekte, die nahezu die gesamte Hispanophonie umfassen, zu dokumentieren. Im Jahre 1964 wurde von dem in Mexiko wirkenden Madrider Sprachwissenschaftler Juan M. Lope Blanch ein Projekt vorgeschlagen, das den Titel *Proyecto de Estudio Coordinado de la Norma Lingüística Culta de las Principales Ciudades de Iberoamérica y de Península Ibérica* (*PILEI*; auch bekannt unter der Bezeichnung *Habla culta*) trug. Ab 1970 entstanden aus Interviews und (mehr oder minder) freien Unterhaltungen im Rahmen dieses Großprojekts umfassende Korpora, die den urbanen Sprachgebrauch der oberen Mittelschicht (z. T. mit späterer Ausweitung auf andere Schichten) in verschiedenen Städten Spaniens und Lateinamerikas dokumentieren. Diese erschienen ab den frühen 1970er Jahren in Buchform; seit 1998 gibt es eine Auswahl von Transkriptionen aus 12 Städten in elektronischer Form auf CD-ROM (Samper Padilla et al. 1998). Das primäre Interesse des *Proyecto PILEI* war ein lexikologisches (s. Einheit 6). Ein ähnlich weltumspannendes Vorhaben entstand ab 1992/93 mit dem *Proyecto para el estudio sociolingüístico del español de España y de América*, kurz *Proyecto PRESEEA* (vgl. Moreno Fernández 2009), dessen Erkenntnisziel – wie der Titel verrät – ein soziolinguistisches ist und in welches sich auch das in Abb. 10.2 illustrierte Korpus des Spanischen von Málaga einordnet. Anders als beim *Proyecto PILEI* werden bei PRESEEA die Informanten, die sich an Interviews und freien Gesprächen beteiligen, nach drei Bildungsniveaus und weiteren soziolinguistischen Parametern gruppiert. Die Transkriptionen der PRESEEA-Korpora erschienen von Anfang an elektronisch, zumeist auf CD-ROM, und sollen über eine zentrale Projekt-Plattform im Internet (www.linguas.net/preseea) verfügbar gemacht werden. Diese Webseite gibt zwar einen guten Überblick über den geografischen Radius des Projekts, ist zur Zeit (2009) aber erst in geringem Maße mit herunterladbaren Korpusdaten bestückt.

Neben diesen ausschließlich der gesprochenen Sprache gewidmeten Korpusprojekten ist auf das auf der Webseite der Real Academia Española abfragbare Großkorpus des Gegenwartsspanischen CREA (*Corpus de Referencia del Español Actual*) hinzuweisen. CREA umfasst schrift- und sprechsprachliche Daten unterschiedlichen Typs aus den Jahren 1975 bis 2004 mit einem Gesamtumfang von etwas mehr als 150 Mio. Wörtern, davon etwa 10 % sprechsprachliche Daten (wobei auch orale Daten aus PRESEEA-Korpora eingespeist wurden). Man sucht die Belege durch eine recht komfortable Suchmaske online, ein Zugriff auf die Volltexte oder das Herunterladen sind wie bei CORDE nicht möglich. 2007 beschloss die Akademie die Schaffung des *Corpus del español del siglo xxi* (CORPES), das mehr als 300 Mio. Wörter

PILEI (Habla culta)

|Abb. 10.6
Juan M. Lope Blanch
(1927–2002)

PRESEEA

CREA, CORPES

aus Texten der verschiedenen hispanophonen Länder umfassen soll (70 % aus Amerika, 30 % aus Spanien). Der vorgesehene Zeitraum umfasst die Jahre 2000–2011.

Weitere Korpora

Viele Korpora wurden und werden von Wörterbuchverlagen zu lexikografischen Zwecken erstellt. Das gilt auch für das Spanische, wo mit dem Corpus CUMBRE (Sánchez/Cantos 2001) ein repräsentativer Ausschnitt des 20-Mio.-Wörter-Korpus auf CD-ROM publiziert wurde, das zur Erarbeitung des *Gran Diccionario de Uso del Español Actual* gedient hatte. Gänzlich anders ausgerichtet, wiederum ausschließlich sprechsprachlich und deshalb von sehr viel bescheidenerem Umfang ist das spanische Teilkorpus des europäischen Korpusprojekts C-ORAL-ROM, das die Besonderheit aufweist, dass die enthaltenen Texte nach unterschiedlichen Kommunikationssituationen und Formalitätsgraden differenziert sind. Dieser positive Aspekt des C-ORAL-ROM-Korpus wird durch das Manko einer wenig benutzerfreundlichen technischen Umsetzung der DVD-Version für akademischen Gebrauch (Cresti/Moneglia eds. 2005) leider deutlich getrübt.

10.8 | Repräsentativität und Textsortendifferenzierung von Korpora

Wie schon angedeutet wurde, bemisst sich die Qualität eines Korpus nicht allein an dem Umfang der enthaltenen Texte/Transkriptionen und der Gesamtzahl der Wörter (*tokens*). Ein kleines, aber sehr sorgfältig erstelltes Korpus kann für eine linguistische Fragestellung von ebenso großem oder gar größerem Nutzen sein als ein vielleicht formal weniger genau bearbeitetes Groß- oder Megakorpus. Auch herrscht keinerlei Einigkeit darüber, ab welchem Umfang ein Korpus einen Anspruch auf Repräsentativität (für eine Sprache/Varietät/Sprechergruppe) erheben darf. Die in Abschnitt 10.1 als definitorisch hervorgehobene Systematizität der Sprachdatensammlung, die zu einem Korpus führt, wird anhand unterschiedlicher Parameter erreicht, z.B. bei soziolinguistischen Korpora wie denen des PRESEEA-Projekts durch Anwendung spezifischer Kriterien der Informantenauswahl, wodurch ein geschichtetes

Sample

Sample – also ein der tatsächlichen Zusammensetzung entsprechendes Abbild der dokumentierten Sprachgemeinschaft – konstituiert wird. Ein anderer Ansatz, Repräsentativität und strukturelle ‚Ausgeglichenheit' von Korpora zu bewerten, wurde nahezu zeitgleich und unabhängig voneinander von dem amerikanischen Linguisten Douglas Biber und den deutschen Romanisten Peter Koch und Wulf Oesterreicher (s. Einheit 8) vorgeschlagen. Hier wird

Register- und Textsortenvarianz

die Register- bzw. Textsortenvarianz als Bewertungskriterium ins Zentrum gerückt, d.h. die in Korpora dokumentierten Text- oder Diskurstypen sollen möglichst umfassend die Bandbreite kommunikativer Domänen, die in einer Sprache oder Sprachgemeinschaft existieren, abdecken. Biber verwendet textsortendifferenzierte Korpora als Grundlage seiner Methode der multidimensionalen Analyse von Registervarianz (vgl. Biber 1995, Biber/Tracy-Ventura

2007), während Koch/Oesterreicher dergestalt strukturierte Korpora fordern, um das kommunikative Spannungsfeld zwischen Nähe- und Distanzsprache untersuchen zu können.

So differenziert die Ansprüche und Erwartungen auch sein mögen, die an Korpora gestellt werden, und so unterschiedlich die Art und Weise, wie Korpusdaten im Zuge von sprachwissenschaftlichen Untersuchungen ausgewertet werden können: die gute (und immer besser werdende) Zugänglichkeit dieser Ressourcen und die Tatsache, dass die zu ihrem Einsatz notwendigen technischen Mittel heute für jede/n zur Verfügung stehen, legen nahe, frühzeitig im Studium mit dem empirischen Arbeiten auf Korpusbasis zu beginnen.

Aufgaben

1 Informieren Sie sich anhand von Schlobinski (1996) oder vergleichbaren Quellen darüber, was man unter dem vom amerikanischen Soziolinguisten William Labov (*1927) formulierten Beobachterparadoxon („Observer's paradox") versteht, und überlegen Sie, mit welchen Feldforschungstechniken man diesem begegnen kann.

2 Suchen Sie in CORDE und im *Corpus del Español* von Mark Davies die Form *fiziere* und die Form *hiciere*. Was lässt sich bezüglich der sprachhistorischen Entwicklung beobachten? Welche Vor- und Nachteile beider Korpora fallen Ihnen auf?

3 Laden Sie sich eine kostenfreie Demo- oder Freeware-Version eines Konkordanzprogramms sowie eines der in Pusch (2002) erwähnten frei verfügbaren elektronischen Korpora herunter und versuchen Sie, damit die Variation zwischen *(el) hecho (de) que* + Indikativ vs. *(el) hecho (de) que* + Subjunktiv zu untersuchen. Welche Ergebnisse erzielen Sie, auf welche Probleme stoßen Sie?

4 Informieren Sie sich (z. B. anhand der unter den Literaturangaben genannten Handbücher zur Korpuslinguistik) über den Unterschied zwischen offenen und geschlossenen Korpora. Welche unterschiedlichen Ansätze, Repräsentativität zu erzielen, stehen hinter diesen beiden Korpustypen?

Literatur

Biber, Douglas (1995): *Dimensions of register variation. A cross-linguistic comparison*, Cambridge: Cambridge University Press.

Biber, Douglas/Tracy-Ventura, Nancy (2007): „Dimensions of register variation in Spanish", in: Parodi, Giovanni (ed.): *Working with Spanish Corpora*, London: Continuum, 54–89.

Caravedo, Rocío (1999): *Gramática española: enseñanza e investigación. Apuntes metodológicos: Lingüística del corpus*, Salamanca: Ediciones Universidad de Salamanca.

Company Company, Concepción (2006–2009): *Sintaxis histórica de la lengua española*, *Primera parte: la frase verbal*, 2 vols. 2006, *Segunda parte: la frase nominal*, 2 vols. 2009, México: UNAM.

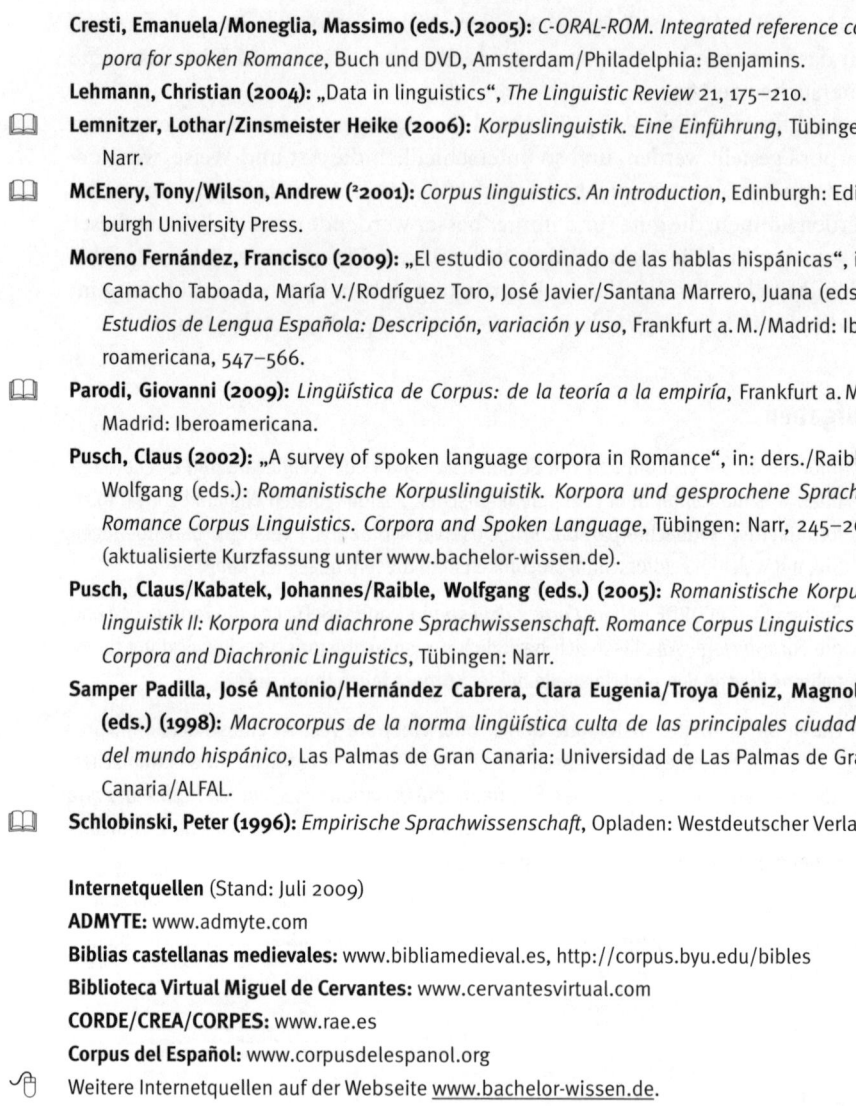

Cresti, Emanuela/Moneglia, Massimo (eds.) (2005): *C-ORAL-ROM. Integrated reference corpora for spoken Romance*, Buch und DVD, Amsterdam/Philadelphia: Benjamins.

Lehmann, Christian (2004): „Data in linguistics", *The Linguistic Review* 21, 175–210.

Lemnitzer, Lothar/Zinsmeister Heike (2006): *Korpuslinguistik. Eine Einführung*, Tübingen: Narr.

McEnery, Tony/Wilson, Andrew (²2001): *Corpus linguistics. An introduction*, Edinburgh: Edinburgh University Press.

Moreno Fernández, Francisco (2009): „El estudio coordinado de las hablas hispánicas", in: Camacho Taboada, María V./Rodríguez Toro, José Javier/Santana Marrero, Juana (eds.): *Estudios de Lengua Española: Descripción, variación y uso*, Frankfurt a.M./Madrid: Iberoamericana, 547–566.

Parodi, Giovanni (2009): *Lingüística de Corpus: de la teoría a la empiría*, Frankfurt a.M./Madrid: Iberoamericana.

Pusch, Claus (2002): „A survey of spoken language corpora in Romance", in: ders./Raible, Wolfgang (eds.): *Romanistische Korpuslinguistik. Korpora und gesprochene Sprache. Romance Corpus Linguistics. Corpora and Spoken Language*, Tübingen: Narr, 245–264 (aktualisierte Kurzfassung unter www.bachelor-wissen.de).

Pusch, Claus/Kabatek, Johannes/Raible, Wolfgang (eds.) (2005): *Romanistische Korpuslinguistik II: Korpora und diachrone Sprachwissenschaft. Romance Corpus Linguistics II: Corpora and Diachronic Linguistics*, Tübingen: Narr.

Samper Padilla, José Antonio/Hernández Cabrera, Clara Eugenia/Troya Déniz, Magnolia (eds.) (1998): *Macrocorpus de la norma lingüística culta de las principales ciudades del mundo hispánico*, Las Palmas de Gran Canaria: Universidad de Las Palmas de Gran Canaria/ALFAL.

Schlobinski, Peter (1996): *Empirische Sprachwissenschaft*, Opladen: Westdeutscher Verlag.

Internetquellen (Stand: Juli 2009)

ADMYTE: www.admyte.com

Biblias castellanas medievales: www.bibliamedieval.es, http://corpus.byu.edu/bibles

Biblioteca Virtual Miguel de Cervantes: www.cervantesvirtual.com

CORDE/CREA/CORPES: www.rae.es

Corpus del Español: www.corpusdelespanol.org

Weitere Internetquellen auf der Webseite www.bachelor-wissen.de.

Sprachliche Varietäten

Inhalt	
11.1 Sprache und Varietäten	222
11.2 Probleme der Varietätenlinguistik	223
11.3 Perspektive der Sprache und Sprecherperspektive	225
11.4 Dialekt und Sprache	226
11.5 Ortsmundart und Sprachgeografie	230
11.6 Spanische Dialekte auf der Iberischen Halbinsel und in Amerika	236
11.7 Ein Beispiel: Das Andalusische	236

In dieser Einheit geht es um die räumliche, gruppenspezifische und situationelle Heterogenität von Sprache und die entsprechenden Varietäten der spanischen Sprache. Zunächst werden einige theoretische Grundbegriffe der Varietätenlinguistik erläutert und der Unterschied zwischen Sprache und Dialekt erörtert. Im weiteren Verlauf der Einheit geht es v. a. um die räumliche Variation des Spanischen.

Überblick

11.1 | Sprache und Varietäten

Sprachliche
Heterogenität

Wenn wir von einer Sprache wie dem Spanischen sprechen, dann denken wir wohl zunächst an etwas Einheitliches, wie wir es in Lehrbüchern, Wörterbüchern und Grammatiken beschrieben finden. Auch die Schriftsprache (s. Einheit 8) vermittelt uns den Eindruck von Einheitlichkeit. Bei näherem Betrachten sehen wir jedoch eine Reihe von Unterschieden, die sich nach verschiedenen Kriterien einteilen lassen:

Räumliche Varietäten

► In geografischer Hinsicht: An verschiedenen Orten und in den verschiedenen spanischsprachigen Gebieten wird unterschiedlich gesprochen. So wird etwa für den Ausdruck eines Ereignisses, das in einer sehr nahen Vergangenheit stattgefunden hat, in vielen Gegenden Amerikas und u.a. im Nordwesten Spaniens das *pretérito perfecto indefinido* verwendet: *hace cinco minutos vi a Pablo*, während etwa in Madrid und in anderen Gegenden *hace cinco minutos he visto a Pablo* mit *pretérito perfecto compuesto* üblich ist. In Spanien gibt es im Zentrum und im Norden zwischen *casa* ['kasa] ‚Haus' und *caza* ['kaθa] ‚Jagd' einen Ausspracheunterschied, in Teilen Andalusiens, auf den Kanarischen Inseln und in ganz Amerika hingegen nicht. Besonders deutlich sind die Unterschiede auch im Wortschatz: So heißt etwa der Wasserhahn in Spanien *grifo*, in Mexiko *llave* und in Argentinien *canilla*;

Soziale Varietäten

► in Bezug auf soziale Gruppen: In verschiedenen sozialen Schichten wird unterschiedlich gesprochen und je nach Gesellschaft kann es mehr oder weniger ausgeprägte sprachliche Eigenheiten von Generationen, Geschlechtern, Berufsgruppen, Religions- oder sonstigen Gruppen geben; so ist etwa festgestellt worden, dass die Tilgung von intervokalischem *-d-* (*amado* → *amao*) u.a. schichtenspezifisch variiert (geringere Tendenz zur Tilgung in höheren Schichten). Ältere Generationen neigen zu konservativerer, jüngere zu innovativerer Aussprache. Frauen tendieren dazu, insbesondere in der Phase der Kindererziehung prestigereichere Formen gegenüber den Kindern zu verwenden, um diesen eine entsprechende soziale Position zu ermöglichen. Dabei zeigt sich die scheinbar paradoxe Tatsache, dass Frauen mal konservativer, mal innovativer sprechen als die Männer der entsprechenden Gesellschaften (Schlieben-Lange/Jungbluth 2001): bei der eben erwähnten Tendenz zur Tilgung von intervokalischem *-d-* erscheinen Frauen als tendenziell konservativer (wobei in der großen spanischsprachigen Welt auch die gegenteilige Tendenz zu finden ist); in anderen Fällen, etwa bei der Ausbreitung des argentinischen *ʃeísmo* (Aussprache [ʃ] der Phoneme /ʎ/ und /y/), zeigen sich Frauen hingegen als besonders innovationsfreudig;

Situationsbezogene
Varietäten

► in Bezug auf die konkretere Redesituation: In einem informellen Gespräch spricht man anders als in einer öffentlichen Rede oder einer Vorlesung. Nehmen wir nochmals das Beispiel der Tilgung von *-d-*: diese ist in formellen Textsorten viel seltener als in informellen. Hier sieht man auch, dass es zwischen den verschiedenen Varietätendimensionen eine wechselseitige Beziehung gibt (s. w. u.). Diese Variation betrifft auch den Bereich, der in Einheit 8.5 mit den Begriffen *Nähe* und *Distanz* beschrieben wurde.

> Die unterschiedlichen Realisierungsformen einer Sprache nennt man *sprachliche Varietäten* (*variedades lingüísticas*). Die räumlichen Varietäten werden als *Dialekte* (*dialectos*) oder *diatopische Varietäten* (*variedades diatópicas*) bezeichnet. Gruppenspezifische Varietäten heißen *Soziolekte* (*sociolectos*) bzw. *diastratische Varietäten* (*variedades diastráticas*). Die Varietäten einer Sprache, die sich bezüglich der Redesituation unterscheiden lassen, werden als sprachliche *Stile* (*estilos de lengua*) oder *diaphasische Varietäten* (*variedades diafásicas*) bezeichnet, die Gesamtheit der Varietäten einer so genannten *Historischen Sprache* (*lengua histórica*) nennt man *Architektur* (*arquitectura*) oder *Diasystem* (*diasistema*).

Definition

Die Gesamtheit der Phänomene, die mit der Betrachtung von Varietäten und Varianten zusammenhängen, kann man als *sprachliche Variation* (*variación lingüística*) bezeichnen, die ihr entsprechende wissenschaftliche Disziplin ist die *Varietätenlinguistik* (*lingüística variacional*). Ein einziges isoliertes Element, das bezüglich eines anderen variiert, ist eine *sprachliche Variante* (*variante lingüística*). Demnach gehören etwa die Varianten [s] und [θ] zur Variation des Spanischen und finden sich in unterschiedlichen Varietäten.

Varietäten und Variation

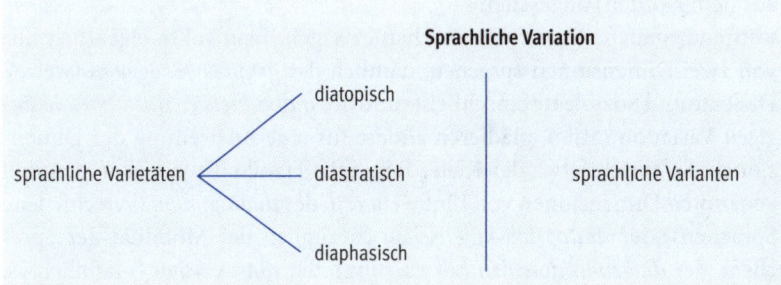

Abb. 11.1
Variation, Varietäten und *Varianten*

Probleme der Varietätenlinguistik

|11.2

Seit den 1950er Jahren ist es üblich, von den genannten drei Varietätendimensionen zu sprechen. So hat 1954 der in Litauen geborene Amerikaner Uriel Weinreich den Begriff *Diasystem* geprägt, demzufolge eine Sprache als ein komplexes System von Einzelsystemen aufgefasst werden kann. Der Norweger Leiv Flydal kritisierte in Anlehnung an Saussures Unterscheidung von Synchronie und Diachronie (s. Einheit 2.6) die Vorstellung von der Einheitlichkeit eines bestimmten Sprachzustandes und sprach von einer *diatopischen*

Diasystem

und *diastratischen Perspektive*. Schließlich fügte der rumänischstämmige Uruguayer Eugenio Coseriu den Begriff der *diaphasischen* Varietäten hinzu. Seitdem sind diese Termini in der Sprachwissenschaft entweder übernommen oder aber ergänzt oder kritisiert worden. Bei der Betrachtung der Sprache als *Varietätenraum* (*espacio variacional*) ergeben sich u. a. die folgenden Fragen und Probleme:

Das Problem der Ordnung der Varietäten

Varietätenkette

► Einerseits wird gesagt, Dialekte seien die primären Formen aller Variation, andererseits gibt es gerade in unserer Zeit viele Phänomene, die die traditionelle Ortsbezogenheit von Sprache auflösen. Es wurde auch festgestellt, dass es zwischen verschiedenen Varietätendimensionen eine hierarchische Ordnung gibt, die von Peter Koch und Wulf Oesterreicher einer Idee Coserius zufolge als *Varietätenkette* (*cadena variacional*) bezeichnet wurde: Ein Dialekt kann als Soziolekt funktionieren und ein Soziolekt als Stil, aber nicht umgekehrt. So kann etwa der Dialekt der andalusischen Immigranten in Katalonien als Soziolekt für eine bestimmte Gesellschaftsschicht funktionieren und zugleich als umgangssprachlicher Stil. Dies gilt für Varietäten prinzipiell, nicht aber unbedingt für einzelne Varianten. Beispielsweise galt die Unterscheidung zwischen /ʎ/ und /y/ (z. B. *pollo/poyo*) früher als Merkmal für einen gehobenen Stil etwa im Spanischen Madrids. Heutzutage, da der *yeísmo*, also die Nichtunterscheidung der beiden Varianten, auch in Madrid fast allgemein geworden ist, wird die Unterscheidung nicht mehr als hochsprachlich, sondern als dialektal (und charakteristisch für Sprecher aus dem Norden) angesehen;

Das Problem der Anzahl der Varietätendimensionen

► während manche Sprachwissenschaftler sagen, man sollte eigentlich nur von zwei Dimensionen sprechen, nämlich der *gruppenbezogenen* (welche Dialekte und Soziolekte einschließt) und der *individuellen, situationsabhängigen* Variation (Stile), plädieren andere für eine Ausweitung der Dimensionen. So spricht etwa der Kieler Romanist Harald Thun neben den drei genannten Dimensionen von fünf weiteren, der *dialingualen* (verschiedene Sprachen), der *diatopisch-kinetischen* (bezüglich der Mobilität der Sprecher), der *diagenerationellen* (alt vs. jung), der *diasexuellen* (männlich vs. weiblich) und der *diareferentiellen* (Objektsprache vs. Metasprache) Dimension;

Diamesische Varietäten

► die am weitesten verbreitete Erweiterung versucht, die Frage von Mündlichkeit und Schriftlichkeit mit den Varietätendimensionen zu verbinden. So ist es v. a. in der Italianistik verbreitet, auch von *diamesischen Varietäten* (*variedades diamésicas*), also Varietäten bezüglich des Mediums zu sprechen.

Peter Koch und Wulf Oesterreicher haben vorgeschlagen, die Unterscheidung zwischen *Nähesprache* (*lenguaje de inmediatez*) und *Distanzsprache* (*lenguaje de distancia*) (s. Einheit 8.5) auf die Varietätenlinguistik anzuwenden. Sie kommen dabei zu folgender schematischer Darstellung:

224

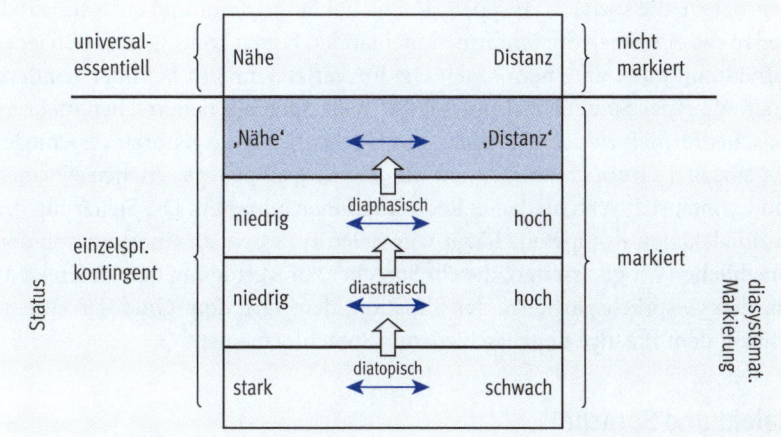

Abb. 11.2

Vier Varietäten-
dimensionen und
universelles Ord-
nungsprinzip (nach
Koch/Oesterreicher
1990: 15)

Hier werden einerseits die oben beschriebenen drei Dimensionen unterschieden, andererseits eine vierte hinzugefügt (*Nähe* und *Distanz* als einzelsprachliche Größe, das grau unterlegte Feld). Zudem wird über das ganze Diasystem die Dimension *Nähe-Distanz* als zentrales, universelles Ordnungskriterium gelegt. Dialekte, Varietäten sozial niederer Schichten und umgangssprachliche Formen werden im Allgemeinen mit Nähe, weniger dialektal markierte Varietäten, Varietäten höherer Schichten und gewählte Formen hingegen mit Distanz verbunden. Der Markiertheitsbegriff (s. auch Einheit 4.5) wird hier im Sinne einer starken oder schwachen Prägung innerhalb der entsprechenden Dimension aufgefasst; dialektal stark markiert etwa heißt mit deutlichen Dialekteigenschaften. Die Hinzufügung des grauen Feldes trägt der Tatsache Rechnung, dass die Existenz einer eigenen, von den anderen Dimensionen unabhängigen einzelsprachlichen Dimension von Nähe und Distanz angenommen wird, wobei der Distanzbereich eng mit dem Medium Schrift verbunden ist. Die Varietäten unterhalb der schwarzen Linie sind *einzelsprachlich kontingent*, d. h. es sind in einer Einzelsprache relevante Kategorien.

Sprachperspektive und Sprecherperspektive

|11.3

Objektive und
subjektive Kriterien

Eine der zentralen Fragen der Varietätenlinguistik ergibt sich aus der Unterscheidung zwischen dem Blick auf die Varietäten als „objektive" Größen und der Sicht der Sprecher selbst auf die Varietäten. Die genannten Dimensionen waren zunächst zum Zweck der „objektiven" Unterscheidung verschiedener Varietäten entstanden. Jede sprachliche Varietät sollte in Bezug auf Diatopik, Diastratik und Diaphasik bestimmbar sein, wobei alle drei Dimensionen stets kopräsent sind. Ein Dialekt, ein Soziolekt oder ein Stil sollte als einheitliche Größe dargestellt werden können. Im Gegensatz zur Standardsprache sind Varietäten jedoch schwer abgrenzbar: Von Ort zu Ort wird etwas anders gesprochen, die sozialen Gruppen sind nicht klar getrennt und auch stilistisch fließen die einzelnen Sprachformen ineinander. Hinzu kommt, dass sich jedes Individuum nicht an einem festen Ort im Varietätenraum befindet, sondern innerhalb einer Sprache vielsprachig ist: Viele Sprecher beherrschen mehrere Zwischenformen zwischen Dialekt und Hochsprache, sie gehören verschiedenen sozialen Gruppen an, kennen die jeweils gruppenspezifischen Normen und können sich verschiedenen Redesituationen anpassen. Die Steuerung der pluridialektalen Kompetenz hängt von vielen Faktoren ab: einerseits von den sprachlichen Möglichkeiten, die ein Sprecher zur Verfügung hat, andererseits von den Gesprächspartnern, der Situation, dem Ort, dem Grad der Öffentlichkeit, dem Prestige der verschiedenen Sprachformen etc.

11.4 | Dialekt und Sprache

Was ist ein Dialekt, was ist eine Sprache?

Bislang haben wir eine Frage ausgespart, die zu den häufigsten gehört, die man sich am Beginn des Studiums der Sprachwissenschaft stellt, und die auch von außen oft an Linguisten herangebracht wird: es geht um das Verhältnis von *Sprache* und *Dialekt*. Was ist eigentlich der Unterschied zwischen einem Dialekt und einer Sprache? Und dann konkret: Sind Asturianisch oder Aragonesisch Dialekte oder Sprachen? Wenn Galicisch eine Sprache ist, wieso ist dann Andalusisch keine? Oder Bairisch oder Schwäbisch?

Leider hat die Linguistik auf diese Fragen auch keine einfache Antwort. Es müssen hier einige Dinge erklärt werden, und nur so viel kann vorweg genommen werden: Es gibt weder eine eindeutige, noch eine objektiv richtige Antwort. Erst wenn man die Begriffe *Sprache* und *Dialekt* genau bestimmt, können auch die Kriterien für die Abgrenzung festgelegt werden. Man könnte hier einwenden: Wozu ist eine Sprachwissenschaft nütze, die auf eine einfache Frage keine einfache Antwort hat? Macht die Wissenschaft die Dinge nur komplizierter? Doch es ist anders: Die Frage ist nämlich schwieriger, als sie scheint, und die Wissenschaft muss bei ihrer Beschreibung der wahren Komplexität der Dinge gerecht werden.

Für eine klare Abgrenzung sind zunächst die Begriffe „Dialekt" und „Sprache" zu bestimmen und dann Faktoren zu nennen, die einen Dialekt zur Sprache machen.

Dialekt

Der einfachere der beiden Begriffe ist Dialekt: Wie schon gesagt wurde, ist ein Dialekt eine *diatopische Varietät* einer Sprache. Diese Bestimmung lässt jedoch offen, wie ein Dialekt zu einer Sprache werden kann. Wenn wir uns einer „genetischen" Bestimmung zuwenden, so wird meist gesagt, ein Dialekt sei die „primäre Form einer Sprache". Tatsächlich können wir für viele Sprachen feststellen, dass diese auf Dialekte zurückgehen – wie das Spanische auf den Dialekt Kastiliens (und dieser auf die Dialekte des kantabrischen Berglands) oder das Französische auf den Dialekt der Île-de-France. In weiterem Sinne ist dies jedoch problematisch, weil es schon Sprache gab, bevor die Menschen sesshaft wurden, und somit die territoriale Zuordnung von Sprache nicht von Anfang an gegeben war. Es kann also der räumlich bestimmte Dialekt nicht prinzipiell die primäre Form von Sprache sein. Doch ist es im Falle der heutigen europäischen und vieler anderer Sprachen so, dass diese aus Varietäten eines bestimmten Ortes oder Raumes hervorgingen. Als „diatopische Varietät" ist ein Dialekt im linguistischen Sinne auch eine „Sprache". Wir sehen hier eine polyseme (s. Einheit 6.6) Verwendung des Wortes Sprache, nämlich einerseits im Sinne von *Sprachsystem* und andererseits im Sinne eines ganz besonderen Sprachsystems (nämlich der Gemein- oder Standardsprache), dem andere „Sprachen" (im Sinne von Varietäten) untergeordnet sind. Als Sprachsysteme sind Dialekte voll funktionsfähig: Dialekte sind nicht „minderwertig" in Bezug auf ihr Lautsystem oder ihre Grammatik. So „funktioniert" beispielsweise das Lautsystem des Ostandalusischen genauso vollständig wie das des Standardspanischen, es ist in verschiedener Hinsicht sogar komplexer. Es wäre dennoch falsch, Dialekte und Hoch- oder Standardsprachen nicht zu unterscheiden und einfach alles gleichzusetzen. Wir brauchen hierfür zwei verschiedene Begriffe von „Funktion":

> Sprache

► einen Funktionsbegriff, der sich auf die Sprachsysteme bezieht;
► einen Funktionsbegriff, der sich auf den Grad des *Ausbaus* einer Sprache bezieht.

Wenngleich ein Dialekt wie das Ostandalusische im Vergleich zur spanischen Standardsprache völlig gleichwertig ist in Bezug auf den ersten Funktionsbegriff, so ist er es doch nicht in Bezug auf den zweiten: Viele sprachliche Aufgaben werden nicht mit Dialekten, sondern mit ausgebauten, so genannten *Kultur*sprachen gelöst.

Abstandsprachen und Ausbausprachen

|11.4.1

Um der Dynamik gerecht zu werden, die dem Weg eines Dialekts zur Sprache (im Sinne des 2. Funktionsbegriffs) entspricht, hat der Soziologe Heinz Kloss die Begriffe *Abstandsprachen* (*lenguas por distancia*) und *Ausbausprachen* (*lenguas por elaboración*) geprägt. Abstandsprachen sind solche, die aufgrund objektiver Unterschiedlichkeit zu den Nachbarsprachen als eigenständige Sprachen angesehen werden, in Spanien etwa das Baskische, in Peru das Quechua oder in Mexiko das Náhuatl. Niemand würde das Náhuatl als Dialekt des Spanischen bezeichnen, da es typologisch nicht dem Spanischen zugeordnet werden kann. Komplexer ist es mit den Ausbausprachen. Jeder Dialekt kann durch Ausbau zu einer Sprache werden, wenn nämlich die sprachlichen Mittel dazu geschaffen werden und die entsprechende soziale Funktionsausweitung stattfindet. Es ist dabei sinnvoll, zwischen *intensivem* und *extensivem Ausbau* (*elaboración intensiva* vs. *elaboración extensiva*) zu unterscheiden:

> Kriterien für Sprachausbau

|Abb. 11.3
Heinz Kloss
(1904–1987)

Intensiver und
extensiver Ausbau

► der intensive Ausbau (auch Korpusplanung genannt) bezieht sich auf die Sprache selbst, die Einheitlichkeit des für den Ausbau gewählten Systems, die Orthografie, die Erweiterung des Wortschatzes einschließlich der Schaffung von Fachwortschatz;

► der extensive Ausbau (auch als Statusplanung bekannt) bezieht sich auf die gesellschaftlichen Funktionen, die einer Sprache zukommen. Hier hatte Heinz Kloss ein Neun-Felder-Schema vorgeschlagen, das sich auf die in einer Sprache üblichen Schrifttexte bezieht. Er unterscheidet zwei Dimensionen, die sich einerseits auf unterschiedliche Textsorten, andererseits auf unterschiedlich umfangreiche kommunikative Sphären beziehen:

Abb. 11.4

Neun-Felder-Schema
der Stufen des
Sprachausbaus (nach
Kloss 1987)

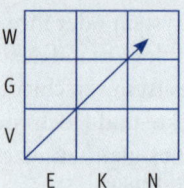

Auf der vertikalen Achse bezieht sich das Schema auf verschiedene Textsorten:

V = „volkstümliche Prosa" (nach Kloss mehr oder weniger auf Grundschulniveau)

G = „gehobene Prosa" (mehr oder weniger Sekundarstufenniveau)

W = „wissenschaftliche Prosa" (universitäres Niveau)

Auf der horizontalen Achse bezieht sich das Schema auf die kommunikative Reichweite:

E = „eigenbezogene Themen" (Sachgebiete, die sich auf die lokale Kultur, die lokale Sprache oder die Lokalgeschichte beziehen)

K = „kulturkundliche Themen"

N = „Themen der Naturwissenschaft und der Technologie"

Der Ausbau einer Sprache geschieht normalerweise in Richtung des Pfeils im Schema. Zentrales Kriterium für den Ausbau eines Dialekts zur Sprache ist das Erreichen des Niveaus der gehobenen oder wissenschaftlichen Sachprosa und die Frage, welche Bedeutung einer Sprache in diesem Bereich zukommt.

Während das Kloss'sche Schema zunächst auf Sprachausbauprozesse in unserer Zeit und auf explizite Sprachplanung als Ergebnis politischer Entscheidung angewendet wurde, wie wir sie etwa im Falle des Galicischen der Gegenwart (s. Einheit 9) vorliegen haben, wird der Begriff in den letzten Jahren auch auf implizite Ausbauprozesse in früherer Zeit bezogen. Die romanischen Sprachen könnten damit als Ausbausprachen bezeichnet werden, die aus den Dialekten hervorgegangen sind, die im Zuge der Romanisierung an verschiedenen Orten entstanden waren (s. Einheit 12). An diesem Beispiel sieht man auch, dass zwar prinzipiell jeder Dialekt ausgebaut werden könnte, in der Praxis dann aber nur bestimmte Dialekte diese Entwicklung durchlaufen.

Dialekte und Dachsprache

|11.4.2

Der Ausbau eines Dialektes führt meist zu einer Ausbreitung auch in räumlicher Hinsicht. Dieser Vorgang hat mit einer Reihe von Faktoren zu tun (Prestige, Macht bestimmter Gruppen, Institutionen, kommunikative Rahmenbedingungen etc.), die dazu führen, dass der Ausbau zu einer Überdachung lokaler Varietäten durch eine überregionale Sprachform führt. Oft werden die lokalen Varietäten überhaupt erst als Dialekte empfunden, wenn sie zu „Dialekten von x" werden. Die Überdachung ist nicht nur ein geografischer Prozess, sie führt auch zu einer Funktionsaufteilung (etwa der Bereiche Nähe und Distanz, s. Abschn. 11.2) und zur Selektion von Elementen, etwa der Herausfilterung von als „umgangssprachlich" empfundenem Wortschatz oder anderer Elemente (z.B. Diminutive: *comidita*, Reduplikationen: *calor calor*, ethische Dative: *el niño no me come* ‚das Kind isst mir nicht' etc.), die damit zu „typisch dialektalen" Elementen werden können.

> „Überdachung" von Dialekten

Ein Dialekt wird im Allgemeinen der Sprache zugeordnet, die ihm typologisch am nächsten steht. So wird beispielsweise der Dialekt des Tals von Aran in Nordkatalonien dem Okzitanischen und nicht dem Katalanischen zugerechnet. Zuweilen wird eine solche Zuordnung jedoch von der Dominanz einer lokal präsenten Dachsprache überlagert; so müsste das Plattdeutsche typologisch eigentlich dem Niederländischen als Dachsprache zugeordnet werden. Aufgrund der Präsenz des Hochdeutschen in den plattdeutschen Dialektgebieten findet jedoch bei den Sprechern entweder eine Zuordnung zum Deutschen statt oder aber das Plattdeutsche wird als eigenständige Ausbausprache empfunden.

Dialekt und Sprache: Kriterien

|11.4.3

Wir haben nun gesehen, dass es zwischen Dialekt und Sprache keine klare Grenze gibt, sondern dass ein Dialekt sich im Prozess des Ausbaus befinden kann, also „auf dem Wege zur Sprache". Während des Ausbaus ist die Zuordnung meist unklar. Blickt man auf die Möglichkeit, den Ausbau weiter voranzutreiben, dann sieht man bereits die Sprache, blickt man auf die Vergangenheit oder den noch nicht fortgeschrittenen Prozess, so sieht man noch den Dialekt. Dies ist etwa der derzeitige Fall des Asturianischen, wobei hier nicht absehbar ist, ob die Bemühungen einiger lokaler Gruppen, den Dialekt zur Sprache zu machen, längerfristig erfolgreich sein werden oder nicht.

Anstelle einer einfachen Antwort auf die Frage von Sprache und Dialekt können nun zusammenfassend einige Kriterien genannt werden:

> Kriterien zur Unterscheidung von Sprache und Dialekt

► Der Begriff *Sprache* ist polysem. Wenn wir *Sprache* als Gegensatz von *Dialekt* ansehen, so betrachten wir nicht den Aspekt von Sprache als Kommunikationssystem (denn in diesem Sinne ist auch ein Dialekt eine voll funktionsfähige ‚Sprache‘), sondern die gesellschaftliche Funktionsaufteilung zwischen lokalen Dialekten und deren überdachenden Standardsprachen;

► jeder Dialekt könnte prinzipiell durch Ausbau zur Sprache (als Standardsprache mit dialektüberdachender Funktion) werden;

► der objektive *Abstand* (als typologische Distanz) zwischen zwei Sprachen kann Kriterium für den Unterschied zwischen Sprachen (im Sinne von Abstandsprachen) sein. Er muss es aber nicht sein, zumal Abstand kein leicht messbares Kriterium ist, da Sprachen dynamische, vielschichtige Phänomene sind;

► sicherlich nicht ausreichend als Kriterium ist die Existenz bestimmter sprachbeschreibender Werke oder von Literatur. Alle Sprachformen haben eine „Grammatik“ im Sinne eines funktionsfähigen Sprachsystems, und auch dann, wenn die Grammatik eines Dialekts in Buchform niedergeschrieben wird, wird dieser dadurch noch nicht zur standardisierten Dachsprache. Auch Dialekte können darüber hinaus über relativ umfangreiche literarische Traditionen verfügen;

► immer wieder wird das Bewusstsein der Sprecher als Kriterium herangeführt: ein Dialekt ist, was als Dialekt empfunden wird; eine Sprache, was als Sprache empfunden wird. Es gibt jedoch auch Abstandsprachen, die als Dialekte empfunden werden, obwohl in typologischer Hinsicht eine Zuordnung nicht möglich ist (z. B. zahlreiche indigene Sprachen in Amerika), sowie Sprachformen, die aus politischen oder ideologischen Gründen als eigenständige Sprachen angesehen werden oder wurden, obwohl ihnen keine wirklich eigenständige Form entspricht (ein bekanntes Beispiel aus der Romania ist das so genannte *Moldauische,* d. h. das in Moldawien gesprochene Rumänisch, das zur Zeit der Sowjetunion als eigenständige Sprache propagiert wurde, um die sprachliche Verbindung zum benachbarten Rumänien ideologisch abzutrennen).

11.5 | Ortsmundart und Sprachgeografie

Große und kleine
Sprachräume

Sprachen wie Spanisch sind keine homogenen Einheiten. Die Bezeichnung Spanisch ist vielmehr ein Oberbegriff, der sowohl die Standardsprache als auch die verschiedenen Varietäten mit einschließt. Diese sollen nun näher betrachtet werden, wobei es vor allem um die räumliche Variation gehen wird.

Was die räumliche, also die diatopische Variation betrifft, so können wir zunächst *große* und *kleinere* Räume unterscheiden. Die großräumige Variation betrifft etwa den Unterschied zwischen Spanisch in Spanien und in Amerika oder zwischen verschiedenen großräumigen Gebieten, etwa dem Karibikraum, dem Río-de-la-Plata-Gebiet oder Zentralmexiko. Kleinere Räume wären begrenztere Dialektareale wie etwa das Territorium des Westandalusischen oder kleinere Gebiete bis hin zur Ortsmundart, dem Dialekt eines Dorfes oder auch der Varietät eines bestimmten Stadtviertels.

Die beiden grundlegenden sprachwissenschaftlichen Disziplinen zur Beschreibung von Sprache im Raum sind die *Dialektologie* (*dialectología*) und ihre Teildisziplin, die *Sprachgeografie* (*geografía lingüística*). Die Dialektologie geht als wissenschaftliche Disziplin auf das 19. Jh. zurück. In ihren Anfängen bestand ihr Anliegen darin, die „ursprünglichen", traditionellen Ortsdialekte zu beschreiben, die als weitgehend einheitlich angenommen wurden. Eine homogene Ortsmundart wird dadurch bestimmt, dass die Sprache von Sprechern untersucht wird, die nach Möglichkeit wenig Kontakt zu anderen Orten hatten und vor allem mit anderen Sprechern derselben Mundart verkehrten. Man nahm an, dass solche Sprecher „monodialektal" sind und nur eine einzige Varietät beherrschten, die man durch Befragung unmittelbar dokumentieren konnte. Schon zu Beginn des 20. Jhs. wurde diese Vorstellung der Einheitlichkeit der Ortsmundart teilweise kritisiert, und heute ist die Dialektologie weitgehend davon abgerückt. Zudem haben sich auch die Sprachlandschaften vielerorts verändert. So ist die Idee der Einheitlichkeit etwa nur schwerlich mit Migrationsphänomenen und Mehrsprachigkeit vereinbar (s. Einheit 9). Dennoch ist es in traditionellen Dörfern mit langer Siedlungskontinuität bis heute möglich, die lokalen Dialekteigenschaften zu beschreiben, auch wenn diese oft von größerräumigen Regionalsprachen überlagert sein können.

Ausgehend von der Beschreibung ortsmundartlicher Eigenschaften entstand die *Sprachgeografie,* die kartografische Beschreibung räumlicher Varietäten. Als Begründer der modernen Sprachgeografie wird der Schweizer Jules Gilliéron angesehen, dessen *Atlas Linguistique de la France* (ALF) der erste umfangreiche auf direkter Befragung basierende Atlas eines großen Sprachgebietes ist.

Gilliéron entwickelte eine Reihe von Prinzipien, die für die Sprachgeografie von diesem Moment an prägend sein sollten: Für den französischen Sprachatlas wurden 639 Explorationspunkte, also Untersuchungsorte, ausgesucht, an denen je ein ausgewählter Dialektsprecher zunächst 1.400, später sogar 1.920 Sprachbeispiele liefern musste. Um eine Verfälschung der Ergebnisse durch linguistische Vorkenntnisse zu verhindern, sollte der Befrager kein Linguist sein. Der ALF wurde zwischen 1902 und 1910, mit Anhängen bis 1920 veröffentlicht.

Die Methode des ALF wurde in der Folgezeit für weitere sprachgeografische Projekte verwendet, so für den Sprachatlas Italiens und der Schweiz sowie ab 1930 für den Sprachatlas der Iberischen Halbinsel (*Atlas Lingüístico de la Península Ibérica*, ALPI) mit 527 Explorationspunkten in Spanien und Portugal. Die Leitung des Projektes hatte der spanische Philologe Tomás Navarro Tomás, die Exploratoren waren im Gegensatz zum ALF alle Sprachwissenschaftler: Francesc de Borja Moll, Aurelio M. Espinosa, Luís F. Lindley Cintra, Armando Nobre de Gusmão, Aníbal Otero, Lorenzo Rodríguez-Castellano und Manuel Sanchis Guarner. Der Ausbruch des Spanischen Bürgerkrieges (1936–1939) verhinderte den Abschluss des Projekts, das zwar nach dem

Ortsmundart und Dialektologie

Sprachgeografie

|Abb. 11.5
Jules Gilliéron
(1854–1926)

ALPI (*Atlas Lingüístico de la Península Ibérica*)

Krieg weitergeführt wurde, wobei es 1954 zum Abschluss der Befragungen kam, doch erschien nur der erste Band zur Phonetik im Jahre 1962, das restliche Material blieb unveröffentlicht.

Erst in jüngster Zeit konnte dank eines Projekts unter Leitung von David Heap an der Universität von Western Ontario in Kanada das ganze Material gesammelt und online gestellt werden. Unter www.alpi.ca finden sich die Explorationspunkte auf einer anklickbaren Karte. An jedem Punkt können die ausführlichen Informationen eingesehen werden, die in Anlehnung an die traditionelle spanische phonetische Umschrift der *Revista de Filología Española* notiert sind (genaue Beschreibung auf der Webseite des ALPI-Online).

Abb. 11.6

Tomás Navarro
Tomás (1884–1979)

Abb. 11.7

ALPI-Online
Anfangsseite sowie
Beispiel für Notizen
an einem Explorationspunkt
(www.alpi.ca)

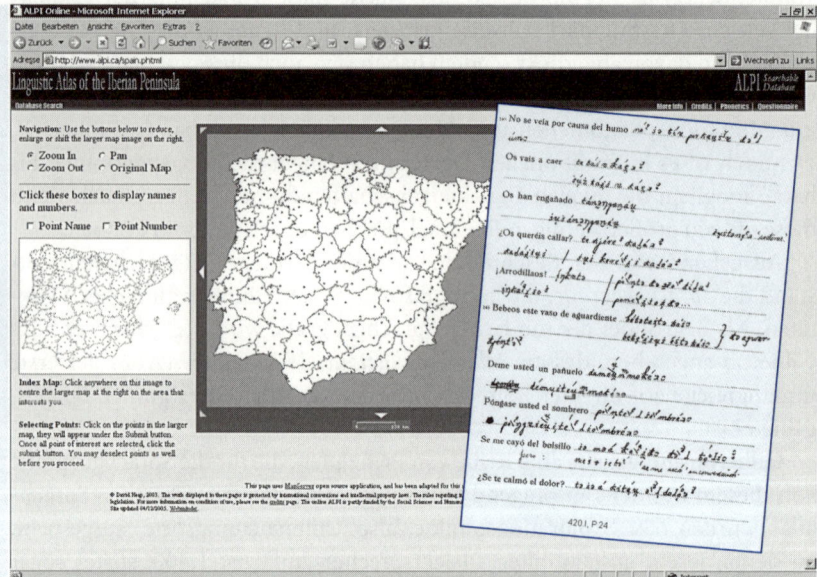

Die sprachgeografische Methode besteht darin, bestimmte sprachliche Produktionen und Eigenschaften von Sprechern an verschiedenen Explorationspunkten in Landkarten einzuzeichnen. Variiert ein sprachliches Merkmal beim Vergleich des Punktes A mit dem benachbarten Punkt B, so spricht man von einer *Isoglosse* (von gr. *iso-* ‚gleich-‘ und *glōssa* ‚Zunge‘, ‚Sprache‘).

Isoglosse

Definition

> Eine *Isoglosse* (*isoglosa*) ist eine imaginäre Linie, die die räumliche Grenze eines dialektalen Merkmals markiert und in Sprachatlanten eingezeichnet werden kann.

Isoglossenbündel

Stellt man fest, dass zwischen zwei Gebieten eine ganze Reihe sprachlicher Formen variieren und deren Grenzen mehr oder weniger zusammenfallen, so spricht man von einem *Isoglossenbündel* (*haz de isoglosas*). Ein Isoglossenbündel ist ein Indiz für eine Dialekt- oder Sprachgrenze.

Die kartografische Darstellung einer bestimmten Eigenschaft an verschiedenen Explorationspunkten in einem Sprachgebiet nennt man *Sprachkarte* (*mapa lingüístico*).

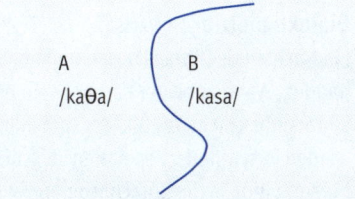

|Abb. 11.8

Beispiel für eine Isoglosse: Sp. *caza* ohne *seseo* im Gebiet A und mit *seseo* im Gebiet B

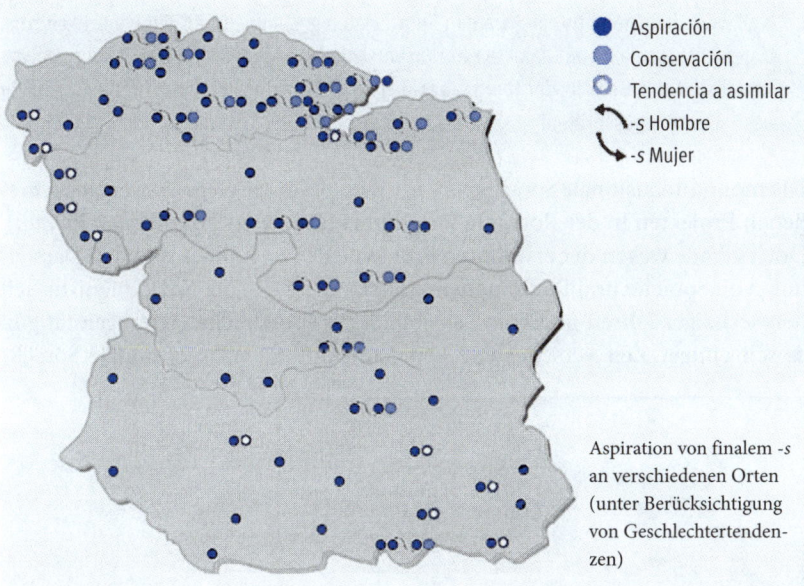

● Aspiración
● Conservación
○ Tendencia a asimilar
↖ -*s* Hombre
↘ -*s* Mujer

Aspiration von finalem -*s* an verschiedenen Orten (unter Berücksichtigung von Geschlechtertendenzen)

|Abb. 11.9

Beispiel einer Sprachkarte aus dem *Atlas Lingüístico y Etnográfico de Castilla-La Mancha* (ALeCMan), García Mouton, Pilar/ Moreno Fernández, Francisco 1994: 141 (www.uah.es/ otrosweb/alecman/)

Systematische Sammlungen von Sprachkarten werden zu einem *Sprachatlas* (*atlas lingüístico*) zusammengeführt. Sprachatlanten können rein sprachbezogen oder auch stärker kulturbezogen sein, wenn etwa neben den sprachlichen Formen auch bestimmte Gegenstände oder Handwerksinstrumente beschrieben werden. In der Tradition der Dialektologie sprach man dabei von der Untersuchung von „Wörtern und Sachen", seit den 1960er Jahren spricht man von ethnografischen Sprachatlanten. Beispiele hierfür sind für das Spanische v. a. die Sprachatlanten der „zweiten Generation", die auf den ALPI folgenden Regionalatlanten wie der andalusische Sprachatlas (*Atlas lingüístico y etnográfico de Andalucía*, ALEA), der *Atlas lingüístico y etnográfico de Aragón, Navarra y Rioja* (ALEANR), der *Atlas Lingüístico y Etnográfico de las Islas Canarias* (ALEIC) oder der *Atlas Lingüístico y Etnográfico de Castilla-La Mancha* (ALeCMan). In neuerer Zeit werden Sprachatlanten zunehmend durch die Computertechnik unterstützt. So gibt es „sprechende" Atlanten wie den dolomitenladinischen oder den sizilianischen Sprachatlas oder, im Bereich der Iberoromania, Projekte wie den interaktiven *Atles interactiu de l'entonació del català* (http://seneca.uab.es/atlesentonacio/).

Sprachatlanten

Dialektometrie

Ein Nachteil der Sprachkarten und der Sprachatlanten besteht in der schwierigen Handhabung. Wenn auf jeder Karte nur ein bestimmtes sprachliches Merkmal verzeichnet ist, so entsteht kein klares Bild der sprachlichen Realität, die hinter den Karten steht. Deshalb werden in synthetischen Karten verschiedene Eigenschaften zusammengeführt. Darüber hinaus wurde in der Sprachgeografie in den letzten Jahren vermehrt computerunterstützt die Synthetisierung von Sprachkarten betrieben. In der so genannten *Dialektometrie* (vgl. www.dialectometry.com) werden Sprachdaten gesammelt und die Ähnlichkeit bzw. Unterschiedlichkeit von Dialekten wird in verschiedenen grafischen Darstellungsweisen visualisiert. Im Bereich der Iberoromania ist die Dialektometrie allerdings noch nicht besonders fortgeschritten.

Mehrdimensionale Sprachgeografie

Die monodimensionale Sprachgeografie wird bis in die Gegenwart in verschiedenen Projekten in der Romania fortgeführt (z. B. *Atlas Linguistique Roman*). Doch gerade wegen der erwähnten Probleme der zweidimensionalen Darstellung von Sprache und Raum und einer nach der Blüte der Soziolinguistik seit den sechziger Jahren größeren Sensibilität für sprachliche Heterogenität gibt es seit einiger Zeit verschiedene Versuche, eine mehrdimensionale Sprach-

Abb. 11.10

Kartenbeispiel aus dem *Atlas lingüístico Diatópico y Diastrático del Uruguay* (ADDU): Phonologische Varianten des *yeísmo*

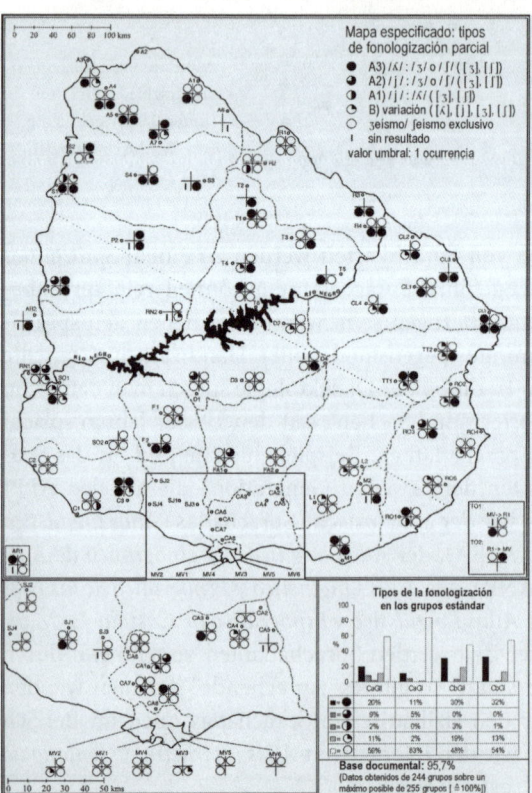

geografie zu betreiben. Die „Mehrdimensionalität" bezieht sich dabei darauf, soziale Unterschiede etwa zwischen Generationen, Geschlechtern oder Schichten mit in die Untersuchung einzubeziehen und bei der kartografischen Darstellung zu berücksichtigen – was natürlich bei zweidimensionalen Karten auf Probleme stößt. In dem von Harald Thun und Adolfo Elizaincín koordinierten Projekt des diatopisch-diastratischen Atlasses von Uruguay (*Atlas lingüístico Diatópico y Diastrático del Uruguay*, ADDU) beispielsweise wird versucht, neben geografischen u. a. auch gruppenspezifische Eigenschaften zu erfassen, die für die Beschreibung der Sprachlandschaft Uruguays besonders relevant sind. An jedem Punkt müssen daher anstatt einfacher Informationen komplexere Grafiken auf die Vielschichtigkeit des untersuchten Phänomens nach den verschiedenen Kriterien hinweisen (s. Abb. 11.10).

Von der Dialektologie zur Soziolinguistik

In den 1960er Jahren wuchs in den USA das Interesse für die soziale Variation von Sprache. Vor allem in methodischer Hinsicht wegweisend waren dabei die Arbeiten von William Labov, einem Schüler von Uriel Weinreich. Labov hatte zunächst auf der Atlantikinsel Martha's Vineyard und dann in New York City gezeigt, dass auf der Basis weniger Variablen die soziale Organisation und die Dynamik eines komplexen Raumes beschrieben werden kann. In New York untersuchte er in verschiedenen Kaufhäusern die Aussprache des Phonems /r/, die je nach sozialer Gruppe variierte. Er bediente sich dabei u. a. statistischer Methoden und verglich die Aussprache verschiedener Sprechweisen (spontane Sprache, formelle Sprache, Lesetext, Wörterlistenlektüre und Minimalpaare). Labovs Methode wurde seit seinen Pionierarbeiten immer weiter ausgebaut und bis heute auch auf zahlreiche Fragen der Variation im spanischsprachigen Raum angewandt; auch wurden spezielle Programme wie *Varbrul/Goldvarb* zur Variationsanalyse entwickelt. Im Allgemeinen spiegeln solche Variationsanalysen dann, wenn so genannte *markers* (*marcadores*) oder *stereotypes* (*estereotipos*) ausgewählt werden, also Formen, die tatsächlich sozial relevant oder sogar stigmatisiert sind, einerseits die soziale Stratifikation, andererseits auch die soziale Dynamik wider: Bei den formelleren Sprechweisen, die eine stärkere Kontrolle des eigenen Sprechens erlauben, tendieren die Sprecher der Mittelklasse zur Nachahmung der Sprechweisen höherer Schichten und übertreiben diese sogar.

Ab Ende der sechziger Jahre entstanden noch verschiedene weitere Richtungen der Soziolinguistik. Im Zuge der Globalisierung und der Migrationsbewegungen der letzten Jahrzehnte haben vor allem Fragen der sozialen Dynamik in urbanen und anderen Räumen eine besondere Virulenz bekommen.

| Abb. 11.11
William Labov
(*1927)

Unter www.bachelor-wissen.de finden Sie eine variationslinguistische Musterhausarbeit zum *yeísmo* in Buenos Aires.

11.6 | Spanische Dialekte auf der Iberischen Halbinsel und in Amerika

Dialekte auf der Iberischen Halbinsel

In diatopischer Hinsicht können auf der Iberischen Halbinsel verschiedene Arten von Varietäten des Spanischen unterschieden werden: Einerseits Primärdialekte im Norden wie Aragonesisch, Kastilisch und Leonesisch, andererseits die durch die Reconquista entstandenen Expansionsdialekte wie das Murcianische, das Andalusische, das Extremeñische oder das Kanarische und schließlich die Kontaktvarietäten in den mehrsprachigen Gebieten (Galicien, Baskenland, Katalonien), über die schon gesprochen wurde (s. Einheit 9.5.1). Wie auch in anderen Teilen Europas kann allgemein gesagt werden, dass auch auf der Iberischen Halbinsel die traditionellen Ortsmundarten durch den Einfluss der Standardsprache im Rückgang sind. In den meisten Regionen haben sich dabei regionale Varietäten herausgebildet, die zwar nicht mehr den Ortsmundarten entsprechen, aber dennoch durch lokale Eigenschaften geprägt sind und sich vom Standard abheben. Diese haben durch eine Reihe von Merkmalen auch eine lokale Identifikationsfunktion. Bereits erwähnt wurden die Diskussionen um Varietäten wie das Aragonesische und das Asturianische, die teilweise als Regionalsprachen angesehen werden und z. T. Objekte einer urbanen Belebungsbewegung geworden sind; auch in Andalusien und auf den Kanaren finden sich solche Regionalismusbewegungen in abgeschwächter Form, ihnen steht jedoch der fortschreitende Dialektrückgang v. a. im ländlichen Raum entgegen.

Dialekte in Amerika

Was die amerikaspanische Dialektlandschaft betrifft, so ist diese einerseits durch die Hispanisierung und die verschiedenen Einflüsse der Iberischen Halbinsel geprägt, die v. a. für den Grundunterschied zwischen den Küstendialekten und den Hochlanddialekten verantwortlich ist. Zudem ist ein zentraler Faktor der unterschiedliche Grad der Präsenz der verschiedenen indigenen Sprachen (s. Einheit 9.5.2). In Amerika haben sich aufgrund von ähnlichen Einflüssen bzw. durch Kontakt dialektale Areale herausgebildet, die gemeinsame Züge aufweisen (Andenraum, Karibikraum, Río-de-la-Plata-Gebiet). In der Tradition der Dialektologie ist immer wieder die relativ große dialektale Einheitlichkeit des amerikanischen Spanisch betont worden; bei genauerer Betrachtung und insbesondere unter Einbeziehung der diastratischen Variation finden sich jedoch beachtliche Differenzen.

11.7 | Ein Beispiel: Das Andalusische

Als Beispiel der Beschreibung eines Dialektes sehen wir uns nun einige Eigenschaften des Andalusischen an. Das Andalusische gilt als einer der charakteristischsten Dialekte des Spanischen (Narbona Jiménez 2009). Dabei ist es zunächst gar nicht einfach, es von den Nachbardialekten abzugrenzen. Im Zusammenhang mit den Untersuchungen zum ALPI hatte man versucht, die Grenze des andalusischen Dialekts festzulegen, und festgestellt, dass es Übergänge einerseits zum Extremeñischen, andererseits zum Murcianischen und im Norden auch zum Kastilischen gibt. Des Weiteren können zwar eine Reihe von als typisch andalusisch angesehenen Charakteristika ausgemacht werden, diese sind aber entweder nicht in ganz Andalusien anzutreffen (wie etwa der *seseo*, d.h. die Aussprache ['kasa] von *casa* und *caza*; oder der *ceceo*, d.h. die Realisierung beider Forman als ['kaθa]) oder aber auch über Andalusien hinaus (wie die Aspiration oder der Verlust des finalen -*s*) zu finden. Die Grenze ist also wie häufig bei Dialekten keine klare Linie, denn es gibt ein Kontinuum zwischen dem Andalusischen und den Nachbardialekten. Dennoch besteht u.a. aufgrund der Regionsgrenzen ein Bewusstsein der Zugehörigkeit zum Andalusischen, obwohl die inneren Unterschiede groß sind. Von außen wird das prototypische Andalusisch oft mit der Sprache der größten andalusischen Stadt Sevilla identifiziert. Als „typisch andalusisch" werden u.a. bestimmte lexikalische sowie v.a. lautliche Eigenschaften angesehen. Dabei spielt insbesondere die Aspiration bzw. der Verlust von Konsonanten der Silbenkoda eine wichtige Rolle, wenngleich dieses Phänomen weit über Andalusien hinaus verbreitet ist. Als besonders charakteristisch gilt auch der erwähnte *seseo*, der dialektal eine geringere Verbreitung hat als der *ceceo*, jedoch als prestigereicher angesehen wird und sich etwa in Sevilla, das eigentlich im *ceceo*-Gebiet liegt, weit verbreitet hat. Im Gegensatz zum Westandalusischen ist im Ostandalusischen (v.a. in den Provinzen Granada und Almería) der Verlust der Endkonsonanten von einer Vokalöffnung begleitet, die auch die vorhergehenden Vokale mit öffnet (sg. ['ombre] – pl. ['ɔmbrɛ]). Dies führt zur Etablierung eines Vokalsystems, in dem der Öffnungsgrad im Gegensatz zum Kastilischen und zum Westandalusischen phonologisch relevant wird, da man über ihn die Numerus-Unterscheidung kodiert (vgl. Narbona/Cano/Morillo 1998: 170ff.).

Unter www.bachelor-wissen.de steht eine Karte zum Unterschied zwischen ost- und westandalusischem Vokalsystem aus dem ALEA (*Atlas Lingüístico y Etnográfico de Andalucía*) zur Verfügung.

Unter www.bachelor-wissen.de finden Sie als Lektüre den Text von Rafael Cano Aguilar: *Identidad y variantes intralingüísticas*, aus: Narbona Jiménez (ed.) (2009: 72 ff.).

Aufgaben

1 Diskutieren Sie verschiedene Zweifelsfälle zwischen Sprache und Dialekt aus Ihrem Umfeld. Lesen Sie Kloss (1987) und versuchen Sie, den jeweiligen Ausbauzustand der verschiedenen Sprachen oder Dialekte zu bestimmen.

2 Diskutieren Sie, welche Probleme sich beim Versuch der Übertragung der sprachgeografischen Methode auf urbane Varietäten ergeben.

3 Suchen Sie nach Kriterien zur Messung des Abstands zwischen zwei Sprachen und diskutieren Sie die damit verbundenen Schwierigkeiten.

4 Suchen Sie Beispiele dafür, wie die Daten des ALPI-Online (www.alpi.ca) den Unterschied zwischen Ost- und Westandalusisch reflektieren.

5 Betrachten Sie in der Bibliothek verschiedene Sprachatlanten und vergleichen Sie deren Aufbau und Haupteigenschaften.

Literatur

Alvar, Manuel et al. (1961–1974): *Atlas Lingüístico y Etnográfico de Andalucía* (ALEA), Granada: Universidad de Granada.

Alvar, Manuel (ed.) (1996): *Manual de dialectología hispánica*, 2 Bde., I. *El español de España*, II: *El español de América*, Barcelona: Ariel.

Coseriu, Eugenio (1956/1975): *La geografía lingüística*, Montevideo, 1956 (dt.: *Die Sprachgeographie*, Tübingen: Narr, 1975).

Coseriu, Eugenio (1980): „‚Historische Sprache', und ‚Dialekt'", in: Göschel, Joachim/Ivić, Pavle/Kehr, Kurt (eds.): *Dialekt und Dialektologie*, Wiesbaden: Franz Steiner Verlag, 106–122.

Dufter, Andreas/Stark, Elisabeth (2002): „La variété des variétés: combien de dimensions pour la description? Quelques réflexions à partir du français", *Romanistisches Jahrbuch* 53, 81–108.

Flydal, Leiv (1951): „Remarques sur certains rapports entre le style et l'état de langue", *Norsk Tidsskrift for Sprogvidenskap* 16, 240–257.

Gilliéron, Jules/Edmont, Edmond (1902–1920): *Atlas Linguistique de la France* (ALF), Paris: Champion.

Halliday, Michael (1978): *Language as a social semiotic: the social interpretation of language and meaning*, Baltimore: University Park Press.

Kloss, Heinz (1987): „Abstandsprache und Ausbausprache", in: Ammon, Ulrich/Dittmar, Norbert/Mattheier, Klaus J. (eds.): *Sociolinguistics/Soziolinguistik*, Vol. I, Berlin/New York: De Gruyter, 302–308.

Koch, Peter/Oesterreicher, Wulf (1990/2007): s. Einheit 8.

Labov, William (2001): *Principles of Linguistic Change*, Vol. II: *Social Factors*, Oxford: Blackwell.

Moreno Fernández, Francisco (2008): *Principios de Sociolingüística y Sociología del Lenguaje*, 3a. ed., Barcelona: Ariel.

Narbona Jiménez, Antonio (ed.) (2009): *La identidad lingüística de Andalucía*, Sevilla: Fundación Centro de Estudios Andaluces.

Narbona, Antonio/Cano, Rafael/Morillo, Javier (1998): *El español hablado en Andalucía*, Barcelona: Ariel.

Schlieben-Lange, Brigitte/Jungbluth, Konstanze (2001): „Sprache und Geschlechter", in: Holtus, Günter et al. (eds.): *Lexikon der Romanistischen Linguistik*, I/2, Tübingen: Niemeyer, 331–348.

Thun, Harald/Elizaincín, Adolfo (2000–): *Atlas lingüístico Diatópico y Diastrático del Uruguay* (ADDU), Kiel: Westensee.

Tosco, Mauro (2008): „Introduction: Ausbau is everywhere!", *International Journal of the Sociology of Language* 191, 1–16.

Weinreich, Uriel (1954): „Is a Structural Dialectology Possible?", *Word* 10, 388–400.

Zamora Vicente, Alonso (1960): *Dialectología española*, Madrid: Gredos.

Internetquellen (Stand: Juli 2009)

Archivo de variantes lingüísticas del español: www3.udg.edu:80/fllff/LIDIA2/Variación%20 en%20lengua%20española/competencia%20auditiva/index.htm

Atlas Lingüístico de la Península Ibérica (ALPI): www.alpi.ca

Atlas Lingüístico y Etnográfico de Castilla-La Mancha: García Mouton, Pilar/Moreno Fernández, Francisco (2003): www2.uah.es/alecman/

Atlas linguistique roman (AliR), hg. v. G. Tuaillon (1996–) (2001), Université Stendhal – Grenoble, Centre de Dialectologie, Roma: Ist. Poligrafico e Zecca dello Stato: http://w3.u-grenoble3.fr/dialecto/ALIR/alir.htm

Atles interactiu de l'entonació del català: http://seneca.uab.es/atlesentonacio/

Dialektometrie-Projekt Salzburg: www.dialectometry.com

Digitaler Wenker-Atlas: www.diwa.info

Sprachgeschichte I: Von der Romanisierung der Iberischen Halbinsel bis zum Spanischen des Mittelalters

	Inhalt	
12.1	Spanische Sprachgeschichte	242
12.2	Latein, Vulgärlatein, Romanisch	242
12.3	Eigenschaften des Vulgärlateins und des hispanischen Lateins	245
12.4	Die Romanisierung der Iberischen Halbinsel	248
12.5	Das Ende der römischen Herrschaft: Germanen und Araber	250
12.6	Etappen der spanischen Sprachgeschichte	252
12.7	Wann wird das Spanische geboren?	254
12.8	Sporadische romanische Schriftzeugnisse	255
12.9	Der Verlauf der Reconquista	256
12.10	Das Altspanische ab dem 13. Jahrhundert	258
12.11	Sprachliche Besonderheiten des Altspanischen	259

Die folgenden zwei Einheiten präsentieren einen kurzen Abriss der spanischen Sprachgeschichte, wobei einige grundlegende Informationen zu den wichtigsten internen und externen Entwicklungen des Spanischen gegeben werden. Die erste der beiden Einheiten stellt die Grundlage der romanischen Sprachen, das Vulgärlatein, vor und beschreibt dann die Entwicklung des hispanischen Lateins zum Altspanischen und dessen Entfaltung im Mittelalter.

Überblick

12.1 | Spanische Sprachgeschichte

Spanische
Sprachgeschichte als
Untersuchungsobjekt

Wenn in den folgenden zwei Einheiten einige grundlegende Informationen zur spanischen Sprachgeschichte gegeben werden, so sind zunächst zwei Vorbemerkungen angebracht. Erstens könnte man sich fragen, ob die Sprachgeschichte überhaupt zur Einführung in die Sprachwissenschaft gehört. Zweitens muss der Begriff *spanische Sprachgeschichte* kritisch hinterfragt werden. Zur ersten Frage: Viele Einführungen in die Linguistik beschränken sich auf die Darstellung des synchronen Funktionierens der Sprache. Im Bereich der Romanistik hingegen ist die Berücksichtigung der Sprachgeschichte relativ üblich, zumal die Romanistik mit dem Latein als hervorragend dokumentierter Grundlage der heutigen Sprachen hier eine besonders privilegierte Position einnimmt. Es gibt aber mindestens zwei weitere Gründe. Erstens gehören die sprachhistorischen Eckdaten zu den Grundlagen eines B.A.- oder Lehramtsstudiums des Spanischen. Und zweitens ist Sprache immer ein historischer Gegenstand, weswegen die Sprachgeschichte nicht von einer vermeintlich ahistorischen Betrachtung der Gegenwartssprache getrennt werden sollte.

Was nun das Objekt „spanische Sprachgeschichte" angeht, so werden wir noch darauf eingehen, dass es sich hier um eine nicht ganz unproblematische Abstraktion handelt. Einerseits ist nämlich das Spanische keinesfalls eine Einheit, sondern ein komplexes Gebilde; und seine Geschichte ist sicherlich nicht problemlos als lineare Abfolge darstellbar. Andererseits besteht insbesondere bei der Darstellung der Vorgeschichte des Spanischen, also wenn wir das hispanische Latein oder die mittelalterlichen Grundlagen des Spanischen betrachten, die Gefahr, den Weg zur späteren Entwicklung des Spanischen als eine Art vorgegebenen Pfad anzusehen, was sicherlich unangemessen wäre.

12.2 | Latein, Vulgärlatein, Romanisch

Latein als Grundlage
des Spanischen

Wir beginnen den Gang durch die Sprachgeschichte mit der Grundlage des Spanischen. Wie alle romanischen Sprachen ist auch das Spanische aus dem Latein hervorgegangen. Spanisch ist eigentlich – ebenso wie die anderen iberoromanischen Sprachen, das Katalanische, das Galicische und das Portugiesische auch – die Fortsetzung des Lateins, das nach der römischen Eroberung und der sprachlichen Romanisierung auf der Iberischen Halbinsel gesprochen wurde.

Doch stammen die romanischen Sprachen nicht vom geschriebenen, klassischen Latein Ciceros oder Ovids ab, sondern von der gesprochenen Sprache der römischen Soldaten und Händler, die in Kontakt mit der Bevölkerung der Iberischen Halbinsel traten. Vor der Ankunft der Römer wurden dort verschiedene Sprachen gesprochen, die dann im Laufe eines langen Prozesses, den man als *Romanisierung* (*romanización*) bezeichnet, mit Ausnahme des Baskischen verdrängt wurden.

242

Man hat durch Rekonstruktion und durch eine Reihe indirekter Quellen feststellen können, dass dieses gesprochene Latein im Römischen Reich einige gemeinsame Züge aufwies, die in unterschiedlichem Maße für alle romanischen Sprachen relevant wurden, so u. a. die Existenz von Artikeln (die es im Lateinischen nicht gab), ein im Entstehen befindliches neues Verbalsystem sowie der Verlust des lateinischen Neutrums und des klassischen Kasussystems.

Im 19. Jh. prägte der Romanist Hugo Schuchardt für das gesprochene Latein den Begriff *Vulgärlatein* (*latín vulgar*), der uns heute vielleicht etwas merkwürdig vorkommt. Der Ausdruck leitet sich ab von lat. VULGARIS SERMO, womit Cicero die Sprache der unteren Schichten bezeichnete.

„Vulgärlatein"

|Abb. 12.1

Hugo Schuchardt (1842–1927)

Quellen des Vulgärlateins

Das „Vulgärlatein" kann nur indirekt erschlossen werden, da keine wirklich vulgärlateinischen Texte überliefert sind. Eine wichtige Quelle sind die romanischen Sprachen: Wir wissen, dass der Kontakt zwischen den verschiedenen Regionen der Romania nach dem Zerfall des römischen Reiches teilweise unterbrochen wurde. Es liegt also nahe anzunehmen, dass diejenigen Elemente, die sich in allen romanischen Sprachen finden, nicht aber im klassischen Latein vorhanden waren, auf die gemeinsame Grundlage, also das Vulgärlatein, zurückgehen. Aber es gibt noch eine Reihe weiterer Quellen. Besonders aussagekräftig sind so genannte römische „Graffiti", an Häuserwände oder Mauern geschriebene Sprüche, die man bei den Ausgrabungen der Städte Pompeji und Herculaneum gefunden hat, welche im Jahre 79 n. Chr. durch den Ausbruch des Vesuvs verschüttet worden waren. Darin finden sich zahlreiche Formen, die vom klassischen Latein abweichen.

Von großer Bedeutung sind auch manche Zeugnisse lateinischer Grammatiker und Rhetoriker. So sagt etwa der in Hispanien geborene große Rhetoriklehrer Quintilian in seinem Hauptwerk, der *Institutio Oratoria* (ca. 95 n. Chr.), finales -*m* würde in der Aussprache „verdunkelt" („obscuratur"), ein Hinweis, dass der Laut zu seiner Zeit nicht mehr – oder zumindest umgangssprachlich nicht immer – ausgesprochen wurde (vgl. dt. -*t* in *nicht*). Besonders wertvoll für die Rekonstruktion des Vulgärlateins ist eine Liste von 227 lateinischen und vulgärlateinischen Formen, die so genannte *Appendix Probi*. Dabei handelt es sich um eine Art Tabelle, die bei einem Manuskript einer lateinischen Grammatik gefunden wurde (die Datierung schwankt zwischen dem 3. und dem 6. Jh. n. Chr.). Auf der Liste stehen jeweils korrekte klassisch-lateinische Formen und daneben Formen, die als unkorrekt beschrieben werden, nach dem Muster „x nicht y" (vergleichbar etwa: *es heißt:* „*wegen des Problems"*, *nicht „wegen dem Problem"*). Das Interessante ist, dass fast alle der „getadelten" Formen in den romanischen Sprachen überlebt haben, während die „korrekten" Formen verloren gingen; ein Indiz dafür, dass die „falschen" Formen bereits in der gesprochenen Sprache, dem Vulgärlatein, üblich waren und die „korrekten" Formen nur noch schriftsprachlich oder literarisch verwendet wurden.

Appendix Probi

Die Bedeutung von „Fehlern" für die historische Linguistik

Da wir für die historische Linguistik bei der Betrachtung früherer Sprachzustände auf mündliches Material verzichten müssen und auch keine Sprecherbefragung und Introspektionsdaten zur Verfügung stehen, muss die gesprochene Sprache *rekonstruiert* werden – was allerdings immer nur unvollständig möglich ist. Eine wichtige Quelle dafür sind Schreibfehler, da diese oft aus der Unsicherheit resultieren, die die Schreiber deswegen haben, weil die mündliche Sprache und die Schriftsprache voneinander abweichen. So wie wir in der Gegenwart in geschriebenen spanischen Texten zuweilen die Verwechslungen von ‹b› und ‹v› oder, in Regionen mit *seseo*, von ‹z›, ‹c› und ‹s› finden, die auf die Nichtunterscheidung in der gesprochenen Sprache hindeuten, so helfen uns die Schreibfehler in Texten früherer Sprachstufen zur Identifikation von Tendenzen der gesprochenen Sprache. Dies gilt auch für hyperkorrekte Schreibweisen, etwa die Anfügung von *h* an Wörter ohne *h* wie in **hechar*.

Betrachten wir einige dieser „falschen" Formen der *Appendix Probi* im Hinblick auf die Sprachentwicklung im Spanischen:

Tab. 12.1|
Einige Formen der
Appendix Probi
Die ganze Liste
finden Sie unter
www.bachelor-
wissen.de

Appendix Probi	Spanisch	Kommentar
speculum non speclum; auch: *vetulus non veclus* *articulus non articlus* *calida non calda* *tabula non tabla* *viridis non virdis*	*espejo*	– Ausfall der vorletzten Silbe im gesprochenen Latein (Tendenz des Verlusts einer Silbe bei lateinischen Proparoxytona, die damit zu Paroxytona werden); außerdem bis zur spanischen Form: – Ausfall von finalem -*m* – Palatalisierung der Konsonantengruppe *kl* – Anfügung eines vortonigen („prothetischen") *e*-
auris non oricla	*oreja*	Tendenz der Lexikalisierung „expressiverer" Formen, in diesem Fall des Diminutivs *oricla* = „Öhrchen"; Monophthongierung *au → o*
mensa non mesa *Hercules non Herculens*	*mesa*	Reduktion der Konsonantengruppe *ns → s* (im zweiten Beispiel Gegenteil: hyperkorrekte Einfügung eines *n*)
auctor non autor	*autor*	Reduktion der Konsonantengruppe *kt → t*
socrus non socra *nurus non nura*	*suegra*, *nuera*	Einbindung von „Ausnahmen" in regelmäßige Paradigmen
numquam non numqua	*nunca*	Ausfall von finalem -*m*

Weitere Quellen des
Vulgärlateins

Weitere Quellen für das Vulgärlatein sind literarische Texte wie die Komödien des Plautus (3.–2. Jh. v. Chr.) oder das berühmte *Satyricon* von Petronius (1. Jh. n. Chr.), wo Elemente der Umgangssprache mimetisch nachgebildet werden, sowie Texte aus den Bereichen der Architektur oder der Medizin, in denen die Schreiber zuweilen mehr auf den Inhalt als auf sprachliche Korrektheit achteten. Auch in den frühen lateinischen Bibelübersetzungen aus dem Griechischen und in sonstigen Texten christlicher Autoren finden sich Elemente der Umgangssprache, da die religiösen Texte möglichst volksnah sein sollten.

Aus dem frühen Mittelalter sind auch Listen mit Übersetzungen unbekannter klassisch-lateinischer Wörter, so genannte *Glossare* (*glosarios*) überliefert, aus denen hervorgeht, welche Wörter nicht mehr bekannt waren und welche dagegen für die entsprechenden Inhalte verwendet wurden.

Schließlich sind als Quellen des Vulgärlateins noch Übernahmen lateinischer Wörter in nichtromanische Sprachen, etwa ins Baskische oder Deutsche, zu nennen. So weist etwa das deutsche Wort *Kaiser* (von lat. CAESAR) auf die okklusive, nicht-palatalisierte Aussprache von initialem *c* hin sowie auf die Aussprache von *ae* als Diphthong.

Eigenschaften des Vulgärlateins und des hispanischen Lateins | 12.3

Die wichtigsten Veränderungen des Vulgärlateins gegenüber dem klassischen Latein sind Reduktionen oder Vereinfachungen des komplexen klassischen Systems und eine Reihe von Neuerungen, die zum Teil auf Innovationen der gesprochenen Sprache, zum Teil auf Übernahmen aus den Kontaktsprachen zurückgeführt werden können. Dabei wäre es sicherlich verfehlt, das Vulgärlatein chronologisch als dem klassischen Latein nachfolgend darzustellen. Dagegen spricht einerseits, dass schon im archaischen Latein Formen belegt sind, die später im Vulgärlatein wieder erscheinen (z.B. *caballus* im Ggs. zu *equus*) und dass das klassische Latein als elaborierte Literatursprache auch Elemente der konzeptionellen Distanz (s. Einheit 8) enthält, die ausschließlich der Schriftlichkeit vorbehalten waren. Außerdem ist zu beachten, dass das Latein wie jede lebendige Sprache in räumlicher, sozialer und stilistischer Hinsicht variierte. „Vulgärlatein" ist also ein Sammelbegriff für diejenigen Varietäten des Lateins, die eher nähesprachlich markiert waren.

Reduktionen und Vereinfachungen

Im Bereich des Lautsystems unterscheidet das Vulgärlatein im Gegensatz zum klassischen Latein keine Vokallängen, dagegen aber verschiedene Öffnungsgrade von *e* und *o*. Dieses vulgärlateinische System ist auch Grundlage für die Sprachen der Iberischen Halbinsel und bis zur Gegenwart u.a. im Galicischen erhalten, während es im Spanischen auf fünf Vokale reduziert wurde:

Lautsystem des Vulgärlateins

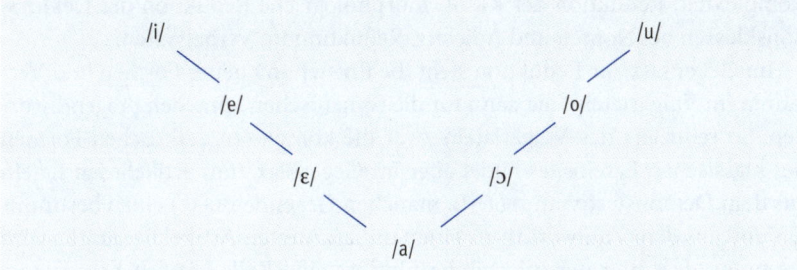

| Abb. 12.2

Vokalsystem des Vulgärlateins

Neben der Reduktion der Vokallängen gab es auch Reduktionen im Bereich der Diphthonge (*au* > *o*, *tauru* > sp. *toro*) oder Vokalsynkopen (SPECULUM > *speclum*, s. o.).

Auch Konsonanten wurden reduziert, so fällt wie bereits erwähnt finales -*m* weg; *h*- verstummt; *b* und *v* werden nicht unterschieden und verschiedene Konsonantengruppen werden vereinfacht. Zudem veränderte sich die Artikulation verschiedener Konsonanten, etwa wurde *c* vor *e, i* palatalisiert.

Lautliche und grammatische Veränderungen

In enger Verbindung mit den phonetischen Veränderungen steht der umfassende Umbau des Sprachsystems in morphologischer und syntaktischer Hinsicht: Da durch die phonetischen Reduktionen bestimmte Unterscheidungen nicht mehr markiert wurden, mussten andere Konstruktionen diese Funktionen erfüllen oder sie gingen verloren. Hier ist allerdings bei der Interpretation der historischen Vorgänge Vorsicht geboten. So ist es sicherlich nicht so wie teilweise angenommen, dass durch den Wegfall bestimmter Laute erst die Suche nach Alternativen in Gang gesetzt wurde. Meist standen im Sprachsystem bereits alternative Möglichkeiten zur Verfügung, die in der gesprochenen Sprache auch genutzt wurden, jedoch in die Schriftlichkeit nur am Rande Einzug hielten, da hier das klassische System noch funktionierte. Ein Beispiel hierfür ist der Verfall des lateinischen Kasussystems u. a. durch den erwähnten Schwund von finalem -*m* (z. B. keine Unterscheidung von Ablativ und Akkusativ bei vulgärlat. OMNE – OMNE im Ggs. zu klat. HOMINE – HOMINEM). Schon im klassischen Latein konnten ähnliche Funktionen wie die der Kasus durch Präpositionen ausgedrückt werden; im Vulgärlatein und dann in den romanischen Sprachen werden die Präpositionen gemeinsam mit der Wortstellung zu den einzigen Ausdrucksmitteln für Kasus (z. B. lat. Genitiv DOMUS HOMINIS sp. *la casa del hombre*).

Ein weiteres Beispiel ist die Entstehung des romanischen Futurs. Das lateinische Perfekt (z. B. *amavit* ‚er liebte') wurde u. a. durch den Zusammenfall von *b* und *v* nicht mehr vom Futur (z. B. *amabit* ‚er wird lieben') unterschieden. Daher wurde die zunächst modal markierte Periphrase *habeo amare* bzw. *amare habeo*, die eine Verpflichtung ausdrückte, vermehrt zum Ausdruck von zukünftigen Ereignissen verwendet, aus ihr entstand das romanische Futur (sp. *amaré* aus *amare habeo* > *amar aio* > *amar e* > *amaré*).

Die Reduktion bzw. Vereinfachung des lateinischen Sprachsystems im Vulgärlatein betrifft sehr unterschiedliche Bereiche: Reduktion der lautlichen Komplexität, Reduktion der Kasus, morphologische Reduktion der Deklinationsklassen bei Nomen und Adjektiv, Reduktion im Verbalsystem.

Entstehung neuer Formen

Im Gegensatz zur Reduktion steht die Entstehung neuer Formen und Verfahren im Vulgärlatein, die dann für die romanischen Sprachen prägend wurden. So reduziert das Vulgärlatein zwar die komplexen deiktischen Formen des klassischen Lateins, es bildet aber im Gegensatz zum artikellosen Latein aus dem Demonstrativum ILLE (in manchen Gegenden IPSE) einen bestimmten und aus dem Zahlwort UNUS einen unbestimmten Artikel heraus. Es wird vermutet, dass hier der griechische Einfluss eine Rolle gespielt haben mag, da das Griechische, die einzige Kontaktsprache des Vulgärlateins, die zugleich in großen Teilen der Romania präsent war, über ein Artikelsystem verfügt. Ebenfalls mit dem Griechischen in Zusammenhang gebracht wurde die Tendenz der romanischen Sprachen – die sich bereits im Vulgärlatein einleitet –, verbale Periphrasen herauszubilden. Außerdem ist eine Innovation des Romanischen die stärkere Fixierung der Wortstellung. Aber auch ohne Einfluss der Kontaktsprache lassen sich diese Grammatikalisierungsprozesse erklären, die Ähnlichkeiten mit Grammatikalisierungsprozessen aufweisen, die in anderen Sprachen der Welt beobachtet wurden.

Grammatikalisierung

Grammatikalisierung (*gramaticalización*) kann allgemein das Entstehen von Grammatik bezeichnen. Meist bezieht man sich mit diesem Begriff aber auf einen bestimmten Zweig der Linguistik, die *Grammatikalisierungstheorie* (*teoría de la gramaticalización*). Gemäß dieser Theorie, im Rahmen derer in den letzten Jahren zahlreiche Arbeiten entstanden sind, entstehen grammatische Formen in den Sprachen der Welt nach bestimmten allgemeinen, sich wiederholenden Prinzipien: Grammatikalisierung wird dabei als ein Prozess verstanden, in dem lexikalische Elemente oder Konstruktionen in bestimmten Kontexten grammatische Funktionen übernehmen oder grammatische Formen „noch grammatischer" werden. So etwa entwickelt sich das lateinische Vollverb HABERE ‚haben' zum Futurmorphem in *amaré* oder das lateinische Demonstrativum ILLE wird zum „noch grammatischeren", da obligatorischeren und häufigeren romanischen Artikel. Grammatikalisierungsprozesse sind unidirektional und zyklisch (z. B. Tendenz zur Ersetzung von *amaré* durch *voy a amar* im modernen Spanisch bei Koexistenz der grammatikalisierteren Form *amaré* mit der weniger grammatikalisierten Periphrase); sie sind u. a. verbunden mit lautlicher Abschleifung (z. B. *habeo > e*) und Verlust syntaktischer Freiheit.

Zahlreiche der vulgärlateinischen Innovationen entstanden aufgrund von *Analogie* (*analogía*), d.h. dass eine Form in Anlehnung an andere Formen gebildet wird. So wurden die lateinischen Neutra in vielen Fällen analog zu den maskulinen Formen gebildet oder sie wurden – ausgehend von den Pluralformen auf -*a* – in die Paradigmen der femininen Formen eingeordnet.

Sehr umfassend sind die Innovationen im Bereich des vulgärlateinischen Wortschatzes. So wurden ursprünglich expressivere, umgangssprachliche Formen wie Diminutive zu Normalformen (AURIS – Dim. *auricula* > sp. *oreja*); metaphorische oder metonymische Bildungen übernahmen die Funktionen der früheren Formen (z. B. PLICARE ‚Segel zusammenfalten beim Ankommen eines Schiffes im Hafen' – metonymisch zu ‚ankommen' > sp. *llegar*). **Expressivität im Wortschatz**

Im Vulgärlatein zeichnet sich bereits ab, was man als den großen typologischen Umbau vom Lateinischen zum Romanischen bezeichnen kann. In der Tradition der Romanistik ist es üblich, zwischen dem Lateinischen als *synthetischer Sprache* (*lengua sintética*) und den romanischen Sprachen als *analytischen Sprachen* (*lenguas analíticas*, s. Einheit 4.7) zu unterscheiden. **Typologischer Umbau**

Das bedeutet, dass im Latein die meisten grammatischen Relationen durch Flexionsmorpheme als Endungen von Verben und Nomina ausgedrückt werden, während die romanischen Sprachen für diese Funktionen eigenständige, freie Morpheme verwenden. Eine subtilere Bestimmung stammt von Eugenio Coseriu: Es ist auffällig, dass auch die romanischen Sprachen gewisse Funktionen synthetisch ausdrücken, und im Spanischen ist dies besonders deutlich zu sehen. Im Bereich des Nomens wird sowohl die Funktion des Genus als auch die des Numerus in Endungen ausgedrückt (*perro – perros* und *perra – perras*). Das Spanische ist hier sogar systematischer als das Latein. Hingegen werden andere Funktionen wie etwa die Possession (welcher im klassischen Latein der Kasus Genitiv entspricht) periphrastisch ausgedrückt (*la casita **del** perro*). Im Bereich der Adjektive (Komparation) und der Verben (synthetische und periphrastische Formen) lassen sich ähnliche Beobachtungen machen: In den romanischen Sprachen werden manche Funktionen synthetisch, manche analytisch ausgedrückt. Coseriu sieht hierin ein ganz bestimmtes Prinzip, denn die synthetischen Ausdrücke betreffen etwa beim Nomen dessen Inhalt selbst (etwa den Hund/die Hündin/die Hunde/die Hündinnen). Bei den analytischen Ausdrücken hingegen geht es um die Beziehung dieses Inhaltes auf einen anderen Inhalt, so zeigt etwa bei der Possession die Präposition *de* sozusagen „ikonisch" wie eine Art Pfeil die Beziehung zweier Elemente an, wie im folgenden Schema illustriert:

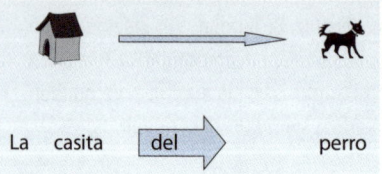

Abb. 12.3|
„Ikonisches Prinzip" in den romanischen Sprachen (im Ggs. zum Latein)

In der romanischen Sprachgeschichte dominiert die Tendenz zur Ablösung synthetischer durch analytische Formen, aber analytische Formen können sich auch wieder zu synthetischen entwickeln. Ein Paradebeispiel für solch einen Prozess stellt die erwähnte Entwicklung der Futurformen vom Lateinischen zum Neuspanischen dar (synthetisches lat. CANTABO wird durch vulgärlat. analytisches CANTARE HABEO abgelöst, wodurch sp. *cantar he* und erneut synthetisches *cantaré* entsteht; im Nsp. konkurriert dies mit wiederum analytischem *voy a cantar*).

12.4 | Die Romanisierung der Iberischen Halbinsel

Römische Eroberung

Die Iberische Halbinsel wurde ab 218 v. Chr. von den Römern erobert. Während die Mittelmeerküste schon in kurzer Zeit in römischer Hand war, dauerte die Eroberung des Zentrums und des Nordens wesentlich länger. Erst nach rund 200 Jahren konnten schließlich die Kantabrer und Asturer im Norden unterworfen werden, und auch im Zentrum dauerte es immerhin fast 100 Jahre, bis die Herrschaft der Keltiberer gebrochen war.

Vorrömische Völker

Zur Zeit der römischen Eroberung lebten auf der Iberischen Halbinsel verschiedene Völker mit unterschiedlichen Sprachen: u. a. die Iberer im Süden, im Zentrum und im Norden bis über die Pyrenäen, die Tartesier und Turdetaner im Südwesten, die Lusitaner im Westen, Kelten im Zentrum und im Westen, mit Iberern vermischte Kelten oder Keltiberer im Zentrum, Basken im Norden sowie die Phönizier und die Griechen an der Mittelmeerküste (s. die Karte unter www.bachelor-wissen.de). Über die verschiedenen Völker und ihre Sprachen ist unterschiedlich viel bekannt. Das Iberische wurde aufgrund von Schriftzeugnissen auf Münzen oder Bleitafeln teilweise rekonstruiert, die deutlichsten Zeugnisse für die Verteilung der Völker sind jedoch Ortsnamen.

Ursprung	Typ	Beispiele
keltisch	Typ *Briga*	*Conimbriga* (heute *Coimbra*); *Segobriga* (heute *Segovia*)
iberisch	Typ *Ili-*	*Ilerda* (heute *Lleida*); *Iliberri* (heute Granada, zur Römerzeit *Elvira*, von *Ili* = ‚Stadt‘, ‚Siedlung‘, *berri* = ‚neu‘ [auch im Baskischen], also ‚Stadt-neu‘ = ‚Neustadt‘)

Tab. 12.2

Ortsnamen als Hinweis auf die ursprüngliche Verteilung der Völker

Die Auswirkungen des Sprachkontaktes (s. Einheit 9) zwischen Römern und vorrömischen Bewohnern der Iberischen Halbinsel sind z. T. spekulativ, vor allem, wenn es sich um den Kontakt mit unbekannten Sprachen

Abb. 12.4

Bleitafel aus Alcoi mit Zeugnissen der iberischen Schrift

handelt. In der Vergangenheit gab es die zuweilen exzessive Tendenz, alle möglichen sprachlichen Eigenschaften der späteren romanischen Dialekte auf das vorrömische Substrat zurückzuführen. Heute ist man hier vorsichtiger, doch kann sicherlich angenommen werden, dass die vorrömischen Sprachen je nach Kontaktsituation einen intensiven Einfluss u. a. auf die Lautgestalt des Lateins hatten.

Sprachkontakt

Nachweislich auf vorrömischen Einfluss gehen einige Wörter zurück, so u. a. *álamo*, *bruja*, *conejo*; keltischen Ursprungs sind u. a. *camisa*, *carro* und *cerveza*; aus dem Baskischen stammen Wörter wie *izquierda*, *pizarra*, *barro* und *vega* sowie Namen wie *Javier*, *García* oder *Sancho*.

Für die spätere Unterschiedlichkeit der romanischen Dialekte ist jedoch nicht nur die Präsenz verschiedener Sprachen, sondern auch der Prozess der Romanisierung selbst verantwortlich. Einer bereits älteren Hypothese zufolge lassen sich zwei unterschiedliche Romanisierungsströme unterscheiden, ein südlicher, von der römischen Provinz Baetica (dem heutigen Westandalusien) ausgehend, und ein östlicher, der von der Ostküste aus durch das Ebrotal ins Landesinnere dringt. Die Baetica wurde schon relativ früh romanisiert und bald Ort einer Patrizierkolonie, die in engem Kontakt zu den oberen Schichten Roms stand. In Italica bei Sevilla lebten berühmte römische Schriftsteller, selbst Kaiser wurden hier geboren. Von hier aus wurde die Lusitania erobert und dabei, wie angenommen werden kann, ein konservativeres Latein verbreitet. Bei der Eroberung von Osten her hingegen geschah die Ausbreitung des

Zwei Romanisierungsströme?

Abb. 12.5|

Zwei Romanisie-
rungsströme (nach
Harri Meier)

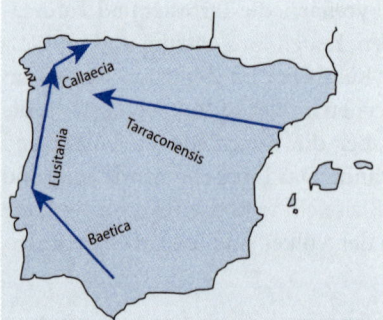

Lateins zu einem späteren Zeitpunkt.
Dabei dominierte eher die Sprache
der unteren Schichten, in der sich
eine stärkere Vermischung mit den
lokalen Sprachen ergeben hatte. Die
Differenzierung dieser beiden Ein-
flusstendenzen kann mit einer Reihe
von Fakten untermauert werden; so
finden sich etwa entlang der beiden
Ströme unterschiedliche römische Am-
phorentypen, die auf verschiedene Tra-
ditionen hinweisen. Etwas spekulativ und in ihrer ursprünglichen Form umstritten ist die schon 1930 von dem Romanisten Harri Meier (1905–1990)
formulierte Idee, von diesen beiden Strömen ließen sich die grundlegenden
Unterschiede zwischen dem Portugiesischen und dem Kastilischen ableiten.
Andererseits muss die historische Sprachwissenschaft grundsätzlich solche
Hypothesen diskutieren und abwägen, da wir es in der Geschichte häufig nur
mit Indizien und der hypothetischen Kombination von Fakten zu tun haben
und vor allem in früheren Zeiten selten mit absolut gesicherter Erkenntnis.

Besonderheiten
des Lateins auf der
Iberischen Halbinsel

Im Gegensatz zu anderen Regionen des Römischen Reiches ist die Iberische
Halbinsel durch die relativ frühe Romanisierung durch eine gewisse Eigenständigkeit und ein eher konservatives Latein geprägt. Neben der Bewahrung älterer oder konservativer lateinischer Formen wie CAPITIA > *cabeza* oder CUIUS >
cuyo finden sich im hispanischen Latein Formen der so genannten „Randromania", die die Iberoromania mit der Dakoromania teilt (wie AFFLARE >
sp. *hallar*; rum. *a afla*; FORMOSUS > sp. *hermoso*, rum. *frumos*) und die Zeugnis
der Nicht-Übernahme der späteren römischen Innovationen wie *tropare* (it.
trovare) oder *bellus* (it. *bello*; sp. *bello* ist eine später übernommene Form) sind.
Daneben finden sich im hispanischen Latein Innovationen wie GERMANUS statt
frater (s. Einheit 6.7) oder TARDIS statt *sera* (Bollée/Neumann-Holzschuh 2003).

12.5 | Das Ende der römischen Herrschaft: Germanen und Araber

Lateinische
Kontinuität

Bis um die Zeitenwende war die Romanisierung der Iberischen Halbinsel
abgeschlossen; im westlichen Pyrenäenraum blieb zwar das Baskische erhalten,
doch waren auch hier Städte und Handelswege unter römischer Kontrolle und
das Latein präsent. Mehrere Jahrhunderte dauerte die römische Herrschaft;
bis heute zeugen zahlreiche Kulturdenkmäler auf der ganzen Iberischen Halbinsel vom Einfluss Roms. Die Hispania wurde nicht nur zur unterworfenen
Kolonie, sondern mancherorts bildeten sich Zentren römischer Kultur heraus,
die auf Rom zurückwirkten. Die römische Staatsorganisation, das Straßennetz
und das Latein waren Faktoren, die langfristig prägend wurden und die römische Herrschaftszeit überdauerten.

So ist auch das Ende der römischen Herrschaft durch die germanische *Germanen*
Eroberung (zunächst durch die Sueben und Vandalen sowie die Alanen ab
dem Jahre 409 und ab dem 6. Jh. durch die Westgoten) ohne allzu große Auswirkungen auf die sprachliche Situation, einerseits deshalb, weil die Zahl der
Eroberer der ersten Eroberungswelle relativ gering war, andererseits im Falle
der Westgoten deshalb, weil diese wohl zum Zeitpunkt der Eroberung bereits
selbst weitgehend romanisiert waren. Unter den Westgoten wurde die Iberische Halbinsel politisch erneut vereinigt; Toledo wurde ab 568 zur Hauptstadt.
Die endgültige Romanisierung der Westgoten drückt sich in deren Übertritt
zum römischen Katholizismus im Jahre 589 aus.

Das germanische Element im Latein der Iberischen Halbinsel lässt sich
in den meisten Fällen nicht auf einen unmittelbaren Sprachkontakt vor Ort
zurückführen, sondern auf Übernahmen, die im Latein eine weite Verbreitung
haben und auf die spanische Wörter wie *jabón, jardín, guerra, guisa, blanco*
oder *falda* zurückgehen. Einige suebische Ortsnamen in Galicien wie *Guitiriz,*
Mondariz oder *Gondomar* zeugen von germanischer Präsenz; ansonsten ist
der germanische Einfluss eher gering.

Ganz anders ist dies im Falle des arabischen Einflusses, der v. a. den Wort- *Arabisierung*
schatz des Spanischen tiefgreifend geprägt hat. Dies ist kaum verwunderlich,
bedenkt man, dass die Araber ab 711 mehr als sieben Jahrhunderte auf der
Iberischen Halbinsel präsent waren und zudem eine in vielerlei Hinsicht weit
entwickelte Kultur nach Europa brachten, die nicht nur in sprachlicher, sondern auch in technischer oder architektonischer Hinsicht zahlreiche Akzente
setzte. Dabei ist die arabische Herrschaft zunächst keine sprachliche, denn
zwischen 711 und 718 übernahmen nur wenige tausend Araber die Macht
auf der ganzen Iberischen Halbinsel. Die große Mehrheit der Bevölkerung
sprach auch unter arabischer Herrschaft wie zuvor und behielt zudem ihren
christlichen Glauben, allerdings übernahm sie immer wieder Wörter aus dem
Arabischen. Von diesen Wörtern hat eine beachtliche Zahl in den iberoromanischen Sprachen, vor allem im Spanischen und im Portugiesischen, überlebt.
Christen, die unter arabischer Herrschaft lebten, werden auch als *Mozara-*
ber (mozárabes) bezeichnet. Ihre Sprache, die Fortsetzung des hispanischen *Mozaraber*
Lateins, das sich aber seit der Römerzeit weiterentwickelt hat und das man nun
schon als Romanisch (oder, wie zuweilen vorgeschlagen, als Protoromanisch)
ansehen kann, wird auch als *Mozarabisch (mozárabe)* bezeichnet. Da dieser
Begriff jedoch etwas missverständlich ist und man zunächst denken könnte,
es gehe um eine Art von Arabisch (dabei geht es um Romanisch), wurde in
jüngerer Vergangenheit vorgeschlagen, ihn durch *Romanandalusí* zu ersetzen, dem Romanisch, das in *Al-Andalus* – wie die Araber den arabischen Teil
der Halbinsel nannten – gesprochen wurde und der zunächst fast die ganze
Halbinsel bis auf einige Gebiete in Asturien und im Nordosten umfasste –
also weit mehr als das heutige Andalusien, wo dieser Name erhalten blieb.
Der Sprachkontakt zum Arabischen war nicht nur ein direkter Kontakt in

den arabischen Gebieten. Im Verlaufe der Jahrhunderte, vor allem ab dem 11. und 12. Jh., flohen immer wieder größere Gruppen von Mozarabern in die christlichen Gebiete des Nordens und brachten nicht nur Elemente der arabischen Kultur, sondern auch arabische Wörter mit, die dann in die Dialekte des Nordens eingingen. Die Arabismen entstammen vor allem bestimmten Begriffsbereichen, in denen die arabische Kultur besonders bedeutend war (s. Pöll 2002: 45):

Arabismen

- Agrikultur (*alberca* ‚Wasserspeicher‘, *almazara* ‚Ölmühle‘, *azahar* ‚Orangenblüte‘, *aceituna* ‚Olive‘, *algodón* ‚Baumwolle‘ etc.);
- Chemie (*alcohol, elixir, alquimia*);
- Mathematik (*álgebra, algoritmo*);
- Administration (*alcalde* ‚Richter‘, *aduana* ‚Zoll‘);
- Militär (*alcazaba* ‚Festung‘, *atalaya* ‚Wachturm‘);
- Haushalt (*azulejo* ‚Fliese‘, *almohada* ‚Kissen‘, *alfombra* ‚Teppich‘);
- andere Bereiche wie Astronomie und Medizin.

Zahlreiche der ca. 4.000 Arabismen im Spanischen beginnen mit *a-* oder *al-*, was auf den arabischen Artikel zurückgeht. Dieser war im arabischen Dialekt von Al-Andalus, der stark vom Berberischen (einer artikellosen Sprache) geprägt war, wohl mehr oder weniger funktionslos geworden und wurde daher ins Romanische übernommen, als sei er ein Teil des Wortes (im Gegensatz zu den über Sizilien in die europäischen Sprachen übernommenen Arabismen; vgl. sp. *azúcar* – it. *zucchero* und von daher u. a. dt. *Zucker*).

Lateinisch und Romanisch

Praktisch unmittelbar auf die arabische Besetzung der Halbinsel folgte der Beginn der christlichen Rückeroberung, der *Reconquista*. Die überlieferten geschriebenen Texte aus den ersten Jahrhunderten der Reconquista sind lateinisch oder arabisch. In den lateinischen Texten dieser Zeit finden sich jedoch mehr und mehr Elemente, die indirekt die gesprochene Sprache reflektieren, eine Sprache, die im 8. oder 9. Jh. sicherlich schon wesentliche Charaktereigenschaften entwickelt hatte, die sie vom Latein entfernten. Die Sprachgeschichtsschreibung setzt jedoch normalerweise den Beginn der romanischen Sprachen mit den ersten eindeutig romanischen Schriftzeugnissen gleich, auch wenn diese Ergebnis einer länger zurückliegenden Entwicklung sind.

12.6 | Etappen der spanischen Sprachgeschichte

Wozu Epocheneinteilungen?

Die Sprachhistoriker haben viel darüber diskutiert, inwiefern es möglich und sinnvoll ist, die Geschichte einer Sprache in Etappen oder Epochen aufzuteilen. Jede Sprache ist stets in Entwicklung, und man kann eigentlich keine festen Zeitabschnitte nach eindeutigen Kriterien festlegen. Dennoch gibt es zumindest zwei Gründe, weshalb eine Periodisierung sinnvoll ist: Erstens ist für unser historisches Denken die Einteilung in Kategorien eine wichtige Orientierungshilfe, und wir finden uns mit historischen Daten besser zurecht, wenn wir sie diesen Kategorien zuordnen können. Zweitens gibt es auch tatsächlich objektive Gegebenheiten, die Abgrenzungen und Zusammenfassungen rechtfertigen, wobei es sich dabei meist um „externe" Gegebenheiten handelt. In der spanischen Sprachgeschichtsschreibung dominierte lange die Aussage des Altmeisters der spanischen Philologie, Ramón Menéndez Pidal, der die Auffassung vertrat, die sinnvollste Periodisierung sei diejenige nach Jahrhunderten, da die Einteilung sowieso arbiträr sei.

|Abb. 12.6
Ramón Menéndez Pidal (1869–1968)

Sprachgeschichtlichen Epocheneinteilungen können verschiedene Kriterien zugrunde liegen. In der Praxis finden sich etwa Einteilungen, die sich an die Epochen der Literatur- oder Kulturgeschichte anlehnen und annehmen, dass die Sprachgeschichte eine parallele Entwicklung durchgemacht hat. Besonders sinnvoll scheint es, nicht grundsätzlich Kriterien anderer Bereiche zu übernehmen, sondern, im Sinne einer historischen Soziolinguistik, von Ereignissen auszugehen, die bestimmte Sprachentwicklungen begünstigt haben, wobei es sich hierbei meist um Verschiebungen im Varietätengefüge handelt. Wir schlagen zur groben Orientierung folgende Epochen der spanischen Sprachgeschichte vor (vgl. u. a. Eberenz 1991):

Kriterien für die Einteilung

bis ca. 1200	*Orígenes del español*
1200–1500	*Español medieval*
1500–1560	*Español preclásico*
1560–1700	*Español clásico*
ab ca. 1700	*Español moderno*

|Tab. 12.3
Epocheneinteilung der spanischen Sprachgeschichte

Hierzu ist folgendes anzumerken:

► Der Begriff *Orígenes del español* wird mit Ramón Menéndez Pidals epochemachendem Werk gleichen Titels aus dem Jahr 1926 verbunden. Darin werden die frühesten Sprachzeugnisse des Spanischen beschrieben und die *Reconquista* als Geschichte der Expansion des Kastilischen dargestellt. Es sollte jedoch darauf hingewiesen werden, dass der Titel eigentlich von der Gegenwart aus in die Vergangenheit blickt, als ob der Weg der Sprachgeschichte der Iberischen Halbinsel automatisch zur Entwicklung des Spanischen hätte führen müssen. Vor dem 13. Jh. gibt es jedoch wenige Anzeichen, die dem Kastilischen eine besondere Rolle unter den Dialekten der Pyrenäenhalbinsel verleihen. Dies ändert sich erst im Verlauf des 13. Jhs.;

Orígenes del español

► der Begriff *Español medieval* umfasst im engeren Sinne die Zeit des alfonsinischen Spanisch (2. Hälfte 13. Jh.) und die damit eingeleitete große Blütezeit des Altspanischen. Im weiteren Sinne umfasst das Altspanische die ganze spanische Sprache im Mittelalter bis zur Ausbreitung des Buchdrucks am Ende des 15. Jhs.;

Altspanisch

253

Vorklassisches
Spanisch
► das vorklassische Spanisch im „Herbst des Mittelalters" – ein Begriff der Mediävistik, der besonders von Eberenz (2000) auf die spanische Sprachgeschichte angewandt wurde – betrifft eigentlich nur die letzte Phase des Mittelalters. Wir dehnen diese Phase jedoch aus bis ca. 1560, als eine Reihe äußerer Transformationen zu dem überleiten, was als klassisches Spanisch bezeichnet werden kann;

Klassisches Spanisch
► das „klassische Spanisch" ist die Blütezeit der spanischen Literatur des *Siglo de Oro*;

Modernes Spanisch
► das „moderne Spanisch" wird üblicherweise mit dem Beginn der Akademietätigkeit am Anfang des 18. Jhs. (und teilweise schon früher) angesetzt. Dies verleitet zu einem von der spanischen Philologie gepflegten, verzerrten Bild, seit Beginn des 18. Jhs. habe sich die spanische Sprache kaum mehr verändert. Dieser oberflächliche Eindruck wird u. a. durch die Normierung der Standardsprache durch die Akademie vermittelt. Es zeigen sich jedoch bei näherer Betrachtung wichtige Wandlungsprozesse auch im 18. und 19. Jh., die größtenteils noch der Aufarbeitung bedürfen. Beispielsweise ändert sich im 19. Jh. unter dem Einfluss der französischen Revolution u. a. die Konfiguration des amerikanischen Spanisch. Bis in die Gegenwart prägen umfassende Veränderungen die spanische Sprache (s. Einheit 14).

12.7 | Wann wird das Spanische „geboren"?

Geburt des
Spanischen?
Im Jahre 1978 fanden in Spanien verschiedene Feierlichkeiten aus Anlass des 1.000. Geburtstages der spanischen Sprache statt. Der Grund: Die als ältester spanischer Text bezeichneten *Glosas emilianenses* waren auf das Jahr 978 datiert worden. Man feierte also eigentlich einen 1.000 Jahre alten Text. In der neuen Forschung wird die Datierung der *Glosas emilianenses* kritisiert und auch immer wieder darauf hingewiesen, dass Sprachen kein Geburtsdatum haben wie Menschen oder Artefakte. Wie alle romanischen Sprachen ist auch das Spanische die Fortsetzung des Vulgärlateins, in diesem Falle des hispanischen Lateins, aus dem in der „dunklen Zeit" nach Ende der römischen Herrschaft in verschiedenen Gebieten der Iberischen Halbinsel verschiedene lokale Varietäten entstanden. Da die schriftlichen Zeugnisse bis ins 10. Jh. ausschließlich lateinisch, arabisch oder hebräisch sind, kennen wir den Entwicklungsprozess dieser Varietäten vor allem vom Ergebnis her, auch wenn in verschiedenen Texten, v. a. in lateinischen Manuskripten, hier und da romanischsprachige Formen auftreten, vor allem bei Orts- und Personennamen.

Romanisches
Bewusstsein
Dass die romanische gesprochene Sprache als etwas von der lateinischen Schriftsprache Unterschiedliches empfunden wird, lässt sich besonders gut im Falle Frankreichs darstellen. Man nimmt an, dass dort das geschriebene Latein und das gesprochene Romanisch bis ins 8./9. Jh. (die genaue Datierung ist umstritten) nicht als zwei verschiedene Sprachen empfunden wurden.

Man schrieb ein mehr oder weniger lokal gefärbtes Latein, das jeweils der lokalen Mundart entsprechend ausgesprochen wurde. Kaiser Karl der Große (ca. 747–814) wollte jedoch durch eine Bildungsreform die Aussprache des Lateins im Römischen Reich vereinheitlichen. Die Reformen schienen zwar insoweit Erfolg zu haben, als die lateinischen Texte nun in den Kirchen großer Teile des Reichs einheitlich gelesen wurden, gleichzeitig entsprach diese Aussprache jedoch nicht mehr dem lokalen Dialekt, sondern einer Art neutraler Kunstsprache – womit der Unterschied zwischen lokalem Dialekt und Latein offengelegt wurde. Es ist daher kein Zufall, dass im Frankreich des 9. Jhs. erstmals ein Unterschied gemacht wird zwischen *lingua latina* und *rustica romana lingua*, der „ländlichen römischen Sprache" – also dem romanischen Dialekt. Es wurden sogar erste Texte in dieser „romanischen" Sprache geschrieben; der erste altfranzösische Text ist ein mündlich gesprochener Eid, der in einem lateinischen Dokument als Zitat der Mündlichkeit möglichst authentisch wirken soll und auf das Jahr 842 zurückgeht.

lingua latina und *rustica romana lingua* in Frankreich

Auf der Iberischen Halbinsel hatten die karolingischen Reformen zunächst keine Auswirkungen. Erst durch den wachsenden Einfluss der Franken in spanischen Klöstern und durch eine Reihe von Reformen wurde ab der 2. Hälfte des 11. Jhs. auch südlich der Pyrenäen die Vorleseaussprache des Lateins reformiert und dadurch ein Unterschied zwischen gesprochener, romanischer Sprache und geschriebenem Latein geschaffen.

Reform des Lateins auf der Iberischen Halbinsel

Sporadische romanische Schriftzeugnisse

| 12.8

Seit dem 10., vor allem aber seit dem 11. Jh. tauchen erste Zeugnisse romanischer Sprache in lateinischen Texten auf, die auf ein Bewusstsein der Unterschied-lichkeit zweier Sprachen oder Sprachformen hindeuten. Neben Listen von Wörtern in lateinischen Glossaren und zahlreichen romanischen Formen in lateinischen Urkunden (vor allem Orts- und Personennamen) sind dies insbesondere die bereits erwähnten riojanischen Glossen aus dem Kloster San Millán de la Cogolla (*Glosas emilianenses*) und die Glossen aus einem Manuskript aus Santo Domingo de Silos (*Glosas silenses*). Betrachten wir das Beispiel der *Glosas emilianenses*: In einem lateinischen Manuskript mit einem religiösen Text findet sich eine Reihe von Besonderheiten, die zu

Glossen

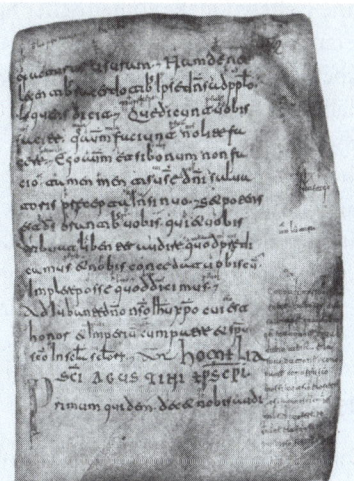

| Abb. 12.7

Glosas emilianenses (fol. 72r Cod. 60 des Klosters San Millán de la Cogolla)

zahlreichen Spekulationen geführt haben, insgesamt aber darauf hinweisen, dass dieses Manuskript für den Lateinunterricht verwendet wurde:

► Über einzelnen Wörtern in den Sätzen finden sich Nummern;
► über oder neben einzelnen Wörtern finden sich lateinische Fragepronomina wie *quis? quid? cur?* etc.;
► über einzelnen Wörtern finden sich romanischsprachige oder baskische Worterklärungen;
► an einer Stelle (s. Abb. 12.7) findet sich am Rand ein kurzer Text, der eindeutig *romanisch* und nicht mehr *lateinisch* ist. Die Zahlen und die Fragepronomina deuten auf die Verwendung des Textes zur Erklärung der lateinischen Syntax; die Worterklärungen und der romanische Text hingegen deuten auf ein Bewusstsein des Unterschieds zwischen Romanisch und Lateinisch und den Usus, Lateinisches mit Hilfe von Romanischem zu erklären. Betrachten wir einige der Besonderheiten des kurzen romanischen Texts, der traditionell als erster altspanischer Text angesehen wird:

Tab. 12.4

Einige sprachliche Besonderheiten in den *Glosas emilianenses*

Textausschnitt	einige sprachliche Bemerkungen
Cono aiutorio de nuestro dueno, dueno Christo, *dueno Salbatore, qual dueno get* *ena honore e qual duenno tienet ela* *mandatione cono Patre, cono Spíritu* *Sancto, enos siéculos de lo(s)) siéculos* *adiubante domino nostro Ihesu Christo, cui* *est honor et imperium cum Patre et Spíritu* *Sancto in secula seculorum ...*	*cum > con*; Diphthongierung *o > ue* *dueno*: kein lat. Kasus *ena/ela* Artikelformen etc. *Patre/Spíritu*: latinisierende „Kirchenwörter" Im Text finden sich eindeutig romanische neben lateinischen Formen (*siéculo/secula; get/est; e/et; cum/con*). Die romanischen Formen zeugen von einer „sporadischen" Schreibung, die noch keine Stabilität herausgebildet hat.

harĝas/jarchas

Eine weitere Quelle romanischer Sprache aus dem 10. oder 11. Jh. sind die so genannten *Harĝas* (sp. *jarchas*), die erst im 20. Jh. entdeckt wurden. In arabischen oder hebräischen Dichtungen aus dem arabischen Teil der Iberischen Halbinsel finden sich in arabischer oder hebräischer Schrift (d. h. ohne Vokale) geschriebene Schlussstrophen, die romanisch sind und die in den arabischen Gebieten gesprochene romanische Sprache wiedergeben (wobei es allerdings um eine stilisierte Kunstform dieser Sprache geht); es handelt sich hierbei um eine der ältesten europäischen romanischsprachigen Dichtungsformen, wo das volkstümliche Romanische im Gegensatz zur arabischen Hochsprache steht.

Auf www.bachelor-wissen.de finden Sie ein Beispiel für eine Jarcha.

12.9 | Der Verlauf der Reconquista

Reconquista: zwei Ausgangsgebiete

Die kurz nach der arabischen Eroberung beginnende *Reconquista*, die Wiedereroberung der arabischen Gebiete durch die Christen, verlief von Norden nach Süden. Es gab dabei zwei Ausgangspunkte, einerseits die fränkische „spanische Mark" (*Marca hispánica*) im Osten, das Gebiet, das den Ausgangspunkt Kataloniens bildet, und andererseits das asturische Bergland, wo mit dem Mythos um die Schlacht von Covadonga im Jahre 718 der Grundstein für das Königreich Asturien und das spätere Königreich León gelegt wurde. Während die spanische Mark fränkisch geprägt war, sah sich Asturien als Ort der Kontinuität des westgotischen, toledanischen Reiches. Es bildete die Basis einer christlich-hispanischen Identität, die im Westen und danach im Zentrum die Reconquista bestimmte, wo auch später die christlichen Könige gotische Namen wie *Alfonso, Álvaro, Rodrigo, Fernando* oder *Raimundo* trugen.

In den ersten Jahrhunderten der Reconquista bildeten sich im Norden verschiedene Territorien als mehr oder weniger voneinander abgegrenzte politische Einheiten heraus, die das christliche Gebiet unterteilen und im Laufe der Reconquista ihren Einfluss nach Süden ausdehnen. In sprachlicher Hinsicht sind diese Gebiete – von West nach Ost Galicien, León und Asturien, Kantabrien, Navarra, Aragón und Katalonien – ebenfalls differenziert, und die dort gesprochenen Dialekte werden jeweils durch die Reconquista nach Süden ausgedehnt. Die vier Karten in Abb. 12.8 zeigen diese Entwicklung. Auf der ersten Karte sieht man die christlichen Gebiete im Norden zu Beginn des 10. Jhs.: Galicien und das heutige Nordportugal als galicisches Sprachgebiet,

Romanische Primärdialekte im Norden

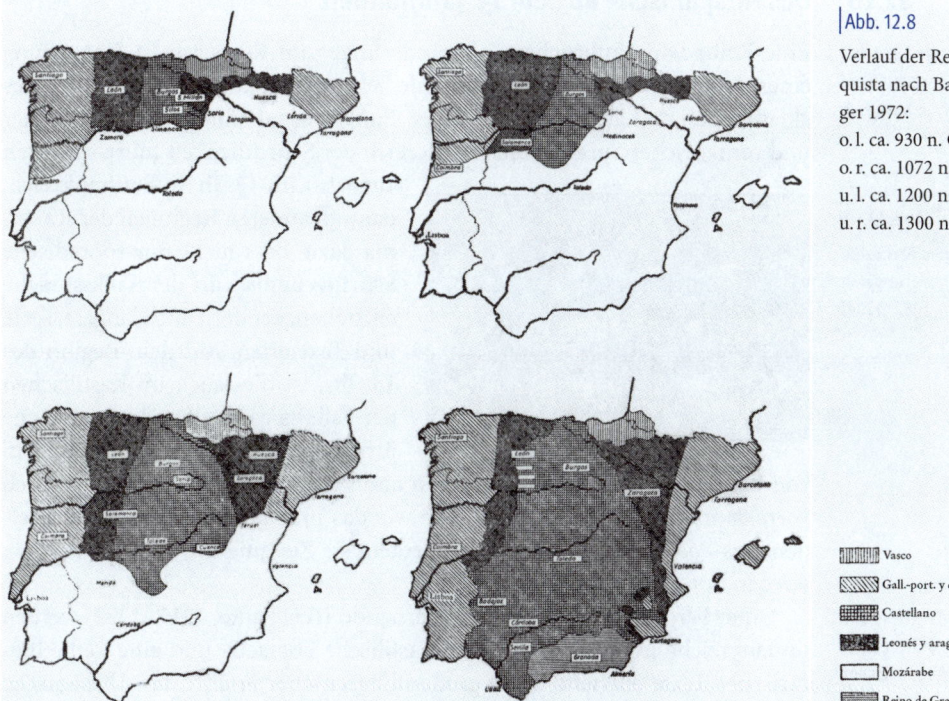

Abb. 12.8
Verlauf der Reconquista nach Baldinger 1972:
o. l. ca. 930 n. Chr.;
o. r. ca. 1072 n. Chr.;
u. l. ca. 1200 n. Chr.;
u. r. ca. 1300 n. Chr.

Vasco

Gall.-port. y cat.

Castellano

Leonés y arag.

Mozárabe

Reino de Granada

das Königreich León als leonesisches Sprachgebiet, Kantabrien und Nord-
kastilien als kastilisches Gebiet, dann im Norden das baskische und südlich
und östlich davon das navarro-aragonesische Gebiet und schließlich im Osten
das katalanische Sprachgebiet. Die weiteren drei Karten zeigen den Verlauf der
Reconquista bis zur Eroberung Andalusiens (mit Ausnahme des Königreichs
Granada) bis zur Mitte des 13. Jhs. Das Galicisch-Portugiesische hat sich nun
auf den ganzen Westen bis in den Algarve ausgedehnt, im Osten verbreitet
sich das Katalanische bis südlich von Valencia und auf die Balearen. Bei den
Dialekten des Zentrums überlagert die Hegemonie des Kastilischen die Expansion des Leonesischen und Aragonesischen, auch wenn die Dialekte bis zur
Extremadura und bis Murcia durch leonesischen und aragonesischen Einfluss
geprägt sind. Nur im Königreich Granada bleibt noch bis zum Abschluss der
Reconquista im Jahr 1492 das Arabische präsent.

Das Kastilische ist ein Mischdialekt, der im Osten des Königreichs León in
einem Gebiet entsteht, das ab dem 10. Jh. mehr und mehr zu politischer Eigenständigkeit kommt. Die Ausdehnung des kastilischen Macht- und Sprachgebiets ist ein kontinuierlicher Prozess bis zur Eroberung Andalusiens im 13. Jh.,
als das Kastilische mit seinem kulturellen Zentrum in der Hauptstadt Toledo
zum einflussreichsten Dialekt der Iberischen Halbinsel wird.

12.10 | Das Altspanische ab dem 13. Jahrhundert

Längere Texte und Textserien auf Kastilisch

Eine Reihe von Umbrüchen – Veränderungen im Rechtswesen, Entstehung
eines neuen Bildungsideals, wachsende Schriftproduktion, Renaissance eines
„klassischeren" Lateins, das zu einer Funktionsaufteilung von lateinischer
und romanischer Sprache auch im Bereich der Schriftlichkeit führt – führten

Abb. 12.10 |
Alfonso X el Sabio (Regierungszeit 1252–1284)

zunächst im 12. Jh. in Südfrankreich,
dann in anderen Regionen der Romania dazu, dass nicht nur sporadische
Schriftzeugnisse in der Volkssprache
entstehen, sondern auch längere Texte
und Textserien. Mit dem Beginn des
13. Jhs. ist dies auch im Kastilischen
der Fall: Es wird teilweise zur Sprache
juristischer Dokumente, vor allem
von Urkunden, die öffentlich verlesen und verstanden werden müssen. Auch
vormals mündlich überlieferte Texte wie das umfassende altkastilische Hel-
denepos *Poema de mio Cid*, das bedeutendste Zeugnis der spanischen Epik,
werden nun schriftlich festgehalten.

Alfons der Weise und die Blütezeit des Altspanischen

Unter Ferdinand dem Heiligen (Fernando III el Santo, 1217–1252) werden
umfangreiche juristische Texte ins Kastilische übersetzt und eine Reihe literarischer Texte entsteht. Seine große Blütezeit aber erfährt das Altspanische
während der Regierungszeit Alfons' des Weisen (Alfonso X el Sabio), in der

das Kastilische durch eine umfassende Schriftproduktion zu der in dieser Zeit am weitesten ausgebauten romanischen Sprache überhaupt avanciert. Dabei betrifft der Ausbau (s. Einheit 11.4) sowohl die Schaffung verschiedener Diskurstraditionen in kastilischer Sprache als auch eine relative Vereinheitlichung der Schreibung. Von den zahlreichen Werken, die im Umkreis Alfons' des Weisen in Toledo entstanden, sind v. a. die folgenden zu nennen:

► juristische Prosa (u. a. *Setenario, Fuero real, Espéculo,* Beginn der *Partidas*);
► historische Prosa (*Estoria de Espanna, General estoria*);
► Falknereitraktate (*Moamin*);
► astronomische Prosa (*Libro conplido, Libro del saber de Astronomía, Tablas*);
► Bücher über Spiele (*Libro de axedrez*);
► Bücher über die Natur (*Lapidario*);
► Fabelsammlungen (*Calila e Dimna*).

Alfons der Weise firmierte selbst als Autor oder Initiator dieser Projekte. Er trat auch als Autor der lyrischen *Cantigas de Sta. Maria* hervor und beherbergte an seinem Hof zahlreiche Trobadore aus dem okzitanischen Südfrankreich und Italien. Seine eigenen Minnelieder verfasste er gemäß der vorherrschenden Tradition in galicischer Sprache.

Mit der Schaffung der alfonsinischen Prosa stehen im ausgehenden 13. Jh. verschiedene spanische Diskurstraditionen zur Verfügung sowie eine relativ einheitliche schriftsprachliche Norm. Es wurde sogar gesagt, dass diese zur offiziellen Norm deklariert wurde. Dies ist historisch jedoch nicht nachweisbar und geht auf Zeugnisse zurück, die erst im 16. Jh. entstanden sind.

In der Folgezeit entstanden einige der wichtigen großen literarischen Werke des Altspanischen, so der berühmte *Conde Lucanor* des Neffen Alfons' des Weisen, Don Juan Manuel (1282–1349), oder die vielseitige Sammlung *Libro de buen amor* des Arcipreste de Hita (1283–1350). In diesen Werken zeigt sich das Altspanische als eigenständige Literatursprache, in der abendländische wie morgenländische Traditionen zu einer Synthese zusammengeführt werden. Im Gegensatz zur romanisierenden Tendenz des alfonsinischen Spanisch zeigt sich ab dem 14. Jh. vermehrt die Tendenz der Latinisierung der Texte.

Altspanische Literatur im 14. Jh.

Sprachliche Besonderheiten des Altspanischen

|12.11

Im Gegensatz zum Altfranzösischen, das für heutige Franzosen ohne spezielle sprachhistorische Kenntnisse kaum lesbar und verständlich ist, ist das Altspanische ab der alfonsinischen Zeit für jeden, der modernes Spanisch beherrscht, weitgehend nachvollziehbar, weil sich das Spanische seit dem Mittelalter nicht so sehr verändert hat wie das Französische. Folgende Besonderheiten können u. a. genannt werden:

Nähe Altspanisch – Neuspanisch

Lautliche
Besonderheiten

Das Vokalsystem des Altspanischen entspricht weitgehend dem des Neu-spanischen, d. h. dass schon vor Entstehung einer altspanischen Schriftsprache die meisten lautlichen Veränderungen gegenüber dem Latein abgeschlossen waren (v. a. Diphthongierung *o* > *ue*; *e* > *ie*; versch. Analogien); nur wenige lautliche Veränderungen fallen in die altspanische Zeit (u. a. *iello* > *illo*, z. B. *castiello* > *castillo* ab dem 14. Jh. allgemein). Bis ins 13. Jh. ist die *Apokope* (*apócope*), d. h. der Wegfall von bestimmten Schlussvokalen sehr verbreitet, wobei der Schlusskonsonant dann entsonorisiert wird (*nueve* > *nuef*).

Größere Unterschiede gegenüber dem Neuspanischen gibt es im Bereich des Konsonantismus. Hier bewahrt das Altspanische initiales *f*, das in der Folgezeit aspiriert wird bzw. verstummt (lat. FACERE > asp. *fazer* [fa'dzɛr] nsp. *hacer* [a'θɛr]). Im Gegensatz zum Neuspanischen wurden die Phoneme /b/ und /v/ in der Aussprache unterschieden. Die größten Unterschiede zeigen sich im Sibilantensystem: Im Altspanischen gibt es sieben verschiedene Zischlaute (stimmhaft und stimmlos, dental, alveolar und palatal, frikativ und affrikativ, s. Abb. 13.4).

Morphosyntax

Die altspanische Grammatik entspricht zu großen Teilen der neuspani-schen. Einige Grammatikalisierungsprozesse sind jedoch noch nicht so weit fortgeschritten. So sind bestimmte artikellose Nomen noch möglich, bei denen heute der Artikel stehen muss (etwa bei generischen Ausdrücken oder bei Unika). Die unmarkierte Pronominalstellung ist enklitisch (*venciolos el Cid* im Ggs. zu *los venció*); nur bei bestimmten Fokussierungen wird das Prono-men vorangestellt (Negation, Subordination, sonstige Markierung). Weniger fortgeschritten ist auch die Grammatikalisierung der präpositionalen Markie-rung des direkten Objekts (s. Einheit 5.6.2), ebenso die der auf temporalen Verbalperiphrasen basierenden Formen des Futurs und des Konditionals, die noch analytische Formen mit *Mesoklise* (*mesóclisis*), d. h. eingeschobenem Pronomen zwischen Verbstamm und Hilfsverb, zulassen (*conbidar le ien* im *Cid* > nsp. *le/lo convidarían*). Das zeigt, dass die Hilfsverben noch nicht zu Endungen geworden sind wie im Neuspanischen.

Wortschatz

Der Wortschatz ist in erster Linie geprägt vom Spannungsverhältnis zwi-schen Lateinisch und Romanisch: Das Lateinische ist als Kontaktsprache stets präsent, weshalb es oft grafische Schwankungen zwischen latinisierenden und romanischen Schreibungen gibt. Im Verlaufe des 13. Jhs. zeigt sich jedoch eine deutliche Tendenz zur Trennung der beiden Sprachen. Damit wird das Latein mehr und mehr zu einer unterschiedenen Sprache, aus der Wörter „von oben" (s. Einheit 14) entlehnt werden können, die dann meist einen „gelehrteren" Charakter haben als die Erbwörter, die auf den kontinuierlichen Sprachwandel des Kastilischen zurückgehen. Dabei entstehen *Dubletten* (*dobletes*; s. auch Ein-heit 4.10), Doppelformen des gleichen Etymons, wie lat. REGULA > *reja* ‚Gitter' neben *regla* ‚Regel' oder RECITARE > *rezar* ‚beten' und *recitar* ‚rezitieren'. In der spanischen Sprachwissenschaft ist hier sogar eine Dreiteilung üblich zwischen *Erbwörtern* (*palabras populares*), *halbgelehrten Wörtern* (*palabras semicultas*), die teilweise der kastilischen Lautentwicklung, teilweise einer durch den Kontakt zum Latein bedingten Sonderentwicklung entsprechen (z. B. SAECULUM > *siglo* statt **sejo*), und *gelehrten Wörtern* oder *Buchwörtern* (*palabras cultas*, z. B. *secular*).

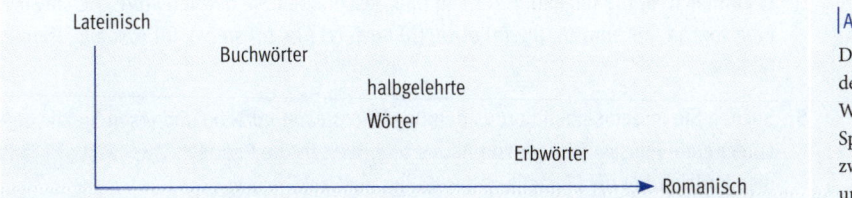

Lateinisch

Buchwörter

halbgelehrte
Wörter

Erbwörter

Romanisch

Abb. 12.11

Dreiteilung des spanischen Wortschatzes im Spannungsverhältnis zwischen Lateinisch und Romanisch

Vor allem bis in die erste Hälfte des 13. Jhs. ist der französische und okzitanische Einfluss auf das Kastilische durch die Präsenz fränkischer Ritter und Geistlicher sehr groß, was zur Übernahme von Gallizismen wie u. a. *monje* ‚Mönch', *mensaje* ‚Nachricht' oder *salvaje* ‚wild' führt. Auch die erwähnte Apokope von Schlussvokalen wird mit galloromanischem Einfluss in Verbindung gebracht.

Insbesondere in der alfonsinischen Zeit findet eine enorme Erweiterung des Wortschatzes statt, die für die zahlreichen neuen Inhalte etwa der juristischen und der wissenschaftlichen Texte benötigt wird. Besonders hervorzuheben ist dabei, dass der Ausbau des Wortschatzes zwar durch lateinische und arabische Quellen angestoßen wird, die in Toledo bekannt sind, dass aber in der kastilischen Schriftproduktion Latinismen und Arabismen eher in geringer Anzahl vorkommen und stattdessen versucht wird, v. a. durch Wortneubildungen auf romanischer Grundlage den Wortschatz den Anforderungen der neuen Texte anzupassen.

Auf www.bachelor-wissen.de finden Sie als Lektüretext von Alfonso el Sabio, *Primera Crónica General de España*: „Loor de España".

Aufgaben

1 Lesen Sie den Lektüretext. Versuchen Sie, mit Hilfe des Wörterbuchs der spanischen Akademie (*Diccionario de la Real Academia Española*; www.rae.es) den Text ins Neuspanische zu übertragen.

2 Im Vulgärlatein gab es im Vergleich zum klassischen Latein „expressivere" Formen wie Diminutive oder metonymische und metaphorische Ausdrücke. Finden Sie in der heutigen deutschen oder spanischen Umgangssprache Beispiele für ähnliche Tendenzen.

3 Suchen Sie unter dem Buchstaben A im Wörterbuch der spanischen Akademie 30 Wörter, die aus dem Arabischen stammen. Versuchen Sie, die Wörter einer möglichst kleinen Zahl von Begriffsbereichen zuzuordnen. Suchen Sie auch nach den deutschen

Entsprechungen. Wie viele der Arabismen sind auch als indirekte Lehnwörter über das Spanische ins Deutsche eingegangen?

4 Suchen Sie im *Corpus del español* von Mark Davies (www.corpusdelespanol.org; s. Einheit 10.6) die folgenden Formen und beschreiben Sie deren historische Entwicklung vom 13. bis zum 16. Jh.: (a) *dixol*, (b) *nuef*, (c) *fijo*, (d) *sieglo*, (e) *castiella*, (f) *rrey*, (g) *tenie*.

5 Suchen Sie in demselben Korpus den Begriff *castellano drecho* und lesen Sie die entsprechende Passage, in der von Alfons dem Weisen die Rede ist. Was lässt sich aus diesem Text über die Einstellung des Königs zur Sprache sagen?

Literatur

Baldinger, Kurt (1972): *La formación de los dominios lingüísticos en la Península Ibérica*, Madrid: Gredos (dt. Orig. Berlin 1958).

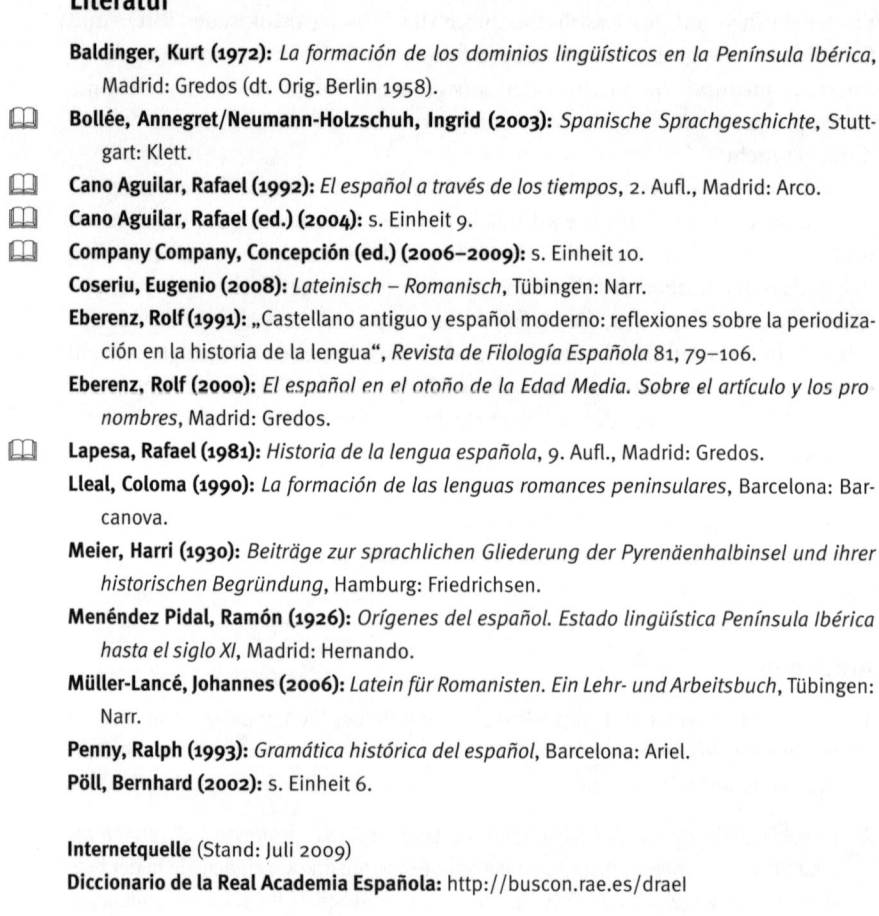 **Bollée, Annegret/Neumann-Holzschuh, Ingrid (2003):** *Spanische Sprachgeschichte*, Stuttgart: Klett.

Cano Aguilar, Rafael (1992): *El español a través de los tiempos*, 2. Aufl., Madrid: Arco.

Cano Aguilar, Rafael (ed.) (2004): s. Einheit 9.

Company Company, Concepción (ed.) (2006–2009): s. Einheit 10.

Coseriu, Eugenio (2008): *Lateinisch – Romanisch*, Tübingen: Narr.

Eberenz, Rolf (1991): „Castellano antiguo y español moderno: reflexiones sobre la periodización en la historia de la lengua", *Revista de Filología Española* 81, 79–106.

Eberenz, Rolf (2000): *El español en el otoño de la Edad Media. Sobre el artículo y los pronombres*, Madrid: Gredos.

Lapesa, Rafael (1981): *Historia de la lengua española*, 9. Aufl., Madrid: Gredos.

Lleal, Coloma (1990): *La formación de las lenguas romances peninsulares*, Barcelona: Barcanova.

Meier, Harri (1930): *Beiträge zur sprachlichen Gliederung der Pyrenäenhalbinsel und ihrer historischen Begründung*, Hamburg: Friedrichsen.

Menéndez Pidal, Ramón (1926): *Orígenes del español. Estado lingüística Península Ibérica hasta el siglo XI*, Madrid: Hernando.

Müller-Lancé, Johannes (2006): *Latein für Romanisten. Ein Lehr- und Arbeitsbuch*, Tübingen: Narr.

Penny, Ralph (1993): *Gramática histórica del español*, Barcelona: Ariel.

Pöll, Bernhard (2002): s. Einheit 6.

Internetquelle (Stand: Juli 2009)

Diccionario de la Real Academia Española: http://buscon.rae.es/drael

Sprachgeschichte II: Vom *Siglo de Oro* bis zum Gegenwartsspanischen

Inhalt

13.1 Die Renaissance und die *Siglos de Oro*: Allgemeines   264

13.2 Grammatikografie und Sprachdiskussion   265

13.3 Sprachliche Veränderungen   268

13.4 Die amerikanische Expansion   271

13.5 Modernes Spanisch   275

In dieser Einheit setzen wir den kurzen Gang durch die spanische Sprachgeschichte fort. Ausgangspunkt ist nun der Beginn der Neuzeit, der durch die Erfindung des Buchdrucks einerseits und die weltweiten Entdeckungen und Eroberungen andererseits den expansiven Weg des Spanischen zur Weltsprache ebnet. Im Anschluss an das so genannte *Siglo de Oro*, das „goldene Zeitalter" der spanischen Sprache und Literatur, wird der weitere Weg des Spanischen ab der Gründung der Akademie bis in die Gegenwart knapp skizziert.

Überblick

13.1 | Die Renaissance und die *Siglos de Oro*: Allgemeines

Kulturelle Veränderungen

In der zweiten Hälfte des 15. Jhs. führte eine Reihe von Ereignissen, die auch langfristige Auswirkungen auf die Sprachentwicklung hatten, zu einschneidenden Veränderungen in der spanischen Kulturgeschichte. Es sind dies u. a. folgende:

Renaissance

► Die von Italien ausgehende *Renaissance* (*Renacimiento*), d. h. die als „Wiedergeburt" bezeichnete Kulturströmung, die als Ideal die intensive Beschäftigung mit der griechischen und römischen Antike ansah, erreichte in den letzten Jahrzehnten des 15. Jhs. Spanien. Zusammen mit den humanistischen Ideen führte diese auch zu einer neuen Beschäftigung mit der Volkssprache und zur Übertragung der klassischen Vorstellungen von Grammatik und Kodifikation auf das Spanische;

Buchdruck

► die Erfindung des Buchdrucks führte wie in ganz Europa auch in Spanien zu einer großen Verbreitung des humanistischen Gedankenguts einschließlich der Überlegungen über die Volkssprachen. Die Ablösung der Manuskriptkultur durch das gedruckte Buch schaffte nicht nur eine größere Verbreitung des geschriebenen Wortes, sondern bewirkte auch eine verstärkte Beschäftigung mit der Frage der Form der Schriftsprache, der sprachlichen Norm und der orthografischen Einheitlichkeit;

Expansion des Kastilischen

► eine Reihe von politischen Faktoren trug dazu bei, dass das Kastilische ab der 2. Hälfte des 15. Jhs. eine enorme Expansion erfuhr.

Zunächst breitete sich dabei das Kastilische in Spanien aus: Nach der Heirat der „Katholischen Könige" (*Reyes católicos*) Fernando de Aragón und Isabel de Castilla im Jahre 1474 wurden im Jahr 1479 Aragón und Kastilien vereinigt. In Aragón bestand schon seit einiger Zeit die Tendenz, das Kastilische als Prestigesprache zu verwenden; diese setzte sich nun vermehrt durch und wirkte sich auch auf die aragonesischen Territorien in Neapel und Sizilien aus. Kastilisch wurde auch in Navarra zur bevorzugten Schriftsprache, und auch in Valencia und Katalonien fand es immer mehr Verwendung. Nach der Eroberung des Königreichs Granada im Jahre 1492 und damit dem Ende der Reconquista wurde auch der letzte arabische Teil der Iberischen Halbinsel kastilianisiert.

Der zweite Faktor der Expansion ist die Ausbreitung in Europa: Im 16. und 17. Jh. – bis zum Westfälischen Frieden von 1648 – war Spanien die vorherrschende europäische Macht. Unter dem spanischen Kaiser Karl V. (in Spanien: Carlos I.) erhielt das Spanische Bedeutung als europäische Sprache und wurde insbesondere in den spanischen Territorien in Flandern verwendet, aber auch im internationalen Verkehr und im europäischen Handel.

Der dritte Faktor schließlich ist die Expansion in Übersee. Ende des 15. Jhs. fielen die Kanaren – zuvor portugiesisch – in die Hand der Spanier. 1492, ab der Entdeckung durch Kolumbus, erfolgte die Hispanisierung großer Teile Amerikas, die zur weltweiten Ausbreitung des Spanischen und, in umgekehrter Richtung, zur Erweiterung des Wortschatzes des Spanischen und der europäischen Sprachen durch Einflüsse aus der „Neuen Welt“ führte.

Grammatikografie und Sprachdiskussion

13.2

Schlüsselfigur für die erste der o. g. Tendenzen ist der Humanist Elio Antonio de Nebrija, der aus Andalusien stammte und ab dem 19. Lebensjahr für einige Jahre zum Studium nach Bologna ging. Zu dieser Zeit war Bologna wichtiges Zentrum der Renaissance, von wo aus deren Gedankengut nach ganz Europa und auch nach Spanien ausstrahlte.

Abb. 13.1

Elio Antonio de Nebrija (1444–1522)

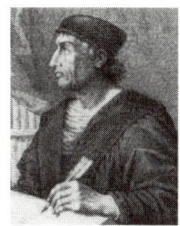

In Bologna unterhielt Spanien ein eigenständiges Studienkolleg, das *Colegio de San Clemente*, das es einer gewissen Zahl spanischer Intellektueller ermöglichte, in Italien zu studieren. Kurze Zeit nach seiner Rückkehr wurde Nebrija Professor für Grammatik in Salamanca, wo er sich vehement gegen die Dekadenz der spanischen Universität und die schlechten Lateinkenntnisse der Professoren in allen Disziplinen wehrte. Nach Nebrijas Ansicht war eine gute Lateinbildung Voraussetzung für jeden Fortschritt, denn nur sie ermöglichte die angemessene Beschäftigung mit den klassischen lateinischen Lehrtexten, die für ihn Grundlage jedes abendländischen Wissens waren. Sein Werk mit der größten Verbreitung war eine erstmals 1481 erschienene und dann immer wieder nachgedruckte Beschreibung der lateinischen Grammatik, die *Introductiones latinae*. Eher ein Nebenprodukt war für ihn wohl die aus heutiger Sicht bahnbrechende *Gramática de la lengua castellana* von 1492, die erste Grammatik einer modernen Volkssprache, die einerseits die Prinzipien der klassischen lateinischen Grammatik auf das Spanische anwendet, andererseits aber in eigenständiger Souveränität die sprachlichen Besonderheiten des Spanischen wirklich wahrnimmt und nicht nur die lateinischen Kriterien kopiert, die teilweise für die romanischen Sprachen nicht relevant sind. Für uns sind heute sowohl die spanische Grammatik Nebrijas als auch sein lateinisch-spanisches (*Diccionario latino-español*, 1492) und sein spanisch-lateinisches Wörterbuch (*Vocabulario español-latino*, 1495) Pionierwerke und Klassiker der Sprachwissenschaft. Nebrijas Arbeiten setzen den Anfangspunkt der Beschäftigung mit der spanischen Sprache nach wissenschaftlichen Kriterien. Über die Bedeutung für die rein sprachliche Beschreibung hinaus ist Nebrija Symbolfigur für die Expansion der spanischen Sprache: Einerseits lieferte er mit dem fünften Kapitel seiner kastilischen Grammatik eine Kurzversion der wichtigsten sprachlichen Regeln für diejenigen, die das Spanische als Fremdsprache

Erste spanische Grammatik

A la mui alta z assi esclarecida princesa doña Isabel la
tercera deste nombre Reina i señora natural de españa z las islas d nuestro mar. Comiença la gramatica
que nueva mente hizo el maestro Antonio de lebrixa
sobre la lengua castellana. z pone primero el prologo
Lee lo en buen ora.
Quando bien comigo pienso mui escla
recida Reina: i pongo delãte los ojos
el antiguedad de todas las cosas: que
para nuestra recordacion z memoria
quedaron escriptas: una cosa hállo z sáco por conclu-
sion mui cierta: que siempre la lengua fue compañera
del imperio: z de tal manera lo siguió: que junta men
te començarõ, crecieron, z florecieron. z despues jũ-
ta fue la caida de entrambos. I dexadas agora las co

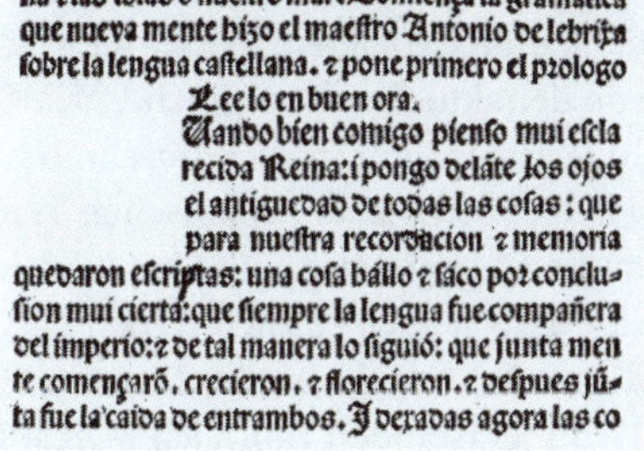

Abb. 13.2

Originalbild der Anfangspassage aus dem Prolog der *Gramática de la lengua castellana* von Elio Antonio de Nebrija, Salamanca 1492

lernen wollten, weil er die Notwendigkeit der Sprachlehre für die Verbreitung der Sprache sah. Andererseits bezeichnete er in dem berühmt gewordenen, die Widmung an die Königin Isabel enthaltenden Prolog der Grammatik die Spra- che als *compañera del imperio*, als „Begleiterin des Reiches". Darin betrach- tete er den Aufstieg Kastiliens zur Großmacht als einen historischen Prozess, der vom Aufstieg und der Perfektionierung der spanischen Sprache begleitet war.

lengua compañera del imperio

Siglo(s) de Oro

Mit Nebrija wird für die Sprachgeschichte das eingeleitet, was man als das *Siglo de Oro* („Goldenes Zeitalter") der spanischen Sprache, Literatur und Kultur bezeichnet. Da man unter *Siglo de Oro* sowohl das 16. Jh. als auch das 17. Jh. mit der großen Blüte der spani- schen Literatur (Tirso de Molina, Lope de Vega, Calderón, Cervantes, Góngora, Quevedo u. a.) fasst (vgl. Gröne/von Kulessa/Reiser 2009), wird zuweilen auch im Plural von den beiden Jahrhunderten als *Siglos de Oro* gesprochen.

Sprachreflexion

Schon vor Nebrija gab es seit der Zeit Alfons' des Weisen vereinzelte Zeugnisse der expliziten oder impliziten Sprachreflexion. Im 16. Jh. bildete sich jedoch in der Nachfolge Nebrijas eine umfassende Tradition der Sprachbetrachtung her- aus, und es entstanden zahlreiche Werke zur Orthografie und zur Grammatik des Spanischen. Die Gründe hierfür liegen z. T. in der erwähnten Expansion, vor allem aber in einer allgemeinen europäischen Tendenz zum vermehrten Nachdenken über Sprache, wie wir sie in der Romania u. a. auch im Bereich des Italienischen, des Französischen und des Portugiesischen beobachten kön- nen. Scheinbar paradoxerweise ist die Renaissance und ihre Beschäftigung mit der Antike und den klassischen Sprachen verbunden mit einer europäischen Emanzipation der Volkssprachen, die nun in Bereiche vordringen, die zuvor dem Latein vorbehalten waren.

Frage der Orthografie

Eines der zentralen Themen der Sprachdiskussion ist die Rechtschreibung. Die Manuskriptkultur des Mittelalters war durch große grafische Heterogeni- tät gekennzeichnet. Nun aber führte die massive Verbreitung des gedruckten Buchstabens zu einem Nachdenken über die Schrift, bei dem vor allem zwei gegensätzliche Kriterien vorherrschten: Einerseits das schon in der Antike ver- breitete phonografische Ideal, demzufolge jedem Laut ein Buchstabe zuzuord- nen ist. Im Gegensatz dazu stand andererseits das etymologische Kriterium, demzufolge vor allem die Schreibtradition zu berücksichtigen war, unabhängig von der aktuellen Aussprache. Nebrija vertrat die phonografische Auffassung: „que assi tenemos descreuir como hablamos" – wir müssen so schreiben, wie wir sprechen. In der spanischen Tradition hat das phonografische Prinzip bis in die Gegenwart gewirkt und – etwa im Gegensatz zum Französischen, das sich jedoch auch lautlich stärker entwickelt hat – eine Orthografie ermöglicht, die bis heute nahe an der Lautung steht (s. Einheit 3.4). Im Laufe des 16. und 17. Jh. entstanden zahlreiche Orthografietraktate mit unterschiedlichen Auffassungen, bis hin zur extrem phonografischen *Ortografia Kastellana* von Gonzalo Correas (1630).

Auffällig ist, dass eine Reihe der Werke über Orthografie und sprachliche Korrektheit im Umkreis von Buchdruckern erschien oder sogar von Buchdruckern stammte, die aus Berufsgründen mit Fragen der Rechtschreibung konfrontiert wurden. Auch die Tatsache, dass mehrere der bedeutendsten Grammatiken des 16. Jh. im spanischen Flandern oder in anderen Ländern erschienen sind, unterstreicht die europäische Bedeutung des Spanischen und die Notwendigkeit, Lehrwerke zur Verfügung zu stellen (s. Tab. 13.1).

Buchdruck und Grammatik

Jahr	Autor	Erscheinungsort
1555	anonym	Löwen/Leuven (*Flandern*)
1559	anonym	Löwen/Leuven
1558	Cristóbal de Villalón	Antwerpen
1597	César Oudin	(*Frankreich*)
1599	Richard Percyvall	(*England*)
1607	Heinrich Doergangk	(*Deutschland*)

Tab. 13.1

Bedeutende spanische Grammatiken außerhalb Spaniens

Viele dieser Grammatiken sind jedoch eher didaktische Kompendien; für die Grammatikografie besonders bedeutsam ist die Grammatik von Gonzalo Correas (1625), die bis dahin detaillierteste Beschreibung der spanischen Sprache, mit deutlicher Eigenständigkeit gegenüber der seit Nebrija vorherrschenden Tradition.

Auch verschiedene Wörterbücher entstehen in der Nachfolge Nebrijas, wobei es sich meist um einfache mehrsprachige Vokabulare für den praktischen Gebrauch handelt. Das erste umfassende einsprachige Wörterbuch, das den Ausgangspunkt der späteren spanischen Lexikografie bildet, ist der *Tesoro de la lengua castellana o española* von Sebastián de Covarrubias (1611; s. Einheit 6.9).

Wörterbücher

Ein weiterer Bereich, der von der Sprachreflexion im 16. Jh. zeugt, ist die in den europäischen Sprachen weit verbreitete Diskussion um die Ursprünge der Volkssprache, in die sich mitunter der Versuch mischt, möglichst eine besonders noble Herkunft der Sprache zu beweisen, sei es durch Nähe zu den prestigereichen antiken Sprachen Latein und Griechisch, sei es durch ein besonders hohes Alter. Dabei wurden z. T. abenteuerliche Auffassungen vertreten. Immer wieder wurde das Baskische als Ursprungssprache des Spanischen angesehen. López Madera (1601) und andere hingegen glaubten, es habe schon ein frühes Kastilisch *vor* dem Latein gegeben. Der Humanist Juan de Valdés hatte in seinem berühmten *Diálogo de la lengua* von 1535 die Idee des Baskischen als Ursprungssprache verworfen und das Griechische als Ausgangssprache des Kastilischen verteidigt. Der *Diálogo de la lengua* ist – unabhängig von solchen Irrtümern – ein besonders wichtiges Zeugnis der Sprachreflexion im

Herkunft des Spanischen?

Abb. 13.3

Juan de Valdés (ca. 1490–1541)

16. Jh. Die dialogische Auseinandersetzung mit einem bestimmten Thema nach antikem Vorbild war in Italien und darüber hinaus in der Renaissance eine häufig gepflegte Praxis; Valdés lässt seine Gesprächspartner über das Spanische im Vergleich zum Italienischen und zu den antiken Sprachen diskutieren und schlägt, unter heftigen Attacken gegen Nebrija, die Orientierung am Volksmund und an den Sprichwörtern als Stilideal für die spanische Literatursprache vor, entgegen einer formalen Kodifizierung in einer Grammatik.

13.3 | Sprachliche Veränderungen

Sprachliche Vereinheitlichung

Das 16. und 17. Jh. gelten als die Jahrhunderte der Konsolidierung der spanischen Literatursprache und über die geschriebene Sprache hinaus als Zeit der Herausbildung einheitlicher Formen im Gegensatz zum vorher vorherrschenden Polymorphismus. Dies hängt mit einer Reihe von Faktoren zusammen, die die Architektur der Sprache verändern, etwa mit der größeren Bedeutung bestimmter sprachlicher Zentren und deren Ausstrahlung oder mit der vereinheitlichenden Tendenz aufgrund der erwähnten Sprachreflexion. Bei genauerem Betrachten bleibt die Vielfalt bestehen, nur erhält sie ab dem 16. Jh. einen anderen Status: Während die Schriftsprache und die Sprache der Zentren wie Madrid und Sevilla stärker in den Vordergrund rückten, weichen die Varietäten und Varianten weiter in den Hintergrund. Zu betonen ist dabei, dass sich im Gegensatz etwa zum monozentristischen Frankreich für das Spanische des 16. Jhs. *zwei* Ausstrahlungszentren herausbilden, deren Konkurrenz die Konfiguration der spanischen Weltsprache charakterisieren wird (s. Abschn. 13.4).

Wortschatzausbau

Die vereinheitlichende Tendenz, die auch mit der Reduktion von Vielfalt verbunden ist, lässt sich insbesondere im lautlichen und morphologischen Bereich beobachten. Beim Wortschatz hingegen steht das *Siglo de Oro* vor allem für den weiteren Ausbau im Bereich der Schriftsprache: Im Zuge der Schaffung neuer Textsorten, vom literarischen Großwerk bis hin zum Fachtext, wird die Erweiterung des Wortschatzes notwendig. Unzählige Wörter, die heute fest im spanischen Lexikon verankert sind, werden im 16. und 17. Jh. aus dem Lateinischen und Griechischen oder auch dem Französischen, Italienischen und Portugiesischen entlehnt (s. Tab. 13.2).

Tab. 13.2 |

Spanische Lehnwörter aus anderen Sprachen (nach Cano Aguilar 1992: 251–252)

Lateinisch	Griechisch	Französisch	Italienisch	Portugiesisch
crédito	*dosis*, *reuma*	*bagaje*	*actitud*	*mermelada*
exclamación	*síntoma*, *crítico*	*peluca*	*diseño*	(v. port.
obstáculo	*dialecto*, *filología*	*moda*	*modelo*	*marmelo* ‚Quitte')
melancólico, ...	*frase*, *idioma*	*parque*	*balcón*	*caramelo*, ...
	léxico, *símbolo*	*paquete*, ...	*concierto*	
	teoría, ...		*carnaval*, ...	

268

Der Erweiterung des Wortschatzes steht die Reduktion von Formen mit gram- Formenabbau
matischer Funktion entgegen. So schwinden u.a. Präpositionen (*cabe*) und
Substantive mit grammatischer Funktion wie *guisa* (in *de guisa* zur Bildung
von Ausdrücken mit adverbialer Funktion, die ab dem 16. Jh. fast ausschließlich mit dem Suffix -*mente* gebildet werden); Konjunktionen verschwinden
oder werden durch andere in ihrer Funktion ersetzt (*ca* durch *porque*, *desque*
durch *cuando*, *cada que* durch *siempre*, *maguer* und *comoquier que* durch
aunque), ebenso Adverbien (*y* < lat. IBI, *ende* < lat. INDE; *suso* ‚arriba‘, *yuso*
‚abajo‘). Im Bereich der Pronomina setzen sich *nosotros*/*vosotros* gegen *nos*/
vos durch. Aus der respektvollen Anrede *vuestra merced* entwickelt sich bis
Ende des 17. Jhs. die bis heute übliche Form *usted*. Bis zum Ende des 17. Jhs.
wird die proklitische Positionierung der unbetonten Pronomen außer bei infi-
niten Formen häufiger (z.B. *lo dijo* statt *díxolo*). Der so genannte *leísmo*, d.h.
der Gebrauch von *le* für direkte Objekte (v.a. für „menschliche“ Objekte, aber
auch allgemein für maskuline Objekte) findet im *Siglo de Oro* v.a. im peninsulären Spanisch eine große Verbreitung (s. Einheit 5.6). Das mittelalterliche
unbetonte Pronomen *ge* (z.B. *ge lo digo*) wird durch *se* ersetzt (*se lo digo*).

Auch im Bereich der Verben zeigen sich zahlreiche Veränderungen. Formen
wie *terné*/*verné* schwinden oder bleiben nur dialektal erhalten, während sich in
der Schriftsprache *vendré*/*tendré* durchsetzen; ähnlich *soy*, *voy* statt *so*, *vo*. Für
die 2. Person Plural setzen sich im peninsulären Spanisch die Formen auf -*áis*,
-*éis*, -*ís* durch (*cantáis*, *tenéis*, *venís*), die Formen auf -*ades*, -*edes* und -*ides* sowie
die Formen -*ás*, -*és* schwinden; in Amerika bleiben die Formen auf -*ás*, -*és* in
manchen Regionen erhalten. *Haber* wird zum alleinigen Hilfsverb für temporale Periphrasen mit Partizip. Die alten Plusquamperfektformen auf -*ra* (z.B.
amara) werden fast ausschließlich zu Ersatzformen für die Subjunktivformen
auf -*se* (*amase*). Die Formen des Subjunktiv Futur (*amare*) schwinden nahezu
aus dem produktiven Gebrauch und leben nur noch in bestimmten Diskurstraditionen fort, ansonsten werden sie durch den Subjunktiv Präsens ersetzt.

Eine Tendenz, die sich nicht längerfristig durchsetzt, ist die der Latinisie- Latinisierende
Sprache
rung auch im Bereich der Grammatik. Manche Schriftsteller der klassischen
Zeit verwenden etwa absolute Konstruktionen, die den *Ablativus absolutus*
imitieren und sich bewusst an lateinischen Vorbildern orientieren. Auch das
Hyperbaton (*hipérbaton*), d.h. die Positionsvertauschung von Elementen im
Satz, wird zur Imitation der klassischen Sprache eingesetzt (etwa bei Góngora: *Estas que me dictó rimas sonoras*). Für die dichterische Strömung des so
genannten *Culteranismo* ab Ende des 16. Jhs. wird die Imitation des Lateinischen zu einem zentralen Charakteristikum.

Im lautlichen Bereich können, wie im Bereich der Morphologie, verschie- Lautliche Verände-
rungen
dene Stabilisierungen im Falle der Koexistenz von Formen beobachtet wer-
den (*logar*/*lugar*; *espital*/*hospital*; *escuro*/*oscuro*; *lición*/*lección* etc.). Zuweilen
betreffen solche Veränderungen nur die Schreibung (*cobdo*/*codo*; *dubdar*/
dudar; bei Kultismen: *philosophia*/*filosofía*).

„Revolución
fonológica"

Die wichtigsten Veränderungen betreffen jedoch den Bereich der Konsonanten, sie sind so umfassend, dass sie in der Tradition der Sprachwissenschaft als „phonologische Revolution" bezeichnet wurden, als *Revolución fonológica del Siglo de Oro*: In relativ kurzer Zeit wird das spanische Konsonantensystem grundlegend verändert. So verschwindet die Unterscheidung zwischen den Phonemen /b/ und /v/, die aus dem lateinischen initialen *f-* hervorgegangene Aspiration *h-* geht verloren (*facere > fazer > hacer* [a'θɛr]) und das mittelalterliche Sibilantensystem wird, wie im folgenden Schema dargestellt, von sieben auf vier Phoneme reduziert:

Abb. 13.4|

Veränderungen
des spanischen
Sibilantensystems
im Rahmen der
*Revolución fonológica
del Siglo de Oro.*
Unverändert bleibt
die palatale Affrikate
/c/ (geschrieben
<ch>)

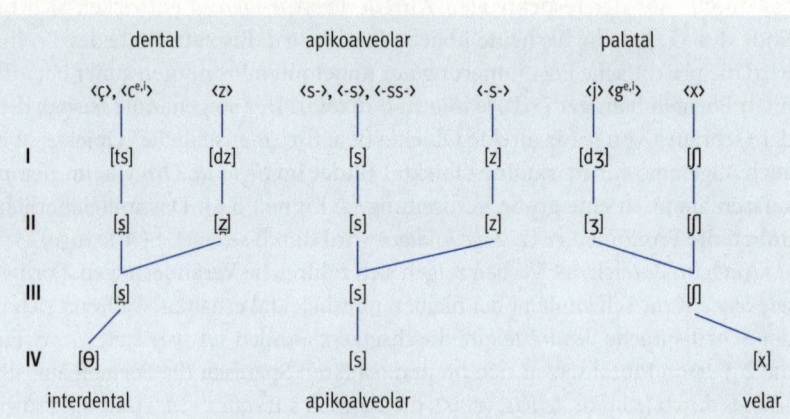

Während (I) im mittelalterlichen Spanisch die Sibilanten an drei Artikulationsorten (dental, alveolar, palatal) und mit vier Artikulationsunterschieden (affrikativ, frikativ, stimmhaft, stimmlos) ausgesprochen wurden (erste Zeile im Schema; die darüber liegende Zeile deutet in Spitzklammern die üblichen Grafien an), wurden zunächst die Artikulationsarten in zwei Schritten reduziert: Schon im Mittelalter verloren die dentalen Affrikaten ihren okklusiven Anteil und wurden zu frikativen Lauten (II). Dadurch war die Unterscheidung zwischen den dentalen und den alveolaren Lauten phonetisch sehr gering geworden. Im *Siglo de Oro* nun verlor sich im Zuge der *Revolución fonológica* zunächst die stimmhafte Aussprache; dadurch gingen drei Phoneme verloren (III). Später veränderte sich noch der Artikulationsort: Das dentale /s/ wurde zum Interdentallaut, das palatale /ʃ/ rückte nach hinten und wurde zum Velarkonsonanten (IV). Dadurch wurde die Artikulation der Sibilanten insgesamt wieder deutlicher, da der artikulatorische Abstand sich vergrößerte.

Systemwandel oder
sozialer Wandel?

Dieser radikale Umbau des Sprachsystems, der sich im Zentrum der Iberischen Halbinsel, jedoch nicht im Süden vollzog, gab bei den Sprachhistorikern Anlass zu Diskussionen. Während einige sagten, dies sei ein typischer Fall von schnell ablaufendem Sprachwandel, und hierfür neben anderen Tendenzen die Instabilität des Systems verantwortlich machten, zogen andere es vor, nach externen historischen Erklärungen für diese Veränderung zu suchen. In der Tat fällt die *Revolución fonológica* ziemlich genau mit der Verlagerung der Hauptstadt unter Philipp II. zunächst von Toledo nach Valladolid und dann von Valladolid nach Madrid (ab 1562) zusammen. Madrid war zuvor ein unbedeutender Ort, wuchs aber durch die neue Rolle schnell an und gewann an Einfluss. Die alte Hauptstadt Toledo hingegen verlor an Bedeutung. Die Verlagerung ging mit einer verstärkten Präsenz von Leuten aus dem Norden, aus Altkastilien, am Hof einher, aus deren Dialekten die sprachlichen Neuerungen stammten. Was also aussieht wie ein plötzlicher Wandel der Sprache, ergibt sich historisch gesehen durch die Verschiebung des Zentrums und eine neue Prestigevarietät – die Sprache Madrids –, die für die Sprachgemeinschaft zum Modell wird.

Die amerikanische Expansion

Historische Umstände

Auf der Suche nach einem Seeweg nach Indien entdeckte Christoph Kolumbus (Cristóbal Colón) im Auftrag der kastilischen Krone am 12. Oktober 1492 amerikanisches Land.

Zunächst landeten die Spanier auf den Antillen und wenig später auf dem amerikanischen Festland. Kolumbus selbst dokumentierte in seinem Tagebuch den ersten *Amerikanismus* (*americanismo*), d.h. das erste aus einer indigenen Sprache Amerikas übernommene Wort, indem er die Einbäume der Indianer mit dem einheimischen Wort *canoa*, „Kanu", vorstellt. Die Landung auf den Antillen war der erste Schritt zur Eroberung großer Teile Amerikas durch die spanische Krone (Mexiko 1519–1521; bis 1540 Eroberung des Inkareiches und von den Zentren in Mexiko und Lima ausgehend Mittel- und Südamerikas bis zum Río de la Plata). Ausgangspunkt für die Eroberung Amerikas war der Vertrag von Tordesillas aus dem Jahre 1494, in dem die spanische und die portugiesische Krone die Welt entlang eines Längengrades (~46°W), der 370 Seemeilen westlich der Kapverden verläuft, untereinander aufteilten. Spanien wurde das Recht zugeschrieben, die links der Linie befindlichen Gebiete zu erobern, während Portugal Anspruch auf die Gebiete rechts davon (u.a. Teile Brasiliens, Afrika) erheben konnte.

Die Eroberung war mit all dem verbunden, was man als Kolonisierung bezeichnet, von der Unterwerfung

|13.4

|13.4.1

1492: Entdeckung Amerikas

|Abb. 13.5

Christoph Kolumbus (1451(?)–1506)

|Abb. 13.6

Vertrag von Tordesillas von 1494

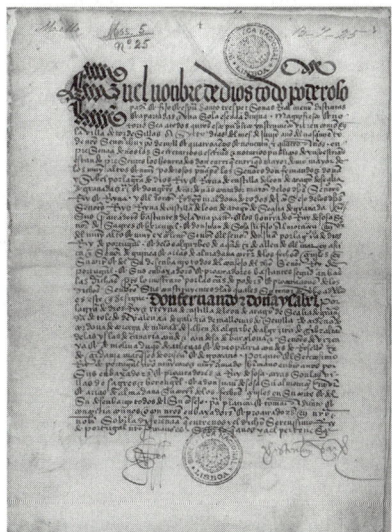

über das Oktroyieren einer politischen Organisation und die Christianisierung bis hin zur Hispanisierung, der sprachlichen Verbreitung des Spanischen als Sprache der Verwaltung der neuen Gebiete. Dabei ist die Hispanisierung alles andere als ein eingleisiger Prozess, auch wenn deren Darstellung bis heute von Simplifizierungen geprägt ist, bei denen auf der einen Seite eine Reduktion vorherrscht, wenn nur von einer blutigen Kolonisation mit dem Schwert die Rede ist, und auf der anderen Seite vereinfacht oder verfälscht wird, wenn gesagt wird, die spanische Sprache sei stets auf friedlichem Wege verbreitet worden. Unbestreitbar ist, dass die Eroberung Amerikas zum Teil mit blutigen Kriegen und mit Ausrottung durch Krankheiten und Epidemien verbunden war. Ebenso unbestreitbar ist, dass durch die Kolonisation Strukturen geschaffen wurden, die der Sprache der Kolonisatoren einen übergeordneten Status verliehen, durch den bis in die Gegenwart die ursprünglich enorme Sprachenvielfalt Amerikas (s. Einheit 1.1) vehement reduziert wurde. Dabei verschwanden Sprachen zum Teil durch die Vernichtung von Völkern, andere hingegen konnten ihren Einflussbereich nach der spanischen Eroberung sogar ausdehnen, da die Missionare überregional verbreitete indigene Sprachen wie das Náhuatl in Mexiko, das Quechua im ehemaligen Inkareich und das Guaraní im Süden als so genannte *Lenguas generales* für die Mission nutzten, denn man glaubte, der indigenen Bevölkerung damit eher nahe zu kommen als über das Spanische. Die Hispanisierung war zunächst vor allem in den ländlichen Gebieten keinesfalls tiefgreifend und wurde erst ab dem 18. und vermehrt ab dem 19. Jh. – also nach der Unabhängigkeit der meisten amerikanischen Staaten – zu einem flächendeckenden Phänomen, da erst ab dem 19. Jh. Erziehungssysteme aufgebaut wurden, die überhaupt eine weitreichende Verbreitung des Spanischen ermöglichten.

Hispanisierung

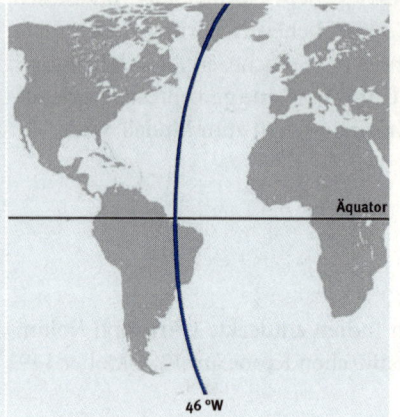

Abb. 13.7
Teilung der Welt entlang des Längengrades 46 °W

Äquator

46 °W

lenguas generales

13.4.2 | Spanisch in Amerika

Woher kommen die sprachlichen Besonderheiten?

Die Eroberer Amerikas kamen aus verschiedenen Gebieten Spaniens, mit einem großen Anteil an Andalusiern, aber auch mit Bewohnern aller anderen Teile des Landes.

Um die besonderen sprachlichen Eigenschaften des amerikanischen Spanisch gab es eine lange Diskussion, in der einerseits die Position vertreten wurde, dass das, was das amerikanische vom europäischen Spanisch unterscheidet, auf eigenständige Entwicklungen zurückgeht, und andererseits behauptet wurde, die Besonderheiten ließen sich durch regionale Einflüsse aus Spanien begründen und bedürften keiner eigenständigen Erklärung. Auch wurde teilweise gesagt, das amerikanische Spanisch gehe auf die Sprache der unteren Schichten zurück, die bei der Eroberung die Mehrheit bildeten. Im Laufe des 20. Jhs. kam man zu einem differenzierteren Bild, wobei einige Fragen bis heute offen bleiben.

Besonders viel diskutiert wurde v. a. die so genannte *Andalucismo*-Hypothese, der zufolge das amerikanische Spanisch vor allem auf das Andalusische zurückgeführt werden könne, da Andalusien, insbesondere Sevilla, eine herausragende Rolle beim Handel mit Amerika spielte. Die *Andalucismo*-Hypothese stützte sich vor allem auf den das ganze amerikanische Spanisch prägenden *seseo*, also die Nicht-Unterscheidung etwa der Aussprache von *caza* und *casa*, die auch in Sevilla verbreitet ist (s. Einheit 11.7). Als Argument gegen einen andalusischen Einfluss wurde lange angeführt, der *seseo* sei in Andalusien erst nach der Hispanisierung Amerikas entstanden. Man nahm an, er habe sich in Sevilla ab der zweiten Hälfte des 16. Jhs. verbreitet, also zu einer Zeit, als die Grundlagen für das amerikanische Spanisch bereits gelegt waren. Funde von andalusischen Schriftdokumenten aus früherer Zeit wiesen jedoch Schreibfehler der Sibilanten auf, die auf eine wesentlich frühere Datierung des *seseo* hinweisen.

Andalusischer Einfluss?

Ein weiteres Argument gegen den *Andalucismo* ist die in Amerika fehlende Allgemeinheit gewisser sprachlicher Eigenschaften, die dem Andalusischen ähnlich sind, etwa die Aspiration oder der Verlust von finalem *-s*, die Verwechslung von *l* und *r* oder die Aspiration von initialem *x-* (*gente* ['hente]). Da sich diese Eigenschaften im Gegensatz zum überall verbreiteten *seseo* vorwiegend in den Küstenregionen Amerikas finden, wurde zwischen dem Spanisch der „tierras altas", der Hochlandgebiete, und dem Spanisch der „tierras bajas", v. a. der Küstenregionen, unterschieden und u. a. sogar das unterschiedliche Klima für die dialektale Verschiedenheit verantwortlich gemacht.

Der Philologe und Historiker Ramón Menéndez Pidal (s. Einheit 12.6) stellte für die Unterscheidung zwischen *tierras altas* und *tierras bajas* in den 1950er Jahren eine Erklärung vor, die bis heute weitgehend akzeptiert ist, obwohl sie sicherlich nur ein erstes grobes Raster für die dialektale Gliederung des amerikanischen Spanisch liefert. Ihm zufolge müssen zwei Phasen der Sprachentwicklung bei der Genese des amerikanischen Spanisch unterschieden werden, eine erste, in welcher der andalusische Einfluss die Grundlagen für das Spanische des ganzen Doppelkontinents legt und auf welche der *seseo* zurückzuführen ist – sicherlich unterstützt von der Tendenz zur Vereinfachung der Sprache in der Situation der Kolonisation. In einer zweiten Phase hingegen teilen sich die Einflüsse: Während die Küstenregionen durch die Häfen weiterhin durch die Handelsverbindungen nach Andalusien geprägt sind und somit weitere andalusische Einflüsse nach Amerika gelangen, macht sich in den urbanen Zentren der Vizekönigreiche immer mehr der Einfluss Madrids bemerkbar, da vor allem das Verwaltungspersonal in ständigem Kontakt und

Zwei Phasen, zwei Zentren der Hispanisierung

Austausch mit der spanischen Hauptstadt steht. Menéndez Pidal weist Klimaeinflüsse und andere Hypothesen zurück, solange es eine historische Erklärung gebe, und schlägt vor, statt von *tierras altas* und *tierras bajas* von *tierras de la corte* und *tierras de la flota* zu sprechen. Einerseits sei der Einfluss der Sprache des Madrider Hofes auf die Vizekönigreichshöfe, andererseits der Einfluss der andalusischen Flotte auf die amerikanischen Häfen für die dialektale Hauptunterscheidung verantwortlich, wie in folgendem Schema zusammengefasst.

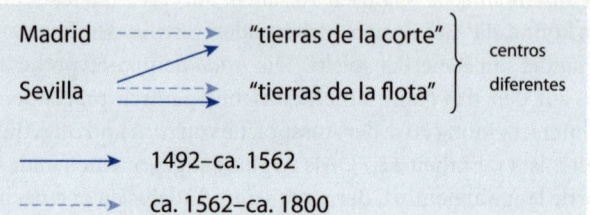

Abb. 13.8 |
Zwei Zentren, zwei Phasen: Erklärung der zentralen dialektalen Unterschiede des Spanischen in Amerika nach Menéndez Pidal (1962)

In diesem Sinne wäre der *seseo* der ersten Phase zuzuordnen, die „andalusischen" Eigenschaften wie die Aspiration von *-s* oder *x-* der zweiten Phase, welcher auch die Ausbreitung des *tuteo* (der informellen Anrede mit *tú*) in den von Madrid beeinflussten Gebieten zugeschrieben wird, was längerfristig in Amerika zur Differenzierung von Gebieten führte, in denen die Form *tú* sich wie in Spanien gegen die Anredeform *vos* durchsetzt (z. B. Zentralmexiko), neben Gebieten, in denen *vos* dominiert (z. B. am Río de la Plata), und schließlich solchen, in denen beide Formen koexistieren (vgl. auch Noll 2001).

 Eine Grafik mit den Gebieten des *tuteo/voseo* in Amerika finden Sie unter www.bachelor-wissen.de.

„Sevillanische Norm" Der andalusische *seseo*, der wohl schon im 14. Jh. in Sevilla weit verbreitet war, geht übrigens nicht auf die „Verwechslung" der neuspanischen Phoneme /s/ und /θ/ zurück, wie dies oft fälschlich angenommen wird, denn das Phonem /θ/ existierte ja in dieser Zeit noch gar nicht (s. Abb. 13.4). In Andalusien war die Entwicklung der Sibilanten anders als in Kastilien: Hier ging aus den altspanischen Lauten zunächst eine Reihe stimmhafter und eine Reihe stimmloser Sibilanten hervor. Erst später ging auch die Sonorität verloren, womit aus vier der mittelalterlichen Phoneme (den vier ersten von links in Abb. 13.4, Zeile I) ein einziges, nämlich /s/, wurde. Die lautliche Realisierung des andalusischen /s/ ist im Gegensatz zum kastilischen Phonem /s/ dental und nicht apikoalveolar. Diese „sevillanische Norm" ist prägend für ganz Amerika, wo ebenfalls dentales *s* vorherrscht. Daher empfinden etwa die Mexikaner das kastilische *s* in *casa* fast als einen palatalen Laut und imitieren zuweilen die Spanier, indem sie übertreibend sagen, die Spanier würden *casa* [ˈkaʃa] aussprechen.

Indigenismen Die spanische Präsenz in Amerika führte nicht nur zur Ausbreitung des Spanischen, sondern auch zur Entlehnung zahlreicher Indigenismen ins Spanische (und über das Spanische in andere Sprachen). In Amerika begegneten die Spanier einer für sie wirklich neuen Welt, in der sie mit Natur- und Kulturgegenständen konfrontiert wurden, für die sie keine Wörter hatten. Teilweise wurden die neuen Gegenstände und Sachverhalte mithilfe des bekannten spanischen Wortschatzes bezeichnet (z. B. *conejillo de Indias* „indisches Häschen" ‚Meerschweinchen'). Häufig aber wurden für neue Inhalte Wörter aus den indianischen Sprachen übernommen, wie *tabaco, tomate, patata, chocolate, caimán, tiburón, huracán, cacao, coyote, caníbal, barbacoa, hamaca* u. v. m.

Modernes Spanisch

| **13.5**

In der spanischen Sprachgeschichtsschreibung ist es üblich, den Beginn des 18. Jhs. mit dem Beginn des „modernen Spanisch" zu verbinden, wenn gesagt wird, dass sich zu diesem Zeitpunkt die wesentlichen Entwicklungsprozesse der spanischen Sprache stabilisierten. So sagt der bedeutende Sprachhistoriker Rafael Cano Aguilar:

Stabilität der Sprache?

> *A la llegada del siglo XVIII han concluido los grandes procesos históricos constitutivos de la lengua española. A partir de entonces, no sólo estamos ante el "español moderno", sino, sobre todo, ante una lengua que ha alcanzado su estabilidad.* (Cano Aguilar 1992: 255)

> „Zu Beginn des 18. Jhs. sind die großen historischen Prozesse zur Schaffung der spanischen Sprache abgeschlossen. Von diesem Moment an haben wir es nicht nur mit dem ‚modernen Spanisch' zu tun, sondern vor allem auch mit einer Sprache, die ihre Stabilität erreicht hat."

Diese Perspektive bezieht sich jedoch vor allem auf die Literatursprache und ist auch für diese nur bedingt gültig. Eine Sprache erreicht nie wirklich „Stabilität", sondern ist immer im Wandel. Eine Sprachgemeinschaft kann aber versuchen, durch Übereinkunft und institutionelle Planung bestimmte

| Abb. 13.9

Die Real Academia Española in Madrid

Stabilitätskriterien festzulegen, wobei dies etwa im Bereich der Orthografie zweifellos möglich ist, in anderen Bereichen lässt sich der ständige Wandel allenfalls bremsen.

Gründung der *Real Academia Española*
Die Gründung der königlichen spanischen Akademie (nach italienischem und französischem Vorbild) im Jahre 1713 hatte die Festlegung einer sprachlichen Norm zum Ziel. Zwischen 1726 und 1739 publizierte sie mit dem *Diccionario de autoridades* ein umfassendes Wörterbuch, dessen Wortschatzbelege vor allem von den „Autoritäten" des *Siglo de Oro*, also den großen spanischen Schriftstellern der klassischen Zeit wie u. a. Lope de Vega, Tirso de Molina, Calderón, Cervantes, Góngora und Quevedo stammen (s. Einheit 6.9). Im Jahr 1741 erschien die *Ortografía*, die in den folgenden Jahrhunderten immer wieder leicht modifiziert wurde und bis heute bindende Orientierung für die spanische Rechtschreibung ist. Die erste Grammatik der Akademie erschien 1771, ab 1780 wurde sie vom König zur offiziellen Grammatik erklärt und u. a. im Schulunterricht eingesetzt. Bis in die Gegenwart sind die Akademiegrammatiken mit den Akademiewörterbüchern die wichtigsten Referenzwerke für die spanische Standardnorm.

Orthografie
Die Akademie charakterisiert sich von Beginn an durch den Versuch, das phonografische mit dem etymologischen Kriterium (s. Abschn. 13.2) zu verbinden. Einerseits wurde in vielen Fällen angestrebt, das Laut-Buchstaben-Verhältnis so eng wie möglich zu halten (z. B. Eliminierung von *ph*, *th* und *ch* in Hellenismen, Eliminierung von *cc* in *accento* > *acento* etc.), andererseits wurde an gewissen etymologischen Prinzipien, die sich im *Siglo de Oro* weitgehend durchgesetzt hatten, festgehalten (Beibehaltung bzw. Wiederbelebung von <h>, Unterscheidung <b>/<v>, Unterscheidung <g^{e,i}>/<j>, Unterscheidung <c^{e,i}>/<z>). Im Falle des Wortschatzes zeigte sich die Akademie als eher konservativ und puristisch, obwohl sie sich nicht prinzipiell gegen Regionalismen und Fremdwörter wehrte.

Die traditionelle Vorstellung von der Stabilisierung der spanischen Sprache ab Beginn des 18. Jhs. verdeckt, wie bereits erwähnt (s. Einheit 12), den Blick auf die verschiedenen Wandlungstendenzen dieser Zeit. Ohne Zweifel besteht eine der Forschungsaufgaben der spanischen Sprachhistoriografie der nächsten Jahre darin, diese Lücken aufzuarbeiten. Dabei wird es insbesondere auch darum gehen, die gesprochene Sprache dieser Zeit zu rekonstruieren, denn das Augenmerk der Sprachhistoriker lag bevorzugt auf der Literatursprache.

Auch wenn auf das 18. Jh. der Beginn des „modernen Spanisch" datiert wird, ist in dieser Zeit die barocke Schriftsprache noch sehr präsent. In manchen Bereichen, in denen wir schon die Normen des heutigen Spanisch zu identifizieren glauben, koexistieren diese im 18. Jh. noch mit konkurrierenden Formen, etwa im Falle der Pluralanrede *vosotros* in Spanien im Gegensatz zum amerikanischen *ustedes*, wobei wir auch auf der Iberischen Halbinsel schon vereinzelt – und nicht nur in Andalusien – die Form *ustedes* auch für die informelle Anrede finden.

Im Bereich des Wortschatzes ist auch das 18. Jh. eine Zeit des Ausbaus, u. a. in Bezug auf Fachwortschatz. Die große Bedeutung des Französischen führte in dieser Zeit zur Übernahme zahlreicher Gallizismen in die Sprachen Europas. Im Spanischen sind dies u. a. *jefe, botella, frambuesa, pantalón, detalle, champán, hotel, flan, tren, chófer* etc. (Cano Aguilar 1992: 264 ff.).

Bedeutung des Französischen

In sprachpolitischer Hinsicht war die zweite Hälfte des 18. Jhs. eine Zeit der Verbreitung des sprachlichen Einheitsgedankens, wenn einerseits von verschiedenen Autoren die Bedeutung des Spanischen als Nationalsprache hervorgehoben wurde, andererseits eine Reihe von gesetzlichen Regelungen den Gebrauch des Spanischen vorschrieben. Bereits in früherer Zeit hatte es Versuche gegeben, das Spanische durch Gesetze oder Dekrete vor allem in den mehrsprachigen Gebieten Spaniens oder Amerikas weiter zu verbreiten, diese hatten jedoch nicht die Breitenwirkung wie die unter Carlos III verfügten Maßnahmen ab etwa 1760.

Spanisch als Nationalsprache

Der Beginn des 19. Jhs. war geprägt durch die amerikanischen Unabhängigkeitsbewegungen und die Unabhängigkeit der meisten amerikanischen Kolonialgebiete, wodurch längerfristig auch die sprachliche Eigenständigkeit zu einer vermehrten Betonung kam. Die mit der Unabhängigkeit verbundene Freiheitsidee vereinigt sich mit der Vorstellung der Französischen Revolution, der zufolge die Gleichheit der Menschen an sprachliche Einheitlichkeit gebunden ist, und trägt zur Verbreitung des Spanischen bei. Vor allem ab Mitte des Jahrhunderts entstanden an verschiedenen Orten – u. a. in Mexiko und Argentinien – kulturelle und ideologische Bewegungen, die eine nationale Identitätssuche mit der Betonung der „Mexikanität" (*mexicanidad*) oder „Argentinität" (*argentinidad*) verbanden und v. a. mit literarischen Mitteln versuchten, eigenständige Ausdrucksformen, die die Unabhängigkeit von Spanien widerspiegeln sollten, zu schaffen. Besonders ausgeprägt war die Suche nach Eigenständigkeit in Argentinien, wo in der Literatur mit der so genannten *literatura gauchesca* als argentinisch empfundene Charakteristika betont wurden und andererseits Intellektuelle und Politiker wie Domingo Faustino Sarmiento (1811–1888) dafür eintraten, dass die Argentinier sich nicht an Spanien und der spanischen Grammatik orientierten.

19. Jahrhundert

Eher pro-spanisch waren bei der Diskussion um die Einheit des Spanischen hingegen die in verschiedenen amerikanischen Staaten ab den 1870er Jahren gegründeten Sprachakademien orientiert.

Akademien in Amerika

Im Zuge der Romantik, die im spanischsprachigen Raum weniger ausgeprägt war als etwa in Deutschland oder Frankreich, zeigte sich u. a. auch die Rückbesinnung auf frühere Epochen der Schriftsprache, was sich im 19. Jh. vor allem bei gewissen Schriftstellern in der Imitation der Sprache des *Siglo de Oro* ausdrückt, die bei einigen Autoren auch zu hyperkorrekten Formen, etwa im Bereich der Pronominalsyntax, führte.

Romantik

Im Wortschatz ist eine Tendenz des 19. Jhs. die beginnende Übernahme von Anglizismen, die dann v. a. im 20. und 21. Jh. zum bestimmenden Element

Anglizismen

lexikalischer Innovation werden sollte. Frühe Anglizismen sind u. a. *club*, *yate*, *tranvía*, *fútbol*, *tenis*, *champú*, *turismo*, *sandwich*, *standard* etc. Cano Aguilar (1992: 265) weist darauf hin, dass zudem zahlreiche Wörter durch englischen Einfluss semantischem Wandel unterlagen, indem ihre Verwendungen dem Englischen entsprechend modifiziert wurden, etwa *tráfico* im Sinne v. ‚Verkehr' analog zu engl. *traffic*; *romance* ‚Liebesbeziehung' analog zu *romance*; *estrella* ‚Star' analog zu *star* etc.

Gegenwartsspanisch

Im 20. Jh. sind wir dem Gegenwartsspanisch so nahe, dass die meisten Sprachveränderungen, die hier zu beobachten sind, bis in die Gegenwart fortwirken (s. Einheit 14). In allgemeiner Hinsicht prägend für Spanien waren in diesem Jahrhundert die großen Gegensätze zwischen den Diktaturen einerseits (Primo de Rivera 1923–1930, Franco 1939–1975) und andererseits der Zweiten Republik (1931–1939) und der Demokratie nach 1975. Während die Zeit der Diktaturen in unterschiedlichem Maße von spanischem Monolithismus, Unterdrückung der Vielfalt und internationaler Isolation geprägt war, was sich auch auf die Sprache auswirkte (u. a. hierarchische Anredesysteme, Vermeidung von Anglizismen), sind die demokratischen Zeiten solche der inneren Vielfalt (u. a. gegenüber den Sprachen Spaniens, s. Einheit 9) und der internationalen Öffnung (s. Einheit 14).

> Den Lektüretext von Antonio de Nebrija, *Gramática de la lengua castellana*, *Prólogo* finden Sie auf www.bachelor-wissen.de.

Aufgaben

1 Lesen Sie den Lesetext zu dieser Einheit (Prolog der *Gramática de la lengua castellana* von 1492) auf www.bachelor-wissen.de und beschreiben Sie die darin vertretene Auffassung von der Sprachentwicklung. Welche sprachlichen Besonderheiten fallen in dem Text auf?

2 Lesen Sie die auf www.bachelor-wissen.de verfügbaren ersten drei Seiten des *Don Quijote* von Cervantes und suchen Sie alle sprachlichen Besonderheiten, die diesen Text aus dem *Siglo de Oro* gegenüber dem Gegenwartsspanischen unterscheiden.

3 Vergleichen Sie bei Cano Aguilar (1992: 287) die beiden Passagen aus zwei anonymen Grammatiken des 16. Jhs. und kommentieren Sie sie.

4 Suchen Sie mit Hilfe von Wörterbüchern die englische, französische und deutsche Übersetzung der auf S. 275 genannten Indigenismen. Was fällt hierbei auf?

Literatur

Bollée, Annegret/Neumann-Holzschuh, Ingrid (2003): s. Einheit 12.

Cano Aguilar, Rafael (1992): s. Einheit 12.

Cano Aguilar, Rafael (ed.) (2004): s. Einheit 9.   📖

Gröne, Maximilian/von Kulessa, Rotraud/Reiser, Frank (2009): *Spanische Literaturwissenschaft. Eine Einführung*, Tübingen: Narr.

Lapesa, Rafael (1981): s. Einheit 12.   📖

Menéndez Pidal, Ramón (1962): „Sevilla frente a Madrid. Algunas precisiones sobre el español de América", in: Catalán, Diego (ed.): *Estructuralismo e historia. Miscelánea – Homenaje a André Martinet*, La Laguna: Universidad de La Laguna, 99–165.

Nebrija, Elio Antonio (1492/1984): *Gramática de la lengua castellana*, ed. de Antonio Quilis, Madrid: Ed. Nacional. Text auch auf www.cervantesvirtual.com.

Noll, Volker (2001): *Das amerikanische Spanisch. Ein regionaler und historischer Überblick*, Tübingen: Niemeyer.

Noll, Volker (2005): „Reflexiones sobre el llamado andalucismo del español de América", in: Noll, Volker/Zimmermann, Klaus/Neumann-Holzschuh, Ingrid (eds.): *El español en América: Aspectos teóricos, particularidades, contactos*, Frankfurt a. M./Madrid: Vervuert/Iberoamericana, 95–111.

Ramírez Luengo, José Luis (2007): *Breve historia del español de América*, Madrid: Arco.   📖

Internetquelle (Stand: Juli 2009)

Valdés, Juan de (1533): *Diálogo de la lengua*: www.cervantesvirtual.com/FichaAutor.html? Ref=20

Plurizentrisches Spanisch: Konvergenz und Divergenz im Gegenwartsspanischen

Inhalt	
14.1 Konvergenz, Divergenz und Parallelismus	282
14.2 Der Antagonismus zwischen *Universalismus* und *Partikularismus*	284
14.3 Die Frage der *Unidad del idioma*	285
14.4 Das Spanische als plurizentrische Sprache	286
14.5 Tendenzen des Gegenwartsspanischen: Architektur	287
14.6 Tendenzen des Gegenwartsspanischen: Struktur	289
14.7 Abschließende Bemerkung	297

Da Spanisch weltweit in sehr verschiedenen Gebieten gesprochen wird, stellt sich immer wieder die Frage von Einheit und Vielfalt der Sprache, vor allem natürlich bezüglich der Standardsprache. Im Gegensatz zur früher weit verbreiteten Vorstellung, das Spanische könnte auseinanderfallen, wenn es nicht einen vollkommen einheitlichen Standard gibt, hat sich heute weitgehend die Vorstellung einer *plurizentrischen* Sprache mit verschiedenen regionalen Standards durchgesetzt. In dieser Einheit werden wir zunächst die *Plurizentrik* des Spanischen auf der Ebene der Standards beschreiben und dann auf einige Entwicklungstendenzen des Gegenwartsspanischen hinweisen.

Überblick

14.1 | Konvergenz, Divergenz und Parallelismus

Tendenzen des Spanischen?

Wohin tendiert das Spanische? Welche Zukunft lässt sich für die Weltsprache prognostizieren? Wird sie sich weiter ausbreiten und dabei einerseits andere Sprachen verdrängen, andererseits sich selbst gegenüber den anderen Weltsprachen und allen ihren Kontaktsprachen behaupten? Oder wird auch das Spanische unter dem Druck anderer Sprachen in Bedrängnis geraten? Und bezüglich der Sprache selbst: Kann eine so weit verbreitete, so vielen unterschiedlichen Einflüssen ausgesetzte Sprache wie das Spanische überhaupt als Einheit bestehen oder wird sie sich zu verschiedenen einzelnen Idiomen auseinanderentwickeln? Wir werden uns hier zunächst der zweiten Frage widmen und überlegen, was zur Einheit und Vielfalt des Spanischen als Weltsprache in Gegenwart und Zukunft beiträgt und beitragen kann.

Sprachen befinden sich ständig im Wandel, und bei einem größeren Sprachgebiet hängen Einheit oder Vielfalt davon ab, wie sich die Sprache in den einzelnen Gebieten entwickelt. Bevor aber die verschiedenen Typen möglicher Entwicklungen vorgestellt werden, sind einige grundlegende Unterscheidungen notwendig, die bei der Diskussion um Einheit und Vielfalt häufig missachtet werden. Oft wird viel zu pauschal von sprachlicher Einheit gesprochen, ohne zu präzisieren, ob es sich hier um eine einzige, auf ganz bestimmte Phänomene reduzierbare oder viele Phänomene zugleich umfassende Frage

Stufen sprachlicher Einheit

handelt. Zur größeren Klarheit ist es sinnvoll, verschiedene Stufen sprachlicher Einheit zu unterscheiden:

► „vollständige" sprachliche Einheit, d.h. ein überregional einheitliches Sprachsystem mit übereinstimmenden Normen;
► keine vollständige, aber doch relative sprachliche Einheit mit gewissen Abweichungen und einheitlichem Standard (mündlich *und* schriftlich);
► relative sprachliche Einheit mit unterschiedlichen mündlichen Standards bei einheitlichem schriftlichem Standard;
► virtuelle sprachliche Einheit bei unterschiedlichen mündlichen und schriftlichen Standards.

Neben der Tatsache, dass sich hier sicherlich noch Zwischenstufen einfügen ließen, sollte auf Folgendes hingewiesen werden: Die „vollständige" Einheit gibt es in der Realität nicht; es handelt sich hier aber um eine Idee, die in Debatten um sprachliche Einheit immer wieder vertreten wurde. In Frankreich wurde sie im 18. Jh. für das Französische propagiert; mit der Ausbreitung der Gedanken der Französischen Revolution in der spanischsprachigen Welt (v. a. in Hispanoamerika) ist dieser „sprachliche Jakobinismus" auch hier im Sprachdenken präsent. Den zweiten Fall treffen wir relativ häufig in Nationalstaaten an, etwa im Falle des Deutschen in Deutschland, des Französischen in Frankreich und des Spanischen in Spanien. Hier gibt es jeweils einen einheitlichen Nationalstandard bei gleichzeitiger regionaler, sozialer und stilistischer

Differenzierung. Der dritte Fall ist etwa der des Spanischen in der Welt, wo wir unterschiedliche mündliche Standards, aber einen weitgehend einheitlichen schriftlichen Standard vorfinden. Der letzte Fall schließlich ist der des Englischen oder des Portugiesischen, wo es auch in der Schriftsprache zumindest leichte Abweichungen gibt, aber dennoch eine eindeutige virtuelle Einheit der Sprache gegeben ist, die sich in diesen Fällen auch in der einheitlichen Sprachbezeichnung ausdrückt. In den „realen" Fällen 2–4 können natürlich die „gewissen Abweichungen" in sehr unterschiedlichem Maße ausgeprägt sein. Dabei muss jeweils die objektbezogene Einheitlichkeit oder Unterschiedlichkeit von der metasprachlich-diskursiv geformten Vorstellung von Einheit oder Vielfalt unterschieden werden. So gibt es Situationen, in denen sehr ähnliche Sprachformen zuweilen als unterschiedlich und auch virtuell nicht einheitlich angesehen werden – wie für manche etwa in dem erwähnten Falle des Valencianischen in Bezug auf das Katalanische (s. Einheit 9) –, während in anderen Fällen – etwa dem gewisser italienischer Dialekte – relativ große Unterschiede einer einheitlichen Auffassung nicht widersprechen.

Man könnte nun geneigt sein, die verschiedenen Stufen als historische Entwicklungsetappen anzusehen, die von einer anfänglichen Einheit zur Vielfalt führen – und in der Tat gibt es diesen Fall in der Geschichte der Sprachen recht häufig, denkt man etwa an die Einheit des Lateins im Römischen Reich und die daraus entstandene Vielfalt der romanischen Sprachen. Es gibt aber nicht nur divergente Entwicklungen, sondern es lassen sich drei grundlegende Tendenzen sprachlicher Entwicklung unterscheiden: *(Marginalie: Verschiedene Entwicklungstendenzen)*

► konvergente Tendenzen;
► divergente Tendenzen;
► parallele Tendenzen.

Konvergente Tendenzen (*tendencias convergentes*) sind solche, die durch räumlichen oder sonstigen Kontakt gegeben sind. Betrachten wir etwa das Gegenwartsspanische, so finden sich zahlreiche lexikalische Innovationen, die durch den Einfluss des Englischen erklärbar sind. In denjenigen Fällen, wo diese Innovationen die ganze spanischsprachige Welt betreffen, kann man von konvergenten Tendenzen sprechen, da diese zu einheitlichen Entwicklungen in der hispanischen Welt führen. *(Marginalie: Konvergenz)*

> „konvergenter" englischer Einfluss im Spanischen: *(Marginalie: Beispiel 14.1)*
> *disco duro* ‚Festplatte' (Lehnübersetzung v. engl. *hard disk*)
> *formatear* ‚formatieren' (assimiliertes Lehnwort v. engl. *to format*)

Bei der Divergenz geht es um lokale Entwicklungen, die sich nur begrenzt auswirken und zur inneren Differenzierung der Sprache führen. *Divergente Tendenzen* (*tendencias divergentes*) sind etwa die unterschiedlichen Lautentwicklungen in Spanien und Hispanoamerika (s. Abschn. 14.6.1). Der *Parallelismus* (*paralelismo*) ist eigentlich eine Sonderform der Konvergenz, wobei es *(Marginalie: Divergenz / Parallelismus)* hier um Entwicklungen geht, die unabhängig voneinander an verschiedenen Orten zu gleichen oder ähnlichen Resultaten führen. Im Einzelfall ist es oft nicht einfach zu klären, ob kontaktbedingte Konvergenz oder Parallelismus vorherrscht. Ein Fall von Parallelismus scheint etwa der so genannte *dequeísmo* zu sein, die in der gesprochenen Sprache weit verbreitete Tendenz, nach Formen, die keine Präposition erfordern, die Präposition *de* zu setzen (s. Abschn. 14.6.2).

14.2 | Der Antagonismus zwischen *Universalismus* und *Partikularismus*

Sprachentod und Globalisierung

Man sagt, etwa alle zwei Wochen stirbt eine Sprache auf der Welt. In den letzten Jahren mehren sich Prophezeiungen, die eine drastische Reduktion der globalen Sprachenvielfalt prognostizieren (s. Einheit 1.1). Manche glauben sogar, dass nur eine Handvoll Sprachen langfristig bestehen werden. Die *Globalisierung* (*globalización*) fordert ihre Opfer: Weltweite Kommunikation, die Erschließung auch entlegenster Orte sowie wachsende Mobilität führen zur Zerstörung traditioneller Räume und ihrer Sprachen. Das Spanische wird als expansive Sprache neben dem Englischen, dem Chinesischen, dem Arabischen, dem Hindi und vielleicht noch dem Russischen als einer der wenigen Gewinner dieses Prozesses gehandelt. Was man Globalisierung nennt, ist ein komplexer Prozess, bei dem die ökonomische Erschließung globaler Räume mit politischen Ereignissen wie der Auflösung starrer Blöcke und der technischen Revolution durch Computer und Internet zu umfassenden Umbrüchen führen, die auch die Ausdehnung sprachlicher Großräume begünstigen. Es wäre jedoch zu einfach, dies als unidirektionales Geschehen zu betrachten: Immer dann, wenn wir in der Geschichte der Sprachen große Schübe der Vereinheitlichung beobachten, entsteht zugleich Vielfalt. So lässt sich, wie in Einheit 12 ausgeführt, die karolingische vereinheitlichende Reform des Lateins zur Ausdifferenzierung der romanischen Sprachen (bzw. der Bewusstwerdung dieser Ausdifferenzierung) in Bezug setzen; die vereinheitlichende Französische Revolution ist der Bezugspunkt für die romantische Konstruktion lokaler Differenzen und Identitäten, und auch die Globalisierung hat ihren Gegenpart in der Betonung regionaler Unterschiede. Bei der historischen Betrachtung sprachlicher Räume hat man den Eindruck, dass Phasen des *sprachlichen Universalismus* (*universalismo lingüístico*) sich mit solchen des sprachlichen *Partikularismus* (*particularismo lingüístico*) abwechseln – bei genauerem Betrachten lassen sich jedoch beide Tendenzen aufeinander beziehen und scheinen sich gegenseitig zu bedingen. Im Grunde genommen geht es um den Antagonismus, den man auf einer anderen Ebene auch zwischen Individuen beobachten kann und bei dem der Wunsch, so zu sprechen wie andere, der Artikulation der individuellen Differenz entgegensteht und zu einem Spannungsverhältnis führt. Sprachliche Differenzierung scheint genauso wie sprachliche Einheit-

Universalismus und Partikularismus

lichkeit zwei menschlichen Grundtendenzen zu entsprechen, die auch im Zeitalter der Globalisierung beide wirken – womit keinesfalls das Überleben der sprachlichen Vielfalt im bisherigen Sinne als garantiert angesehen werden kann. Bei der Herausbildung neuer Großräume wird jedoch auch die Entstehung oder Affirmation regional begrenzter Räume zu beobachten sein. Tatsächlich ist für zahlreiche regionalsprachliche Bewegungen in Spanien und Lateinamerika derzeit das Argument sehr wichtig, dass die regionalen Sprachen auch ein Gegengewicht zur globalen Vereinheitlichung bilden.

Die Frage der *Unidad del idioma*

Wenn heute von der spanischsprachigen Welt die Rede ist, so dominieren meist Aussagen über deren Größe oder die Expansion der Sprache. Die Frage des sprachlichen Zusammenhalts des Spanischen, die noch bis vor wenigen Jahrzehnten zahlreiche Diskussionen beherrschte, ist ein wenig in den Hintergrund gerückt. Seit der zweiten Hälfte des 19. Jhs. wurde von verschiedenen Intellektuellen die Entstehung einzelner, differenzierter spanischer Sprachnationen teils gefordert, teils als Gefahr dargestellt. Zu Beginn des 20. Jhs. verglich der kolumbianische Philologe Rufino José Cuervo von Paris aus die Situation des Spanischen in der Welt mit der des Lateins und kündigte die Trennung verschiedener spanischer Sprachen an:

> *Estamos, pues, en vísperas (que en la vida de los pueblos pueden ser bien largas) de quedar separados, como lo quedaron las hijas del Imperio Romano: hora solemne y de honda melancolía en que se deshace una de las mayores glorias que ha visto el mundo.* (Cuervo 1901: 35)

> „Wir stehen also am Vorabend (der im Leben der Völker sehr lange dauern kann) der Trennung, so wie die Töchter des Römischen Reichs getrennt wurden. Ein bedeutender Moment voll tiefer Traurigkeit, da eine der größten Herrlichkeiten, die die Welt je gesehen hat, zerfällt."

Im Laufe des 20. Jhs. wechselten sich Aussagen wie diese mit anderen ab, die im Gegensatz hierzu die grundlegende Einheit des Spanischen betonten. Immer wieder wurde darauf hingewiesen, dass vor allem auf der Ebene der Sprache der gebildeten urbanen Schichten die Unterschiede zwischen den einzelnen spanischsprachigen Ländern so gering seien, dass die gegenseitige Verständigung kein Problem darstelle. Es ist aber ohne Zweifel so, dass dieser relativen Einheitlichkeit beim Vergleich anderer Varietäten auch große Differenzen entgegenstehen und die Einheitlichkeit keinesfalls eine selbstverständliche, quasi naturgegebene Tatsache wäre. Bei der Debatte um die *sprachliche Einheit*, die *Unidad del idioma*, geht es meist um normative Fragen, d. h. um die Forderung nach Einheitlichkeit der Sprache (aber auch um die Forderung nach Eigenständigkeit regionaler Normen); zuweilen werden aber auch deskriptive

14.3

Frage des sprachlichen Zusammenhalts des Spanischen

Abb. 14.1
Rufino José Cuervo (1844–1911)

Fragen erörtert, wenn gefragt wird, auf welcher Ebene der Sprache die Einheit wie groß ist.

Spanien als sprachliches Ideal?

Extreme normative Forderungen gehen bis zur Postulierung der vollständigen Einheit des Spanischen. Noch in den zwanziger Jahren forderte selbst der große spanische Philologe Ramón Menéndez Pidal, man solle etwa argentinischen Kindern den *voseo* (s. Einheit 13.4), die für sie normale Anredeform, untersagen. Als sprachliches Ideal für die ganze spanischsprachige Welt betrachtete Menéndez Pidal das Spanisch der gebildeten Madrider Schichten. Solche Vorstellungen gelten heute als überholt; die hispanoamerikanischen Staaten und Spanien werden bei den Debatten um die sprachliche Norm als ebenbürtige Partner angesehen. In der ganzen Diskussion wurde immer wieder die oben getroffene Unterscheidung zwischen verschiedenen Stufen von Einheit vernachlässigt und von den einzelnen Protagonisten nicht genau präzisiert, auf welche Ebene sie sich jeweils beziehen wollten. Die Forderung, dass auch im informellen Bereich in der ganzen spanischsprachigen Welt gleich zu sprechen sei, ist absurd. Eine andere Frage ist die, ob ein einheitlicher schriftlicher Standard und eine virtuelle Einheit auch in der gesprochenen Standardsprache möglich ist. Ein Bereich, in dem sich die Einheitlichkeit relativ leicht regeln lässt, wenn der Wille dazu gegeben ist, ist die Orthografie. In den spanischsprachigen Ländern gibt es jeweils nationale Sprachakademien; alle Akademien arbeiten in einer gemeinsamen Kommission zusammen und haben sich 1927 auf eine gemeinsame Orthografie geeinigt. Seitdem wurden verschiedene kleinere Modifikationen vorgenommen, die jeweils in der Kommission abgesprochen wurden. Im Falle des Wortschatzes sind sich die Akademien darüber im Klaren, dass es hier keine vollständige Einheitlichkeit gibt, und verfolgen daher das Ziel, die Gemeinsamkeiten im Wortschatz so weit wie möglich zu pflegen und im Falle regionaler Formen zumindest die passive Kenntnis überregionaler Formen zu garantieren.

Der *Diccionario panhispánico de dudas* ist im Internet zu finden unter http://buscon.rae.es/dpdI.

14.4 | Das Spanische als plurizentrische Sprache

Spanische Sprachkultur: plurizentrisch

Auf den schon in Einheit 11 erwähnten Sprachsoziologen Heinz Kloss geht der Vorschlag zurück, Sprachen, die mehr als ein Zentrum aufweisen und bei denen es mehr als einen kodifizierten Standard gibt, als *plurizentrische Sprachen* (*lenguas pluricéntricas*) zu bezeichnen. Seit den 1990er Jahren (Clyne 1992) ist es üblich, diesen Terminus bei der Beschreibung von Weltsprachen wie dem Spanischen zu verwenden, bei denen es zwar eine virtuelle Einheit, aber auch regional abweichende Standards gibt. Für das Spanische haben in den letzten Jahren verschiedene Autoren Argumente gesammelt, die für eine plurizentrische Sprachkultur sprechen (u. a. Oesterreicher 2001, Lebsanft 2004, Polzin-Haumann 2005, Torrent-Lenzen 2006), wo in einem großen Sprachgebiet einerseits nebeneinander verschiedene gleichwertige lokale Zentren existieren, die sich nicht einem zentralen sprachlichen Ausstrahlungsort unterordnen, andererseits aber auch eine gewisse Einheitlichkeit gepflegt wird. Im Laufe der letzten Jahrzehnte hat sich diese Betrachtungsweise tatsächlich in der spanischsprachigen Welt durchgesetzt. Bereits als im Zuge der Neuauflage des Wörterbuchs der spanischen Akademie von 1992, also 500 Jahre nach Kolumbus' Ankunft in Amerika, in Spanien und Lateinamerika heftige Diskussionen über die gleichwertige Berücksichtigung der amerikanischen lexikalischen Besonderheiten ausbrachen, demonstrierte die spanische Akademie mit der 21. Auflage des *Diccionario*, dass das Wörterbuch durchaus Pluralität und zahlreiche regionale Formen aufnehmen konnte und sich nicht nur darauf beschränkte, die auch in Spanien bekannten Amerikanismen zu berücksichtigen (s. Einheit 6.8).

Tendenzen des Gegenwartsspanischen: Architektur

| 14.5

Im Sinne der getroffenen Unterscheidung zwischen Konvergenz, Divergenz und Parallelismus kann man sich fragen, ob sich im Gegenwartsspanischen Entwicklungen abzeichnen, die als Tendenzen für die Zukunft angesehen werden können. Bei solchen Tendenzen ist stets große Vorsicht geboten – es geht dabei nicht um Prophezeiungen, sondern um Beobachtungen gegenwärtiger Dynamik, die Rückschlüsse auf eine mögliche Zukunft erlauben.

Entwicklungstendenzen sind keine Prophezeiungen

Wir unterscheiden dabei zwischen Entwicklungstendenzen der Architektur (s. Einheit 11), d.h. der Konfiguration der Varietäten der historischen Sprache Spanisch, und den Strukturebenen des Sprachsystems, wobei diese beiden Faktoren sich teilweise bedingen.

Die Architektur des Spanischen als plurizentrischer Sprache scheint aus heutiger Sicht relativ stabil. Tendenzen der Unterbrechung der virtuellen Einheit sind genauso minderheitlich wie solche, die versuchen, einen bestimmten regionalen Standard auf andere auszuweiten, auch wenn sich neben den nationalstaatlichen auch verschiedene „Großzonen-Standards" festigen; neben dem europäischen Standard sind dies laut Oesterreicher (2001: 310) mindestens drei amerikanische Gebiete: „Mexiko, Buenos Aires mit den La Plata-Staaten und ein Spanisch der Andenstaaten. In der Karibik und im nördlichen Südamerika sowie in Chile sind die Verhältnisse noch nicht so klar, Vergleichbares gilt für die Beurteilung des Spanischen in den U.S.A." Schematisch könnte man die Konfiguration der spanischen Standardsprache wie folgt darstellen: Es gibt eine virtuelle Einheit, die sich in der Bezeichnung der Sprache und in großen Übereinstimmungen im Sprachsystem sowie in einer gemeinsamen Orthografie widerspiegelt. Dieser virtuellen Einheit entspricht jedoch keine einheitliche Aussprache. Unmittelbar darunter finden sich zumindest zwei Großstandardräume, ein europäischer und ein amerikanischer, die sich durch eine Reihe von Merkmalen unterscheiden (in Amerika: *seseo*, Nichtunter-scheidung *vosotros/ustedes*, kein *leísmo de persona* etc.). Eine Ebene tiefer sind „Großzonen-Standards" angesiedelt, die wiederum über (oder auch z. T. neben) nationalen Standards stehen. Darunter wiederum finden sich die sons-tigen (regionalen, sozialen, stilistischen) Varietäten.

Abb. 14.2 |

Hierarchien von
Standards in der
spanischsprachigen
Welt

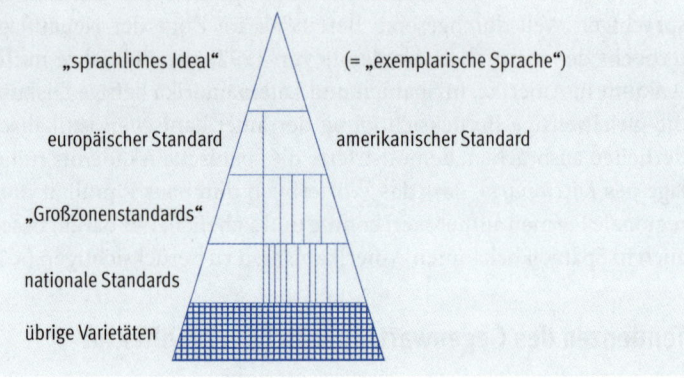

Wandeltendenzen von
oben und unten

Eine wichtige Frage für die Entwicklung der Architektur des Spanischen ist die, ob sich innerhalb des Varietätengefüges bestimmte Wandeltendenzen durchsetzen können oder eher nicht. Hierfür betrachten wir als zentrale Ten-denzen des sprachlichen Wandels einerseits die Dynamik „von unten", d. h. vor allem die Innovationen aus der mündlichen Sprache, und andererseits den Wandel „von oben", durch schriftliche Texte oder andere distanzsprachliche Textsorten, gemäß dem folgenden Schema:

Abb. 14.3 |

Schematische Darstel-
lung verschiedener
Prozesse sprachlicher
Innovation (Kabatek
2005: 3)

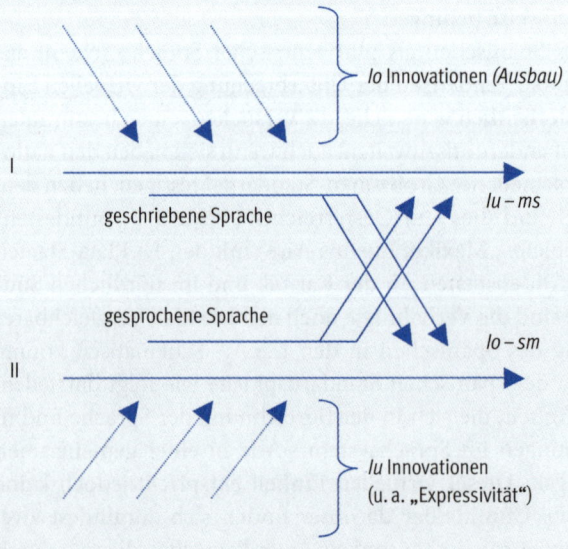

I stellt die Kontinuität der geschriebenen Sprache und der stan-dardnahen Varietäten dar, II die mündlichen Traditionen. In beiden Bereichen gibt es Innovationen, deren Motivation jedoch jeweils unterschiedlich ist. Iu bezeichnet die „Innovationen von unten"; Io die „Inno-vationen von oben". Iu – ms ist die Richtung der Innovationen von der Mündlichkeit zur Schriftlichkeit, Io – sm bezeichnet die umgekehrte Richtung.

Die architektonische Entwicklung bezüglich des Wandels „von unten" könnte in der spanischsprachigen Welt eher divergent sein, wenn in den einzelnen Regionen verstärkt lokale Innovationen auch in höhere Sprachebenen dringen, denn die lokalen Neuerungen werden nur in manchen Fällen parallelen Entwicklungen entsprechen und meist – etwa in den Gebieten mit Sprachkontakt zu lokalen Sprachen – auf das entsprechende Gebiet begrenzt sein. Im Falle des Wandels „von oben" sind die Wandeltendenzen dagegen eher konvergent (Internationalismen, Anglizismen, Wandel durch globale schriftliche Kommunikation, Internet etc.). Doch können in den letzten Jahrzehnten auch hier, etwa im Falle des Computerwortschatzes, divergente Tendenzen beobachtet werden, denn weder ist die Übernahme als Prozess noch das übernommene Material immer einheitlich (vgl. Jansen 2005).

> „divergente" Wandeltendenzen im spanischen Computerwortschatz: | **Beispiel 14.2**
>
> Computer: *ordenador* (v. frz. *ordinateur*, Spanien)
>
> *computador/computadora* (v. engl. *computer*, versch. amerikanische Länder)
>
> Computermaus: *mouse* (*Lehnwort/préstamo*, versch. amerikanische Länder)
>
> *ratón* (*Lehnprägung/calco*, Spanien)

Eine Typologie lexikalischer Kontaktphänomene findet sich unter www. bachelor-wissen.de.

Durch den wirtschaftlichen Aufschwung Spaniens seit den 1980er Jahren gewinnt das spanische Spanisch erneut an Bedeutung als Konvergenzfaktor in der ganzen spanischsprachigen Welt: Sowohl durch die zahlreichen persönlichen Kontakte, durch Spanier in Hispanoamerika und Hispanoamerikaner in Spanien als auch durch die internationale Präsenz von Institutionen wie dem internationalen Kulturinstitut *Instituto Cervantes* (www.cervantes.es) oder die wirtschaftliche Präsenz von Großkonzernen wie Telefónica, Repsol oder Sol Melià ist Spanien weltweit so präsent wie kein anderes spanischsprachiges Land.

Tendenzen des Gegenwartspanischen: Struktur | 14.6

Die folgenden Tendenzen der Entwicklung der spanischen Sprache führen nur stichpunktartig einige Bereiche auf. Ein systematischer, umfassender Überblick über die sprachlichen Besonderheiten des Spanischen in den verschiedenen Gebieten ist derzeit noch ein Forschungsdesiderat, das durch eine nach einheitlichen Kriterien angelegte Untersuchung erfüllt werden müsste.

Lautlicher Bereich | 14.6.1

Der *seseo*, einer der Hauptunterschiede zwischen europäischem und amerikanischem Spanisch, weist in seiner Entwicklung derzeit wenig Dynamik auf; er

seseo und yeísmo

ist in Amerika generalisiert und bleibt in Spanien regional begrenzt auf Teile Andalusiens (s. Einheit 11.7) und die Kanarischen Inseln sowie auf gewisse Kontaktvarietäten zum Katalanischen und Galicischen (s. Einheit 9.5.1). Der *yeísmo* hingegen, die Nichtunterscheidung der Phoneme /y/ und /ʎ/, die bis vor kurzer Zeit in Spanien noch als substandardlich galt, hat sich in Spanien inzwischen so weit ausgeweitet, dass er heutzutage als unmarkierte Form im Gegensatz zur dialektal markierten Unterscheidung angesehen werden kann. Auch die geografische Ausdehnung des Phänomens auf dialektaler Ebene lässt es heute nicht mehr zu, wie früher von einem „meridionalen" Phänomen zu

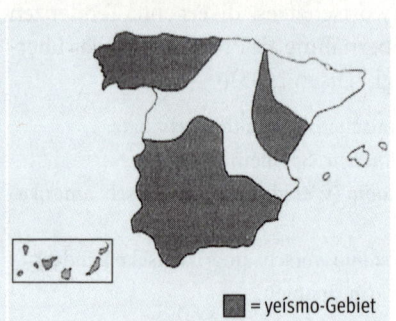

Abb. 14.4
Geografische
Ausbreitung des
yeísmo-Gebiet in
Spanien (Alcoba
2000: 48)

= yeísmo-Gebiet

sprechen, denn der *yeísmo* ist neben dem Süden auch im Nordwesten und im Osten Spaniens verbreitet und schließt dabei das Zentrum und die Stadt Madrid mit ein.

Auch in Amerika ist der *yeísmo* weit verbreitet; die unterscheidenden Regionen etwa im Andenraum sind deutlich reduzierter als die Gebiete, in denen der *yeísmo* üblich ist: Hier führt die Entwicklung zu einer gesamtspanischen einheitlichen üblichen Aussprache. Im Jahre 1994 schreibt dazu Emilio Alarcos Llorach (1922–1998) in seiner Grammatik der spanischen Akademie:

> *Este fenómeno del yeísmo, rastreado desde hace siglos, difundido sobre todo en los medios urbanos, hoy disfruta de plena vigencia, hasta el punto de que incluso los hablantes distinguidores no prestan atención al hecho de que sus interlocutores no lo sean. La oposición tenía (o tiene) muy poco rendimiento funcional, pues el contexto suele evitar toda ambigüedad: pollo-poyo, rallar-rayar, callado-cayado, hulla-huya, etc., tienen pocas oportunidades de aparecer en una misma secuencia de habla. La fusión de los dos fonemas suele realizarse con las variantes propias de /y/, pero vulgarmente, o en zonas dialectales, se manifiesta con muy variados sonidos.* (Alarcos Llorach 1994: 35)

> „Das Phänomen des *yeísmo*, das schon seit Jahrhunderten beobachtet und vor allem durch die Städte verbreitet wurde, genießt heute vollkommene Akzeptanz bis zu dem Grad, dass sogar diejenigen Sprecher, die unterscheiden, nicht darauf achten, dass ihre Gesprächspartner es nicht tun. Die Opposition hatte (oder hat) sehr wenig funktionellen Nutzen, denn der Kontext verhindert normalerweise jede Ambiguität: Bei *pollo-poyo, rallar-rayar, callado-cayado, hulla-huya*, etc. ist es kaum wahrscheinlich, dass sie in derselben Redesequenz vorkommen. Die Fusion der beiden Phoneme wird üblicherweise gemäß den Varianten von /y/ realisiert, aber vulgärsprachlich und dialektal erscheinen auch sehr unterschiedliche Laute."

Die weiteste phonetische Entwicklung des *yeísmo* ist im Río-de-la-Plata-Spanischen, vor allem in der Stadt Buenos Aires, zu verzeichnen, wo sich zunächst die Variante des ʒeísmo immer mehr etablieren konnte, heute aber vor allem die desonorisierte, also stimmlose Variante des ʃeísmo weit verbreitet ist, was gemeinsam mit einer Reihe prosodischer Merkmale nicht unwesentlich zur Eigenständigkeit des bonaerensischen Spanisch beiträgt, die von Sprechern anderer Regionen deutlich wahrgenommen und identifiziert wird.

Sonderentwicklung im Río-de-la-Plata-Spanischen

Weitere Daten zur Verbreitung des *yeísmo* finden Sie unter www.bachelor-wissen.de.

In anderen Bereichen des Lautsystems ist die hispanische Welt zweigeteilt in solche Gebiete, in denen ein eher stabiler Vokalismus bei labilem Konsonantismus vorherrscht, und solche, in denen ein relativ stabiler Konsonantismus labilem Vokalismus gegenüber steht. Letzteres ist vor allem in Zentralmexiko und in den so genannten *tierras altas* bzw. *tierras del interior* in Südamerika der Fall (s. Einheit 13.4), während die meisten amerikanischen Küstenregionen, das Karibikspanische und das meridionale peninsuläre Spanisch durch Dynamik v. a. im Bereich der Konsonanten in der Silbencoda auffallen (velare Realisierung von finalem *-n*, Tendenz zur Konsonantenreduktion). Ein besonders auffälliges Phänomen ist hier die Realisierung von finalem *-s*, das in Andalusien, auf den Kanaren, in den Küstenregionen Mexikos und Mittel- und Südamerikas sowie in der Karibik aspiriert (= behaucht) wird oder ganz verstummt, wie in folgender Grafik dargestellt:

Konsonatismus und Vokalismus

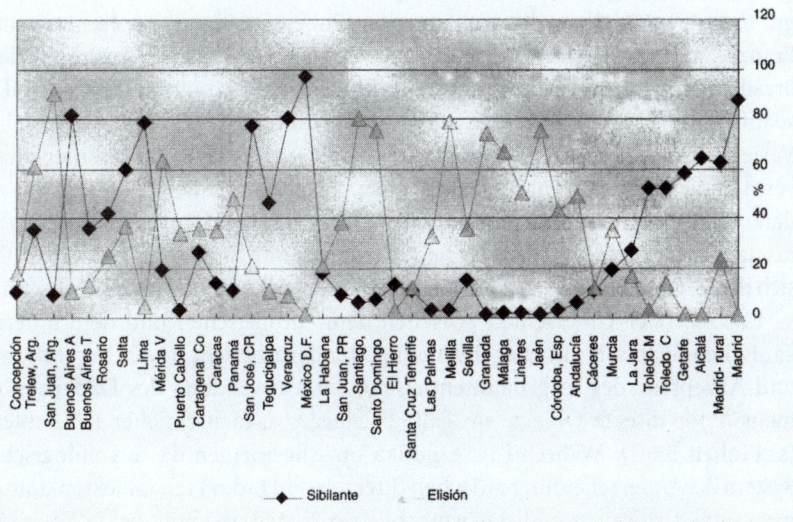

|Abb. 14.5
Geografische Verteilung der Varianten von silbenauslautendem /s/ (Moreno Fernández 2004: 996; die schwarzen Romben markieren die prozentuale Realisierung der Aussprache als Sibilant (= Zischlaut), die Dreiecke den Grad der Aspirierung oder Elision (= Tilgung))

Die beiden Haupttendenzen scheinen zwei prosodisch gegensätzlichen Grundmustern zu entsprechen, was zur Bevorzugung unterschiedlicher Silbenstrukturen und zu parallelen Entwicklungen in verschiedenen Gebieten führt.

Prosodische Zweiteilung?

14.6.2| Grammatische Tendenzen

Im morphologischen und syntaktischen Bereich gibt es eine Reihe von Unterschieden in den spanischen Sprachgebieten, die sich in den mehr als fünf Jahrhunderten seit dem Beginn der spanischen Expansion herausgebildet haben und deren Status heute variiert. Hier seien nur einige Beispiele genannt.

Anredeformen — Ein besonders auffälliger, da pragmatisch ausgesprochen relevanter Bereich ist derjenige der Anredepronomina (s. Einheit 7.8). Während das Phänomen der Nichtunterscheidung zwischen einer Nähe- und einer Distanzform bei der Anrede im Plural (nur *ustedes* im Ggs. zu peninsulärem *vosotros/ustedes*) in ganz Amerika üblich ist, findet es sich in Spanien nur dialektal. Beide Systeme scheinen bei den Distanzformen derzeit stabil, im Gegensatz zu einer gewissen Dynamik bei der Nähe-Anrede, wo in zahlreichen Gebieten Amerikas das Pronomen *vos* (mit je nach Region variierenden Verbalformen) verbreitet ist, dessen Gebrauch in manchen Gebieten Mittelamerikas rückläufig scheint, während sich der *voseo* im Río-de-la-Plata-Gebiet seit dem 19. Jh. immer mehr etabliert und heute den *tuteo* nahezu völlig verdrängt hat. Es findet sich regional auch die Form *usted* als Nähe-Form (u. a. in Bogotá) .

Subjektpronomina — In anderen Fällen lassen sich nicht so deutliche Differenzen, aber durchaus unterschiedliche lokale Tendenzen feststellen. Im Bereich des Pronominalsystems wurde v. a. für den Karibikraum eine fortschreitende Grammatikalisierung der Subjektpronomina beobachtet, die dahingehend interpretiert wurde, dass das Spanische etwa in der Dominikanischen Republik sich zu einer Sprache mit obligatorischem Subjektpronomen entwickeln und damit seine *pro-drop*-Eigenschaft verlieren könnte (s. Einheit 5.6.2), so wie dies etwa im Französischen bereits der Fall ist (z. B. *yo vuelvo*, wie in frz. *je reviens*); auch das brasilianische Portugiesisch weist diese Tendenz auf. Damit wäre das Karibikspanische sozusagen schon eine Entwicklungsstufe weiter als andere spanische Varietäten. Doch entgegen der traditionellen Sicht, dass das Spanische hier einer vermeintlich gemeinromanischen Tendenz folgt, deuten neuere Studien eher darauf hin, dass die Subjektpronomina in früheren Entwicklungsstufen des Spanischen sogar häufiger waren als heute; eine gesamthispanische Tendenz ließe sich damit nicht erkennen, wohl aber eine Sonderentwicklung im Karibikraum.

leísmo — Ein zentraler Unterschied zwischen dem europäischen und dem amerikanischen Spanisch mit eher divergenter Tendenz besteht in der Verbreitung und Akzeptanz des so genannten *leísmo*, der Verwendung des Dativpronomens *le* für direkte Objekte im Falle belebter, v. a. menschlicher Referenten (s. Einheit 5.6.2). Während in Amerika im Allgemeinen das etymologische System der Unterscheidung zwischen direkten und indirekten Objekten dominiert (außer zuweilen in distanzsprachlichen Texten und regional in Ecuador und Paraguay) und auch auf Personen mit *lo* referiert wird (¿*Viste a Juan? Lo vi ayer.*), hat sich in der peninsulären Standardsprache (nicht allerdings überall auf dialektalem Niveau) das System der Unterscheidung zwischen unterschiedlichen Referenten (in erster Linie menschlich *vs.* nicht-menschlich) durchgesetzt. Dafür gibt es verschiedene Erklärungsversuche, die das peninsuläre System u. a. mit dem Kontakt zum Baskischen in Verbindung bringen (vgl. Fernández Ordóñez 1999).

Das Dativpronomen *le* hat sich v. a. im mexikanischen und im chilenischen Spanisch auch für abstraktere Verwendungen verbreitet und sich zu einer Art „verbalem Intensivierer" (Torres Cacoullos 2005) ohne jede nominale Referenz entwickelt.

¡Ándale, ándale!

> *le* als „verbaler Intensivierer" in Mexiko und Chile:
> *ándale*   ,mach schon', ,komm schon'
>   oder auch (je nach Intonation) ,ach was!', ,ach wirklich?'
> *órale*   ,komm schon'
> *¿qué húbole?* ,was gibt's?'

Beispiel 14.3

Ähnliche Verwendungen gibt es in anderen Regionen zwar auch, aber nicht so ausgeweitet wie v. a. in Mexiko (im peninsulären Spanisch etwa auch: *dale* ,mach schon', ,hau drauf', ,hau rein').

Während im Altspanischen beim Possessivpronomen die Setzung des Artikels noch möglich war, wird heute in allen spanischen Varietäten bis auf das Judenspanische der Artikel getilgt. In Mexiko ist im Gegensatz zu anderen Regionen die redundante Setzung des Possessivpronomens vor Zugehörigkeit anzeigenden, „genitivischen" Präpositionalphrasen verbreitet.

Possessivpronomen

> Altspanisch: *la mi casa*
> Modernes Spanisch: *mi casa, los padres de Pablo*
> Mexikanisches Spanisch (ugs.): *sus papás de Pablo*

Beispiel 14.4

Auch im Verbalsystem finden sich einige Differenzen und unterschiedliche Tendenzen. Bereits erwähnt wurde die Inexistenz einer eigenen Form für die 2. Pers. Pl. im amerikanischen Standard. Besonders auffällig ist u. a. die unterschiedliche Verwendung des *perfecto compuesto* (s. Einheit 11.1): Während es sich im Zentrum des peninsulären Spanisch mehr und mehr zu einem Verbaltempus entwickelt hat, das auch für Ereignisse verwendet werden kann, die nicht nur in der unmittelbar die Gegenwart betreffenden Vergangenheit stattgefunden haben, ist es in großen Teilen Amerikas ein *antepresente*, eine „Vorgegenwart", die nicht für wirklich vergangene Ereignisse verwendet werden kann.

Verbalsystem

> u. a. Mexiko: *nunca he estado en Alemania*
>   aber *hace una hora vi a mi hermano*
> Madrid: *nunca he estado en Alemania*
>   und *hace una hora he visto a mi hermano*

Beispiel 14.5

In anderen Gebieten, wie in Nordwestspanien (hier wohl durch den Kontakt zum Galicischen und Asturianischen) und im Río-de-la-Plata-Gebiet, ist das *perfecto compuesto* selten bzw. in der gesprochenen Sprache nahezu inexistent (mit z. T. stilistischer Neufunktion im Río-de-la-Plata-Spanischen); im Andenraum scheint es z. T. seine Funktion auszuweiten.

Charakteristisch u. a. für das mexikanische Spanisch ist die Verwendung des *pretérito perfecto simple* oder *indefinido* für abgeschlossene Ereignisse auch in der Zukunft; in diesem Fall dominiert der perfektive Aspekt der Form über deren ansonsten primären temporalen Wert.

Beispiel 14.6 | Mexiko: *mañana a las ocho ya llegué*

Madrid: *mañana a las ocho ya habré llegado*

„morgen um acht werde ich schon angekommen sein"

subjuntivo Beim Gebrauch des *subjuntivo* gibt es gemeinsame Tendenzen, regionale Abweichungen (u. a. Andenraum) und ein insgesamt recht stabiles System. Gemeinsam ist die Tendenz zum Verlust des *futuro de subjuntivo*, der nur noch in Redensarten überlebt (*sea como fuere* – „es sei, wie es sei") und auch in solchen Fällen häufig durch andere Formen ersetzt wird (*sea como fuera* oder *sea como sea*). Die Verwendung mit *futuro de subjuntivo* (s. auch Einheit 13.3) scheint in manchen Ländern Amerikas noch häufiger zu sein als in Spanien. In anderen Fällen gibt es unterschiedliche Prioritäten bezüglich der Frequenz bestimmter Formen (etwa bei den Formen des *imperfecto de subjuntivo amara/amase*), mit regionaler und stilistischer Differenzierung (*amase* stilistisch eher höher bewertet). Die Form *amara*, die auf das lateinische Plusquamperfekt zurückgeht und in gewissen festen Wendungen oder v. a. in poetischen Texten auch im modernen Spanisch in dieser Funktion verwendet werden konnte, ist seit einiger Zeit Objekt einer Wiederbelebung insbesondere in der spanischen Pressesprache und wird in Spanien in gewissen v. a. journalistischen Textsorten (etwa in Fußballreportagen) auch z. T. mündlich wieder verwendet.

Beispiel 14.7 | Luis Cernuda: *Todos aquellos que fueran enemigos de Verlaine y Rimbaud cuando vivían.* („All jene, die Freunde Verlaines und Rimbauds **gewesen waren**, als diese lebten")

Moderne Fußballreportage: *Ronaldo, quien metiera un gol en el último encuentro de los equipos* („Ronaldo, der bei der letzten Begegnung der Teams ein Tor geschossen hatte")

ser und *estar* Der Gebrauch von *ser* und *estar* entspricht einem gesamthispanischen, recht stabilen System, das jedoch bezüglich der Verwendung mit einigen wenigen Adjektiven zu regionalen Unterschieden tendiert.

Beispiel 14.8 | (tendenziell) europaspanisch: *soy feliz*

amerikaspanisch: *estoy feliz*

Im Bereich der Syntax lassen sich neben den bereits erwähnten Fällen eine Reihe von regionalen Entwicklungen beobachten, die teilweise lokal begrenzt sind, teilweise aber auch „panhispanischen" Paralleltendenzen zu entsprechen scheinen. Ein häufig zitierter Fall ist in diesem Zusammenhang der bereits kurz genannte *dequeísmo*, der hier exemplarisch für die Vielzahl von beobachtbaren syntaktischen Tendenzen genannt werden soll. Dabei geht es um die Schaffung von Konstruktionen mit der Präposition *de* in Fällen, wo die Präposition ursprünglich nicht Teil der Konstruktion war (Gómez Torrego 1999).

dequeísmo

Vom *dequeísmo* wurde teilweise behauptet, er sei in Amerika entstanden und erst vor wenigen Jahrzehnten nach Spanien importiert worden. Hier scheint es sich jedoch um einen Irrtum zu handeln, denn einerseits gibt es schon jahrhundertealte Beispiele für *dequeísmo* auch in Spanien, andererseits deutet das Vorkommen v. a. in der gesprochenen Sprache eher auf einen Wandel „von unten", der mit einer Analogietendenz der Sprecher zu erklären ist und nicht notwendigerweise Kontakt implizieren muss. Während in zahlreichen Beschreibungen dieses Phänomens in den letzten Jahrzehnten v. a. die puristische Tendenz dominierte, den *dequeísmo* (und seinen Gegenpart, den *queísmo*) als Vulgarismus zu verdammen, wird seit einiger Zeit versucht, sowohl deskriptiv genauer zu fassen, wo das Phänomen in welchen Kontexten und mit welcher Häufigkeit auftritt, als auch funktionale Erklärungen für seine Ausbreitung zu geben. Der *dequeísmo* schafft durch Einfügung der Präposition eine Art „ikonischer Distanz" zwischen Haupt- und Nebensatz: Wie gezeigt wurde (Schwenter 1999), ist die Einfügung der Präposition bei Subjekten in der „distanteren" dritten Person besonders häufig; die Tilgung der Präposition ist hingegen bei der ersten Person besonders frequent.

„normativ":	*Juan cree que trabaja*	
	me temo de que no vengas	
mit *dequeísmo*:	(*)*Juan cree de que trabaja*	
mit *queísmo*:	(*)*me temo que no vengas*	

| **Beispiel 14.9**

Die Asterisken sind in Klammern gesetzt, weil es sich nur aus normativer Sicht um „falsche" Formen handelt; aus rein deskriptiver Sicht handelt es sich schlicht um mehr oder weniger verbreitete Formen.

Wortschatz

| 14.6.3

Der Wortschatz ist als volatilster, also wandelbarster Bereich des Sprachsystems sicherlich derjenige, in welchem regionale Abweichungen am deutlichsten zu spüren sind. Seit der Expansion der spanischen Sprache ab dem 15. Jh. wurden in den verschiedenen Gebieten einerseits zahlreiche lexikalische Innovationen geschaffen, andererseits auch zahlreiche Wörter aufgegeben, und dies in unterschiedlichem Rhythmus und in verschiedenen Bereichen. Bis vor wenigen Jahrzehnten galt als einer der Hauptunterschiede zwischen dem europäischen und dem amerikanischen Spanisch der „Archaismus" der amerikanischen Verietäten: Aus spanischer Sicht ist auffällig, dass in verschiedenen

Archaismus des Spanischen in Amerika?

Gebieten Amerikas noch zahlreiche Wörter bis heute verwendet werden, die im Spanisch Spaniens ausgestorben sind oder allenfalls noch bei der Lektüre Cervantes' oder anderer älterer Autoren vorkommen. Diese Einschätzung gilt jedoch als überholt, da sie eurozentristisch und partiell ist: Auch umgekehrt könnte man behaupten, dass in Spanien zahlreiche Formen noch verwendet werden, die in Amerika ausgestorben sind. Der Begriff „Archaismus" impliziert außer in Fällen von panhispanischen Archaismen immer eine bestimmte partielle Perspektive, und wenn für einen Spanier die Form *lindo* ‚hübsch' oder ein Wort wie *mercar* ‚einkaufen' nach altem Spanisch klingt, so mag ein Argentinier bei vielen in Spanien gebräuchlichen, in Argentinien aber nicht mehr üblichen Wörtern eine ähnliche Assoziation haben.

Bezeichnungs-
notwendigkeiten
Bei aller Differenzierung des Wortschatzes sind große Teile des spanischen Lexikons bis in die Gegenwart in der ganzen spanischsprachigen Welt ohne allzu große Abweichungen verbreitet und die Gemeinsamkeiten sind sicherlich größer als die Unterschiede. Dennoch leben die vielen Millionen Sprecher in sehr unterschiedlichen Lebenswelten und haben im Lauf der Jahrhunderte ihren Wortschatz jeweils ihren Bedürfnissen entsprechend ausdifferenziert.

Tab. 14.1
Lexikalische
Regionalstandards
des Spanischen (aus
Oesterreicher 1995:
16, in Anlehnung an
Berschin/Fernández-
Sevilla/Felixberger
1987: 292 f.)

Gebiete Konzepte	Spanien	Karibik	Mexiko	Kolumbien Venezuela	Peru	Chile	Argentinien Uruguay
(Schweine-)Schmalz	manteca						grasa
Erdbeere	fresa					frutilla	
Avocado	aguacate				palta		
Erdnuss	cacahuete			maní			
Abendessen	cena			comida			cena
Koffer	maleta		velís	maleta			valija
Gehsteig	acera		banqueta	acera	vereda		
Tablett	bandeja		charola	bandeja	azafata	bandeja	
Kugelschreiber	bolígrafo		pluma atómica	bolígrafo	lapicero	lápiz de pasta	birome
Zündholz	cerilla	fósforo	cerillo	fósforo			
Autobus	autobús (urbano)	guagua	camión	bus	ómnibus	micro	colectivo
Aufstehen	ponerse de pie	pararse					

Insofern sind es insbesondere diejenigen Bereiche, in denen andere oder neue Objekte zu Bezeichnungsnotwendigkeiten führten, bei denen es Abweichungen gibt. So schon ab Ende des 15. Jhs. im Falle der zahlreichen Amerikanismen, die zur Bezeichnung neuer, in Spanien nicht bekannter Objekte und Sachverhalte verwendet wurden und entweder aus amerikanischen Sprachen übernommen (z. B. *canoa* ‚Kanu', s. Einheit 13) oder mit bereits bekanntem lexikalischem Material neu geprägt wurden (z. B. *plátano* ‚Banane'). Viele dieser Amerikanismen wurden auch nach Spanien und von dort aus in andere europäische Sprachen importiert (*canoa*, *chocolate*, *cacao* etc.). In neuerer Zeit sind es dann oft technische Innovationen, für die regional unterschiedliche Bezeichnungen gewählt werden (z. B. sp. *coche*, mex. *carro*, arg. *auto* ‚Auto').

Die Tab. 14.1 zeigt eine Reihe von Inhalten, für die es in der spanischsprachigen Welt unterschiedliche Ausdrücke gibt, wobei man sieht, dass es sowohl Fälle einer starken regionalen Vielfalt als auch solche mit Formen größerer regionaler Verbreitung gibt.

Regional verschiedene Ausdrücke für die gleichen Inhalte

In jüngster Zeit scheint die Globalisierung wieder teilweise für Konvergenzen im Wortschatz zu sorgen, u. a. deshalb, weil die lexikalischen Innovationen z. T. über multinationale Unternehmen transportiert werden und somit die ganze spanischsprachige Welt zugleich erreichen.

Eine der wichtigsten Tendenzen des Gegenwartsspanischen ist sicherlich die der Übernahme von Anglizismen. Das Englische wird vielerorts nicht nur als die internationale Kommunikationssprache, sondern allgemein als die Sprache des Fortschritts angesehen. Während noch vor wenigen Jahrzehnten die spanische Sprachkultur v. a. in Spanien relativ anglizismenfeindlich war und eher dazu tendierte, englische Ausdrücke zu übersetzen oder zumindest phonetisch anzupassen, setzt sich seit einigen Jahren mehr und mehr eine Tendenz durch, die in Hispanoamerika schon vorher zu beobachten war: Der englische Wortschatz wird widerstandslos übernommen und dabei eine mehr am Englischen orientierte Aussprache bevorzugt.

Anglizismen

Abschließende Bemerkung | 14.7

Schon zu Beginn dieser Einheit bemerkten wir, dass die Tendenzen des Gegenwartsspanischen keine wirklichen Voraussagen zulassen und lediglich Hinweise darauf geben können, wohin die Reise des Spanischen gehen wird. Wer heute Spanisch studiert, tut dies auch in dem Bewusstsein, dass es sich um eine Sprache „mit Zukunft" handelt – und trägt damit auch selbst zur Zukunft dieser Sprache bei.

Unter www.bachelor-wissen.de finden Sie den Lektüretext *El castellano de España y el castellano de América. Unidad y diferenciación* von Ángel Rosenblat.

Aufgaben

1 Diskutieren und vergleichen Sie den Status des Deutschen, des Englischen und des Spanischen bezüglich der jeweiligen Einstufung als „plurizentrische Sprachen".

2 Suchen Sie im Corpus CREA (www.rae.es; s. Einheit 10.7) jeweils 10 Fälle von *dequeísmo* und *queísmo*. Bei welchen Verben scheinen die beiden Phänomene bevorzugt vorzukommen? Lassen sich weitere Beobachtungen machen (regionale Herkunft, Textsorten, in denen die Phänomene vorkommen)? Bestätigt sich in diesen die von Schwenter (1999) genannte Tendenz bezüglich der Personen (s. Abschn. 14.6.2)?

3 Suchen Sie über Google 25 Beispiele von *voseo* und beachten Sie die entsprechenden Verbformen. Suchen Sie nach Hinweisen auf die geografische Herkunft der jeweiligen Texte.

4 Suchen Sie im Internet und in den Corpora CORDE und CREA (www.rae.es; s. Einheit 10) die Formen *el ordenador*, *el computador* und *la computadora*. Können Sie die genaue geografische Verwendung bestimmen?

5 Vergleichen Sie die deutsche und die spanische Internetseite eines großen Softwareunternehmens bezüglich der Verwendung von Anglizismen. Was fällt auf?

Literatur

Alarcos Llorach, Emilio (1994): *Gramática de la lengua española*, Madrid: Espasa Calpe.

Alcoba, Santiago (ed.) (2000): s. Einheit 3.

📖 **Alvar, Manuel (ed.) (1996):** s. Einheit 11.

Clyne, Michel (ed.) (1992): *Pluricentric languages*, Berlin/New York: Mouton De Gruyter.

Coseriu, Eugenio (2005): „Konvergenz, Divergenz, Parallelismus: zur Typologie des sogenannten Sprachwandels", in: Stehl, Thomas (ed.): *Unsichtbare Hand und Sprecherwahl. Typologie und Prozesse des Sprachwandels in der Romania*, Tübingen: Narr, 77–86.

Cuervo, Rufino José (1901): „El castellano en América", *Bulletin Hispanique* 3, 35–62.

📖 **Berschin, Helmut/Fernández-Sevilla, Julio/Felixberger, Josef (1987):** *Die spanische Sprache. Verbreitung, Geschichte, Struktur*, München: Hueber.

Fernández Ordóñez, Inés (1999): „Leísmo, laísmo, loísmo", in: Bosque, Ignacio/Demonte, Violeta (ed.): *Gramática descriptiva de la lengua española. Vol. 1*, Madrid: Espasa Calpe, 1317–1397.

Gómez Torrego, Leonardo (1999): „La variación en las subordinadas sustantivas: dequeísmo y queísmo", in: Bosque, Ignacio/Demonte, Violeta (ed.): *Gramática descriptiva de la lengua española. Vol. 2*, Madrid: Espasa Calpe, 2105–2148.

Jansen, Silke (2005): *Sprachliches Lehngut im WWW – Neologismen in der französischen und spanischen Internetterminologie*, Tübingen: Narr.

Kabatek, Johannes (2005): *Die Bolognesische Renaissance und der Ausbau romanischer Sprachen. Juristische Diskurstraditionen und Sprachentwicklung in Südfrankreich und Spanien im 12. und 13. Jahrhundert*, Tübingen: Niemeyer.

Lebsanft, Franz (2004): „Plurizentrische Sprachkultur in der spanischsprachigen Welt", in: Gil, Alberto/Osthus, Dietmar/Polzin-Haumann, Claudia (eds.): *Romanische Sprachwissenschaft: Zeugnisse für Vielfalt und Profil eines Faches*, Frankfurt a. M.: Peter Lang, Bd. I, 205–220.

Moreno Fernández, Francisco (2004): „Cambios vivos en el plano fónico del español: variación dialectal y sociolingüística", in: Cano Aguilar, Rafael (ed.): *Historia de la lengua española*, Barcelona: Ariel, 973–1009.

Oesterreicher, Wulf (1995): „Die Architektur romanischer Sprachen im Vergleich. Eine Programm-Skizze", in: Dahmen, Wolfgang et al. (eds.): *Konvergenz und Divergenz in den romanischen Sprachen. Romanistisches Kolloquium VIII*, Tübingen: Narr, 3–21.

Oesterreicher, Wulf (2001): „Plurizentrische Sprachkultur – Der Varietätenraum des Spanischen", *Romanistisches Jahrbuch* 51, 287–318.

Polzin-Haumann, Claudia (2005): „Zwischen *unidad* und *diversidad*. Sprachliche Variation und sprachliche Identität im hispanophonen Raum", *Romanistisches Jahrbuch* 56, 271–295.

Schwenter, Scott A. (1999): „Evidentiality in Spanish morphosyntax: a reanalysis of (*de*) *queísmo*", in: Serrano, María José (ed.): *Estudios de variación sintáctica*, Frankfurt a. M./ Madrid: Vervuert/Iberoamericana, 65–87.

Torrent-Lenzen, Aina (2006): *Unidad y pluricentrismo en la comunidad hispanohablante. Cultivo y mantenimiento de una norma panhispánica unificada*, Titz: Lenzen.

Torres Cacoullos, Rena (2005): „La perspectiva diacrónica en variación sincrónica: El dativo de intensificación" in: Knauer, Gabriele/Bellosta von Colbe, Valeriano (eds.): *Variación sintáctica en español. Un reto para las teorías de la sintaxis*, Tübingen: Niemeyer, 190–210.

Sachregister

In diesem Index finden Sie die in den einzelnen Einheiten vorkommenden zentralen Fachbegriffe. Es wurden bewusst nur Verweise aufgenommen, die sich auf den Ort beziehen, wo die entsprechenden Begriffe im Allgemeinen *erklärt* werden. Den Index finden Sie auch unter www.bachelor-wissen.de, dort sowohl nach den deutschen als auch nach den spanischen Lemmata geordnet.

Abstandsprache (*lengua por distancia*) 227
Adjektiv (*adjetivo*) 103
Adjektivphrase (*sintagma adjetivo*) 106
Adjunkt (*adjunto*) 108
Adstrateinflüsse (*influencias de adstrato*) 191
Adverb (*adverbio*) 103
Affix (*afijo*) 79
Agens (*agente*) 111
agglutinierende Sprache (*lengua aglutinante*) 82
Ähnlichkeitsbeziehung/Similarität (*similitud*) 128
Akronym (*acrónimo*) 97
Aktant (*actante*) 109
Aktualisierer (*actualizador*) 113
akustische Phonetik (*fonética acústica*) 57
allgemeine Sprachwissenschaft (*lingüística general*) 32
Allomorph (*alomorfo*) 76
Allophon (*alófono*) 59
alveolar (*alveolar*) 54
Amerikanismus (*americanismo*) 271
Amplitude (*amplitud*) 51
analytische Form (*forma analítica*) 88
analytische Sprache (*lengua analítica*) 247
analytischer Sprachbau (*estructura analítica*) 82
anaphorischer Bezug (*relación anafórica*) 169
Andalusisch (*andaluz*) 236
angewandte Linguistik (*lingüística aplicada*) 46
Annotation (*anotación/etiquetaje*) 212
Anredeform (*forma alocutiva deferencial*) 158
Anthroponomastik (*antroponomástica*) 45
Anthroponym/Personenname (*antropónimo*) 124
Antonymie (*antonimia*) 135
Aphärese (*aféresis*) 96
apikal (*apical*) 54
Apokope (*apócope*) 96
Approximant (*aproximante*) 54
arbiträr (*arbitrario*) 39
Aragonesisch (*aragonés*) 226
Archiphonem (*archifonema*) 60

Archisem (*archisema*) 126
Architektur (*arquitectura*) 223
Argentinität (*argentinidad*) 277
Argument (*argumento*) 110
Argumentstruktur (*estructura argumental*) 111
Artikel (*artículo*) 113
Artikulationsart (*modo de articulación*) 53
Artikulationsort (*punto de articulación*) 53
artikulatorische Phonetik (*fonética articulatoria*) 57
Aspekt (*aspecto*) 84
assertiver Akt (*acto asertivo*) 150
Assimilation (*asimilación*) 65
assoziative Anapher (*anáfora asociativa*) 168
Asturianisch (*asturiano*) 229
asyndetische Komposition (*composición asindética*) 93
Attribut (*modificador*) 114
auditive Phonetik (*fonética auditiva*) 57
Augenbewegung (*seguimiento de los ojos*) 209
Ausatmung (*espiración*) 52
Ausbausprache (*lengua por elaboración*) 227
Äußerung (*enunciado*) 100
Autosegmental-Metrische Phonologie (*fonología autosegmental-métrica*) 72

bare noun (*nombre escueto*) 112
Baskisch (*vasco, euskara*) 196
Bedeutungshierarchie (*jerarquía semántica*) 132
Befragung (*encuesta*) 209
Brückensprache (*Lengua-puente*) 195
Buchwort/gelehrtes Wort (*palabra culta*) 261

ceceo (*ceceo*) 237
Code-Mixing (*mezcla de códigos*) 187
Code-Switching (*alternancia de códigos*) 186
Computerlinguistik (*lingüística computacional*) 46

Deduktion (*deducción*) 31
Definition (*definición*) 35
Deiktikon (*deíctico*) 113

deklarativer Akt (*acto declarativo*) 151
Demonstrativpronomen (*pronombre demostrativo*) 112
Denotation (*denotación*) 123
denotative Wortart (*clase de palabras denotativa*) 103
dental (*dental*) 54
Dependenzgrammatik (*gramática de dependencias*) 109
Derivation (*derivación*) 88
Derivationsbasis (*base de derivación*) 89
Deskription (*descripción*) 206
deskriptive Grammatik (*gramática descriptiva*) 34
Determinans (*determinante (morfología)*) 95
Determinant (*determinante*) 113
Determinatum (*determinado*) 95
Diachronie (*diacronía*) 38
diagenerationelle Dimension (*dimensión diageneracional*) 224
Dialekt (*dialecto*) 223
Dialektologie (*dialectología*) 231
dialinguale Dimension (*dimensión dialingual*) 224
diamesische Varietät (*variedad diamésica*) 224
diaphasische Varietät (*variedad diafásica*) 223
diareferentielle Dimension (*dimensión diarreferencial*) 224
diasexuelle Dimension (*dimensión diasexual*) 224
diastratische Varietät (*variedad diastrática*) 223
Diasystem (*diasistema*) 223
Diathese (*voz gramatical, diatesis*) 111
diatopische Varietät (*variedad diatópica*) 223
diatopisch-kinetische Dimension (*dimensión diatópico-kinética*) 224
Dichotomie (*dicotomía*) 37
dicht (*denso*) 63
diskontinuierlicher Referent (*referente discontinuo*) 113
differentia specifica (*diferencia específica*) 125
differentielle Objektmarkierung (DOM) (*marca diferencial del objeto*) 115
Diglossie (*diglosia*) 185
Diphthong (*diptongo*) 55
direktiver Akt (*acto directivo*) 150
Diskursanalyse (*análisis del discurso*) 44
Diskursmarker (*marcadores discursivos*) 159
Diskurstraditionen (*tradiciones discursivas*) 171
Distanz (*distancia*) 174

distributionelle Variante (*variante distribucional*) 59
divergente Tendenzen (*tendencias divergentes*) 283
Doppelte Artikulation (*doble articulación*) 50
DP-Hypothese (*hipótesis del SD*) 112
dreiwertig (*trivalente*) 109
Dublette (*doblete*) 95, 260

Eigenname (*nombre propio*) 124
Einatmung (*inspiración*) 52
einfacher Satz (*oración simple*) 100
einwertig (*monovalente*) 109
E-Language (*lengua-E*) 41
Elizitation (*elicitación*) 210
Ellipse (*elipsis*) 139
Emphase (*énfasis*) 190
Empirie (*estudio empírico*) 206
Epistemologie (*epistemología*) 31
Erbwörter (*palabras populares*) 260
Ergänzung (*complemento*) 101
Ersetzung (*sustitución*) 189
Etymologie (*etimología*) 137
Exemplarität (*ejemplaridad*) 206
Exhaustivität (*exhaustividad*) 206
Experiencer (*experimentante*) 111
Explikation (*explicación*) 206
explikativer Relativsatz (*oración relativa explicativa*) 114
Explikatur (*explicatura*) 156
expressiver Akt (*acto expresivo*) 150
extensiver Ausbau (*elaboración extensiva*) 227

fallender Diphthong (*diptongo decreciente*) 55
Falsifizierung (*falsificación*) 31
Familienähnlichkeit (*semejanza de familia*) 130
Feldforschung (*estudio de campo*) 209
flektierbar (*flexivo*) 103
flektierende Sprache (*lengua fusionante*) 82
Flexionskategorie (*categoría flexiva*) 82
flexionslos (*no flexivo*) 103
Flexionsmorphologie (*morfología flexiva*) 76
Flexiv (*elemento flexivo*) 82
Fokus (*foco*) 118
Form (*forma*) 43
formale Linguistik (*lingüística formal*) 37
formale Semantik (*semántica formal*) 131
Fragebogen (*cuestionario*) 209
freies Morphem (*morfema libre*) 79
funktionale Linguistik (*lingüística funcional*) 37

funktionale Wortart (*clase de palabras funcional*) 103

Galicisch (*gallego*) 199
Gattung/Genre (*género*) 171
Gaumensegel (*velo del paladar*) 53
Gaumenzäpfchen (*úvula*) 53
Gebärdensprache (*lengua de señas*) 177
gebundenes Morphem (*morfema trabado*) 79
gedeckte Silbe (*sílaba trabada*) 68
gelehrtes Wort/Buchwort (*palabra culta*) 261
Gelingensbedingung (*condición de felicidad*) 151
Generalisierung (*generalización*) 137
Generative Grammatik (*gramática generativa*) 150
Generative Linguistik (*lingüística generativa*) 40
Generative Syntax (*sintaxis generativa*) 150
generische Referenz (*referencia genérica*) 113
Genre/Gattung (*género*) 171
Genus (*género*) 83
Geolinguistik (*geolingüística*) 45
Geschichtswissenschaft (*historia*) 47
Gesichts-bedrohender Akt (*acto amenazador de la imagen*) 157
gespannt (*tenso*) 63
Gliederungssignal (*marcador estructural*) 160
Globalisierung (*globalización*) 284
Glossar (*glosario*) 145
glottal (*glotal*) 52
glottaler Bereich (*cavidad glotal*) 53
Glottis/Stimmritze (*glotis*) 52
Glottisschlag (*golpe glotal*) 55
Goldenes Zeitalter (*Siglo de Oro*) 266
Grammatik (*gramática*) 34
Grammatikalisierung (*gramaticalización*) 247
Grammatikalisierungstheorie (*teoría de la gramaticalización*) 247
Graphem (*grafema*) 56
Grenzton (*tono de frontera*) 72
Grundfrequenz (*frecuencia fundamental*) 55
gruppenbezogene Variation (*variación con respecto a grupos*) 224
Guaraní (*guaraní*) 23

halbgelehrte Wörter (*palabras semicultas*) 260
Halbkonsonant (*semiconsonante*) 56
Halbvokal (*semivocal*) 55
Handlung (*acción*) 101
Harǧa (*jarcha*) 256

harter Gaumen (*paladar*) 53
Heckenausdruck/hedge (*atenuador*) 153
Hiat (*hiato*) 55
historische Ebene (*nivel histórico*) 32
historische Grammatik (*gramática histórica*) 45
Historische Linguistik (*lingüística histórica*) 45
historische Semantik (*semántica histórica*) 136
Historische Sprache (*lengua histórica*) 223
Homophon (*homófono*) 135
Homograf (*homógrafo*) 135
Homonymie (*homonimia*) 135
Hyperbaton (*hipérbaton*) 269
Hyperkorrektion (*hipercorrección*) 189
Hyperonym (*hiperónimo*) 132
Hyponym (*hipónimo*) 133
Hypothese (*hipótesis*) 207

I (*Flex*) 108
iberoromanisch (*iberorrománico*) 33
Idiolekt (*idiolecto*) 210
I-Language (*lengua-I*) 41
illokutionärer Akt (*acto ilocutivo*) 149
Illokutionsindikator (*indicador ilocutivo*) 151
Imperativ (*imperativo*) 85
Imperfekt (*pretérito imperfecto*) 84
Implikation (*implicación*) 153
Implikatur (*implicatura*) 154
Indikativ (*indicativo*) 85
indirekter Sprechakt (*acto de habla indirecto*) 151
individuelle Ebene (*nivel individual*) 32
individuelle Variation (*variación individual*) 224
indoeuropäisch (*indoeuropeo*) 7
Induktion (*inducción*) 31
Inferenz (*inferencia*) 153
Infix (*infijo*) 79
Informant (*informante*) 209
Informationsstruktur (*estructura informativa*) 117
Informativität (*informatividad*) 170
infraglottal (*infraglótico*) 53
Inhalt (*contenido*) 43
inkongruent (*incongruente*) 132
intensiver Ausbau (*elaboración intensiva*) 227
Interaktion (*interacción*) 146
Interface (*interfaz*) 42
Interjektion (*interjección*) 103
interkulturelle Kommunikation (*comunicación intercultural*) 172
intersententiales Code-Switching (*alternancia de códigos intersentencial*) 186

Intertextualität (*intertextualidad*) 170
Interview (*entrevista*) 210
Intonation (*entonación*) 70
Intonationsphonologie (*fonología entonativa*)
    72
Intonationsphrase (*frase entonativa*) 72
intransitiv (*intransitivo*) 110
intrasententiales Code-Switching (*alternancia
    de códigos intrasentencial*) 186
Introspektion (*introspección*) 102, 210
Introspektionsdaten (*datos introspectivos*) 102
IP (*SFlex*) 108
Isoglosse (*isoglosa*) 232
Isoglossenbündel (*haz de isoglosas*) 232
Isolat (*lengua aislada*) 7
isolierende Sprache (*lengua aislante*) 82
Iterativbildung (*forma iterativa*) 93

Judenspanisch (*judeoespañol*) 24
Junggrammatiker (*neogramáticos*) 38

Kastilisch (*castellano*) 16
Katalanisch (*catalán*) 193
kataphorischer Bezug (*relación catafórica*) 169
kategorisch (*categórico*) 117
Kausativ (*causativo*) 110
Kehlkopf/Larynx (*laringe*) 52
Kern (Silbe) (*núcleo*) 68
Kinesik (*kinésica*) 177
Knoten (*nudo*) 106
Kodikologie (*codicología*) 47
Kognitive Linguistik (*lingüística cognitiva*) 42
Kognitive Semantik (*semántica cognitiva*) 127
Kohärenz (*coherencia*) 170
Kohäsion (*cohesión*) 169
Kohyponymie (*cohiponimia*) 133
Kollokation (*colocacion/co-ocurrencia*) 215
kommissiver Akt (*acto compromisorio*) 150
Kommutationsprobe (*prueba de conmutación*)
    59
Kompetenz (*competencia*) 41
Komplement (*complemento*) 107
komplexer Satz (*oración compleja*) 100
Komposition (*composición*) 89
Kompositionalität (*composicionalidad*) 122
Konditional (*condicional*) 85
Kongruenz (*concordancia*) 87
Konjunktion (*conjunción*) 103
Konjunktiv (*subjuntivo*) 85
Konnektor (*conector*) 169
Konnotation (*connotación*) 124

Konsonant (*consonante*) 53
konsonantisch (*consonántico*) 63
Konstituente (*constituyente*) 106
Konstituentenabfolge (*orden de constituyentes*)
    117
Konstruktionsgrammatik (*gramática de
    construcciones*) 131
Kontaktlinguistik (*lingüística de contacto*) 46
Kontaktsignal (*marcador de contacto*) 177
Kontext (*contexto*) 147
Kontiguitätsrelation (*relación de contigüidad*)
    138
kontinuierlich (*continuo*) 63
kontinuierlicher Referent (*referente continuo*)
    113
Kontrastive Linguistik (*lingüística contrastiva*)
    190
konventionelle Implikatur (*implicatura
    convencional*) 154
konvergente Tendenzen (*tendencias convergen-
    tes*) 283
konversationelle Implikatur (*implicatura
    conversacional*) 154
Konversationsanalyse (*análisis conversacional*)
    160
Konversationsmaxime (*máxima conversacional*)
    152
Konversion (*conversión*) 89
Konzept (*concepto*) 123
Konzeption (*concepción*) 174
Kooperationsprinzip (*principio de cooperación*)
    152
Kopf (*núcleo*) 96
Kopula (*cópula*) 101
Korpus (*corpus*) 208
Korpuslinguistik (*lingüística de corpus*) 208
Korpusplanung (*elaboración intensiva*) 227
Korrelation (*correlación*) 61
Kotext (*cotexto*) 147
Kreolsprache (*lengua criolla*) 26

labial (*labial*) 54
langue (*lengua*) 38
Larynx/Kehlkopf (*laringe*) 52
lateral (*lateral*) 54
Laterallaut (*sonido lateral*) 53
Lautgesetz (*ley fonética*) 38
leeres Feld (*casilla vacía*) 61
Lehnprägung (*calco*) 289
Lehnwort (*préstamo*) 289
leísmo (*leísmo*) 116

Lemma (*lema*) 140
Lemmatisierung (*lematización*) 213
Lenguas generales (*lenguas generales*) 272
Lexem (*lexema*) 43
Lexikalisierung (*lexicalización*) 94
Lexikografie (*lexicografía*) 140
Lexikologie (*lexicología*) 140
Linearnotation (*notación linear*) 211
Lippen (*labios*) 53
lokutionärer Akt (*acto locutivo*) 149

Marker (*marcador*) 235
markiert (*marcado*) 86
Markiertheitsprinzip (*principio de marcación*) 69
Massennomen (*nombre de masa*) 113
maximale Intension (*intensión máxima*) 124
Maxime der Art und Weise/Modalität (*máxima de manera/de modalidad*) 152
Maxime der Qualität (*máxima de calidad*) 152
Maxime der Quantität (*máxima de cantidad*) 152
Maxime der Relation/Relevanz (*máxima de relación/de relevancia*) 152
Medium (*medio*) 166
mentales Lexikon (*léxico mental*) 43
Meronymie (*meronimia*) 133
Mesoklise (*mesóclisis*) 260
Metapher (*metáfora*) 138
Metasprache (*metalenguaje*) 46
Methode (*método*) 30
Metonymie (*metonimia*) 138
Mexikanität (*mexicanidad*) 277
Migrationslinguistik (*estudio de lengua y migración*) 184
minimale Extension (*extensión mínima*) 124
Minimalpaar (*par mínimo*) 59
Mitigation (*mitigación/atenuación lingüística*) 161
Modalisierung (*modalización*) 161
Modalität (*modalidad*) 161
Modifikation (*modificación*) 92
Modus (*modo*) 83
Monitoring (*monitorizaje*) 189
Monophthong (*monoptongo*) 55
Morphem (*morfema*) 76
Morphologie (*morfología*) 76
Morphophonologie (*morfofonología*) 76
Morphosyntax (*morfosintaxis*) 76
Mozaraber (*mozárabes*) 251
mozarabisch (*mozárabe*) 251

Nähe (*inmediatez*) 174
nasal (*nasal*) 63
Nasalkonsonant (*consonante nasal*) 53
Nasalvokal (*vocal nasal*) 53
Negation (*negación*) 116
negative Höflichkeit (*cortesía negativa*) 158
negative Konkordanz (*concordancia negativa*) 116
negatives face (*imagen negativa*) 157
Neurolinguistik (*neurolingüística*) 46
Neutralisation (*neutralización*) 59
Nomen (*nombre*) 103
nominal (*nominal*) 103
Nominalphrase (*sintagma nominal*) 106
Nominalsyntagma (*sintagma nominal*) 104
Norm (*norma*) 61
normative Grammatik (*gramática normativa*) 34
normative Linguistik (*lingüística normativa*) 46
Notation (*notación*) 211
Nuklearton (*tono nuclear*) 72
Nullderivation (*derivación cero*) 91
Nullformant (*formante cero*) 55
Nullmorphem (*morfema cero*) 80
nullwertig (*avalente*) 109
Numerus (*número*) 83
n-Wort (*palabra-n*) 116

Objekt (*objeto*) 101
Obstruent (*obstruyente*) 64
Obstruktion (*obstrucción*) 68
offene Silbe (*sílaba abierta*) 68
Offset (*coda*) 68
okklusiver Konsonant (*consonante oclusiva*) 53
Onomasiologie (*onomasiología*) 44
Onomastik (*onomástica*) 45
Onset (*ataque*) 68
Operationalisierung (*operacionalización*) 207
Optimalitätstheorie (*teoría de la optimidad*) 69
Oralvokal (*vocal oral*) 53
Ort (*ubicación*) 111
Orthografie (*ortografía*) 46
Orthophonie (*ortofonía*) 46
Ortsname/Toponym (*topónimo*) 124
oxyton (*oxítono, agudo*) 67

Paläografie (*paleografía*) 47
palatal (*palatal*) 54
Paradigma (*paradigma*) 36
paradigmatische Beziehung (*relación paradigmática*) 40

305

Parallelismus (*paralelismo*) 283

Parasynthese (*parasíntesis*) 91

parole (*habla*) 38

paroxyton (*paroxítono, llano*) 67

Parsing (*etiquetaje sintáctico*) 213

Partikularismus (*particularismo lingüístico*) 284

Partiturnotation (*notación de partitura*) 211

Pejorativbildung (*forma peyorativa*) 93

Performanz (*actuación*) 41

performative Verben (*verbos performativos*) 149

Periphrase (*perífrasis*) 84

perlokutionärer Akt (*acto perlocutivo*) 149

Person (*persona gramatical*) 83

Personenname/Anthroponym (*antropónimo*) 124

pfeifend (*estridente*) 63

Pharynx, Rachenraum (*faringe*) 53

Philologie (*filología*) 31

Phon (*fono*) 59

Phonem (*fonema*) 59

Phonetik (*fonética*) 52

Phonologie (*fonología*) 52

Phonologie der distinktiven Züge (*fonología de los rasgos distintivos*) 62

phonologische Form (*forma fonológica*) 50

phonologische Opposition (*oposición fonológica*) 59

phonologischer Prozess (*proceso fonológico*) 64

Phrase (*sintagma*) 106

Phrasenkopf (*núcleo*) 107

Phraseologie (*fraseología*) 45

plurizentrische Sprachen (*lenguas pluricéntricas*) 286

Polysemie (*polisemia*) 135

Portemanteau-Morphem (*morfema contraído*) 80

positive Höflichkeit (*cortesía positiva*) 157

positives face (*imagen positiva*) 157

Possessivum (*posesivo*) 113

Postdetermination (*posdeterminación*) 95

Prädetermination (*predeterminación*) 95

Prädikat (*predicado*) 100

Prädikatsnomen (*predicado nominal*) 101

prädorsdal (*predorsal*) 54

Präfigierung (*prefijación*) 79

Präfix (*prefijo*) 79

Prager Linguistenkreis (*Círculo lingüístico de Praga*) 58

Pragmatik (*pragmática*) 146

Präposition (*preposición*) 103

Präpositionalphrase (*sintagma preposicional*) 106

Präpositionalsyntagma (*sintagma preposicional*) 104

Präsupposition (*presuposición*) 154

Präteritum (*pretérito perfecto simple/ indefinido*) 84

primäre Genres (*géneros primarios*) 171

Prinzip der Kompositionalität (*principio de composicionalidad*) 122

pro-drop (*pro-drop*) 115

Produktivität (*productividad*) 89

Pro-Formen (*pro-formas*) 169

progressive Assimilation (*asimilación progresiva*) 65

Pronomen (*pronombre*) 103

proparoxyton (*proparoxítono, esdrújulo*) 67

propositionale Information (*información proposicional*) 156

propositionaler Akt (*acto proposicional*) 149

Prosodie (*prosodia*) 43

prosodische Elemente (*rasgos prosódicos*) 66

protoindoeuropäisch (*proto-indoeuropeo*) 8

Prototypensemantik (*semántica de prototipos*) 127

prozedurale Information (*información procedural*) 156

Psycholinguistik (*psicolingüística*) 46

Quechua (*quechua*) 202

Rachenraum/Pharynx (*faringe*) 53

Reconquista (*Reconquista*) 256

redundant (*redundante*) 87

Referent (*referente*) 123

Referenz (*referencia*) 123

reflexiv (*reflejo*) 110

Reflexivpassiv (*pasiva refleja*) 111

regressive Assimilation (*asimilación regresiva*) 65

reguläre Ausdrücke (*expresiones regulares*) 214

Reibelaut (*consonante fricativa*) 54

Rekurrenz (*recurrencia*) 169

rekursive Regeln (*reglas recursivas*) 106

Rekursivität (*recursividad*) 106

Relativsatz (*oración de relativo*) 114

Relevanztheorie (*teoría de la relevancia/ de la pertinencia*) 155

Renaissance (*Renacimiento*) 264

Resonanz (*resonancia*) 54

restriktiver Relativsatz (*oración relativa restrictiva*) 114

Rezipient (*receptor*) 111

Rhema (*rema*) 118

Rhythmus (*ritmo*) 66

Role-and-Reference-Grammar (*Gramática del Papel y de la Referencia*) 111

Romania (*Romania*) 10

Romanische Philologie (*filología románica*) 33

Romanisierung (*romanización*) 242

Sachverhalt (*estado de cosas*) 101

Satz (*oración*) 100

Schnittstelle (*interfaz*) 42

Schule (*escuela*) 36

Schüler (*discípulo*) 36

Segment (*segmento*) 65

sekundäre Genres (*géneros secundarios*) 171

Sem (*sema*) 126

Semantik (*semántica*) 122

semantische Inkompatibilität (*incompatibilidad semántica*) 133

Semasiologie (*semasiología*) 44

Semem (*semema*) 126

Semiotik (*semiótica*) 44

Semiotisches Dreieck (*triángulo semiótico*) 123

seseo (*seseo*) 237

signifiant (*significante*) 38

signifié (*significado*) 38

Silbe (*sílaba*) 68

Silbenstruktur (*estructura silábica*) 66

Simplex (*palabra simple*) 76

Sinn (*sentido*) 168

situationsabhängige Variation (*variación situacional*) 224

Skopus (*escopo*) 162

Sonoritätshierarchie (*jerarquía de sonoridad*) 68

soziales Netz (*red social*) 210

Soziolekt (*sociolecto*) 223

Soziolinguistik (*sociolingüística*) 46

Spanisch (*español*) 16

Spanische Mark (*marca hispánica*) 257

Spektrogramm (*espectograma*) 55

Spezialisierung (*especificación*) 137

Spezifikator (*especificador*) 107

spezifische Referenz (*referencia específica*) 113

Sprachdidaktik (*didáctica de las lenguas*) 46

Sprachentod (*muerte de lenguas*) 7

Sprachenwiederbelebung (*revitalización lingüística*) 7

Sprachfamilie (*familia de lenguas*) 7

Sprachgeografie (*geografía lingüística*) 231

Sprachkarte (*mapa lingüístico*) 233

sprachliche Einheit (*unidad del idioma*) 285

sprachliche Höflichkeit (*cortesía verbal*) 156

sprachliche Interferenz (*interferencia lingüística*) 188

sprachliche Variante (*variante lingüística*) 223

sprachliche Variation (*variación lingüística*) 223

sprachliche Varietät (*variedad lingüística*) 223

sprachlicher Universalismus (*universalismo lingüístico*) 284

sprachliches Zeichen (*signo lingüístico*) 39

Sprachkontakt (*contacto de lenguas*) 184

Sprachphilosophie (*filosofía del lenguaje*) 47

Sprachpolitik (*política lingüística*) 46

Sprachsoziologie (*sociología del lenguaje*) 47

Sprachstil (*estilo de lengua*) 223

Sprachsystem (*sistema lingüístico*) 38

Sprachverfall (*decadencia lingüística*) 7

Sprachwandel (*cambio lingüístico*) 45

Sprachwissenschaft (*lingüística*) 31

Sprachzustand (*estado de lengua*) 38

Sprechakt (*acto de habla*) 149

Sprechaktverben (*verbos de actos de habla*) 149

Standard (*estándar*) 34

Statusplanung (*elaboración extensiva*) 227

steigender Diphthong (*diptongo creciente*) 55

Stereotyp (*estereotipo*) 235

Stilistik (*estilística*) 46

Stimme (*voz*) 53

stimmhaft (*sonoro*) 53

Stimmlippen (*cuerdas vocales*) 52

Stimmritze/Glottis (*glotis*) 52

Strukturalismus (*estructuralismo*) 40

Subjekt (*sujeto*) 100

Subjunktiv (*subjuntivo*) 85

Subordinierer (*subordinador*) 108

Substitution (*sustitución*) 169

Substrat (*sustrato*) 191

Suffigierung (*sufijación*) 79

Suffix (*sufijo*) 79

Superstrat (*superestrato*) 191

Suppletion (*supleción*) 98

supraglottal (*supraglótico*) 53

Suprasegmentalia (*rasgos suprasegmentales*) 65

Synchronie (*sincronía*) 38

Synkretismus (*sincretismo*) 114

Synonymie (*sinonimia*) 134

307

Syntagma (*sintagma*) 105
syntagmatische Beziehung (*relación sintagmá-tica*) 40
Syntax (*sintaxis*) 100
synthetische Form (*forma sintética*) 88
synthetische Sprache (*lengua sintética*) 247
synthetischer Sprachbau (*estructura sintética*) 82
System (*sistema*) 61

tag (*etiqueta*) 212
Taxonomie (*taxonomía*) 207
taxonomischer Ansatz (*método taxonómico*) 7
teilnehmende Beobachtung (*observación participante*) 210
Tempus (*tiempo*) 83
terminales Symbol (*símbolo terminal*) 106
Terminologie (*terminología*) 35
Text (*texto*) 166
Textform (*forma textual*) 171
Textgrammatik (*gramática del texto/gramática textual*) 167
Textklasse (*clase textual*) 171
Textlinguistik (*lingüística del texto*) 166
Textsorte (*tipo de texto*) 170
Textthema (*tópico discursivo*) 170
Texttyp (*tipo de texto/tipo textual*) 171
Textualität (*textualidad*) 166
Thema (*tema*) 118
Themavokal (*vocal temática*) 90
Theorie (*teoría*) 206
Theta-Raster (*estructura temática*) 111
Theta-Rolle (*papel temático*) 111
thetisch (*tético*) 117
tief (*grave*) 63
Toponomastik (*toponomástica*) 45
Toponym/Ortsname (*topónimo*) 124
Transfer (*transferencia*) 189
transitiv (*transitivo*) 110
Transkription (*transcripción*) 211
transphrastische Grammatik (*gramática transfrástica*) 167
Treueprinzip (*principio de fidelidad*) 69
Turn-Taking-Signal (*marcador de turno de palabra*) 177
Typologie (*tipología*) 46

Übersetzungswissenschaft (*traductología*) 46
Umfeld (*entorno*) 147

Umstandsbestimmung (*complemento circunstancial*) 101
unakkusativisch (*inacusativo*) 117
Universalgrammatik (*gramática universal*) 41
universelle Ebene (*nivel universal*) 32
unterscheidender Zug (*rasgo distintivo*) 61

Valencianisch (*valenciano*) 193
Valenz (*valencia*) 109
Varietätenkette (*cadena variacional*) 224
Varietätenlinguistik (*lingüística variacional*) 223
Varietätenraum (*espacio variacional*) 224
velar (*velar*) 54
Verb (*verbo*) 103
verbal (*verbal*) 103
Verbalphrase (*sintagma verbal*) 106
Verbalsyntagma (*sintagma verbal*) 104
Verifizierbarkeit (*verificabilidad*) 31
Verschlussreibelaut (*consonante africada*) 54
Vibrant (*vibrante*) 53
Vokal (*vocal*) 53
Vokalformant (*formante vocálico*) 55
vokalisch (*vocálico*) 63
Vokalqualität (*calidad vocálica*) 54
Vokaltrakt (*tracto vocal*) 52
Vokaltrapez (*trapecio vocal*) 60
Volksetymologie (*etimología popular*) 137
Vorgegenwart (*antepresente*) 293
Vulgärlatein (*latín vulgar*) 243

Wortbildung (*formación de palabras*) 88
Wortbildungsmorphologie (*morfología léxica*) 76
Wortfeld (*campo semántico*) 126
Wortschatz (*léxico*) 43
Wortstamm (*raíz*) 79

X-bar-Schema (*esquema x-barra*) 107

yeísmo (*yeísmo*) 290

zählbar (*contable*) 113
Zahlwort (*numeral*) 103
Zahndamm (*alvéolos*) 53
Ziel (*meta*) 111
Zirkumstant (*circunstante*) 110
zugrundeliegende Form (*forma subyacente*) 63
Zungenspitze (*ápice de la lengua*) 53
zweiwertig (*bivalente*) 109

Maximilian Gröne
Rotraud von Kulessa
Frank Reiser

Spanische Literatur-wissenschaft

Eine Einführung

bachelor-wissen
2009, X, 262 Seiten
€[D] 16,90/SFr 31,00
ISBN 978-3-8233-6475-7

Der Band *Spanische Literaturwissenschaft* aus der Reihe bachelor-wissen richtet sich als leserfreundliche Einführung speziell an die Studierenden und Lehrenden in den literaturwissenschaft-lichen Modulen der neuen hispanistischen Bachelor-Studiengänge. Die anschauliche Aufbereitung des fachlichen Grundwissens wird dabei von anwendungsorientierten Übungseinheiten gerahmt, die eine eigenständige Umsetzung des Erlernten ermöglichen und einen nachhaltigen Kompetenzerwerb unterstützen. Neben traditionellen Lerninhalten wird nicht zuletzt die besondere Rolle der neuen Medien berücksichtigt. Hinweise zur beruflichen Orientierung ergänzen die fachwissenschaftlichen Grundlagen.

Narr Francke Attempto Verlag GmbH + Co. KG
Postfach 25 60 · D-72015 Tübingen · Fax (0 7071) 97 97-11
Internet: www.narr.de · E-Mail: info@narr.de